LES RECORDS DU MONDE DU FOOTBALL 2022

Texte et design : Welbeck Non-Fiction Limited
Édition : Ross Hamilton
Maquette : Katie Baxendale et Tall Tree
Recherche iconographique : Paul Langan et Tall Tree
Fabrication : Arlene Alexander

92 avenue de France 75013 Paris - www.lisez.com
Traductions des éditions précédentes : Nordine Haddad, Audrey Favre, Christophe Rosson et Emmanuel Pailler
Traduction et révision de l'édition 2022 : Laurent Laget
Suivi éditorial : Caroline Guineton
PAO : Morgane Leloup
ISBN : 978-2-3240-2963-9
Dépôt légal : novembre 2021. Imprimé en Slovénie.
Loi n°49-956 du 16 juillet 1949 sur les publications destinées à la jeunesse, modifiée par la loi n°2011-525 du 17 mai 2011.

Toutes les statistiques, faits et graphiques sont exacts jusqu'au 12 juillet 2021 inclus.

MIXTE
Papier issu de sources responsables
FSC® C106600
FSC www.fsc.org

LES RECORDS DU MONDE DU FOOTBALL 2022

LE GUIDE OFFICIEL DE LA FIFA

Gründ

SOMMAIRE

15
adidas
1
adidas
10
AFA

10
FIFA
WORLD CHAMPION
RUSSIA 2018

INTRODUCTION

Le sport a cela de magique qu'il offre non seulement du plaisir et du divertissement, mais aussi de la distraction, du réconfort et un sentiment d'unité. Et cette magie, le football l'a plus que jamais démontrée au cours des deux dernières années. La pandémie mondiale de COVID-19 a en quelque sorte figé la vie sur la planète et l'humanité en a payé un lourd tribut. Le football, que ce soit à l'échelle locale, nationale ou internationale, a contribué à faire vivre les communautés du monde entier en affichant la promesse de jours meilleurs.

Les fédérations, les championnats, les clubs et les joueurs, à l'arrêt pendant des semaines, voire des mois, sur tous les continents, ont enfin repris le chemin des terrains. Et ce même si, dans un premier temps, les spectateurs ont été privés de stade et ont dû se contenter de regarder le sport à la télévision. Le football a une valeur non négligeable pour la vie publique, et il la doit à sa capacité à se relever, à continuer de jouer. Les prouesses et les scènes de liesses qui ont ponctué l'UEFA Euro 2020, la Copa América et la Gold Cup, toutes reportées d'un an, exprimaient un véritable soulagement, une libération.

Rien de tout cela n'aurait été possible sans les structures solides qui gouvernent et soutiennent cette discipline à travers la planète. Au fil du temps, elles ont évolué, elles se sont élargies pour refléter une popularité et un succès dont n'auraient osé rêver les fondateurs de la Football Association et de la Football League, dans la seconde moitié du XIXe siècle à Londres.

Le football est déjà tourné vers l'avenir et prépare prudemment l'après-pandémie et la Coupe du Monde de la FIFA au Qatar en 2022. Il s'agira alors de la toute première Coupe du Monde au Moyen-Orient, et la première à se tenir en novembre et décembre au lieu des traditionnels mois d'été. Le Mondial représente le summum des tournois régionaux et, par catégorie d'âge, de véritables échelles vers la gloire et la fortune pour les meilleurs joueurs des six confédérations. En 2022 également se tiendra le Championnat d'Europe féminin de l'UEFA, qui continuera de renforcer la popularité du football féminin dont l'essor international s'accélère de jour en jour. Tous ces aspects du vaste paysage footballistique sont présentés dans cette nouvelle édition des *Records du monde du football*. Vous y trouverez les exploits des stars d'hier et d'aujourd'hui, dans toutes les compétitions internationales masculines et féminines, aux niveaux junior et senior… et peut-être aussi les grandes stars de demain.

Keir Radnedge
Londres, juillet 2021

LES PAYS

L'histoire du football est une longue et fantastique épopée au cours de laquelle le beau jeu s'est répandu aux quatre coins du monde.

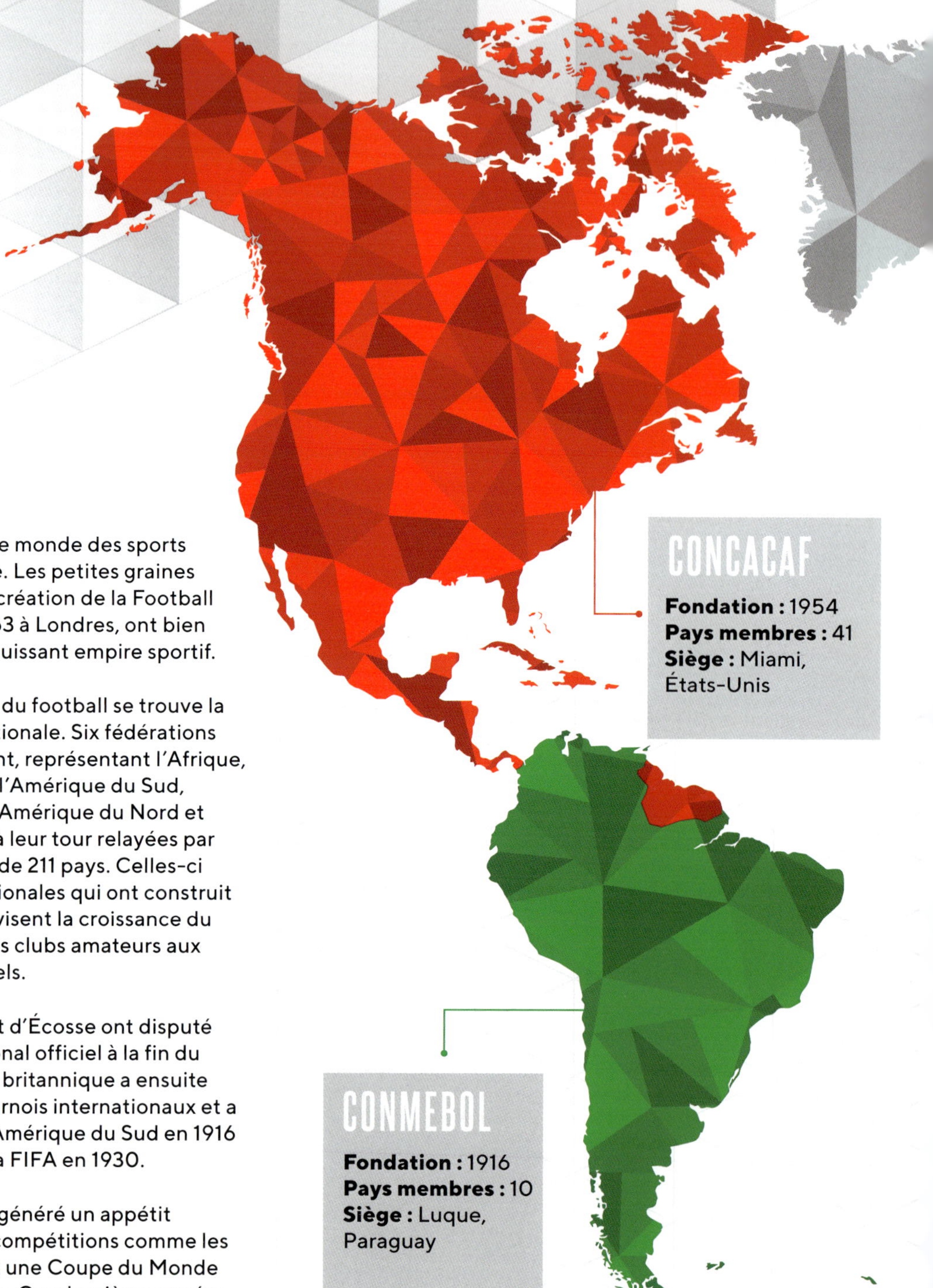

Le football domine le monde des sports sur toute la planète. Les petites graines plantées lors de la création de la Football Association, en 1863 à Londres, ont bien poussé, jusqu'à former ce puissant empire sportif.

Au sommet de la pyramide du football se trouve la FIFA, la fédération internationale. Six fédérations continentales la soutiennent, représentant l'Afrique, l'Asie, l'Europe, l'Océanie, l'Amérique du Sud, ou encore les Caraïbes et l'Amérique du Nord et centrale. Ces régions sont à leur tour relayées par les associations nationales de 211 pays. Celles-ci fournissent les équipes nationales qui ont construit l'Histoire sportive et supervisent la croissance du football dans leurs pays, des clubs amateurs aux championnats professionnels.

Les équipes d'Angleterre et d'Écosse ont disputé le premier match international officiel à la fin du XIXe siècle. Le championnat britannique a ensuite posé les fondations des tournois internationaux et a inspiré la Copa América d'Amérique du Sud en 1916 et la Coupe du Monde de la FIFA en 1930.

La popularité du football a généré un appétit intense pour de nouvelles compétitions comme les championnats nationaux et une Coupe du Monde des Clubs de la FIFA élargie. Ces dernières années, l'accent a été mis sur le calendrier international, avec des ajustements nécessaires en vue de la prochaine Coupe du Monde de la FIFA, en 2022 au Qatar, organisée pendant l'hiver.

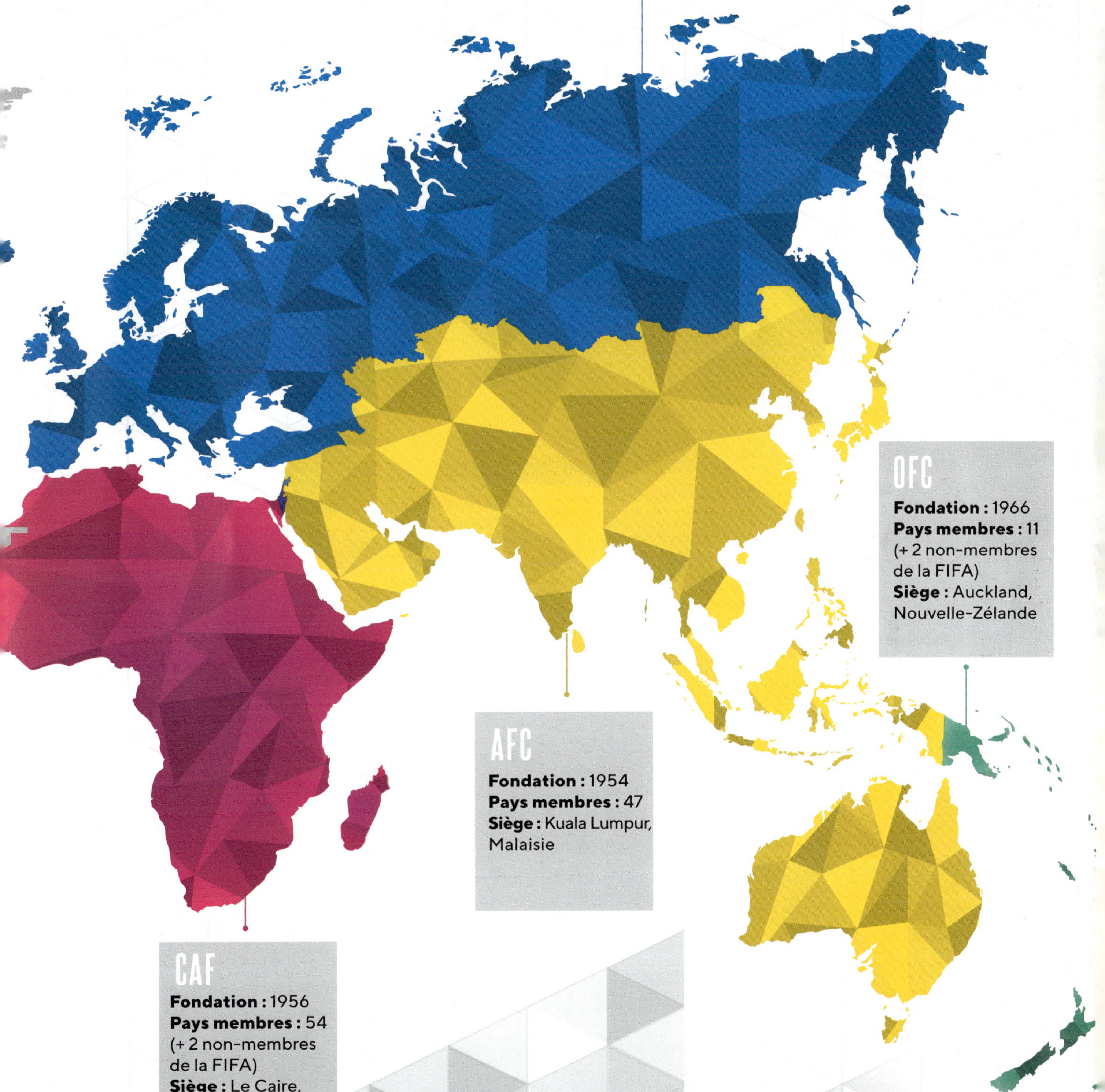
UEFA
Fondation : 1954
Pays membres : 55
Siège : Nyon, Suisse
OFC
Fondation : 1966
Pays membres : 11 (+ 2 non-membres de la FIFA)
Siège : Auckland, Nouvelle-Zélande
AFC
Fondation : 1954
Pays membres : 47
Siège : Kuala Lumpur, Malaisie
CAF
Fondation : 1956
Pays membres : 54 (+ 2 non-membres de la FIFA)
Siège : Le Caire, Égypte

EUROPE

Depuis dix ans, les équipes européennes dominent le football mondial, tant en club qu'en sélection.

Fondation : 1954

Pays membres : 55

Siège : Nyon, Suisse

Nations les plus titrées en championnat continental : Allemagne, Espagne (3)

55

L'UEFA, l'instance gouvernante du football européen, regroupe **55 membres titulaires**.

La demi-finale entre l'Italie et l'URSS au Championnat d'Europe 1968 s'est jouée à pile ou face. L'Italie a choisi le bon côté et s'est qualifiée pour la finale.

109

Cristiano Ronaldo a égalé le record international masculin de 109 buts à l'occasion de l'Euro 2020.

RONALDO

La phase finale du Championnat d'Europe 2020 s'est finalement tenue un an plus tard que la date prévue, en raison de la pandémie de COVID-19. L'épreuve, qui a toutefois conservé son nom original, a été remportée par l'Italie. La *Squadra Azzurra* a triomphé à Wembley après quatre semaines de compétition disputée à travers 11 sites européens pour marquer le 60e anniversaire de l'Euro, né en 1960.

En 1992, le Danemark a été sacré champion d'Europe sans avoir réussi à se qualifier pour la compétition. Les Danois ont été repêchés après le retrait de la Yougoslavie, en raison de la guerre civile.

ANGLETERRE

L'Angleterre est le berceau du ballon rond, le pays où le football s'est d'abord développé, donnant naissance à la première fédération et au premier championnat organisé. Aujourd'hui, l'Angleterre héberge le championnat national le plus riche de la planète.

Membre de la FIFA : 1905

Plus large victoire : 13-0, contre l'Irlande, en 1882

Meilleur classement FIFA : 1

Stade : Wembley, Londres

Palmarès :
1 Coupe du Monde (1966)

LÉGENDE NATIONALE
NOUVEAU SOUTHGATE, NOUVEL ESPOIR

Lors de la Coupe du Monde 2018 en Russie, l'Angleterre a retrouvé les demi-finales après 28 ans d'attente, malgré une défaite 2-1 contre la Croatie. Le sélectionneur était **Gareth Southgate**, ancien défenseur international. Trois ans plus tard, à l'Euro 2020, ses protégés sont allés encore plus loin, atteignant la première finale d'un grand tournoi depuis le triomphe de Sir Alf Ramsey au Mondial 1966. Pourtant, l'Angleterre devra encore patienter avant de décrocher son premier titre depuis 55 ans, puisque c'est finalement l'Italie qui a remporté la compétition 3-2 aux tirs au but après un match nul 1-1 dans le stade londonien de Wembley. Dans leur parcours jusqu'en finale, les Anglais auront notamment battu l'Allemagne 2-0 en huitième, déjà à Wembley, 25 ans après l'échec de Southgate dans les tirs au but contre ce même adversaire, en demi-finale de l'Euro 1996. Southgate compte 57 sélections comme joueur et la finale de l'Euro 2020 était son 61e match à la tête de son pays. Il est ainsi devenu le premier Anglais à participer à plus de 50 matchs comme joueur et comme sélectionneur.

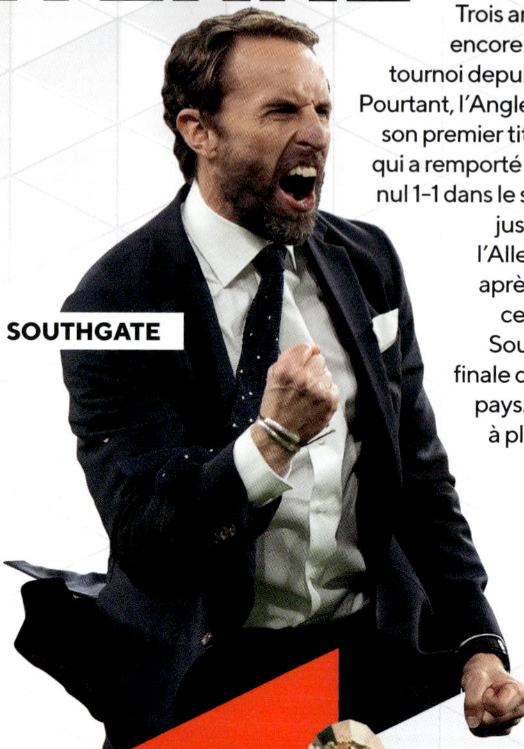

SOUTHGATE

201 cm

Du haut de ses 2,01 m, l'avant-centre Peter Crouch est l'international anglais le plus grand de tous les temps.

LÉGENDE NATIONALE
CAPITAINES COURAGE

Les carrières internationales de Billy Wright et de **Bobby Moore**, recordmen des capitanats en équipe d'Angleterre (90), se sont presque chevauchées. Wright, des Wolves, a joué en sélection entre 1946 et 1959, et Moore, de West Ham, entre 1962 et 1973, notamment lors du triomphe à la Coupe du Monde 1966. Moore reste le plus jeune capitaine de l'équipe d'Angleterre, car il a été choisi pour ce poste à l'âge de 22 ans et 47 jours, à l'occasion d'un match contre la Tchécoslovaquie, le 29 mai 1963. C'est aussi lui qui a soulevé la Coupe du Monde après la victoire contre l'Allemagne de l'Ouest 4-2 à Wembley, le 30 juillet 1966.

41

Le joueur le plus âgé à faire ses débuts en équipe d'Angleterre est Alexander Morten : il avait 41 ans et 114 jours contre l'Écosse, le 8 mars 1873, lors du premier match de l'Angleterre à domicile.

MOORE

MOMENT HISTORIQUE
ACTE FONDATEUR

Le jour où tout a commencé, le 30 novembre 1872, l'Angleterre disputa son premier match international officiel face à l'Écosse à Hamilton Crescent (Partick). Les deux équipes ont fait match nul 0-0 devant 4000 personnes, une affluence énorme pour l'époque. Prix du billet ? Un petit shilling (1 centime d'euro). Les deux sélections s'étaient déjà affrontées à cinq reprises, mais la plupart des joueurs écossais évoluaient en Angleterre et les matchs n'étaient pas considérés comme officiels. Pour cette première rencontre officielle, c'est Charles Alcock, le secrétaire de la fédération, qui avait sélectionné les joueurs, son seul regret étant de ne pas avoir pu jouer en raison d'une blessure.

SÉLECTIONS

1 **Peter Shilton,** 125
2 **Wayne Rooney,** 120
3 **David Beckham,** 115
4 **Steven Gerrard,** 114
5 **Bobby Moore,** 108

BECKHAM

DISCIPLINE
MAUVAIS GARÇONS

Alan Mullery est le premier homme à avoir été expulsé avec l'Angleterre, face à la Yougoslavie en juin 1968, avant la défaite des siens en demi-finale de l'Euro. Depuis, 17 autres cartons rouges ont été distribués aux Anglais. Harry Maguire et Reece James ont tous les deux vu rouge lors du revers 1-0 contre le Danemark à Wembley en octobre 2020. Wayne Rooney et **David Beckham** en ont récolté deux chacun. Ce dernier avait été expulsé lors de l'élimination en huitième du Mondial 1998 contre l'Argentine, tandis que Rooney était rentré prématurément aux vestiaires huit ans plus tard, lors d'une défaite contre le Portugal en quart de finale du Mondial 2006.

6-3
En 1953, la victoire de la Hongrie 6-3 à Wembley marquait la première défaite à domicile de l'Angleterre face à un adversaire continental.

1:57

En inscrivant son premier but pour l'Angleterre lors de sa 16e sélection, le latéral gauche Luke Shaw a également marqué le but le plus rapide d'une finale de Championnat d'Europe : seulement 1 min. 57 s. après le début du match face à l'Italie, à l'Euro 2020.

RECORD DE BUTS
À LA GLOIRE DES SPURS

Bien des supporters anglais étaient persuadés que leur équipe était maudite aux tirs au but, après les éliminations contre l'Allemagne en demi-finales de la Coupe du Monde de la FIFA 1990 et du Championnat d'Europe de l'UEFA 1996, puis contre le Portugal en quarts de l'Euro 2004 et du Mondial 2006. Les Anglais sont finalement venus à bout de cette malédiction en battant la Colombie en 8e de finale du Mondial 2018, avant de terminer à la 4e place de cette édition. L'année suivante, l'Angleterre a remis le couvert pour battre la Suisse et monter sur la 3e marche du podium lors de la première Ligue des Nations de l'UEFA. Le gardien Jordan Pickford a été le héros de ces deux séances, non seulement grâce à des parades décisives, mais aussi grâce à un but contre la Suisse. Le milieu de terrain Eric Dier a, quant à lui, scellé la victoire lors de ces deux occasions. Son club, Tottenham Hotspur, est le premier fournisseur de l'équipe nationale, le milieu Harry Winks ayant été le 78e joueur des Spurs à être convoqué, en octobre 2017. Les 3e, 4e et 6e meilleurs buteurs de l'Angleterre – Gary Lineker, **Jimmy Greaves** et le capitaine actuel Harry Kane – sont tous des légendes des Spurs. Greaves (44 buts en 57 sélections) détient le record de triplés (6) tandis que Lineker est le meilleur buteur en Coupe du Monde avec 10 réalisations dans les phases finales 1986 et 1990.

GREAVES

JOUEUR STAR
UN COUP D'AVANCE

Bryan Robson détient le record du but anglais le plus rapide – au bout de 27 secondes lors d'une victoire 3-1 contre la France en Coupe du Monde 1982, et de 38 secondes lors d'une victoire 2-1 sur la Tchécoslovaquie en 1989, à l'ancien stade de Wembley. Un autre joueur du Manchester United, Teddy Sheringham, possède le record du but le plus rapide de tous les joueurs anglais à l'entrée sur le terrain : 15 secondes au premier contact du ballon, en octobre 2001, lors d'un remplacement contre la Grèce à l'occasion d'une qualification pour la Coupe du Monde 2002.

RECORD DE BUTS
GAME OF STONES

Aucun défenseur anglais n'avait marqué plus d'un but en Coupe du Monde – jusqu'à la performance du défenseur de Manchester City, **John Stones**, auteur d'un doublé dans les 32 premières minutes du match contre le Panama à Nijni Novgorod, en 2018. Trois matchs plus tard, en quart contre la Suède, son coéquipier **Harry Maguire** a également ouvert la marque lors du succès 2-0. Ni l'un ni l'autre n'avait marqué pour l'Angleterre avant cette compétition, et Maguire n'avait reçu sa première convocation internationale qu'en août 2017, après avoir assisté à l'Euro 2016 en France comme simple supporter, avec des amis. Maguire a également marqué lors du succès 4-0 contre l'Ukraine en quart de l'Euro 2020.

STONES

MAGUIRE

LÉGENDE NATIONALE
LONGÉVITÉ

Stanley Matthews est devenu l'international anglais le plus âgé lorsqu'il s'est aligné sur l'aile contre le Danemark le 15 mai 1957, à 42 ans et 104 jours, 22 ans et 229 jours après sa première sélection. Matthews est également le doyen des buteurs des *Three Lions*. Il avait 41 ans et 8 mois lorsqu'il a marqué contre l'Irlande du Nord le 10 octobre 1956. Le défenseur Martin Kelly, lui, détient le record inverse de la carrière la plus courte à l'international : deux minutes comme remplaçant lors d'une victoire 1-0 pour un match amical contre la Norvège, en 2012.

JOUEURS STARS
DES JEUNES PROMETTEURS

Le milieu du Borussia Dortmund Jude Bellingham est devenu le plus jeune Anglais à disputer un grand tournoi international quand il est entré en jeu contre la Croatie lors du succès 1-0 à l'Euro 2020. Il n'avait alors que 17 ans et 349 jours. Pour son match suivant, un nul 0-0 contre l'Écosse, l'Angleterre affichait une moyenne d'âge de 25 ans et 31 jours, la plus basse pour le pays en compétition. Mais le plus jeune international reste Theo Walcott, 17 ans et 75 jours, en match amical contre la Hongrie le 30 mai 2006.

726

À l'Euro 2020, Jordan Pickford a établi un record pour un gardien anglais en gardant ses cages inviolées pendant 726 minutes, soit six minutes de plus que Gordon Banks. Le Danois Mikkel Damsgaard a fini par le tromper en demi-finale, bien que l'Angleterre se soit imposée 2-1.

BUTEURS

1. **Wayne Rooney,** 53
2. **Bobby Charlton,** 49
3. **Gary Lineker,** 48
4. **Jimmy Greaves,** 44
5. **Michael Owen,** 40

ROONEY

ANECDOTE DU TOURNOI
WAYNE VAINCRA

En septembre 2003, **Wayne Rooney** a marqué contre la Macédoine, devenant le plus jeune buteur anglais, à l'âge de 17 ans et 317 jours. Il a toujours semblé évident qu'il finirait par battre, avec le temps, le record anglais de Sir Bobby Charlton, avec ses 49 buts. Rooney est arrivé à ce niveau grâce à un penalty contre Saint-Marin en septembre 2015, puis est parvenu aux 50 buts avec un autre penalty contre la Suisse, trois jours plus tard. En novembre 2014, il a obtenu sa 100e cape, à l'âge de 29 ans et 22 jours, devenant le plus jeune Anglais à franchir cette barre. Rooney s'est retiré du football international en août 2017, mais a fait un retour éclair comme remplaçant le 15 novembre 2018, contre les États-Unis, pour une 120e et dernière sélection.

RECORD DE BUTS
LA VALEUR DE STERLING

L'attaquant de Manchester City **Raheem Sterling** n'avait marqué que deux buts lors de ses 45 premières sélections. Il en a ensuite inscrit 15 en 23 matchs, dont trois à l'Euro 2020. Il a notamment signé les buts de la victoire contre la Croatie et la République tchèque à Wembley, à quelques kilomètres seulement de Brent, le quartier qui l'a vu grandir, dans le nord-ouest de Londres. C'est aussi lui qui avait ouvert le score lors du succès 2-0 contre l'Allemagne en huitième de finale, avant que Harry Kane ne double la mise. L'Angleterre a remporté ses 13 rencontres dans lesquelles Sterling a marqué, dépassant le record précédent de 10 victoires avec Martin Chivers.

ANECDOTE DU TOURNOI
IL Y A FOULE

L'affluence record pour un match de l'Angleterre a été enregistrée à l'Hampden Park le 17 avril 1937 : 149 547 spectateurs ont vu les locaux s'imposer 3-1 contre l'Écosse dans le British Home Championship. À l'inverse, ils n'étaient que 2 378 le 17 novembre 1993 à Bologne pour voir Saint-Marin surprendre dès la 7e seconde les hommes de Graham Taylor, finalement vainqueurs 7-1, mais non qualifiés pour la Coupe du Monde 1994.

7-1
La plus lourde défaite des Anglais leur a été infligée par la Hongrie, victorieuse 7-1 en 1954.

STERLING

KANE

JOUEUR STAR
KANE, LE NOUVEAU ROI

Le capitaine et attaquant phare de l'Angleterre **Harry Kane** a largement contribué au parcours de son équipe à l'Euro 2020, où les Anglais ont atteint leur première finale internationale depuis 55 ans. Kane a marqué 4 buts, dont celui de la victoire en prolongations pour battre le Danemark en quart. Cette réalisation lui a permis de rejoindre Gary Lineker avec 10 buts en tournois internationaux. Lors du Mondial 2018, Kane avait été sacré Soulier d'Or grâce à ses 6 buts, dont un triplé contre le Panama (6-1). Il n'est que le 3e Anglais, après Lineker et le héros de la finale 1966 Geoff Hurst, à inscrire un *hat-trick* en Coupe du Monde. Pour sa première sélection, Kane avait marqué de la tête seulement 79 secondes après son entrée en jeu, contre la Lituanie en mars 2015. Il est aussi le seul à avoir inscrit deux triplés à la suite à Wembley, contre la Bulgarie puis le Monténégro en 2019. Cette rencontre contre le Monténégro, en novembre, était d'ailleurs le 1 000e match de l'Angleterre, et Kane est devenu le capitaine le plus prolifique du pays.

5

L'Angleterre a marqué au moins dix buts dans un match à cinq reprises : contre l'Irlande en 1882 (13-0) et 1899 (13-2), l'Autriche en 1908 (11-1), le Portugal en 1947 (10-0) et les États-Unis en 1964 (10-0).

35

L'attaquant Jermain Defoe est entré en jeu depuis le banc plus souvent qu'aucun autre joueur anglais : 35 fois entre ses débuts en mars 2004 et sa dernière sélection en 2017.

LÉGENDE NATIONALE
SUPER WALTER

Walter Winterbottom a été le premier manager à plein temps de l'Angleterre. Il est aujourd'hui encore le sélectionneur au plus long mandat (138 matchs) et le plus jeune, puisqu'il n'avait que 33 ans à sa prise de fonction en 1946. Cet ancien professeur et joueur de Manchester United a dirigé l'Angleterre dans quatre Coupes du Monde, de leur première participation en 1950 à l'édition 1962 au Chili.

WINTERBOTTOM

FRANCE

La France, double championne du monde, a largement contribué au développement du football. Les Bleus sont aujourd'hui des poids lourds du football international et les actuels tenants du titre mondial.

Membre de la FIFA : 1907
Plus large victoire : 10-0, contre l'Azerbaïdjan, le 6 septembre 1995
Meilleur classement FIFA : 1
Stade : Stade de France, Saint-Denis
Palmarès :
2 Coupes du Monde (1998, 2018),
2 Championnats d'Europe (1984, 2000)

MBAPPÉ

JOUEUR STAR
KYLIAN VAUT DES MILLIONS

La France a remporté sa 2e Coupe du Monde le 15 juillet 2018, 20 ans et 3 jours après son 1er titre. **Kylian Mbappé**, âgé de 19 ans, a marqué le dernier but lors de la victoire 4-2 en finale contre la Croatie et a été élu Meilleur jeune joueur du tournoi. Mbappé est le 2e joueur de moins de 20 ans seulement à marquer en finale de la Coupe du Monde, après Pelé contre la Suède, en 1958. Mbappé a marqué son 1er point en Coupe du Monde avec le seul but du match victorieux de Groupe C contre le Pérou, devenant le plus jeune Français à trouver le filet lors d'une compétition importante, à l'âge de 19 ans et 183 jours. Mbappé a été racheté de l'AS Monaco par le PSG en 2017 pour 180 millions d'euros.

7

Sept joueurs français ont remporté la Coupe du Monde, l'Euro et la Ligue des champions : Didier Deschamps, Marcel Desailly, Christian Karembeu, Bixente Lizarazu, Fabien Barthez, Thierry Henry et Zinédine Zidane.

LA FRANCE ET LA FIFA

Jules Rimet – président de la FIFA de 1921 à 1944 – est le père fondateur de la Coupe du Monde, dont le trophée a porté son nom jusqu'en 1970.

GRIEZMANN

JOUEUR STAR
GRIEZMANN LE GRAND

Lors de l'Euro 2016, **Antoine Griezmann**, attaquant pour la France et l'Atlético Madrid, a remporté le Soulier d'Or (avec six buts), mais aussi le Ballon d'Or du Meilleur joueur. Malheureusement pour la France, et pour lui, il n'a pas marqué lors de la finale perdue 1-0 contre le Portugal. Griezmann s'est racheté deux ans plus tard, avec 4 buts lors de la Coupe du Monde 2018, dont trois penaltys, y compris un en finale qui a permis aux Bleus de mener la Croatie 2-1. La victoire de Griezmann en Coupe du Monde est arrivée quelques semaines après ses deux buts lors de la victoire 3-0 de l'Atlético sur Marseille, en finale de l'Europa League.

BILAN DU SÉLECTIONNEUR
PLUS DURE SERA LA CHUTE

Les Bleus ont connu des hauts et des bas depuis leur deuxième couronne mondiale à l'été 2018. Ils sont devenus les 6e champions du monde de suite à ne pas gagner leur premier match post-sacre en étant tenus en échec 0-0 par l'Allemagne, en ouverture de la Ligue des Nations en septembre 2018. Ils ont offert un feu d'artifice pour battre l'Ukraine 7-1 en octobre 2020 au Stade de France, avant de concéder un nul 1-1 cinq mois plus tard contre le même pays, dans le même stade, en éliminatoire du Mondial 2022. Après avoir remporté le « Groupe de la Mort » à l'Euro 2020, l'équipe de France s'est fait surprendre par la Suisse en huitième de finale. Alors qu'ils étaient menés 3-1, les Helvètes sont parvenus à égaliser et à pousser la France aux tirs au but. La star des Bleus Kylian Mbappé a manqué le dernier tir et offert la qualification 5-4 aux Suisses.

KOPA

LÉGENDE NATIONALE
KOPA, PREMIÈRE SUPERSTAR FRANÇAISE

Né le 13 octobre 1931 dans une famille d'immigrés polonais, les Kopaszewski, **Raymond Kopa** a été la première superstar internationale du foot français. Après avoir fait les beaux jours de Reims dans les années 1950, il signera ensuite au Real Madrid, où il deviendra le premier Français à remporter la Coupe d'Europe. Grand artisan de la 3e place des Bleus lors de la Coupe du Monde 1958, le meneur de jeu verra ses performances récompensées par un Ballon d'Or *France Football* la même année. Le décès de Kopa, à l'âge de 85 ans, le 3 mars 2017, a endeuillé le monde du football.

ZIDANE

2

Le meneur de jeu Zinédine Zidane a inscrit un doublé en finale pour offrir à la France son premier titre mondial, un succès 3-0 contre le Brésil en 1998. Il a également reçu 2 cartons rouges en Coupe du Monde, d'abord contre l'Arabie saoudite, au premier tour du Mondial 1998, puis pour un coup de tête contre l'Italie, en finale 2006.

BUTEURS

1. **Thierry Henry**, 51
2. **Olivier Giroud**, 46
3. **Michel Platini**, 41
4. **Antoine Griezmann**, 38
5. **David Trezeguet**, 34

PLATINI

HIDALGO

BILAN DU SÉLECTIONNEUR
MICHEL ET MICHEL

Michel Hidalgo, décédé en mars 2020 à l'âge de 87 ans, est le premier sélectionneur à avoir offert un titre majeur à la France, victorieuse du Championnat d'Europe de l'UEFA 1986. Son capitaine, **Michel Platini**, avait marqué 9 buts avant de succéder à Hidalgo pour l'UEFA Euro 1992, d'organiser la Coupe du Monde de la FIFA 1998 en France et d'être président de l'UEFA de 2007 à 2015. Hidalgo est aussi le premier à avoir dirigé 75 matchs des Bleus. Depuis, il a été dépassé par Raymond Domenech, sélectionneur pendant 79 matchs, dont une finale du Mondial 2006, et Didier Deschamps.

SÉLECTIONS

1. **Lilian Thuram**, 142
2. **Hugo Lloris**, 128
3. **Thierry Henry**, 123
4. **Marcel Desailly**, 116
5. **Olivier Giroud**, 109

LLORIS

JOUEUR STAR
VICTOIRE D'HUGO

Hugo Lloris a porté le brassard de capitaine plus que tout autre Français. Le 15 juillet 2018, il a brandi le trophée de Coupe du Monde pour sa 104e participation et sa 80e comme capitaine. Pourtant, Lloris a mis un certain temps à recevoir cet honneur. Lorsque Patrice Evra a perdu le brassard en 2010, le nouveau coach Laurent Blanc a nommé trois capitaines avant de se tourner vers Lloris, qui a pris ce poste de manière permanente en préparation de l'Euro 2012.

LÉGENDE NATIONALE
DESAILLY : THE ROCK

Né dans la capitale ghanéenne d'Accra, **Marcel Desailly** a toujours dit qu'il ne voulait défendre que les couleurs de la France, le pays qui l'a accueilli depuis ses quatre ans. En 2003, Desailly devient le joueur le plus capé du pays. Il raccroche les crampons l'année suivante avec 116 sélections, un record qui sera bientôt effacé par son coéquipier Lilian Thuram. Desailly, qui en imposait par sa présence au milieu ou en défense centrale, était surnommé « The Rock » en raison de sa carrière prolifique. Il a remporté non seulement la Coupe du Monde 1998 et l'Euro de l'UEFA 2000 avec la France, mais il est aussi devenu le premier joueur à gagner la Ligue des Champions deux années de suite avec des clubs différents : avec l'OM en 1993 et l'AC Milan en 1994.

LÉGENDE NATIONALE
GÉNÉRAL DESCHAMPS

Didier Deschamps est le 3e joueur seulement à avoir remporté la Coupe du Monde en tant que joueur et sélectionneur, après le Brésilien Mário Zagallo en 1958 et 1970, et l'Allemand Franz Beckenbauer en 1974 et 1990. Deschamps était capitaine tant en 1998 qu'en 2000, lorsque la France a gagné le Championnat d'Europe de l'UEFA. Il a pris sa retraite après 103 capes, dont 55 en tant que capitaine. L'ancien milieu défensif a pris ses fonctions de sélectionneur en 2012 et a conduit la France en finale de l'Euro 2016 à domicile, où elle s'est inclinée 1-0 face au Portugal, avant de remporter la Coupe du Monde 2018 en Russie, grâce à un succès 4-2 contre la Croatie. Depuis, Deschamps a dépassé le record de victoires en tant que sélectionneur, avec un 65e succès, 2-0 contre l'Albanie en novembre 2019. La soirée était d'autant plus mémorable qu'il s'agissait du 100e match de « DD » à la tête des Bleus.

17

Fabien Barthez détient le record français de participations en phases finales de Coupe du Monde, avec 17 matchs joués de 1998 à 2006.

LES BANDES DE LA VICTOIRE

La France est la seule nation à avoir joué un match de Coupe du Monde avec le maillot d'une autre équipe. En Argentine, en 1978, les Bleus ont été contraints de porter les bandes vertes et blanches d'un club local, l'Atlético Kimberley, en raison d'un conflit de maillots blancs avec la Hongrie.

LÉGENDE NATIONALE
THURAM INOXYDABLE

Lilian Thuram a connu sa 142e et dernière sélection lors de la défaite de la France face à l'Italie à l'Euro 2008, lui qui avait fait ses débuts avec les Bleus 14 ans plus tôt, le 17 août 1994 contre la République tchèque. Né à Pointe-à-Pitre le 1er janvier 1972, il est passé par l'AS Monaco, Parme, la Juventus et le FC Barcelone avant de raccrocher à l'été 2008 suite à un problème cardiaque. Son doublé en demi-finale de France 1998 contre la Croatie – ses deux seuls buts en sélection – a fait de lui l'une des grandes stars de l'épopée des Bleus. Son fils Marcel, né à Parme en Italie, a signé dans le club allemand du Borussia Mönchengladbach en 2019 et a aidé la France à remporter l'Euro U-19 en 2016. Il a ensuite fait ses débuts chez les A lors d'un amical contre la Finlande en novembre 2020.

17

Le milieu rennais Eduardo Camavinga est devenu le 2e plus jeune buteur français à 17 ans et 332 jours grâce à son retourné acrobatique pour ouvrir le score face à l'Ukraine (7-1) en octobre 2020. Maurice Gastiger n'avait que 17 ans et 126 jours lorsqu'il a marqué contre la Suisse en mars 1914 (2-2).

JOUEUR STAR

LE RÉVEIL DE GIROUD

Seul Thierry Henry a marqué plus de buts pour la France qu'Olivier Giroud, qui a disputé l'intégralité des rencontres de la Coupe du Monde 2018 et a été sacré champion sans tirer une fois au but. Mais il a accompli bien d'autres prouesses pour sa sélection. Son triplé lors d'un succès 5-0 contre le Paraguay en juin 2017 lui a permis de devenir le premier Français à inscrire trois buts depuis Dominique Rocheteau (6-0 contre le Luxembourg), 32 ans plus tôt. Giroud a ensuite inscrit un doublé pour battre l'Ukraine 7-1 en octobre 2020 et a dépassé Michel Platini au classement des buteurs français. Le même jour, Didier Deschamps lui avait confié le brassard de capitaine pour honorer sa 100e sélection. Ses 40 premiers buts avaient tous été marqués dans la surface de réparation, mais son premier contre l'Ukraine (son 41e au total) était une frappe en pleine lucarne depuis l'extérieur de la surface.

HENRY

LÉGENDE NATIONALE

HENRY SUR LE BANC

Thierry Henry, recordman de buts en équipe de France, n'a pas pu entrer en jeu lors de la finale de France 1998 à cause du carton rouge de Marcel Desailly. Aimé Jacquet comptait solliciter le jeune Monégasque, meilleur buteur de son équipe en phase de groupes (3 buts), mais l'expulsion du Milanais a contraint le sélectionneur à revoir ses plans. Devant la nécessité de renforcer l'entrejeu, Henry resta sur le banc, remplacé par son futur coéquipier à Arsenal, Patrick Vieira. Henry détient en revanche le record du seul Français à avoir joué 4 Coupes du Monde (1998, 2002, 2006 et 2010). Il a également dépassé le record de buts de Platini avec un doublé contre la Lituanie, en octobre 2007.

BUT VARIABLE

Antoine Griezmann est devenu le premier joueur à voir un but international invalidé par vidéo. Griezmann a été jugé hors-jeu après avoir marqué contre l'Espagne en mars 2017, un match remporté 2-0 par les Espagnols.

LÉGENDE NATIONALE

FONTAINE JOUEUR ÉPHÉMÈRE

Just Fontaine a connu le plus court mandat à la tête de l'équipe de France. Intronisé le 22 mars 1967, il a quitté son poste le 3 juin après deux défaites en amical. Il détient toutefois le record du plus grand nombre de buts lors d'une Coupe du Monde : 13 en six matchs joués à l'occasion de la Coupe 1958, dont 4 pendant la victoire 6-3 de la France sur l'Allemagne, en match de 3e place. Il reste le seul Français à avoir réussi un triplé en Coupe du Monde.

POGBA

JOUEUR STAR

POGBOOM

Milieu de terrain dynamique et capitaine, **Paul Pogba** a conduit les Bleuets au titre en Coupe du Monde des moins de 20 ans de la FIFA 2013 en Turquie. La France est ainsi devenue la première sélection à remporter le grand chelem en football masculin international. Avant cela, les Tricolores avaient déjà soulevé la Coupe du Monde de la FIFA (1998), la Coupe du Monde des moins de 17 ans de la FIFA (2001) et le tournoi olympique (1984). Pogba n'a pas tremblé lors de la séance de tirs au but contre l'Uruguay, remportée 4-1 après une finale nulle et vierge. Il a également marqué en finale du Mondial 2018 pour battre la Croatie 4-2, deux ans après avoir brièvement été le footballeur le plus cher quand Manchester United l'a arraché à la Juventus contre 90 millions de £. Il avait fait le chemin inverse gratuitement en 2012.

ALLEMAGNE

Les footballeurs allemands sont presque toujours présents aux derniers stades des compétitions internationales. Leur triomphe de 2014 a mis fin à 18 ans sans titre. C'était la première victoire pour l'Allemagne réunifiée, championne en 1954, 1974 et 1990 en tant que RFA.

Membre de la FIFA : 1908

Plus large victoire : 16-0, contre la Russie, en 1912

Meilleur classement FIFA : 1

Stade : (Rotation)

Palmarès : 4 Coupes du Monde (1954, 1974, 1990, 2014), 3 Championnats d'Europe (1972, 1980, 1996)

13

Le 13 n'a pas porté chance à l'Allemagne, qui a débuté sa campagne par une défaite 1-0 contre la France à l'Euro 2020. C'était la première fois que les Allemands perdaient leur match d'ouverture à l'Euro, après 7 victoires et 5 nuls.

RECORD DE BUTS
LE CAS KLOSE

Miroslav Klose est devenu le 3e joueur, après Uwe Seeler et Pelé, à marquer dans quatre phases finales de la Coupe du Monde. Son premier but au Brésil, une égalisation contre le Ghana, l'avait placé à hauteur de Ronaldo parmi les meilleurs buteurs de la Coupe du Monde. Et c'est contre le Brésil que Klose a pris seul la tête du classement. Avec 24 apparitions, il n'est devancé que par son compatriote Lothar Matthäus (25) et ses 17 victoires le mettent à une longueur devant le précédent détenteur du record, le Brésilien Cafu. Klose a raccroché les crampons en 2014 avec le statut de meilleur buteur allemand de tous les temps, avec 71 buts en 137 matchs. Ses coéquipiers n'ont jamais perdu de match international où il a marqué.

KLOSE

BUTEURS

1. **Miroslav Klose,** 71
2. **Gerd Müller,** 68
3. **Lukas Podolski,** 49
4. **Jürgen Klinsmann,** 47
   = Rudi Völler, 47

LÉGENDE NATIONALE
LE KAISER

Franz Beckenbauer est considéré comme le meilleur joueur de l'histoire du foot allemand. Il invente le poste de libéro offensif, appliqué au plus haut niveau à la Coupe du Monde 1970, puis lors du titre européen de la RFA en 1972 et du sacre mondial en 1974. Devenu entraîneur sans grande expérience, il conduit son pays à la finale de Mexique 1986, puis au titre suprême lors du Mondial 1990 en Italie, pour son dernier match. Il est ensuite devenu président du Bayern Munich, club qu'il a mené à trois sacres européens entre 1974 et 1976 en tant que capitaine. Fer de lance de la candidature allemande, il a présidé le comité organisateur de la Coupe du Monde 2006.

BECKENBAUER

100

Ulf Kirsten est l'un des 8 joueurs à avoir représenté l'ancienne Allemagne de l'Est et l'Allemagne réunifiée après 1990. Il a totalisé 100 sélections : 49 pour la RDA et 51 pour l'Allemagne.

ANECDOTE DU TOURNOI
SILENCE À LA SAMBA

Victorieuse 1-0 de l'Argentine en 2014, l'Allemagne disputait sa 8e finale de Coupe du Monde de la FIFA, un record qu'elle poursuivait après être devenue la 1re sélection à jouer 4 demi-finales de suite. Mais c'est l'humiliation du Brésil 7-1 en demi-finale qui risque de rester dans les mémoires – et dans les livres de records. Les Allemands menaient 5-0 à la mi-temps de ce qui est devenu la plus large victoire en demi-finale d'un Mondial et la plus lourde défaite d'un pays hôte. Parmi les autres records battus : les 4 buts en 6 minutes de l'Allemagne et les 2 buts de Toni Kroos en 69 secondes (doublé le plus rapide), qui l'ont aidé à devenir le premier champion du monde né en Allemagne de l'Est. En outre, l'ouverture du score de Thomas Müller était le 2 000e but de l'Allemagne.

LÉGENDE NATIONALE
GNABRY GAMBADE

Avec un triplé contre l'Irlande du Nord en novembre 2019, Serge Gnabry est devenu le premier Allemand à marquer 13 buts en 13 sélections depuis Gerd Müller (16 buts en 13 matchs en 1969). Il en avait déjà inscrit 10 dans ses 10 premiers matchs. Gnabry, auteur d'un triplé dès sa première convocation face à Saint-Marin (8-0), a fait ses débuts en club pour Arsenal à 17 ans avant de signer au Werder Brême puis au Bayern Munich. En Ligue des Champions de l'UEFA 2019-2020, il a visiblement apprécié son retour à Londres en inscrivant quatre buts, pour écraser Tottenham 7-2, puis encore deux buts contre Chelsea (3-0).

LÉGENDE NATIONALE
LÖW A TOUT CONNU

Joachim Löw a quitté son poste de sélectionneur de l'Allemagne après une défaite 2-0 contre l'Angleterre en huitième de finale de l'Euro 2020. Il a ainsi mis un terme à une carrière de 15 ans et 194 matchs, qui lui ont permis de dépasser les 162 rencontres supervisées par Sepp Herberger. Son coup d'éclat restera bien sûr la victoire à la Coupe du Monde 2014 au Brésil, faisant de lui le premier sélectionneur sacré sans avoir joué pour son pays. Après une carrière honorable de joueur et d'entraîneur de club, il avait été désigné adjoint de Jürgen Klinsmann en 2004 avant d'être promu en 2006. Outre le titre de 2014, il a terminé finaliste de l'Euro 2008 et a atteint le dernier carré quatre ans plus tard, après avoir décroché la 3e place du Mondial 2010 entre les deux.

LÖW

11 HEURES ET 19 MINUTES

L'équipe de Joachim Löw a joué 11 heures et 19 minutes sans encaisser de but, un record national, entre les buts d'Antoine Griezmann pour la France en demi-finale de l'Euro 2016 et une égalisation à la 31e minute de l'Azéri Dimitrij Nazarov le 26 mars 2017, en éliminatoires de la Coupe du Monde 2018, lors d'un match que l'Allemagne a remporté 4-1.

MÜLLER

5

Gerd Müller, disparu le 15 août 2021, a inscrit 8 triplés pour la RFA (record national) entre 1967 et 1972, dont quatre quadruplés. Otto Stiffling reste toutefois le seul Allemand à marquer 5 buts en un match, lors de la gifle 8-0 contre le Danemark en mai 1937.

LÉGENDE NATIONALE
LE BENJAMIN AUX 100 CAPES

À 27 ans et 13 jours, Lukas Podolski est devenu, pour peu de temps, le plus jeune footballeur européen à compter 100 sélections. C'était au premier tour de l'Euro 2012, lors d'un match remporté 2-1 contre le Danemark lors duquel il avait ouvert le score. Il a été élu Meilleur jeune du Mondial allemand de 2006, que son équipe a terminé à la 3e place. Comme il l'avait annoncé, il s'est retiré du football international en mars 2017 en marquant le seul but (son 49e) de son 130e et dernier match pour l'Allemagne : une victoire 1-0 sur l'Angleterre, lors d'une rencontre amicale à Dortmund.

NEUER

ANECDOTE DU TOURNOI
LA MALÉDICTION DE LA 80e

L'Allemagne défendait son titre lors de la Coupe du Monde 2018 – et était championne de la Coupe des Confédérations 2017, qu'elle avait remportée en Russie. Pourtant, l'équipe de Joachim Löw a terminé au bas du Groupe F, ce qui lui a valu sa première élimination au 1er tour en 80 ans (elle n'avait pas joué en 1950) et sa 2e de l'histoire. L'Allemagne avait été sortie en 1938, un tournoi par éliminatoires, après avoir perdu 4-2 face à la Suisse au cours d'un match rejoué après un nul 1-1. Cette équipe allemande comptait plusieurs Autrichiens, après l'Anschluss (l'annexion allemande de l'Autriche) de 1938.

1-0

La RDA et la RFA se sont affrontées une seule fois en sélection A. C'était le 22 juin 1974, en match de groupes de la Coupe du Monde. La RDA a créé la surprise en s'imposant 1-0 à Hambourg, mais les deux équipes ont accédé au 2e tour.

JOUEUR STAR
LES RECORDS DE NEUER

Manuel Neuer détient le record de la plus longue série sans but encaissé en match international pour l'Allemagne. Il s'est en effet écoulé 557 minutes entre le but tardif du Brésil, écrasé 7-1 en demi-finale de la Coupe du Monde, et celui de l'Italien Leonardo Bonucci en quart de finale de l'Euro 2016. L'Allemagne l'avait emporté 6-5 aux tirs au but, avec notamment deux arrêts réussis par Neuer. Le record précédent revenait à Sepp Maier, avec 481 minutes dans les années 1970. Neuer, réputé pour son aisance la balle au pied, a été nommé capitaine de l'Allemagne en septembre 2016, après le départ de Bastian Schweinsteiger.

GÖTZE

SCHÜRRLE

ANECDOTE DU TOURNOI
RÉUNION DE NOUVEAUX

Mario Götze, du Bayern Munich, a été le héros du match en finale de la Coupe du Monde 2014, quand l'Allemagne a triomphé de la résistance argentine. Sa frappe de volée à la 113e minute a été le premier but marqué par un remplaçant. Ce premier triomphe de l'Allemagne en Coupe du Monde depuis la réunification de 1990 est donc dû à Götze, avec le soutien décisif d'**André Schürrle**. Lors de leurs débuts en novembre 2010, comme remplaçants contre la Suède (79e minute), Götze et Schürrle sont devenus ensemble les premiers internationaux allemands nés après la réunification.

LÉGENDE NATIONALE
FABULEUX PHILIPP

Quatre capitaines allemands ont soulevé la Coupe du Monde de la FIFA : Fritz Walter en 1954, Franz Beckenbauer en 1974, Lothar Matthäus en 1990 et **Philipp Lahm** en 2014. Ce défenseur latéral, aussi à l'aise à droite qu'à gauche, était le plus jeune capitaine allemand en Coupe du Monde lorsque la *Mannschaft* est arrivée 3e en 2010. Il a pris sa retraite internationale à seulement 30 ans après le sacre de 2014 contre l'Argentine. Fan du Bayern Munich dans son enfance, il a également été le capitaine des Bavarois titrés en Ligue des Champions de l'UEFA 2013. Lahm n'a connu qu'un seul autre club, Stuttgart, lors d'un court prêt.

LAHM

3

Andreas Köpke a participé à trois sacres allemands : comme gardien remplaçant au Mondial 1990, comme titulaire à l'Euro 1996 – signant un arrêt décisif face à l'Anglais Gareth Southgate lors des tirs au but de la demi-finale – et comme entraîneur des gardiens au Mondial 2014.

DRAXLER

JOUEUR STAR
JULIAN SOUS PRESSION

En 2017, l'Allemagne, championne du monde, a remporté sa première Coupe des Confédérations en Russie, bien que l'entraîneur Joachim Löw ait mis au repos bon nombre de ses grands joueurs, notamment Müller, Özil et Kroos. Lars Stindl a marqué le seul but de la finale, contre le Chili, et le gardien Marc-André ter Stegen a été nommé Joueur du match. Le Ballon d'Or du Meilleur joueur de la compétition est revenu à **Julian Draxler**, le capitaine de 23 ans (soit le plus jeune Allemand à ce poste depuis Max Breuning aux JO 1912) ; le Soulier d'Or a été décerné à son coéquipier Timo Werner, auteur de trois buts. L'équipe était aussi la plus jeune de tous les vainqueurs de la Coupe des Confédérations, avec un âge moyen de 24 ans et 4 mois.

SÉLECTIONS

1. **Lothar Mattäus,** 150
2. **Miroslav Klose,** 137
3. **Lukas Podolski,** 130
4. **Bastian Schweinsteiger,** 121
5. **Philipp Lahm,** 113

22

Sepp Herberger (1897-1977) a assuré un mandat de sélectionneur record de 22 ans. Il a consolidé sa légende en menant les siens à un exploit contre les Hongrois en finale de la Coupe du Monde 1954. Ce succès avait contribué à sortir le pays de la crise d'après-guerre.

LÉGENDE NATIONALE
MATTHÄUS LES A MATÉS

Lothar Matthäus était surnommé « le Panzer » ou « la Panthère » lors de ses années de joueur en tant que milieu défensif rugueux. En 20 ans de carrière internationale, il a obtenu 87 capes pour la RFA et 63 pour l'Allemagne réunifiée, soit un total record de 150 sélections. Il était le capitaine vainqueur de la Coupe du Monde 1990 après avoir dompté l'Argentine de Diego Maradona en finale, quatre ans après une défaite 3-2 contre le même adversaire, en finale 1986 au Mexique. Matthäus, qui pouvait également jouer milieu offensif ou libéro, a disputé 5 Coupes du Monde (1982, 1986, 1990, 1992 et 1998), un record égalé uniquement par les Mexicains Antonio Carbajal et Rafael Márquez.

MATTHÄUS

200

Le but de Thomas Müller dès la 3e minute, en quart du Mondial 2010 contre l'Argentine, a ouvert la voie à un succès 4-0. L'Allemagne est ainsi devenue la 2e nation après le Brésil à dépasser les 200 buts en Coupe du Monde. Müller avait fait ses débuts en sélection seulement 4 mois plus tôt, lors d'un revers 1-0 contre le même adversaire. Lors de la conférence d'après-match, Maradona, alors sélectionneur de l'Argentine, l'avait confondu avec un ramasseur de balles.

LÉGENDE NATIONALE
« DER BOMBER »

Gerd Müller est le buteur le plus prolifique de son époque. Cet attaquant trapu, peu élégant mais très rapide, était un tueur devant le but. Sa force mentale le rendait déterminant dans les grands matchs, comme en témoignent ses buts victorieux en demi-finale et finale de la Coupe du Monde 1974. Au Championnat d'Europe 1972, il signa un doublé en finale contre l'URSS. Il a inscrit 68 buts en 62 matchs avec la RFA et reste le meilleur réalisateur de la *Bundesliga* et de son club, le Bayern Munich.

LÉGENDE NATIONALE
SUPER SAMMER

Matthias Sammer n'est pas seulement l'un des huit footballeurs à avoir joué pour l'Allemagne de l'Est et l'Allemagne réunifiée, il a également eu l'honneur d'être capitaine et de marquer les deux buts lors du dernier match de la RDA, une victoire 2-0 à l'extérieur contre la Belgique, le 12 septembre 1990, trois semaines avant la réunification officielle. Avec ses performances de milieu de terrain, Sammer a conduit l'Allemagne au titre européen 1996, où il a été nommé Meilleur joueur de la compétition.

ITALIE

Seul le Brésil, avec 5 titres, peut s'enorgueillir d'un palmarès plus fourni que l'Italie en Coupe du Monde. La *Squadra Azzurra* a été la première sélection à conserver son trophée, grâce à ses victoires en 1934 et en 1938. Elle a créé la surprise lors du Mondial espagnol de 1982 et a décroché sa 4e étoile en 2006.

Membre de la FIFA : 1910
Plus large victoire : 9-0, contre les États-Unis, en 1948
Meilleur classement FIFA : 1
Stade : Stadio Olimpico, Rome
Palmarès : 4 Coupes du Monde (1934, 1938, 1982, 2006), 2 Championnats d'Europe (1968, 2020)

MANCINI

LÉGENDE NATIONALE
RENAISSANCE ITALIENNE

Roberto Mancini a été l'architecte de la reconstruction italienne après la qualification manquée à la Coupe du Monde 2018. Une renaissance qui a culminé avec la victoire à l'Euro 2020, seulement 3 ans après sa nomination. Ancien meneur de jeu de la Sampdoria et de la Lazio, il reste sur une série record de 34 matchs internationaux sans défaite, dont des succès aux tirs au but contre l'Espagne en demie et l'Angleterre en finale de l'Euro. Une série qui compte notamment 11 victoires de suite, un record pour l'Italie. Mancini faisait partie des sélectionnés lorsque les *Azzurri* avaient obtenu la 3e place du Mondial 1990 à domicile, mais n'avait pas joué la moindre minute. À l'Euro 2020, il a fait entrer son gardien remplaçant, Salvatore Sirigu, pour les dernières minutes de la rencontre remportée 1-0 contre le pays de Galles, au premier tour, afin qu'il puisse lui aussi goûter à la compétition.

ANECDOTE DU TOURNOI
BUT ET RE-BUT

En 2006, l'entraîneur Marcello Lippi a utilisé tous ses joueurs de champ lors du 4e sacre de l'Italie en Coupe du Monde, cette fois-ci en Allemagne. Les six attaquants appelés ont tous marqué une fois, sauf Luca Toni (deux fois). Il aurait pu mettre un troisième but, mais sa tête à la 61e minute contre la France, en finale, n'a pas été accordée à cause d'un hors-jeu. Les autres attaquants ayant réussi étaient Alessandro Del Piero, Francesco Totti, Alberto Gilardino, Vincenzo Iaquinta et Filippo Inzaghi. Toni a pris sa retraite à la fin de la saison 2015-2016, à l'âge de 39 ans. L'année précédente, il était devenu le joueur le plus âgé à terminer Meilleur buteur de Serie A.

18

Le plus jeune buteur italien de l'histoire est Bruno Nicolè, qui avait 18 ans et 258 jours lorsqu'il a inscrit un doublé pour un nul 2-2 contre la France, le 9 novembre 1958. Le second est Moise Kean, âgé de 19 ans et 23 jours quand il a marqué en éliminatoires de l'Euro pour battre la Finlande 2-0, en mars 2019.

LÉGENDE NATIONALE
DINO MONUMENTAL

Le gardien **Dino Zoff** a établi un record mondial en conservant ses cages inviolées pendant 1 142 minutes, entre septembre 1972 et juin 1974. Zoff était le capitaine des champions du monde 1982, à l'instar d'un autre portier de la Juve, Gianpiero Combi, capitaine de l'équipe sacrée en 1934. Sélectionneur, Zoff a emmené l'Italie en finale de l'Euro 2000, perdue 2-1 contre la France sur un but en or. Il quitta son poste quelques jours plus tard, mécontent d'être pointé du doigt par le président de l'AC Milan, l'homme politique Silvio Berlusconi.

ZOFF

BUTEURS

1 **Luigi Riva,** 35
2 **Giuseppe Meazza,** 33
3 **Silvio Piola,** 30
4 **Roberto Baggio,** 27
= **Alessandro Del Piero,** 27

19 SECONDES

En juin 2013, Emanuele Giaccherini a marqué le but le plus rapide de l'Italie, 19 secondes après le début d'un match amical contre Haïti – soit une seconde plus vite que Salvatore Bagni contre le Mexique, 29 ans plus tôt.

JOUEUR STAR
LA PROMESSE

Le gardien **Gianluigi Donnarumma** a commencé l'Euro 2020 en devenant le plus jeune portier italien dans un tournoi majeur, à 22 ans et 106 jours, pour un succès 3-0 contre la Turquie. Il l'a terminé en étant sacré meilleur joueur du tournoi, premier gardien à recevoir cet honneur, quelques minutes après avoir repoussé les tirs au but des Anglais Jadon Sancho et Bukayo Saka, synonyme de titre pour l'Italie. C'était sa 5e séance de tirs au but (3 avec l'AC Milan et 2 avec l'Italie) pour autant de victoires. En demi-finale de l'Euro, il avait déjà stoppé le tir de l'Espagnol Álvaro Morata. Donnarumma a fait ses débuts internationaux en septembre 2016, à seulement 17 ans et 189 jours, pour une défaite 3-1 contre la France.

2

Vittorio Pozzo est le seul homme à avoir remporté deux Coupes du Monde en tant que sélectionneur – en 1934 et 1938 (seuls Giuseppe Meazza et Giovanni Ferrari ont disputé les deux finales).

LÉGENDE NATIONALE
UN CENTENAIRE RADIEUX

Après avoir mené l'Italie au titre mondial en 2006, le capitaine **Fabio Cannavaro** est devenu, à 33 ans, le footballeur le plus âgé et le premier défenseur à être élu Ballon d'Or de la FIFA. Né à Naples en 1973, l'ancien Parmesan n'a pas manqué une seule minute du parcours italien en Allemagne, fêtant au passage sa 100e cape lors de la finale gagnée face à la France. Cannavaro est généralement considéré comme l'un des plus grands défenseurs du XXIe siècle. Il a porté les couleurs de la Juventus, de l'Inter et du Real Madrid.

LÉGENDE NATIONALE
LE SIRE MEAZZA

L'enceinte partagée par l'AC Milan et l'Inter est généralement baptisée San Siro, du nom du quartier où elle se trouve, mais son nom officiel est le Stadio Giuseppe-Meazza, en l'honneur du légendaire milieu offensif qui a joué pour les deux clubs. Meazza a aussi été champion du monde avec l'Italie en 1934 et 1938. Né à Milan le 23 août 1910, il est repéré par les recruteurs « intéristes » alors qu'il jongle dans la rue avec une pelote de chiffons. Le club *nerazzurro* le gavera de steaks afin d'épaissir un physique trop frêle. Il a inscrit son dernier but pour l'Italie contre le Brésil, en demi-finale de la Coupe du Monde 1938. Pour la petite histoire, il a dû tirer son penalty tout en retenant son short, dont l'élastique avait cédé.

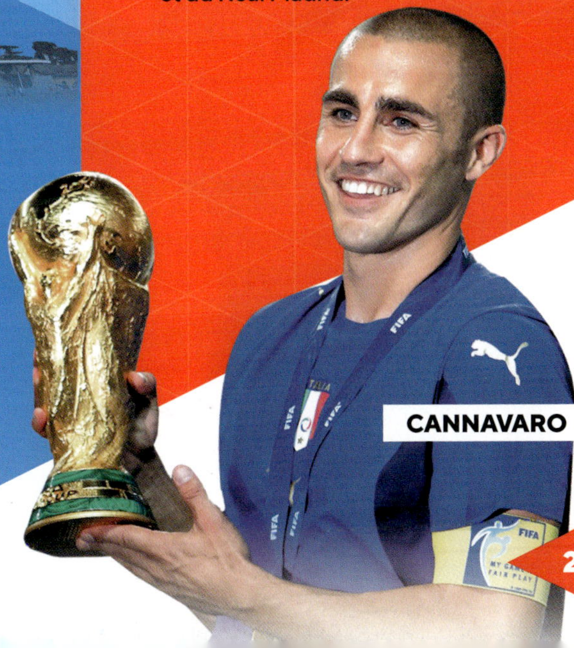

3-0

L'Italie n'avait jamais marqué trois buts en un seul match de Championnat d'Europe avant de battre la Turquie 3-0 en ouverture de l'Euro 2020. Les *Azzurri* ont remporté le match suivant, contre la Suisse, sur le même score.

SÉLECTIONS

1. **Gianluigi Buffon,** 176
2. **Fabio Cannavaro,** 136
3. **Paulo Maldini,** 126
4. **Daniele De Rossi,** 117
5. **Andrea Pirlo,** 116

LÉGENDE NATIONALE
UNE AFFAIRE DE FAMILLE

Cesare et **Paolo Maldini** sont les seuls père et fils à avoir brandi la Coupe d'Europe en tant que capitaines. Tous deux l'ont fait avec l'AC Milan, et en Angleterre pour la première fois. Cesare a triomphé face à Benfica à Wembley en 1963. Paolo a réédité l'exploit 40 ans plus tard, lorsque le club lombard a battu la Juventus à Old Trafford. Deuxième joueur le plus capé de la sélection transalpine, Paolo n'a jamais rien gagné avec elle, échouant à la troisième place au Mondial 1990 et en finale du Mondial 1994 et de l'Euro 2000. Le fils de Paolo, le milieu de terrain Daniel âgé de 18 ans, est devenu le 3e Maldini à porter le maillot de l'AC Milan lorsqu'il est entré dans les arrêts de jeu contre Vérone en février 2020.

MALDINI

ANECDOTE DU TOURNOI
CACHETTE

Pendant la Seconde Guerre mondiale, le trophée Jules Rimet – la Coupe du Monde de la FIFA – remporté par l'Italie en 1938 est resté dans une boîte à chaussures, sous le lit d'Ottorino Barassi. Ce dirigeant avait jugé l'emplacement plus sûr que sa cachette d'origine, une banque romaine. Le trophée a été rendu à la FIFA en parfait état lorsque la Coupe du Monde a repris ses droits, en 1950. Barassi a aidé à organiser la Coupe du Monde 1934, disputée en Italie.

LÉGENDE NATIONALE
DES HAUTS ET DES BAS

Gianluigi Buffon n'est pas seulement l'un des meilleurs gardiens modernes du monde, il a aussi surpassé certaines prouesses de son légendaire prédécesseur italien Dino Zoff. Il a égalé le record de Zoff, champion du monde 1982, en remportant la Coupe du Monde 2006 – avec seulement 2 buts concédés lors du tournoi, dont un contre son camp et un penalty. Buffon est devenu le troisième footballeur seulement à être sélectionné pour cinq Coupes du Monde lorsqu'il a disputé deux rencontres au Brésil en 2014, après avoir manqué le match d'ouverture contre l'Angleterre pour une douleur à la cheville.

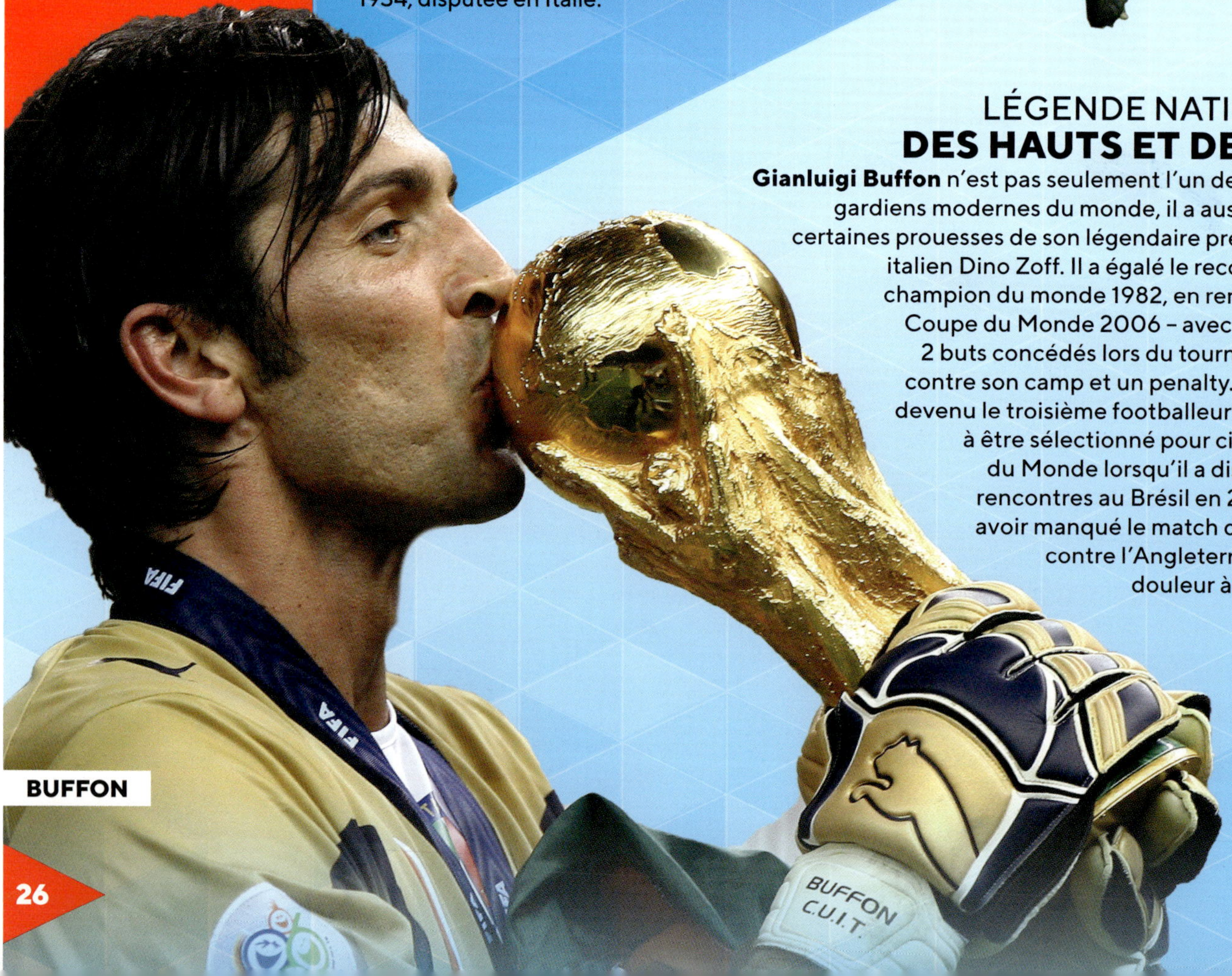

BUFFON

N° 3
Aucun joueur de l'Inter ne portera plus le numéro 3, retiré en hommage au légendaire défenseur Giacinto Facchetti, après son décès en 2006, à l'âge de 64 ans.

LÉGENDE NATIONALE
DU DIABLE VAUVERT

Paolo Rossi a été l'improbable héros du triomphe italien en 1982. L'attaquant décrocha le Soulier d'Or grâce à ses 6 réalisations, dont un *hat-trick* mémorable contre le Brésil au 2e tour et le premier des trois buts contre la RFA en finale. Et dire qu'il avait bien failli manquer la compétition, lui qui avait fini de purger, six semaines avant le coup d'envoi, une suspension de 2 ans pour une affaire de paris truqués. Des milliers de personnes ont assisté aux funérailles de Rossi à Vicence, en décembre 2020. Il avait succombé à un cancer des poumons à 64 ans.

21

L'Italie détient le record de matchs nuls en Coupe du Monde, passé à 21 rencontres avec les nuls face au Paraguay et à la Nouvelle-Zélande dans le Groupe F du Mondial sud-africain en 2010.

3

Seules l'Angleterre et l'Espagne ont perdu autant de séances de tirs au but dans l'épreuve suprême que l'Italie (trois). Chaque fois – en 1990, 1994 et 1998 –, Roberto Baggio était impliqué.

LÉGENDE NATIONALE
GRAND HUIT

Giovanni Ferrari n'a pas seulement remporté les Coupes du Monde 1934 et 1938, il détenait également le plus beau palmarès en Serie A jusqu'en 2018. Ferrari a décroché le huit *Scudetti* : cinq avec la Juventus, deux avec l'Inter de Milan et un avec Bologne. Cinq autres joueurs comptent huit titres dans le championnat italien : Virginio Rosetta, Giuseppe Furino, Andrea Barzagli, Giorgio Chiellini et Leonardo Bonucci. Gianluigi Buffon est seul détenteur du record avec neuf sacres – il en a même remporté 11, mais ceux de 2004-2005 et 2005-2006 ont été retirés après le scandale Calciopoli.

1000

Le tout premier but de Christian Vieri pour l'Italie, à ses débuts en 1997, constituait aussi le 1 000e but international officiel inscrit par la *Squadra Azzurra*.

LÉGENDE NATIONALE
CHIESA A LA CLÉ

Enrico Chiesa a inscrit 7 buts en 22 sélections, dont un au Championnat d'Europe 1996 lors d'un revers 2-1 contre les futurs finalistes tchèques. Mais son fils, Federico, a fait mieux à l'Euro 2020 : il en a marqué deux : lors du succès 2-1 contre l'Autriche en huitième, puis lors du nul 1-1 contre l'Espagne en demie, remportée aux tirs au but par les Italiens. Il était aussi titulaire lors de la finale. Toutefois, Enrico codétient le record de buts marqués comme remplaçant avec Alessandro Del Piero : cinq. Le succès contre l'Autriche en juin 2021 était la 14e victoire de suite des *Azzurri* en Championnats d'Europe (éliminatoires inclus), égalant un record détenu par la Belgique. Les Italiens ont ensuite amélioré ce record au tour suivant en battant… la Belgique, 2-1 en quart de l'Euro.

LÉGENDE NATIONALE
LA VIEILLE GARDE

Totalisant 70 bougies à eux deux, les défenseurs centraux **Giorgio Chiellini** et **Leonardo Bonucci** ont parfois été considérés comme le maillon faible de la sélection italienne à l'Euro 2020. Mais ce sont bien eux qui ont eu le dernier mot. Chiellini, 36 ans, avait annoncé sa retraite internationale après le fiasco de la non-qualification au Mondial 2018, mais a néanmoins été rappelé par le sélectionneur intérimaire Luigi Di Biagio pour des amicaux en mars 2018, puis par le nouveau sélectionneur Roberto Mancini, qui en a fait son capitaine. Il a soulevé le trophée européen à Wembley le 11 juillet 2021, après un succès 3-2 aux tirs au but contre l'Angleterre, suivant un nul 1-1 dans le temps réglementaire. L'égalisation des Italiens était intervenue après un cafouillage conclu par Bonucci, 34 ans et 71 jours, joueur le plus âgé à marquer en finale de l'Euro. Le record précédent était détenu par Bernd Hölzenbein avec la RFA : il avait 30 ans et 103 jours quand il a marqué contre la Tchécoslovaquie en 1976. En finale, Bonucci disputait son 18e match de Championnat d'Europe, soit un de plus que le précédent record italien de Gianluigi Buffon.

PAYS-BAS

18

Justin, le fils de Patrick Kluivert, a effectué ses débuts internationaux comme remplaçant à la 78e minute contre le Portugal, en mars 2018, à 18 ans – l'âge de son père lors de son premier match en équipe nationale.

Les tribunes tapissées d'orange par les supporters néerlandais sont aujourd'hui une tradition dans les compétitions internationales, grâce au « football total », pratiqué par Johan Cruyff et consorts.

CRUYFF

LÉGENDE NATIONALE
CRUYFF LE MAGICIEN

Johan Cruyff n'était pas seulement un génie de la balle au pied, c'était un philosophe footballistique inspiré, qui a développé le concept de « football total » non seulement avec l'Ajax d'Amsterdam et les Pays-Bas dans les années 1970, mais aussi en Espagne, où il a joué et dirigé Barcelone, œuvrant comme mentor auprès de tous ceux qui l'ont suivi dans ce club, tels Pep Guardiola et Xavi Hernández. Cruyff a également légué au monde du football le « demi-tour à la Cruyff », souvent imité, en envoyant le ballon vers l'arrière, de l'intérieur du pied, avant de pivoter et de passer le défenseur suédois stupéfait, Jan Olsson.

Membre de la FIFA : 1905

Plus large victoire : 11-0, contre Saint-Marin, en 2011

Meilleur classement FIFA : 1

Stade : Johan Cruyff Arena, Amsterdam

Palmarès : 1 Championnat d'Europe (1988)

100

Le milieu de terrain Davy Klaassen a effectué son premier match international en mars 2014, lors d'une défaite 2-0 contre la France. Il est alors devenu le 100e joueur de l'Ajax d'Amsterdam à faire ses débuts en équipe néerlandaise, après être sorti du célèbre centre de formation.

LÉGENDE NATIONALE
CAPITAINE VICTORIEUX

Avec ses célèbres dreadlocks, Ruud Gullit était une figure unique du football dans les années 1980 et 1990. Double vainqueur de la Coupe d'Europe avec l'AC Milan et Ballon d'Or *France Football*, il restera dans le cœur des supporters comme le 1er joueur néerlandais à avoir brandi un trophée majeur, celui de l'Euro 1988. En 1996, Gullit a signé à Chelsea avant de devenir entraîneur-joueur du club, un an plus tard.

LÉGENDE NATIONALE
MICHELS, LE MAÎTRE

En 1999, **Rinus Michels** (1928-2005) a été nommé entraîneur du siècle de la FIFA pour son travail avec l'Ajax et les Pays-Bas. L'ancien attaquant international de l'Ajax prend les rênes de son ex club en 1965 et commence à façonner une équipe amenée à dominer le football européen au début des années 1970. Comme plus tard en sélection, il fait de Johan Cruyff la pierre angulaire de son concept de « football total ». Après le titre européen de l'Ajax en 1971, il signe au FC Barcelone, avant d'être appelé par la fédération pour présider aux destinées de la sélection à la Coupe du Monde 1974. Surnommé « le général », il parvient à imposer sa discipline aux différents clans du vestiaire néerlandais. Cette force de caractère lui sera très utile pour triompher à l'Euro 1988, lors de son deuxième mandat.

MICHELS

LÉGENDE NATIONALE

LES MULTIPLES FACETTES DE SNEIJDER

En 2017, **Wesley Sneijder** est devenu le joueur le plus capé de son pays, tout en fêtant sa 131e participation par un 31e but. Il a connu une année 2010 presque parfaite, en remportant le triplé avec l'Inter Milan : un doublé coupe-championnat et la Ligue des Champions de l'UEFA. Sneijder aurait même pu ajouter la Coupe du Monde à son palmarès, mais les Pays-Bas se sont inclinés 1-0 en finale contre l'Espagne. Sneijder est aussi passé tout près d'être Soulier d'Or de la compétition grâce à ses 5 buts, autant que Diego Forlán, Thomas Müller et David Villa.

SNEIJDER

SÉLECTIONS

1	**Wesley Sneijder,** 134
2	**Edwin Van der Sar,** 130
3	**Frank de Boer,** 112
4	**Rafael van der Vaart,** 109
5	**Giovanni van Bronckhorst,** 106

JOUEUR STAR

MAARTEN À L'EXPÉRIENCE

À l'UEFA Euro 2020, lors du succès 3-2 contre l'Ukraine, le gardien Maarten Stekelenburg est devenu le Néerlandais le plus âgé titularisé dans un grand tournoi. Il avait 38 ans et 278 jours quand sa nation a été éliminée par la République tchèque en 8e de finale. Il a remplacé au pied levé le portier nº 1 Jasper Cillessen quand ce dernier a été testé positif au COVID-19 la veille du tournoi. Stekelenburg, qui souffre de surdité partielle, a été le premier gardien expulsé pour les Pays-Bas lors d'un amical perdu 2-1 contre l'Australie en septembre 2008, mais il a aussi brillé lors de l'épopée des *Oranje* jusqu'en finale de la Coupe du Monde 2010. C'est toutefois un autre gardien qui reste l'international le plus âgé ainsi que le débutant le plus âgé des Pays-Bas : Sander Boschker avait 39 ans et 256 jours quand il a obtenu sa seule et unique sélection en entrant en deuxième période du match amical contre le Ghana, en juin 2010.

38

Abe Lenstra est le buteur le plus âgé pour les *Oranje* depuis son dernier match en équipe des Pays-Bas, un 2-2 contre la Belgique, le 19 avril 1959, à l'âge de 38 ans et 144 jours.

LÉGENDE NATIONALE

LE HOLLANDAIS NON VOLANT

Dennis Bergkamp aurait décroché beaucoup plus de 79 sélections sans sa peur des avions, héritée d'une fausse alerte à la bombe à la Coupe du Monde 1994 aux États-Unis. Refusant de voyager par les airs, il manquait donc les matchs à l'extérieur de ses clubs et de la sélection, à moins de pouvoir rejoindre le groupe par d'autres moyens. Son but victorieux et subtil de dernière minute contre l'Argentine, en quart de finale de la Coupe du Monde 1998, est souvent considéré comme l'un des plus élégants de cette compétition.

BERGKAMP

JOUEUR STAR

VIRGIL RECORD

En janvier 2018, **Virgil van Dijk** est devenu le défenseur le plus cher du monde : il aurait été acheté 85 millions d'euros par Liverpool à son rival de *Premier League*, Southampton. Deux mois plus tard, Van Dijk a été nommé capitaine des Pays-Bas, en remplacement d'Arjen Robben qui s'est retiré du football international en octobre. En novembre 2018, Van Dijk a égalisé à 2-2 dans le temps additionnel contre l'Allemagne pour arracher une place en phase finale de la toute première Ligue des Nations de l'UEFA l'année suivante. Il a porté le brassard en demi-finale, remportée 3-1 contre l'Angleterre, ainsi qu'en finale, perdue 1-0 contre le Portugal, champion d'Europe en titre. Il a toutefois dû renoncer à l'Euro 2020 en raison d'une grave blessure au genou subie dans le derby Liverpool-Everton en octobre 2020. C'est le milieu Georginio Wijnaldum qui a récupéré le brassard de capitaine.

VAN DIJK

LÉGENDE NATIONALE
DU GRAND VAART

Rafael van der Vaart est le 5e joueur à jouer 100 fois pour les Pays-Bas. Pourtant, il a bien failli ne pas y arriver : il a terminé l'Euro 2012 avec 99 sélections et l'entraîneur van Marwijk a laissé entendre qu'il pourrait être écarté des futures listes. Le départ de van Marwijk après l'Euro 2012 lui a redonné ses chances et il a disputé son 100e match en amical contre la Belgique (perdu 4-2), en août 2012. Malheureusement, une blessure au mollet, trois jours avant que Louis van Gaal annonce la liste de ses 23 joueurs, a écarté Rafael van der Vaart de la Coupe du Monde 2014.

RONALD KOEMAN

LÉGENDES NATIONALES
LES KOEMAN

Les frères **Ronald** et Erwin **Koeman** étaient coéquipiers pour les Pays-Bas, contribuant à la victoire lors de l'Euro 1988. Ils ont également fait équipe comme sélectionneurs, l'aîné Erwin étant l'assistant de Ronald pour les clubs anglais de Southampton et Everton. Mais lorsque Ronald a été nommé nouveau patron des Pays-Bas en février 2018, Erwin a préféré ne pas le rejoindre. Après avoir manqué l'Euro 2016 et le Mondial 2018, Ronald a restauré l'aura des Pays-Bas en dominant son groupe de Ligue des Nations devant la France et l'Allemagne. S'il a buté sur la dernière marche de la phase finale en 2019, il a ensuite qualifié son pays pour l'Euro 2020. Quand le tournoi a été repoussé d'un an, il a quitté son poste pour devenir entraîneur du FC Barcelone en août 2020, revenant ainsi dans le club espagnol pour lequel il avait inscrit le but décisif en finale de Coupe d'Europe de l'UEFA en 1992.

LÉGENDE NATIONALE
DE BOER POUR LE PRIX D'UN

Les jumeaux **Frank** et Ronald **De Boer** détiennent le record du nombre de matchs joués par des frères pour les Pays-Bas. Frank compte 112 sélections et Ronald 67. Ce dernier a manqué un penalty crucial lorsque les Néerlandais ont perdu face au Brésil, en demi-finale de la Coupe du Monde 1998. Frank a connu une mésaventure similaire deux ans plus tard, en demi-finale de l'EURO 2000. Frank est devenu l'adjoint de Bert van Marwijk qui a conduit les Pays-Bas en finale du Mondial 2010 et a fini par prendre la tête de l'équipe nationale en septembre 2020, en remplacement de Ronald Koeman. Il est devenu le premier sélectionneur néerlandais à gagner ses quatre premiers matchs, mais n'a pas dépassé les 8es de finale lors du Championnat d'Europe suivant.

FRANK
DE BOER

ANECDOTE DU TOURNOI
KRUL LE GRAND

Lors de la Coupe du Monde 2014, Louis van Gaal a réalisé un coup de maître en remplaçant le gardien Cillessen par Tim Krul, à la 119e minute du quart de finale contre le Costa Rica. Van Gaal estimait que les Néerlandais avaient une meilleure chance de remporter les tirs au but, car Krul mesure cinq centimètres de plus que Cillessen. Krul a effectivement arrêté deux tirs et les Néerlandais ont gagné. En demi-finale contre l'Argentine, certains remplacements nécessaires ont empêché van Gaal de renouveler sa manœuvre, et Cillessen n'a pu rééditer la performance héroïque de Krul. Le deuxième remplaçant, Michel Vorm, a pris la place de Cillessen lors des arrêts de jeu de la petite finale contre le Brésil ; les Pays-Bas sont ainsi devenus le premier pays à avoir envoyé sur le terrain les 23 membres de son équipe en Coupe du Monde.

9

Neuf joueurs ont perdu les finales des Coupes du Monde 1974 (2-1 contre la RFA) et 1978 (3-1 contre l'Argentine).

VAN PERSIE

LÉGENDE NATIONALE
PERSIE A PERCÉ

En 2014, **Robin van Persie** est devenu le premier Néerlandais à marquer dans 3 Coupes du Monde de la FIFA grâce à une tête lobée spectaculaire qui a trompé l'Espagnol Iker Casillas, champion en titre, dans un match largement remporté 5-1. Les Pays-Bas ont terminé à la 3e place de la compétition après avoir battu le Brésil en petite finale, devenant au passage le premier pays à battre les *Auriverde* trois fois en Coupe du Monde. Van Persie s'est hissé au sommet du classement des buteurs *Oranje* lors d'un match de préparation contre le Ghana. Il a inscrit son dernier but international à l'occasion d'un revers 3-2 contre la République tchèque, qui a privé les Néerlandais d'une place à l'UEFA Euro 2016. Malheureusement, cette 50e réalisation n'a pu compenser son but contre son camp, qui avait offert un break d'avance aux Tchèques.

BUTEURS

1 **Robin van Persie,** 50
2 **Klaas-Jan Huntelaar,** 42
3 **Patrick Kluivert,** 40
4 **Dennis Bergkamp,** 37
= **Arjen Robben,** 37

5 Seuls 4 joueurs ont marqué 5 buts dans un même match pour les Pays-Bas : Jan Vos, Leen Vente, John Bosman et Marco van Basten.

JOUEUR STAR
MATT DÉMARRE

À l'âge de 17 ans et 225 jours, le défenseur **Matthijs de Ligt** est devenu le plus jeune joueur néerlandais depuis Mauk Weber en 1931 (qui était âgé de 17 ans et 92 jours), lors de son premier match international contre la Bulgarie, en mars 2017. Titulaire contre la République tchèque en 8e de finale de l'UEFA Euro 2020 le 27 juin 2021, il est devenu le plus jeune Néerlandais à atteindre 30 capes, à 21 ans et 319 jours. Mais la fête a tourné court quand il a été expulsé pour une main volontaire avant de voir ses coéquipiers être éliminés (2-0). Dans leur histoire, les Pays-Bas ont reçu quatre cartons rouges en Championnat d'Europe, chaque fois contre les Tchèques. Les sanctionnés précédents étaient les milieux Johan Neeskens et Wim van Hanegem (défaite 3-1 contre la Tchécoslovaquie en demi-finale 1976) et le défenseur John Heitinga (défaite 3-2 dans le Groupe D en 2004).

DE LIGT

4 Rinus Michels a été sélectionneur des Pays-Bas à quatre reprises entre 1974 et 1992, plus que tout autre entraîneur.

LÉGENDE NATIONALE
UN GRAND ADVOCAAT

Dick Advocaat détient deux records en tant que sélectionneur de l'équipe nationale. Lorsqu'il a été nommé une troisième fois en mai 2017, il est devenu, à 69 ans, l'entraîneur national le plus âgé – un an de plus que Guus Hiddink lors de son éviction, en 2015. Advocaat détient aussi le record de victoires en tant que sélectionneur national, grâce aux succès en match amical de novembre 2017 contre l'Écosse et la Roumanie, pour un total de 37 victoires, soit une de plus que l'Anglais Bob Glendenning, qui est resté à son poste de 1925 jusqu'à son décès, en 1940. Après la victoire sur la Roumanie, cependant, Advocaat a été remplacé par l'ancien joueur Ronald Koeman.

ADVOCAAT

ESPAGNE

Les clubs espagnols ont remporté 18 titres de Coupe d'Europe/ Ligue des Champions, et le pays a produit certains des meilleurs footballeurs mondiaux. En 2010, l'Espagne a gagné sa première Coupe du Monde de la FIFA.

INIESTA

JOUEUR NATIONAL

ANDRÉS LE GÉANT

Andrés Iniesta a quitté Barcelone en 2018, avec un palmarès de neuf titres de *Liga*, six *Copa Del Rey* et quatre Ligues des Champions, après 17 ans au club. Iniesta a ensuite fait ses adieux au football international après la Coupe du Monde 2018, à l'âge de 34 ans, avec 131 capes et 13 buts - le plus important d'entre eux ayant conduit à la victoire en Coupe du Monde 2010. Fait unique, Iniesta a été nommé Joueur du match en finale de la Ligue des Champions 2015, de l'Euro 2012 et de la Coupe du Monde 2010.

4-3

Menée 2-0 puis 3-2 avant de s'imposer 4-3 à Madrid, en mai 1929, l'Espagne est devenue le premier pays non britannique à battre l'Angleterre.

70

En 2008, un mois avant son 70e anniversaire, l'Espagnol Luis Aragonés est devenu l'entraîneur le plus âgé à remporter le Championnat d'Europe.

Membre de la FIFA : 1920

Plus large victoire : 13-0, contre la Bulgarie, en 1933

Meilleur classement FIFA : 1

Stade : (Rotation)

Palmarès : 1 Coupe du Monde (2010), 3 Championnats d'Europe (1964, 2008, 2012)

ANECDOTE DU TOURNOI

SUR LA BONNE PENTE

Le rêve de l'Espagne de reconquérir l'Europe après ses titres de 2008 et 2012 (suivi d'un échec en huitième en 2016) s'est écroulé en demi-finale de l'Euro 2020, perdue aux tirs au but contre l'Italie à Wembley. C'était la première défaite en 5 demies de grands tournois pour la Roja, qui avait toujours passé cette marche, que ce soit au Mondial 2008 ou aux Euro 1984, 2008 et 2012. Mais les Espagnols ont eu de quoi se réjouir en 2021. Leur succès 5-0 contre la Slovaquie, pour le dernier match du premier tour, était leur première manita dans un Championnat d'Europe, leur plus large victoire et la première fois en 43 rencontres européennes qu'ils marquaient autant en un match. En demie, contre l'Italie, l'arrière-gauche et vice-capitaine Jordi Alba disputait son 16e match de Championnat d'Europe, autant qu'Andrés Iniesta et Césc Fàbregas. Le milieu de Barcelone, Pedri, 18 ans, était quant à lui devenu le premier homme de 18 ans ou moins à être titularisé dans six rencontres de suite en Coupe du Monde et Championnat d'Europe.

LÉGENDE NATIONALE
HAPPY XAVI

Le remplaçant espagnol le plus capé (133 sélections) a pris sa retraite internationale après la Coupe du Monde 2014 et a quitté la *Liga* un an plus tard ; il a alors été reconnu comme le joueur le plus titré de son pays. Étonnamment, les premières et dernières apparitions internationales de **Xavi Hernández** ont été des défaites face aux Pays-Bas, entraînés par Louis van Gaal (2-1 en 2000 et 5-1 en 2014). Hernández, meneur de jeu, était plus habitué au triomphe, ayant été un pilier de l'équipe d'Espagne victorieuse en Coupe du Monde 2010 et à l'Euro 2008 et 2012.

XAVI

ANECDOTE DU TOURNOI
ALERTE ROUGE

L'Espagne a boycotté le premier Championnat d'Europe, en 1960, refusant de se rendre en URSS, un pays communiste. En 1964, la nation ibérique organisait et remportait la compétition en s'imposant 2-1 en finale contre… les Soviétiques. Marcelino avait marqué le but de la victoire à 6 minutes du coup de sifflet final. Le capitaine était Fernando Olivella, le buteur star Luis Suárez et le sélectionneur José Villalonga, premier entraîneur à gagner la Coupe européenne avec le Real Madrid en 1956.

TORRES

JOUEUR STAR
PAU WOW

En novembre 2019, le défenseur de Villarreal **Pau Torres** n'a eu besoin que de 58 secondes pour marquer son premier but avec l'Espagne, quand il a remplacé Sergio Ramos lors du succès 7-0 contre Malte en éliminatoires de l'UEFA Euro 2020. Le même jour, l'ailier de Leipzig Dani Olmo, qui fêtait aussi sa première sélection, a également marqué trois minutes après son entrée en jeu. C'était la première fois que deux novices espagnols trouvaient les filets depuis Juanito et Fernando Gómez contre la Hongrie, 30 ans avant jour pour jour.

44

Ferran Torres a marqué 44 secondes après son entrée en jeu lors du succès 5-3 après prolongations contre la Croatie, en huitième de l'Euro 2020 – le but le plus rapide en Championnat d'Europe pour un remplaçant depuis Juan Carlos Valerón, déjà pour l'Espagne, 39 secondes après son entrée contre la Russie à l'Euro 2004.

CASILLAS

LÉGENDE NATIONALE
LE MEILLEUR DES CAGES

Le gardien espagnol **Iker Casillas** a longtemps été surnommé « San Iker » par ses fans, pour son grand nombre de titres et trophées, individuels et collectifs. C'est l'un des trois seuls joueurs à avoir remporté la Coupe du Monde de la FIFA, le Championnat d'Europe de l'UEFA et la Ligue des Champions de l'UEFA en tant que capitaine, avec l'Allemand Beckenbauer et le Français Didier Deschamps. Outre ses victoires lors des Euro 2008 et 2012 et du Mondial 2010, il est aussi le premier gardien à avoir conservé ses cages inviolées dans 100 matchs internationaux depuis un succès 2-0 en amical contre l'Angleterre, en novembre 2015.

SÉLECTIONS

1	**Sergio Ramos,** 180
2	**Iker Casillas,** 167
3	**Xavi Hernández,** 133
4	**Andrés Iniesta,** 131
5	**Sergio Busquets,** 127

1 Luis Suárez est le seul Espagnol à avoir été sacré Meilleur joueur européen de l'année, en 1960.

7 Sept joueurs espagnols ont disputé les trois finales de l'Espagne entre 2008 et 2012, en Coupe du Monde et à l'Euro.

VILLA

RECORD DE BUTS
VILLA BIEN DANS SES BOTTES

En 2010, **David Villa** est devenu le meilleur buteur espagnol en Coupe du Monde avec son but en phase de groupes contre le Chili, son 6e au total pour 2006 et 2010. Avant lui, l'Espagne avait marqué ses 14 penaltys précédents (hors tirs au but) en Coupe du Monde. Villa est devenu le meilleur buteur espagnol de tous les temps avec un doublé contre la République tchèque en mars 2011, mais une fracture de la jambe l'a écarté de l'Euro 2012, qu'il n'a pas pu ajouter à ses titres de 2008 et 2010. Villa et Fernando Torres partagent le record espagnol de triplés : 3 chacun, dont un chacun lorsqu'ils ont écrasé Tahiti 10-0 en Coupe des Confédérations de la FIFA 2013.

BUTEURS

1. **David Villa,** 59
2. **Raúl,** 44
3. **Fernando Torres,** 38
4. **David Silva,** 35
5. **Fernando Hierro,** 29

0 L'équipe de l'Euro 2020 choisie par Luis Enrique, ancien joueur du Real Madrid et de Barcelone, ne comptait aucun joueur madrilène – une première pour l'Espagne dans un tournoi majeur.

ANECDOTE DU TOURNOI
DURE À BATTRE

L'Espagne partage avec le Brésil le record de la plus longue série de matchs internationaux sans défaite : les Brésiliens ont remporté 35 matchs invaincus, de 1993 à 1996, un score égalé par l'Espagne de 2007 jusqu'à une demi-finale de la Coupe des Confédérations en 2009, avec une défaite 2-0 face aux États-Unis. À cette époque, l'Espagne est aussi devenue le premier pays à obtenir 30 points sur 30 à l'issue des qualifications pour la Coupe du Monde, avant de remporter la victoire en Afrique du Sud.

JOUEUR STAR
MORATA MALCHANCEUX

Álvaro Morata n'a pas été verni lorsque s'est enfin tenu l'Euro 2020 à l'été 2021. Il a été hué par ses propres supporters lorsque l'Espagne a commencé par un nul 0-0 contre la Suède à Séville, mais il a terminé la compétition avec 3 buts à son actif, doublant son total en Championnat d'Europe. Il a notamment égalisé contre l'Italie en demi-finale pour dépasser le record espagnol de 5 réalisations européennes de Fernando Torres. Il est aussi devenu le premier homme à marquer à Wembley en club et en sélection, lui qui avait trouvé les filets avec Chelsea. Mais lors des tirs au but contre l'Italie, Dani Olmo et lui ont raté leurs tentatives, privant l'Espagne de finale.

RAMOS

JOUEUR STAR
SERGIO, VALEUR SÛRE

En mars 2013, **Sergio Ramos** est devenu le plus jeune joueur européen à atteindre les 100 capes, à 26 ans et 358 jours. Il a fêté l'événement en marquant contre la Finlande (1-1). Le Coréen Cha Bum-kun, 24 ans et 139 jours pour sa 100e sélection, détient toujours le record mondial. Ramos, défenseur droit ou central champion du monde en 2010 et d'Europe en 2008 et 2012, est devenu l'Espagnol le plus capé avec sa 168e sélection en octobre 2019, puis le joueur de champ le plus capé du football européen masculin lorsqu'il a dépassé le record du portier italien Gianluigi Buffon. Ramos n'a toutefois pas été sélectionné pour l'Euro 2020, qui aurait été son 11e tournoi consécutif.

LÉGENDE NATIONALE
EL NIÑO

Fernando Torres rêvait d'être gardien, mais il est devenu attaquant. Il était capitaine de l'Atlético Madrid à 19 ans, avant de partir à Liverpool. El Niño s'est fait une spécialité de marquer le seul but des finales des grands tournois. Le plus célèbre est celui qu'il a inscrit en finale de l'Euro 2008 contre l'Allemagne. Mais il l'avait déjà réalisé aux Championnats d'Europe des moins de 16 ans (2001) et des moins de 19 ans (2002). Torres devint le footballeur espagnol le plus cher quand Chelsea l'acheta 58,5 millions d'euros à Liverpool, en janvier 2011. Il partit jouer au Japon en juillet 2018, avant de prendre sa retraite 11 mois plus tard.

TORRES

JOUEUR STAR
SUPER RED

L'ailier espagnol Pedro est le seul à avoir marqué dans 6 tournois des clubs officiels sur une année calendaire, réussissant à envoyer la balle au fond des filets pour Barcelone en *Primera Liga*, *Copa del Rey* et Supercoupe en 2009, ainsi qu'en Ligue des Champions UEFA, Supercoupe de l'UEFA et Coupe des Coupes. Il fit aussi partie des « 5 de base » du Mondial 2010 – tout cela moins de 2 ans après avoir fait partie de l'équipe de réserve de Barcelone en 3e division espagnole, et après l'intervention du sélectionneur Pep Guardiola pour empêcher qu'on le renvoie à Tenerife.

RAÚL

LÉGENDE NATIONALE
RAÚL IRRÉEL

Raúl González Blanco, dit Raúl, reste une icône de l'Espagne et du Real Madrid, bien que ses records de buts aient été dépassés respectivement par David Villa et Cristiano Ronaldo. Raúl a joué en équipe junior de l'Atlético Madrid avant de signer chez les rivaux du Real, où il a marqué 228 buts en 550 matchs et a été capitaine de 2003 à 2010. Bien qu'ayant participé à cinq compétitions entre les Coupes du Monde 1998 et 2006, Raúl n'a pas été sélectionné pour l'Euro 2008 – que l'Espagne a remporté. Après avoir quitté le Real, Raúl a connu d'autres succès avec Schalke en Allemagne, Al Sadd au Qatar et le Cosmos de New York.

50

Lorsque l'Espagne a gagné contre l'Arabie saoudite 3-2 en mai 2009, le défenseur central Carlos Marchena est devenu le 1er footballeur à disputer 50 rencontres internationales de suite sans défaite.

BOSQUE

LÉGENDE NATIONALE
LOURD HÉRITAGE

Après l'ère de gloire de Luis Aragonés et **Vicente Del Bosque** entre 2008 et 2016, le rôle de sélectionneur d'Espagne a connu quelques remous. Julen Lopetegui a été remercié la veille de la Coupe du Monde de la FIFA 2018 pour s'être engagé avec le Real Madrid. Le directeur sportif Fernando Hierro l'a remplacé au pied levé, mais la *Roja* a été sortie dès les 8e. L'ancien entraîneur du Barça Luis Enrique a repris le flambeau en juillet 2018, avant de démissionner pour raisons personnelles en juin suivant, puis de revenir en novembre. Entre-temps, l'intérim a été assuré par Robert Moreno, qui a qualifié l'Espagne pour le prochain Championnat d'Europe.

35

Aritz Aduriz est devenu le buteur espagnol le plus âgé le 13 novembre 2016, lors d'une victoire 4-0 sur la Macédoine, en qualification de la Coupe du Monde 2018. Aduriz était âgé de 35 ans et 275 jours – soit 50 jours de plus que José María Peña, qui avait marqué le seul but d'un match amical contre le Portugal, le 30 novembre 1930.

BELGIQUE

La génération dorée de la Belgique fait des étincelles : les Diables Rouges ont atteint les quarts de finale de la Coupe du Monde 2014, puis se sont surpassés en montant sur la 3e marche du podium, lors de l'édition 2018.

Membre de la FIFA : 1904

Plus large victoire : 9-0, contre la Zambie, en 1994

Meilleur classement FIFA : 1

Stade : (Rotation)

Palmarès : –

JOUEUR STAR
LUK À TOUS LES COUPS

Romelu Lukaku, meilleur buteur de l'histoire de la Belgique, a pourtant dû attendre 24 rencontres internationales avant de disputer un match en intégralité pour son pays. Cela ne l'a pas empêché de bien utiliser son maigre temps de jeu. Au terme de l'Euro 2020, il comptait 64 buts en 98 sélections, dont 4 réalisations pendant le tournoi. Il en avait inscrit autant au Mondial 2018 – des doublés contre le Panama et la Tunisie au premier tour – pour être le 3e meilleur buteur de la compétition. Lukaku avait fait ses débuts professionnels à Anderlecht à seulement 16 ans et 11 jours en mai 2009, avant de porter les couleurs de Chelsea, Manchester United, l'Inter Milan et un retour à Chelsea en 2021.

JOUEUR STAR
LE BEAU PARCOURS BELGE

La Belgique, dirigée par le sélectionneur espagnol Roberto Martínez, a réussi sa plus belle Coupe du Monde en 2018 en Russie avec une troisième place. En demie, ils se sont inclinés 1-0 contre la France, future championne, avant de battre l'Angleterre 2-0 en petite finale. Les Diables Rouges ont affiché la meilleure attaque de la compétition avec 16 buts. Eden Hazard a été sacré deuxième meilleur joueur et Thibaut Courtois est reparti avec le titre de meilleur gardien. La « Génération dorée » belge a démarré l'Euro 2020 avec le costume de favori, après trois ans en première place du classement mondial FIFA, mais s'est inclinée dès les quarts 2-1 contre l'Italie, future championne.

LUKAKU

2

Avec ses deux buts contre l'Irlande, l'attaquant Romelu Lukaku est devenu le premier Belge à réussir un doublé en compétition, depuis celui de son entraîneur international Marc Wilmots contre le Mexique, en Coupe du Monde 1998.

RECORD DE BUTS
LE GRAND ÉCART

La Belgique a remporté un match international avec 9 buts d'écart à quatre occasions, la dernière le 10 octobre 2019. Les Belges ont alors établi un record national avec sept buteurs et un joueur adverse au tableau d'affichage. Romelu Lukaku a inscrit un doublé dans la victoire 9-0 contre Saint-Marin au stade du Roi Baudouin, à Bruxelles. Les autres buteurs étaient Nacer Chadli, **Toby Alderweireld**, Youri Tielemans, Christian Benteke, Yari Verschaeren et Timothy Castagne, sans oublier Cristian Brolli contre son camp. Les Diables Rouges avaient déjà écrasé Saint-Marin 10-1 en février 2001 et avaient gagné 9-0 contre la Zambie en juin 1994, et contre Gibraltar en août 2017.

ALDERWEIRELD

BUTEURS

1	**Romelu Lukaku**, 64
2	**Eden Hazard**, 32
3	**Paul Van Himst**, 30 = **Bernard Voorhoof**, 30
5	**Marc Wilmots**, 29

ANECDOTE DU TOURNOI

LES ROIS DU *COME-BACK*

La victoire 3-2 de la Belgique sur le Japon à Rostov, en Coupe du Monde 2018, a constitué une première depuis 1970 lorsque l'équipe, menée par deux buts, est revenue pour remporter l'éliminatoire – il avait fallu les prolongations à la RFA pour battre l'Angleterre 3-2 en quart de finale. Jan Vertonghen a marqué le premier but de la Belgique à la 69e minute, suivi de l'égalisation de Marouane Fellaini cinq minutes plus tard. Le remplaçant Nacer Chadli a inscrit le but victorieux quatre minutes après le début des arrêts de jeu. Avec 10 buteurs différents, la Belgique a égalé le record de Coupe du Monde détenu par la France (1982) et l'Italie (2006).

SÉLECTIONS

1. **Jan Vertonghen,** 131
2. **Axel Witsel,** 114
3. **Toby Alderweireld,** 113
4. **Eden Hazard,** 111
5. **Dries Mertens,** 102

11

Le défenseur **Jan Vertonghen**, footballeur le plus capé de Belgique, a joué son 100e match le 2 juin 2018 contre le Portugal, 11 ans jour pour jour après sa première sélection contre le même pays. Sa mère Ria Matthews lui a remis une casquette commémorative pour fêter cette 100e participation.

VERTONGHEN

THYS

19

À 19 ans et 36 jours, Jérémy Doku est devenu le plus jeune Belge titulaire d'un match à élimination directe d'un grand tournoi, lors du quart de l'Euro 2020 perdu contre l'Italie. Il a battu le record de Divock Origi, 19 ans et 74 jours lors du succès 2-1 contre les États-Unis en huitième du Mondial 2014.

LÉGENDE NATIONALE

VOILÀ NOTRE HOMME

Guy Thys était incontestablement le plus grand sélectionneur de Belgique, et le plus capé. Il a mené l'équipe à la finale du Championnat d'Europe 1980, et six ans plus tard, à la demi-finale de la Coupe du Monde, avec des joueurs comme Enzo Scifo et Nico Claesen. Guy Thys a occupé ses fonctions de 1976 à 1989, puis il les a reprises pendant huit mois, avant son départ définitif. Guy Thys s'est effacé après la Coupe du Monde 1990. Il avait joué comme attaquant pour la Belgique dans les années 1940 et 1950, remportant deux sélections.

39

Timmy Simons, 8e joueur belge le plus capé, est devenu l'international le plus âgé de son pays en novembre 2016, lors d'un match de qualification pour la Coupe du Monde 2018 contre l'Estonie. Il avait 39 ans et 338 jours.

JOUEURS STARS

TOUT SAUF UN HAZARD

Eden et **Thorgan Hazard** sont devenus les troisièmes frères à marquer en Championnat d'Europe. Le cadet Thorgan a scoré à l'Euro 2020, cinq ans après Eden au tournoi 2016 en France. Le duo succède à Frank et Ronald De Boer pour les Pays-Bas et Michael et Brian Laudrup pour le Danemark. En 2020, Thorgan a inscrit deux buts, le premier lors du succès 2-1 contre le Danemark et le second lors de la victoire contre les champions sortants portugais. Il est ainsi devenu le premier Belge à marquer dans deux matchs de suite à l'Euro. Leurs parents sont tous deux d'anciens footballeurs : leur père Thierry a passé sa carrière au niveau semi-professionnel en deuxième division belge à La Louvière, tandis que leur mère Carine a pris sa retraite sportive lorsqu'elle était enceinte d'Eden.

THORGAN HAZARD

EDEN HAZARD

BULGARIE

Régulièrement qualifiée pour les compétitions majeures, la Bulgarie, qui a engendré quelques stars du ballon rond, s'est trop souvent pris les pieds dans le tapis dans les grands rendez-vous et n'a pas réussi à laisser son empreinte sur le football mondial.

6

Le défenseur Aleksandar Shalamanov a participé à la Coupe du Monde 1966, six ans après avoir représenté son pays aux Jeux olympiques d'hiver à Lake Placid, en ski alpin.

Membre de la FIFA : 1922
Plus large victoire : 15-0, contre le Ghana, en 1968
Meilleur classement FIFA : 3
Stade : Stade national Vassil-Levski, Sofia
Palmarès : –

STOITCHKOV

LÉGENDE NATIONALE
STOITCHKOV, L'ÉCORCHÉ VIF

Né à Plovdiv le 8 février 1968, **Hristo Stoitchkov** a partagé le Soulier d'Or de la Coupe du Monde 1994 avec le Russe Oleg Salenko, les deux hommes ayant inscrit 6 buts chacun. Mais le génial Bulgare a bien été le seul lauréat du Ballon d'Or 1994. Cette saison-là, son association avec le Brésilien Romário emmena le FC Barcelone en finale de la Ligue des Champions de l'UEFA.

1994

Yordan Letchkov a donné la victoire aux Bulgares face aux tenants du titre allemands, en quart de finale de la Coupe du Monde 1994. Lors de son exploit, il jouait en Allemagne, à Hambourg. Il est ensuite devenu maire de Sliven, en Bulgarie, sa ville natale.

BERBATOV

LÉGENDE NATIONALE
CHER TRANSFERT

L'attaquant **Dimitar Berbatov**, qui a beaucoup voyagé dans sa carrière, dit avoir appris l'anglais en regardant *Le Parrain*. Berbatov a été transféré de Tottenham à Manchester United en 2008 pour 38 millions d'euros – un record pour le club et pour un joueur bulgare. Avant cela, il avait joué au Bayer Leverkusen, un club qui a manqué de peu le triplé en 2002, en terminant deuxième de *Bundesliga* et en s'inclinant en finales de Coupe d'Allemagne et de Ligue des Champions. En mai 2010, Berbatov a surpris et déçu ses fans en annonçant sa retraite internationale à seulement 29 ans, après un total record de 48 buts en 78 sélections pour la Bulgarie.

BUTEURS

1 **Dimitar Berbatov,** 48
= **Hristo Bonev,** 48
3 **Hristo Stoichkov,** 37
4 **Emil Kostadinov,** 27
5 **Ivan Kolev,** 25
= **Petar Zhekov,** 25

LÉGENDE NATIONALE
BONEV LE BOSS

Hristo Bonev a longtemps été seul au sommet des classements des buts et des sélections avec l'équipe de Bulgarie, dont il est l'un des héros nationaux pour sa *vista* et son style sur le terrain. Pilier des Coupes du Monde 1970 et 1974, Bonev a marqué dans le premier match de l'édition 1970 lors de la défaite 3-2 contre le Pérou, puis quatre ans plus tard lors du nul 1-1 contre l'Uruguay. Il a inscrit son 48e et dernier but international à l'occasion de sa dernière sélection (la 96e) en avril 1979 (défaite 2-1 contre l'Argentine). Bonev est le dernier sélectionneur à avoir conduit la Bulgarie en phase finale de Coupe du Monde, en 1998 en France, où il a échoué au premier tour.

BONEV

3

Trois demi-finalistes de la Coupe du Monde 1994 ont ensuite été sélectionneurs de l'équipe nationale : Hristo Stoichkov entre 2004 et 2007, Petar Hubchev entre 2016 et 2019, suivi immédiatement de Krasimir Balakov, mais pour 6 matchs seulement.

LÉGENDE NATIONALE
EN DEUIL

La Bulgarie a perdu deux de ses footballeurs les plus talentueux, les attaquants Georgi Asparoukhov (28 ans) et Nikola Kotkov (32 ans), dans un accident de voiture en juin 1971. Asparoukhov avait signé 19 réalisations en 50 sélections, dont le tout 1er but bulgare en Coupe du Monde, lors de la défaite 3-1 contre la Hongrie en 1966. Asparoukhov était en lice pour le Ballon d'Or 1965, dont il a finalement pris la 8e place. Plus de 500 000 personnes ont assisté à ses funérailles.

HÉROS NATIONAL
LE PATRON

Le deuxième Bulgare le plus capé est le gardien **Borislav Mikhailov**. Il était capitaine de l'équipe qui s'est hissée en demi-finale du Mondial 1994, en repoussant notamment deux penaltys contre le Mexique en 8e. Il a un temps porté une perruque sur le terrain, avant de se soumettre à une greffe de cheveux. Après sa retraite en 2005, il est devenu président de la Fédération bulgare de football pendant 14 ans. Son père, Bisev, a joué cinq fois dans les cages entre 1962 et 1971, et son fils, Nikolay (un temps sur les tablettes de Liverpool), lui aussi gardien, a obtenu la première de ses 38 sélections en mai 2006, pour une défaite 5-1 contre l'Écosse.

HÉROS NATIONAL
STAN ET LES BURGERS

Stiliyan Petrov – affectueusement surnommé « Stan » par les supporters de son club Aston Villa – a été salué quand il est devenu le 1er joueur de champ bulgare à atteindre les 100 capes, contre la Suisse en mars 2011. L'élégant milieu a été encore plus encouragé après s'être rétabli d'une leucémie diagnostiquée en mars 2012 : les fans de Villa ont applaudi pendant 60 secondes à la 19e minute de chaque rencontre pendant le reste de la saison (le 19 étant son numéro de maillot). Auparavant, il avait joué en Écosse, au Celtic, et avait amélioré son anglais en travaillant comme serveur dans le camion à burger d'un ami. Petrov est devenu le Bulgare le plus capé lors d'un revers 3-1 contre la Suisse en septembre 2011, avant de prendre sa retraite internationale un mois plus tard.

PETROV

3

La meilleure prestation de la Bulgarie aux JO d'été est une médaille de bronze à Sydney 1956, quand Ivan Kolev a inscrit 3 de ses 25 buts internationaux, dont 2 lors du succès 6-1 contre la Grande-Bretagne en quart. Des marins britanniques, stationnés non loin, avaient alors tenté d'envahir le terrain.

MIKHAILOV

SÉLECTIONS

1 **Stiliyan Petrov,** 105
2 **Borislav Mikhailov,** 102
3 **Hristo Bonev,** 96
4 **Krasimir Balakov,** 92
5 **Dimitar Penev,** 90
= **Ivelin Popov,** 90

CROATIE

Le maillot à damier rouge et blanc de la Croatie fait partie des plus connus du monde. La sélection croate a atteint un nouveau sommet en 2018 avec sa première finale de Coupe du Monde.

Membre de la FIFA : 1992
Plus large victoire : 10-0, contre Saint-Marin, en 2014
Meilleur classement FIFA : 3
Stade : (Rotation)
Palmarès : –

LÉGENDE NATIONALE

SUPER ŠUKER

Davor Šuker a remporté le Soulier d'Or lors de la Coupe du Monde FIFA 1998 : 6 buts en 7 matchs – la Croatie a terminé à la 3e place. Šuker a marqué le premier but de la demi-finale qui verra son équipe s'incliner 2-1 face à la France, vainqueur du tournoi. Il est aussi l'auteur du but qui permet à la Croatie de battre les Pays-Bas 2-1 et de prendre la 3e place du Mondial. Šuker est de loin le meilleur buteur croate ; il a marqué 3 buts lors de l'Euro 1996, dont un tir lobé qui a trompé Peter Schmeichel, le gardien danois. En juillet 2012, Šuker a été élu président de la fédération croate de football.

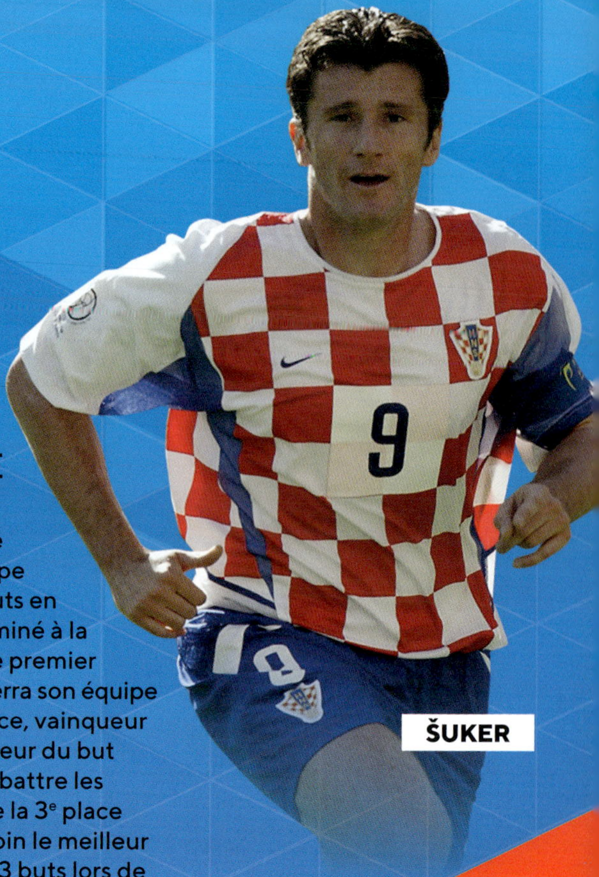
ŠUKER

BUTEURS

1. **Davor Šuker,** 45
2. **Mario Mandžukić,** 33
3. **Ivan Perišić,** 30
4. **Eduardo da Silva,** 29
5. **Darijo Srna,** 22

MODRIĆ

JOUEUR STAR

MAGIQUE MODRIĆ

En 2018, la Croatie est entrée dans l'histoire avec sa première finale de Coupe du Monde. La star de l'équipe a été le capitaine et meneur de jeu **Luka Modrić**, qui a remporté le Ballon d'Or du Meilleur joueur de la compétition malgré la défaite finale 4-2 face à la France. Modrić a commencé sa carrière au Dinamo Zagreb avant d'intégrer le Tottenham Hotspur, puis de remporter quatre titres de Ligue des Champions avec le Real Madrid. En Russie, la Croatie est devenue le premier pays depuis l'Argentine, en 1990, à remporter deux tirs au but lors d'une Coupe du Monde, battant le Danemark au 2e tour et la Russie, pays hôte, en quart de finale. Modrić, quadruple champion d'Europe en club avec le Real, est devenu le joueur le plus capé de son pays avec sa 135e sélection face à Chypre (1-0), en mars 2021, pour les éliminatoires du Mondial 2022.

4
L'égalisation d'Ivan Perišić pour arracher le nul 1-1 contre la République tchèque, dans le 2e match du Groupe D à l'Euro 2020, lui a permis de devenir le premier Croate à marquer dans 4 tournois internationaux après des buts au Mondial 2014, à l'Euro 2016 et au Mondial 2018.

SRNA

5

Darijo Srna est le 5e meilleur buteur de l'histoire du football croate, bien qu'il ait souvent occupé le poste de latéral droit.

JOUEUR STAR
RAKITIĆ ATTAQUE

Seuls deux footballeurs ont remporté le prix de Sportif croate de l'année depuis Davor Šuker en 1998 : Mario Mandžukić en 2013 et Ivan Rakitić deux ans plus tard. Celui-ci a aussi marqué l'histoire pendant la Coupe du Monde 2018. Le meneur de jeu barcelonais est devenu le premier joueur à marquer le penalty décisif dans deux tirs au but différents au sein de la même Coupe du Monde, contre le Danemark et la Russie. Rakitić est né en Suisse et y a joué quatre fois chez les moins de 17, 19 et 21 ans, avant de choisir la Croatie, le pays de ses deux parents. Il a été nommé Footballeur croate de l'année en 2015, la première fois depuis 2013 où ce titre n'est pas revenu à Luka Modrić, sextuple vainqueur.

JOUEUR STAR
MANDŽUKIĆ LE MALCHANCEUX

En 2018, l'attaquant **Mario Mandžukić** a été le héros de la demi-finale croate, mais sa chance a tourné en finale, quatre jours plus tard. Lors de ce dernier match, Mandžukić a mis une tête sur un coup franc de Griezmann, expédiant la balle dans ses propres buts à la 18e minute et donnant l'avantage à la France. Mandžukić a bien inscrit un but ensuite, revenant à un score de 4-2 à 21 minutes de la fin. Il est ainsi devenu le premier joueur à marquer des deux côtés en finale de la Coupe du Monde – seul le défenseur néerlandais Ernie Brandts l'avait fait en Coupe du Monde, mais seulement lors d'un match de phase finale (contre l'Italie, en 1978).

MANDŽUKIĆ

LÉGENDE NATIONALE
À JAMAIS LE PREMIER

L'ailier **Ivan Perišić** est devenu le premier Croate à marquer dans les bons filets en finale de Coupe du Monde de la FIFA, lorsqu'il a égalisé dans les arrêts de jeu de la première période contre la France, en 2018. Son coéquipier Mario Mandžukić avait malencontreusement donné l'avantage aux Bleus un peu plus tôt. Perišić avait déjà égalisé contre l'Angleterre en demi-finale, et Mandžukić avait marqué lors du succès 4-0 contre le Cameroun au premier tour en 2014. Perišić a marqué ou offert 14 buts en compétition internationale, record du pays. Il a notamment marqué deux fois et donné une passe décisive au premier tour de l'Euro 2020 contre la République tchèque et l'Écosse. Mais il a été testé positif au COVID-19 et a donc été absent de la défaite 5-3 après prolongations contre l'Espagne en huitième.

22

La Croatie a disputé la Coupe du Monde 2018 avec un groupe de seulement 22 joueurs pendant la majeure partie du tournoi. Zlatko Dalić a renvoyé chez lui l'attaquant Nikola Kalinić, qui aurait refusé d'entrer en cours de jeu lors du match d'ouverture contre le Nigeria.

2

La victoire de la Croatie 4-0 contre le Cameroun au Mondial 2014 a vu l'attaquant Ivica Olić devenir le premier joueur à marquer pour la Croatie dans deux Coupes du Monde (2002, puis 2014).

3

Trois joueurs – Darijo Srna, Stipe Pletikosa et le défenseur Josip Šimunić – ont obtenu leur 100e cape le même jour.

PERIŠIĆ

SÉLECTIONS

1 **Luka Modrić,** 142
2 **Darijo Srna,** 134
3 **Stipe Pletikosa,** 114
4 **Ivan Rakitić,** 106
5 **Josip Šimunić,** 105

ANECDOTE DU TOURNOI
DOUBLE IDENTITÉ

Robert Jarni et **Robert Prosinečki** ont la particularité d'avoir joué des phases finales de la Coupe du Monde FIFA sous deux maillots différents. Ils ont représenté la Yougoslavie en 1990, en Italie, puis la Croatie en 1998, en France. L'arrière Jarni a même joué pour la Yougoslavie et la Croatie en 1990, puis uniquement la Yougoslavie en 1991 avant de choisir – définitivement – les couleurs croates en 1992 quand la Croatie a rejoint la FIFA et l'UEFA. Prosinečki a marqué lors du succès croate 2-1 contre les Pays-Bas, synonyme de troisième place au Mondial 1998. Il est le seul à avoir marqué en Coupe du Monde pour deux équipes différentes, après son but dans la victoire de la Yougoslavie 4-1 contre les Émirats arabes unis au premier tour 1990.

PROSINEČKI

RÉPUBLIQUE TCHÈQUE

Parmi les anciens pays de l'Est, la Tchécoslovaquie possédait le meilleur palmarès puisqu'elle fut finaliste des Mondiaux 1934 et 1962. Mais la République tchèque indépendante n'a pas su se qualifier pour les trois dernières Coupes du Monde.

Membre de la FIFA : 1994

Plus large victoire : 8-1, contre Andorre, en 2005

Meilleur classement FIFA : 2

Stade : (Rotation)

Palmarès : –

ČECH

LÉGENDE NATIONALE
LE GARDIEN CASQUÉ

Depuis sa fracture du crâne lors d'un match de *Premier League* en octobre 2006, le gardien **Petr Čech** porte un casque de protection. Čech s'est fait remarquer en ne concédant qu'un seul tir au but contre la France en finale du Championnat d'Europe des moins de 21 ans de l'UEFA en 2002, performance qui a permis aux Tchèques d'obtenir le trophée. En 2012, il a remporté la Ligue des Champions de l'UEFA avec Chelsea (et a été désigné homme du match en finale), puis l'UEFA Europa League en 2013. Il a pris sa retraite après la finale de l'Europa League 2019, avant de faire son retour quelques mois plus tard comme gardien… de hockey sur glace. Il a d'ailleurs arrêté une pénalité dès son premier match.

30 MINUTES

Aux JO 1920, la sélection tchécoslovaque a éclipsé la victoire belge en quittant le terrain au bout d'une demi-heure pour protester contre un arbitrage qu'elle jugeait défavorable. Elle est la seule équipe à avoir été disqualifiée d'un tournoi olympique de football.

LÉGENDE NATIONALE
À LA PLACE DE PLAŠIL

En débutant l'Euro 2016, le milieu de terrain Jaroslav Plašil venait de devenir le 4e Tchèque seulement à obtenir 100 capes, lors d'une défaite 2-1 en match amical contre la Corée du Sud. Plašil faisait partie de l'équipe qui a atteint la demi-finale de l'Euro 2004. Il a marqué contre la Turquie quatre ans après et joué chaque minute des matchs de son équipe au second tour de l'Euro 2012. Plašil a également solidement contribué à la qualification tchèque pour l'Euro 2016.

NEDVĚD

LÉGENDE NATIONALE
41 ANS PLUS TARD

Le Ballon d'Or *France Football* reçu par **Pavel Nedvěd** en 2003 a mis fin à la longue attente des supporters tchèques, qui ont vu nombre de leurs pépites ignorées depuis la désignation de Josef Masopust en 1962. Ce milieu organisateur avait ouvert le score lors de la finale de la Coupe du Monde chilienne de 1962 avant que le Brésil ne revienne au score pour s'imposer 3-1 à Santiago. Plus de 40 ans plus tard, Pelé le citera dans sa liste des 125 meilleurs footballeurs encore en vie. Masopust a remporté huit championnats de Tchécoslovaquie avec le Dukla Prague, le club de l'armée.

SÉLECTIONS

1	**Petr Čech,** 124
2	**Karel Poborský,** 118
3	**Tomáš Rosický,** 105
4	**Jaroslav Plašil,** 103
5	**Milan Baroš,** 93

34

Antonín Puč est resté le recordman de buts (34) pour la Tchécoslovaquie/République tchèque jusqu'en 1995, lorsque son record a été battu par Jan Koller, 67 ans plus tard, puis par Milan Baroš.

LÉGENDE NATIONALE
MOZART AU MILIEU

Le dernier Tchèque à avoir marqué en Coupe du Monde est **Tomáš Rosický** ; son doublé a assuré une victoire 3-0 contre les États-Unis, lors de l'édition 2006 en Allemagne. Malgré une carrière parsemée de blessures, Rosický est devenu le 3e Tchèque seulement à décrocher 100 sélections, lors d'une défaite 2-1 face à l'Islande, en juin 2015, dans les éliminatoires de l'Euro 2016. Le milieu de terrain, surnommé le « Petit Mozart » pour son orchestration du jeu, s'est retiré du football international après l'élimination de la République tchèque au premier tour de l'Euro ; il était alors devenu le plus vieux joueur tchèque en phase finale de l'Euro, à l'âge de 35 ans. En 2000, il avait également été le plus jeune, à l'âge de 19 ans.

ROSICKÝ

KOLLER

LÉGENDE NATIONALE
DIX SUR DIX

Jan Koller est le meilleur buteur tchèque de tous les temps, avec 55 buts en 91 matchs. Dès ses débuts professionnels, il marque contre la Belgique avant de signer 10 buts au cours des 10 matchs internationaux suivants. Il est l'auteur de 6 buts lors des éliminatoires pour les Euro 2000, 2004 et 2008. Jan Koller a commencé au Sparta Prague, qui a transformé le gardien qu'il était en attaquant. Puis, en Belgique, il a fini meilleur buteur du championnat avec Lokeren, avant de signer 42 buts pour Anderlecht sur deux saisons couronnées de titres. Lors d'un match avec le Borussia Dortmund, il jouera gardien suite à l'expulsion de Jens Lehmann et conservera sa cage inviolée… après avoir marqué en tant que buteur en première période !

1934

La finale de la Coupe du Monde 1934, la première avec prolongations, s'est achevée par la défaite 2-1 de la Tchécoslovaquie face au pays hôte, l'Italie.

BUTEURS

1. **Jan Koller,** 55
2. **Milan Baroš,** 41
3. **Vladimir Šmicer,** 27
4. **Tomáš Rosický,** 23
5. **Pavel Kuka,** 22 (plus 7 pour la Tchécoslovaquie)

1976

En 1976, Antonín Panenka tire un penalty avec une petite pichenette au centre des cages. Toujours utilisée aujourd'hui, cette frappe s'appelle une « panenka ».

LÉGENDE NATIONALE
PATRIK A LE CHIC

Le buteur du Bayer Leverkusen **Patrik Schick** a signé 5 buts en phase finale de l'Euro 2020, soit autant que le recordman tchèque Milan Baroš. À l'Euro 2004, Baroš avait remporté le Soulier d'Or et aidé son pays à atteindre les demi-finales. Cette fois, les Croates se sont arrêtés en quart, le but de Schick n'ayant pas suffi à éliminer le Danemark (2-1). Toutefois, il a battu le record du but le plus lointain en Championnat d'Europe lors du succès 2-0 contre l'Écosse, au premier tour : un tir de 49,7 m pour lober le gardien David Marshall, qui était sorti de sa surface. Schick a également trouvé les filets dans le succès surprise 2-0 contre les Pays-Bas en huitième, grâce à une passe de Tomáš Holeš, auteur de l'ouverture du score.

SCHICK

1

Entré en cours de jeu pour sa première sélection, Zdeněk Ondrášek a marqué sur son premier tir international pour battre l'Angleterre 2-1 à Prague en éliminatoires de l'Euro 2020, en octobre 2019. Sept mois plus tôt, le même adversaire avait infligé la plus lourde défaite des Tchèques depuis l'indépendance, un 5-0 à Wembley.

DANEMARK

Le Danemark joue au football depuis 1908, mais a connu son heure de gloire en 1992, lorsqu'il a remporté le Championnat d'Europe de l'UEFA et créé l'une des plus grandes surprises du football international.

Membre de la FIFA : 1908

Plus large victoire : 17-1, contre la France, en 1908

Meilleur classement FIFA : 3

Stade : Parken Stadium, Copenhague

Palmarès : 1 Championnat d'Europe (1992)

JOUEUR STAR

CHRISTIAN LE MIRACULÉ

À l'aube de l'Euro 2020, tous les espoirs du Danemark reposaient sur la star **Christian Eriksen**. Le joueur, auteur d'un *hat-trick* contre l'Irlande (5-1) en barrage du Mondial 2018 qui avait scellé la qualification des siens pour la Russie, avait même eu l'honneur d'un tee-shirt qui résumait la tactique des Danois : passer le ballon à Eriksen et attendre qu'il marque. En octobre 2020, Eriksen avait fêté sa 100e sélection avec le seul but du match, sur penalty, contre l'Angleterre en Ligue des Nations à Wembley. Mais lorsqu'il s'est effondré à la suite d'un arrêt cardiaque, peu avant la pause de son premier match à l'Euro 2020 face à la Finlande à Copenhague, c'est tout le monde du sport qui a retenu son souffle. Et qui a salué le sang-froid du capitaine Simon Kjær et de ses coéquipiers ; ceux-ci ont tout de suite entouré le joueur pendant que les médecins lui sauvaient la vie. Le milieu de l'Inter Milan, ancien joueur de l'Ajax d'Amsterdam et de Tottenham Hotspur, a fini par reprendre conscience. Il a ensuite remercié les supporters du monde entier pour leur soutien, tout en souhaitant bonne chance à ses partenaires qui ont finalement atteint le dernier carré. Le match contre la Finlande a pu reprendre et s'est soldé par une défaite 1-0, mais l'essentiel était ailleurs. « Christian est l'un de nos meilleurs joueurs, mais c'est un homme encore meilleur », a déclaré son sélectionneur Kasper Hjulmand après la partie.

ERIKSEN

16 SECONDES

Ebbe Sand a signé le but le plus rapide inscrit par un remplaçant en Coupe du Monde. Lors de France 1998, il a fait trembler les filets du Nigeria 16 secondes à peine après son entrée en jeu.

2

Le milieu Morten Wieghorst est le seul joueur à avoir été expulsé 2 fois avec le Danemark. Ce qui ne l'a pas empêché de recevoir un prix du fair-play après avoir volontairement raté un penalty accordé par erreur.

MICHAEL **LAUDRUP**

BRIAN **LAUDRUP**

LÉGENDES NATIONALES

FRÈRES D'ARMES

Les deux meilleurs footballeurs danois de l'histoire viennent de la même famille. Il s'agit des frères **Laudrup** : **Michael** (104 sélections, 37 buts) et **Brian** (82 sélections, 37 buts). Ils ont affiché leur talent dans toute l'Europe. Michael a joué en Italie avec la Lazio et la Juventus, ainsi qu'en Espagne au Barça et au Real Madrid. Brian a évolué en Italie avec la Fiorentina et l'AC Milan, en Écosse avec les Rangers et en Angleterre avec Chelsea. Pourtant, seul Brian a fait partie de l'épopée victorieuse de l'UEFA Euro 1992 – Michael avait dû temporairement renoncer au football international en raison d'un désaccord avec le sélectionneur Richard Møller Nielsen.

JOUEUR STAR
SI LE MAILLOT VA

Le Danemark a vécu un Championnat d'Europe 2020 fort en émotions : après l'arrêt cardiaque de Christian Eriksen, les Danois ont su se battre pour atteindre les demi-finales et ont établi plusieurs premières au passage. Ils sont ainsi devenus les premiers à se qualifier au deuxième tour malgré deux défaites initiales (1-0 contre la Finlande puis 2-1 contre la Belgique). Leur succès 4-1, pour la dernière journée du Groupe B, a été suivi d'une victoire 4-0 contre le pays de Galles en huitième, faisant du Danemark la première nation à marquer 4 buts dans deux matchs d'Euro de suite. Leur parcours s'est arrêté avec une défaite 2-1 contre l'Angleterre. Avant la rencontre, le capitaine anglais Harry Kane, ancien coéquipier d'Eriksen à Tottenham, avait remis un maillot dédicacé et floqué « ERIKSEN 10 » à son homologue danois **Simon Kjær**.

KJÆR

SÉLECTIONS

1. **Peter Schmeichel**, 129
2. **Dennis Rommedahl**, 126
3. **Simon Kjær**, 113
4. **Jon Dahl Tomasson**, 112
5. **Christian Eriksen**, 109

SCHMEICHEL

LÉGENDE NATIONALE
DES GANTS EN OR

Peter Schmeichel, champion d'Europe avec le Danemark en 1992, était considéré comme le meilleur gardien du monde au début des années 1990. Son fils Kasper a marché sur ses traces en club anglais, et comme premier portier de l'équipe danoise. Peter Schmeichel a été un ardent supporter dans le stade pendant la Coupe du Monde 2018 lorsque Kasper a arrêté trois tirs, lors de la défaite danoise au 2e tour contre la Croatie (3-2 aux tirs au but). Kasper a arrêté un ballon de Luka Modrić aux arrêts de jeu, et deux autres lors des tirs au but.

ANECDOTE DU TOURNOI
IMPOSSIBLE N'EST PAS DANOIS

Le mois de juin 1992 restera gravé dans la mémoire de tous les passionnés de ballon rond. Le Danemark ne s'était pas qualifié pour la phase finale de l'Euro, mais 10 jours avant le coup d'envoi, l'UEFA lui demanda (en tant que 2e du groupe) de remplacer la Yougoslavie, exclue suite aux sanctions internationales entraînées par la guerre des Balkans. Les attentes sont alors minimes, mais l'inconcevable va se produire. En s'appuyant sur son gardien Peter Schmeichel, sa défense et le génie de Brian Laudrup, l'outsider va créer l'une des plus grandes surprises du foot moderne en remportant le tournoi, avec en point d'orgue une victoire 2-0 face aux champions du monde allemands.

LÉGENDE NATIONALE
TOMASSON, AU TOP

Jon Dahl Tomasson, meilleur buteur danois *ex æquo* avec 52 buts, est devenu le sélectionneur adjoint de l'équipe nationale en 2016, aux côtés d'Age Hareide, le titulaire d'origine norvégienne. Tomasson a marqué son dernier but pour son pays lors d'une défaite 3-1 face au Japon, au premier tour de la Coupe du Monde 2010 – il avait récupéré la balle au rebond lors d'un tir arrêté par Eiji Kawashima. Tomasson a décroché 112 capes, tandis que Poul Nielsen, l'autre meilleur buteur, a marqué ses 52 buts en seulement 38 matchs, de 1910 à 1925. Pauli Jørgensen s'est aussi montré prolifique, avec 44 buts en 47 rencontres seulement, de 1925 à 1939.

TOMASSON

20

Mikkel Damsgaard, âgé de 20 ans et 353 jours, est devenu le plus jeune buteur danois en tournoi majeur quand il a ouvert le score contre la Russie (victoire 4-1), au premier tour de l'Euro 2020. Il a ensuite ouvert le score sur coup franc en demi-finale contre l'Angleterre, finalement victorieuse 2-1.

BUTEURS

1. **Poul Nielsen**, 52
   = **Jon Dahl Tomasson**, 52
3. **Pauli Jørgensen**, 44
4. **Ole Madsen**, 42
5. **Preben Elkjaer Larsen**, 38

6-1

La victoire 6-1 sur l'Uruguay en phase de groupes du Mondial 1986 à Neza (Mexique) compte parmi les plus belles performances du Danemark. Malheureusement, l'Espagne a mis un terme à cette belle aventure en 8e de finale, écrasant le Danemark 5-1.

GRÈCE

Il ne fait aucun doute que le jour de gloire de la Grèce a été son triomphe inattendu lors du Championnat d'Europe 2004, l'une des plus grandes surprises de la compétition internationale. Ce n'était alors que sa 2e phase finale de l'Euro.

Membre de la FIFA : 1929

Plus large victoire : 8-0, contre la Syrie, en 1949

Meilleur classement FIFA : 8

Stade : Stade olympique, Athènes

Palmarès : 1 Championnat d'Europe (2004)

17

Âgé de 17 ans et 241 jours, le gardien de but Stéfanos Kapíno est devenu le plus jeune international grec lors de ses débuts en novembre 2011, en match amical contre la Roumanie. Kapíno avait 80 jours de moins que le précédent détenteur du record, l'attaquant Thomás Mávros, lors de son premier match en février 1972 contre les Pays-Bas.

SAMARÁS

500

Le 500e but de la Grèce a été inscrit par Démis Nikolaïdis dans le stade d'Old Trafford le 6 octobre 2001, pour donner l'avantage aux Hellènes 2-1 en éliminatoires du Mondial face à l'Angleterre. Les locaux ont fini par égaliser à 2-2.

ANECDOTE DU TOURNOI

GLORIEUX GEORGES

Georgios Samarás a transformé le penalty de dernière minute qui a permis à la Grèce de franchir les éliminatoires de la Coupe du Monde 2014 pour la première fois, décrochant une victoire 2-1 contre la Côte d'Ivoire, dans le Groupe C. Le but, dû à une faute de Giovanni Sio, était le 9e que Samarás, ancien attaquant du Celtic Glasgow, marquait pour son pays, son premier but datant de ses débuts en février 2006, contre la Biélorussie. Samarás aurait pu jouer pour l'Australie car son père, Ioannis, était né à Melbourne et s'était installé en Grèce à l'âge de 13 ans. Ionnis a d'ailleurs obtenu 16 capes grecques de 1986 à 1990, mais il est loin derrière son fils, qui compte 81 sélections à son actif.

43

Le milieu Giorgos Koudas – surnommé « Alexandre le Grand » – a obtenu 43 capes entre 1967 et 1982, et a notamment été le premier capitaine grec dans un grand tournoi international, lors de l'Euro 1980 en Italie. Si la Grèce a été éliminée dès le premier tour, elle a néanmoins tenu en échec 0-0 les futurs champions d'Allemagne de l'Ouest.

LÉGENDE NATIONALE

THEO LE MAGNIFIQUE

Theódoros Zagorákis, dit « Theo », né près de Kavala le 27 octobre 1971, capitaine de l'équipe de Grèce lors de la victoire à l'Euro 2004, a reçu à cette occasion le prix du Meilleur joueur de la compétition. Le milieu de terrain défensif est le 2e footballeur grec le plus sélectionné : 120 sélections. Il marque son premier but lors de sa 101e sélection internationale, 10 ans et 5 mois après ses débuts en équipe de Grèce, lors d'un match de qualification pour la Coupe du Monde, face au Danemark, en février 2005. Il arrête sa carrière internationale dans le football après une dernière apparition de 15 minutes dans un match contre l'Espagne en août 2007.

ZAGORÁKIS

LÉGENDE NATIONALE
LE ROI OTTO

L'entraîneur allemand **Otto Rehhagel** est devenu le premier étranger élu « Personnalité grecque de l'année » en 2004, après avoir mené la sélection nationale à la victoire lors de l'Euro. La Grèce lui a également remis le titre de citoyen d'honneur. Ses neufs années en tant que sélectionneur font de lui l'entraîneur international ayant le plus d'ancienneté au service de la Grèce. Rehhagel avait 65 ans à l'Euro 2004, devenant le sélectionneur le plus âgé à remporter la compétition. Le record a été battu quatre ans plus tard lorsque Luis Aragonés, 69 ans, a soulevé le trophée avec l'Espagne. Rehhagel était également le premier coach à offrir la victoire à un autre pays que le sien, que ce soit en Championnat d'Europe ou en Coupe du Monde.

REHHAGEL

BUTEURS

1. **Nikos Anastópoulos**, 29
2. **Ángelos Charistéas**, 25
3. **Theofánis Gekas**, 24
4. **Dimítrios Saravákos**, 22
5. **Mímis Papaïoánnou**, 21

CHARISTÉAS

NOUVELLE COULEUR

Les Grecs étaient parés de bleu en 2004, mais sont passés au blanc de leur deuxième maillot, qu'ils portaient lors de leur sacre européen.

LÉGENDE NATIONALE
L'ÁNGELOS GARDIEN

Si Níkos Anastópoulos domine le classement des buteurs grecs, c'est bien **Ángelos Charistéa**s qui a marqué le but le plus important de tous en plaçant sa tête au fond des filets des hôtes portugais, en finale du Championnat d'Europe de l'UEFA 2004. Il avait déjà égalisé contre l'Espagne au premier tour, puis inscrit le but de la victoire contre la France, tenante du titre, en quart. Le buteur a fait ses débuts internationaux en février 2001 avec un triplé lors du nul 3-3 contre la Russie. Il a également inscrit le seul but de son équipe dans l'UEFA Euro 2008, que la Grèce a quitté dès le premier tour.

LÉGENDE NATIONALE
TOUCHÉ MANQUÉ

Le défenseur Vasílis Torosídis, actuel capitaine grec, a marqué le but victorieux contre le Nigeria en 2010, remportant le tout premier succès de son pays en Coupe du Monde. Torosídis avait auparavant été frappé par le milieu de terrain nigérian Sani Kaita, ce qui a valu une exclusion à ce dernier. Torosídis a aussi joué lors de l'Euro 2008 et 2012, et en Coupe du Monde 2014. Il n'a pas connu de 3e édition de l'Euro, car la Grèce a terminé dernière de son groupe de qualification pour l'Euro 2016, alors même qu'elle était favorite. Lors de cette série désastreuse, le pays a notamment été battu à l'extérieur et à domicile par les Îles Féroé.

1

La Grèce est la seule sélection à avoir battu le tenant du titre et le pays organisateur au cours de son parcours victorieux dans un Euro ou une Coupe du Monde. Les Hellènes ont même battu les hôtes portugais deux fois : en ouverture et en finale. En quart, ils avaient sorti la France, tenante du titre.

LÉGENDE NATIONALE
RIRE ET LARMES POUR GEORGIOS

Georgios Karagoúnis a égalé le record de sélections en équipe de Grèce (120) lors du dernier match de poule des siens à l'Euro 2012. Il a même inscrit l'unique but de la partie, qui a permis aux Grecs de se qualifier pour les quarts de finale aux dépens des Russes. Hélas, il a récolté au cours de ce match son second carton jaune du tournoi, synonyme de suspension pour la rencontre suivante : défaite 4-2 contre l'Allemagne. Karagoúnis était, avec le milieu de terrain Kóstas Katsouránis et le portier Kóstas Chalkiás, l'un des trois joueurs sélectionnés pour cet Euro à avoir remporté l'édition 2004. Au match précédent contre la République tchèque, Chalkiás était devenu l'international grec le plus âgé, à 38 ans et 13 jours.

SÉLECTIONS

1. **Georgios Karagoúnis**, 139
2. **Theódoros Zagorákis**, 120
3. **Kóstas Katsouránis**, 116
4. **Vasílis Torosídis**, 101
5. **Ángelos Basinás**, 100

KARAGOÚNIS

HONGRIE

Au début des années 1950, la Hongrie possède la plus talentueuse équipe de football de la planète. Celle-ci remporte l'or olympique à Helsinki en 1952 et atteint la finale de la Coupe du Monde FIFA en 1954.

Membre de la FIFA : 1902

Plus large victoire : 13-1, contre la France, en 1927

Meilleur classement FIFA : 18

Stade : Budapest, Hongrie

Palmarès : –

SZOBOSZLAI

LÉGENDE NATIONALE

DOM DOMINE

La Hongrie a dû patienter 30 ans avant de retrouver la joie d'un tournoi majeur, entre son premier tour du Mondial 1986 et sa qualification pour les 8es de l'Euro 2016 en France. Elle a enchaîné avec l'édition suivante au terme d'un come-back retentissant contre l'Islande, lors du barrage retour à la Puskás Arena de Budapest en novembre 2020. Les visiteurs menaient à deux minutes de la fin, mais les Hongrois ont marqué par deux fois. Le latéral droit Loïc Nego a égalisé et le meneur star **Dominik Szoboszlai** a arraché la victoire à la dernière seconde. Ce dernier est devenu le premier footballeur désigné « sportif hongrois de l'année ». Malheureusement, une blessure à la cuisse l'a privé de la phase finale en 2021. Sans lui, la Hongrie a terminé dernière du « groupe de la mort » malgré des nuls contre la France et l'Allemagne.

5,4

La moyenne de 5,4 buts par match de la Hongrie lors de la Coupe du Monde 1954 est un record qui reste à battre.

37

À l'âge de 37 ans et 62 jours, Zoltán Gera est devenu le 2e buteur le plus âgé en phase finale de l'Euro, derrière l'Autrichien Ivica Vastić, qui a marqué lors de l'Euro 2008 à l'âge de 38 ans et 257 jours.

RECORD DE BUTS

ANNÉES D'ABONDANCE

L'éblouissante équipe hongroise du début des années 1950 est connue comme l'*Aranycsapat* ou « Équipe en or ». Elle établit un record en restant invaincue durant 31 matchs internationaux consécutifs, entre 1950 et 1954 – elle perd face à la RFA en finale de la Coupe du Monde FIFA 1954. Durant cette période, la Hongrie obtient la médaille d'or à Helsinki (Finlande), en 1952. Ce record n'a été battu depuis que par le Brésil et l'Espagne.

73

La Hongrie des années 1950 a aussi établi le record de 73 matchs consécutifs à marquer au moins un but.

LÉGENDE NATIONALE
LE MAJOR GALOPANT

Ferenc Puskás restera l'un des meilleurs footballeurs de tous les temps. Son bilan laisse rêveur: 84 buts en 85 sélections et 514 buts en 529 matchs dans les Championnats de Hongrie et d'Espagne. Doté du pied gauche le plus redoutable de l'histoire du football, le « Major galopant » avait joué dans le club de l'armée, Honved, avant de fuir son pays pour jouer au Real Madrid et avec la sélection espagnole. Pendant les années 1950, il était le meilleur artilleur et le capitaine des légendaires Magyars magiques (surnom de la sélection hongroise de l'époque) et de Honved.

BUTEURS

1 **Ferenc Puskás**, 84
2 **Sándor Kocsis**, 75
3 **Imre Schlosser**, 59
4 **Lajos Tichy**, 51
5 **György Sárosi**, 42

PUSKÁS

ANECDOTE DU TOURNOI
LES ANGLAIS CORRIGÉS

La victoire 6-3 de la Hongrie contre l'Angleterre, à Wembley en 1953, est un événement majeur de l'histoire du foot. La sélection magyare est devenue la première équipe hors îles britanniques à battre l'Angleterre en son fief, où elle n'avait pas perdu depuis 1901. Invaincus depuis 3 ans et vainqueurs des JO 1952, les Hongrois se retrouvaient face aux « inventeurs » du beau jeu. La presse anglaise parlait de « match du siècle ». Cette rencontre révolutionnera le football anglais, la victoire des visiteurs exposant sans concession la naïveté tactique des locaux.

1

Un seul joueur hongrois a remporté le Ballon d'Or décerné au Meilleur joueur de l'année : Flórián Albert, en 1967. Le prix était alors remis par le magazine *France Football* et non par la FIFA.

LÉGENDE NATIONALE
CASQUE D'OR

Meilleur buteur de la Coupe du Monde 1954 avec 11 unités, Sándor Kocsis excellait tellement dans le jeu aérien qu'il était surnommé « L'homme à la tête d'or ». En 68 sélections, il a empilé la bagatelle de 75 buts, dont 7 *hat-tricks* (un record). Il a notamment signé 2 buts décisifs en prolongations de la demi-finale de Suisse 1954 contre l'Uruguay, les Magyars échappant de peu à la défaite.

66

La Hongrie a connu de nouveaux tréfonds lors des éliminatoires de la Coupe du Monde 2018, avec une défaite 1-0 face à l'Andorre en juin 2017 – ce qui a mis fin à la série andorrane de 66 matchs sans victoire.

LÉGENDES NATIONALES
DZSUDZSÁK, CAPITAINE EXEMPLAIRE

Le capitaine hongrois **Balázs Dzsudzsák** n'est que le troisième de son pays à atteindre les 100 sélections, en mars 2019. Il a célébré l'événement avec la manière, d'abord en recevant un maillot encadré, ensuite en guidant les siens vers la victoire 2-1 contre la Croatie pour lancer les éliminatoires de l'Euro 2020. Ancien ailier de Debrecen et du PSV Eindhoven, Dzsudzsák a porté le brassard de la Hongrie à l'Euro 2016, premier tournoi majeur de cette nation depuis la Coupe du Monde 1986. Il a aussi signé un doublé contre les futurs champions portugais (3-3), permettant à la Hongrie de se qualifier pour les huitièmes. Il partage le record de sélections avec le gardien **Gábor Király**, dont les joggings de match ne manquaient pas d'attirer l'attention.

SÉLECTIONS

1 **Balázs Dzsudzsák**, 108
= **Gábor Király**, 108
3 **József Bozsik**, 101
4 **Zoltán Gera**, 97
5 **Ronald Juhász**, 95

KIRÁLY

DZSUDZSÁK

IRLANDE DU NORD

L'Irlande du Nord aligne sa propre sélection depuis 1921 (l'Irlande n'avait qu'une seule équipe auparavant). Sa dernière compétition majeure remonte à 2016, lors de la phase finale du Championnat d'Europe.

Membre de la FIFA : 1921
Plus large victoire : 7-0, contre le pays de Galles, en 1930
Meilleur classement FIFA : 20
Stade : Windsor Park, Belfast
Palmarès : –

LÉGENDE NATIONALE
GEORGE BEST

Sélectionné à trente-sept reprises, **Best** est l'un des plus grands joueurs à n'avoir jamais disputé la Coupe du Monde. Il a toutefois étoffé son palmarès avec Manchester United, qui lui a notamment permis de remporter un titre européen et le Ballon d'Or *France Football* en 1968. Il a joué aux États-Unis, à Hong Kong et en Australie avant de se retirer en 1984.

BEST

17

En 1982, en Espagne, Norman Whiteside est devenu, à 17 ans et 41 jours, le plus jeune joueur à disputer une Coupe du Monde (devant Pelé).

DAVIS

JOUEUR STAR
STEVEN LE BENJAMIN

En mai 2006, le milieu **Steven Davis** est devenu le plus jeune capitaine d'Irlande du Nord depuis 1945, en menant son équipe contre l'Uruguay : il avait 21 ans, 5 mois et 20 jours. Davis est devenu le joueur le plus capé de son pays en octobre 2020, face à la Bosnie-Herzégovine, avec une 120e sélection. Sa 126e, contre la Bulgarie en mars 2021, lui a permis de dépasser l'ancien portier anglais Peter Shilton pour s'adjuger le record britannique.

77

Aaron Hughes est le troisième Nord-Irlandais le plus capé de l'histoire avec 112 sélections. Le défenseur a toutefois dû attendre sa 77e apparition, en août 2011, pour trouver les filets, face aux îles Féroé.

2 MINUTES

Peter Watson a sans doute connu la carrière internationale la plus courte de l'Irlande du Nord, avec deux minutes sur le terrain lors d'une victoire 5-0 contre Chypre aux éliminatoires du Championnat d'Europe, en avril 1971.

36

À la surprise générale, l'expérimenté défenseur central Gareth McAuley, 36 ans, a été le premier à inscrire son nom au tableau d'affichage lorsque l'Irlande du Nord a battu l'Ukraine 2-0 en phase de groupes de l'Euro 2016. Malheureusement, il a également marqué en 8e, cette fois contre son camp, offrant ainsi la victoire 1-0 aux voisins gallois.

LÉGENDE NATIONALE
JENNINGS GÉANT

L'ancien record de sélections (119) de **Pat Jennings** avec l'Irlande du Nord a un temps été le record du monde. L'ancien portier de Tottenham Hotspur et d'Arsenal a fait ses débuts internationaux à 18 ans contre le pays de Galles, le 15 avril 1964, et a tiré sa révérence à 41 ans, contre le Brésil, lors de la Coupe du Monde 1986. Le 26 février 1983, Jennings est devenu le premier footballeur anglais à disputer 1 000 matchs seniors et a célébré l'occasion en conservant ses cages inviolées pour Arsenal contre West Bromwich Albion.

1958

Le capitaine de l'équipe d'Irlande du Nord durant la Coupe du Monde FIFA 1958 était l'homme fort de Tottenham Hotspur, Danny Blanchflower. Il est le premier capitaine d'un club anglais à remporter le championnat et la Coupe d'Angleterre la même saison.

SÉLECTIONS

1. **Steven Davis,** 126
2. **Pat Jennings,** 119
3. **Aaron Hughes,** 112
4. **David Healy,** 95
5. **5 Mal Donaghy,** 91
   = Jonny Evans, 91

LÉGENDE NATIONALE
HEALY PHÉNOMÉNAL

Le meilleur buteur d'Irlande du Nord, **David Healy**, a connu un début international idéal en réalisant un doublé contre le Luxembourg en février 2000. Healy a aussi marqué le seul but du match contre l'Angleterre de Sven-Göran Eriksson, en septembre 2005 – offrant ainsi la première victoire de l'Irlande du Nord sur l'Angleterre depuis 1972. Un an plus tard, Healy a réalisé un *hat-trick*, battant l'Espagne (futur champion) 3-2 en qualification de l'Euro 2008.

BUTEURS

1. **David Healy,** 36
2. **Kyle Lafferty,** 20
3. **Colin Clarke,** 13
   = Billy Gillespie, 13
5. **Gerry Armstrong,** 12
   = Joe Bambrick, 12
   = Steven Davis, 12
   = Iain Dowie, 12
   = Jimmy Quinn, 12

LÉGENDES NATIONALES
LE BON COMPTE

En 1958, Billy Bingham faisait partie de l'équipe, entraînée par l'ancien buteur Peter Doherty, qui disputait pour la première fois la Coupe du Monde. Les Nord-Irlandais ont atteint les quarts, devenant la plus petite nation à ce stade, avant d'être éliminés 4-0 par la France, future troisième. Plus tard, Bingham est devenu sélectionneur à son tour pour deux mandats : de 1967 à 1971, puis de 1980 à 1993, et a participé à deux autres Coupes du Monde en 1982 et 1986. L'Irlande du Nord a ensuite attendu jusqu'en 2016 pour retrouver un tournoi majeur, sous Michael O'Neill. Celui-ci, sélectionné 31 fois au poste d'ailier, a brièvement travaillé comme comptable après sa retraite sportive.

ANECDOTE DU TOURNOI
HÔTES HOSTILES

L'Irlande du Nord a dominé son groupe à la Coupe du Monde 1982 grâce à un succès 1-0 contre l'Espagne dans un stade hostile, au Mestalla de Valence. Le buteur de Watford, Gerry Armstrong, a ouvert la marque, puis les Nord-Irlandais ont tenu bon malgré l'expulsion de Mal Donaghy. En quart, la France s'est imposée 4-1 et a mis fin à l'aventure des Britanniques. L'année suivante, Armstrong s'est engagé à Majorque et a été, sans surprise, régulièrement hué par les supporters adverses.

NORVÈGE

SÉLECTIONS

1. **John Arne Riise**, 110
2. **Thorbjørn Svenssen**, 104
3. **Henning Berg**, 100
4. **Erik Thorstvedt**, 97
5. **John Carew**, 91
= **Brede Hangeland**, 91

La Norvège a disputé sa première rencontre internationale, contre la Suède, en 1908. Qualifiée pour la Coupe du Monde de 1938, elle a toutefois dû attendre 56 ans et l'arrivée d'un style de football plus direct pour fréquenter de nouveau les compétitions majeures.

Membre de la FIFA : 1908
Plus large victoire : 12-0, contre la Finlande, en 1946
Meilleur classement FIFA : 2
Stade : Ullevaal Stadion, Oslo
Palmarès : –

RIISE

LÉGENDES NATIONALES

RIISE ET RIISE

Ancien de Liverpool, de l'AS Monaco et de l'AS Roma, l'offensif arrière gauche **John Arne Riise** s'est distingué lors du match où il a égalé le record d'apparitions pour la Norvège de Thorbjørn Svenssen, en marquant contre la Grèce, en août 2012 (défaite finale 3-2). Riise a battu ce record lors d'un match perdu 2-0 contre l'Islande le mois suivant, avant de marquer son 16e but international dans son 106e match quatre jours plus tard (victoire 2-1 sur la Slovénie). Le frère cadet de John Arne, le milieu de terrain Bjørn Helge Riise, l'a rejoint au club anglais de Fulham avant de revenir en Norvège, et a connu jusqu'ici 35 apparitions sous le maillot national.

LÉGENDE NATIONALE

DOUBLETTE LETHALE

Partageant la cinquième place du classement des meilleurs buteurs de la Norvège, Tore André Flo et Ole Gunnar Solskjær ont souvent joué ensemble entre la fin des années 1990 et le début des années 2000. Flo avait ouvert la marque lors de la victoire 2-1 contre le Brésil à la Coupe du Monde 1998. Malgré ses nombreuses blessures, Solskjær a inscrit ses 23 buts en seulement 67 matchs, dont son premier en 1995, contre la Jamaïque. Auteur du but de la victoire pour Manchester United dans le temps additionnel en finale de Ligue des Champions 1999, il est devenu entraîneur des Red Devils en décembre 2018, après avoir remporté plusieurs titres à la tête du club norvégien de Molde.

15

Egil Olsen, l'un des entraîneurs les plus excentriques d'Europe, a été recruté à la surprise générale pour un 2e mandat à la tête de la Norvège en 2009, 15 ans après avoir conduit les outsiders scandinaves à l'édition américaine de 1994.

OLSEN

0

La Norvège est le seul pays au monde à ne s'être jamais incliné face au Brésil. Son bilan est de deux victoires et deux nuls.

ERIK THORSTVEDT

15

À 15 ans et 253 jours, le milieu de terrain offensif Martin Ødegaard a battu le record de précocité en équipe de Norvège lors de ses débuts contre les Émirats arabes unis, en août 2014.

2

Après avoir battu le Brésil lors de France 1998, les Nordiques ont atteint le deuxième rang du classement officiel de la FIFA.

HAALAND

LÉGENDE NATIONALE

ERIK LE VIKING (ET SON FILS)

Erik Thorstvedt – connu des fans anglais comme « Erik le Viking » après son passage à Tottenham, où il jetait ses gants dans les tribunes après chaque match – a joué un rôle clé pour qualifier la Norvège au Mondial 1994, sa première compétition majeure depuis 1938. Il a gardé les cages de sa sélection 97 fois entre 1982 et 1996, record national. Son fils, le milieu Kristian, a connu sa première sélection contre l'Autriche en novembre 2020 et a ouvert son compteur international lors d'un succès 3-0 contre Gibraltar quatre mois plus tard.

93

Il ne détient plus le record norvégien de sélections nationales, mais Thorbjørn Svenssen – surnommé « Klippen », « le Roc » – a été capitaine de son pays plus souvent que tout autre joueur et a disputé 93 matchs avec le brassard.

JOUEUR STAR

LA LA HAALAND

L'étoile montante du football norvégien, **Erling Braut Haaland**, n'a pas de temps à perdre. À seulement 16 ans, il a marqué dans ses premiers matchs en Coupe et Championnat avec Molde, en avril et juin 2017. Par la suite, il s'est illustré avec un quadruplé en 21 minutes sur la pelouse de Brann en juillet 2018, six buts dans ses trois premiers matchs de Ligue des Champions de l'UEFA avec les Autrichiens du Red Bull Salzbourg en 2018-2019 et un triplé en 23 minutes dès son premier match avec les Allemands du Borussia Dortmund en janvier 2020. Né en juillet 2000 à Leeds, Haaland aurait pu jouer pour l'Angleterre – son père Alf-Inge, sélectionné 34 fois pour la Norvège, évoluait dans le pays – mais en a décidé autrement. Haaland a été sacré Soulier d'Or du Mondial des moins de 20 ans 2019 en Pologne. Il a signé son premier triplé chez les A lors d'un succès 4-0 contre la Roumanie en octobre 2020 pour totaliser 6 buts en autant de sélections.

JUVE

LÉGENDE NATIONALE

JUVE EN FORME

Jørgen Juve a décroché son record national avec 33 buts internationaux en 45 sélections, de 1928 à 1937. Il n'a pas marqué lorsque la Norvège a remporté le bronze aux JO de Berlin 1936, mais il jouait quand son pays a battu l'Allemagne 2-0 en quart de finale – Adolf Hitler et d'autres chefs nazis avaient alors quitté les lieux, furieux. Après sa retraite en 1938, Juve a travaillé comme expert juridique, journaliste sportif et auteur de livres sur les JO et le football.

BUTEURS

1	**Jørgen Juve**, 33
2	**Einar Gundersen**, 26
3	**Harald Hennum**, 25
4	**John Carew**, 24
5	**Tore André Flo**, 23 = **Ole Gunnar Solskjaer**, 23

ANECDOTE DU TOURNOI

CHANGEMENT DE PLAN

La plus haute récompense de la Norvège dans un tournoi international reste une médaille de bronze aux Jeux olympiques d'été de 1936 à Berlin, battue par l'Italie en demi-finale, mais ensuite vainqueur de la Pologne 3-2 grâce à un triplé d'Arne Brustad. L'Histoire du football norvégien parle encore de cette « équipe en bronze », ou « Bronslaget ». Ironie de l'histoire, les autorités norvégiennes, ne s'attendant pas à ce que leur équipe aille si loin dans la compétition, lui avaient réservé des billets de retour la veille de la demi-finale contre l'Italie.

POLOGNE

Qualifiée pour son premier Euro en 2008, la Pologne a coorganisé l'épreuve avec l'Ukraine en 2012, sans passer le premier tour, dans un cas comme dans l'autre. Elle a cependant été quart de finaliste lors de l'Euro 2016.

Membre de la FIFA : 1921

Plus large victoire : 10-0, contre Saint-Marin, en 2009

Meilleur classement FIFA : 5

Stade : Stadion Narodowy, Varsovie

Palmarès : –

LEWANDOWSKI

JOUEUR STAR
LEWA LÈVE LES FOULES

Le meilleur buteur polonais **Robert Lewandowski** a été sacré joueur FIFA The Best en 2020 après avoir guidé le Bayern Munich au sacre européen quelques semaines plus tôt. Mais en sélection, ses efforts sont restés vains : la Pologne a fini dernière de son groupe, tant au Mondial 2018 qu'à l'Euro 2020. À 16 ans, il avait été rejeté par le Legia Varsovie. À 20 ans, il avait laissé Franciszek Smuda, futur sélectionneur national, de marbre – l'entraîneur avait même lancé à son recruteur : « Tu me rembourseras l'essence ». Depuis, « Lewa » est devenu le seul Polonais à marquer dans trois phases finales d'Euro : 2012, 2016 et 2020.

LÉGENDE NATIONALE
LATO EN MISSION

Troisième meilleur buteur et deuxième joueur *ex æquo* le plus capé de Pologne, Grzegorz Lato est aussi le seul Polonais à avoir gagné le Soulier d'Or (7 buts au Mondial 1974). Il a également remporté l'or olympique en 1972. Président de la fédération polonaise depuis 2008, il a coorganisé l'Euro 2012 avec l'Ukraine. Sa promesse : « Je suis déterminé à changer l'image du football polonais afin de le rendre pur et transparent. » En 2012, **Zbigniew Boniek** lui a succédé à la présidence de la fédération.

BONIEK

16

Robert Lewandowski, attaquant prolifique, a établi le record européen du nombre de buts en éliminatoires pour la Coupe du Monde, avec 16 unités, dont trois triplés, lors de l'édition 2018.

LÉGENDE NATIONALE
MAUDIT SZCZĘSNY

Arkadiusz Milik est devenu le héros de l'équipe lorsque la Pologne a finalement remporté un match lors de l'Euro 2016, après les trois nuls et les trois défaites des deux éditions précédentes, en 2008 et 2012. Il a ouvert le score contre l'Irlande du Nord, initiant un beau parcours jusqu'aux quarts. Mais ce tournoi ne fut pas aussi heureux pour Wojciech Szczęsny, blessé, qui a manqué le reste de la compétition. Le pauvre gardien avait déjà été expulsé contre la Grèce dans le premier match de l'Euro 2012 et a inscrit un but contre son camp synonyme de défaite contre la Finlande à l'Euro 2020.

BUTEURS

1. **Robert Lewandowski,** 69
2. **Włodzimierz Lubański,** 48
3. **Grzegorz Lato,** 45
4. **Kazimierz Deyna,** 41
5. **Ernest Pohl,** 39

4

Ernest Wilimowski est entré dans les annales de la Coupe du Monde FIFA en 1938 en marquant 4 buts face au Brésil. Ce qui n'a pas empêché son équipe de s'incliner 6-5 après les prolongations, lors du premier tour, à Strasbourg.

JOUEUR STAR

TRAGÉDIE ET TRIOMPHE

Jakub Błaszczykowski a été l'un des rares joueurs de son pays à s'être illustré à l'Euro 2012, malgré des circonstances douloureuses : il n'avait rejoint le reste de l'équipe qu'après avoir assisté aux obsèques de son père. À l'âge de dix ans, Błaszczykowski avait vu sa mère Anna poignardée à mort par son père, qui avait purgé 15 ans de prison. Adolescent, Błaszczykowski a été encouragé à poursuivre le football par son oncle Jerzy Brzęczek, ancien capitaine de la Pologne et médaillé d'argent aux JO de 1992. Błaszczykowski est devenu le 3e Polonais à atteindre 100 sélections, lors de l'entrée en lice de la Pologne contre le Sénégal à la Coupe du Monde 2018.

BŁASZCZYKOWSKI

LÉGENDE NATIONALE

LE RECORDMAN DE SÉLECTIONS

Michał Żewłakow, joueur phare de l'équipe polonaise, prit sa retraite internationale après un match amical à l'extérieur, mais en terrain connu. Ce défenseur aux multiples talents disputa en mars 2011 son 102e et dernier match au stade Karaiskaki au Pirée (Grèce), où il avait joué auparavant pour l'Olympiacos. Żewłakow venait de battre le record national de sélections, détenu par Grzegorz Lato, lors d'une rencontre amicale contre l'Équateur en octobre 2010.

ŻEWŁAKOW

16

Âgé de seulement 16 ans et 188 jours lors de sa première sélection, Włodzimierz Lubański est devenu le plus jeune buteur de la Pologne en inscrivant le 3e but de son équipe au cours d'une victoire 9-0 sur la Norvège, en 1963.

5

La Pologne a battu le Pérou 5-1 durant la Coupe du Monde 1982 grâce à cinq buteurs : Włodzimierz Smolarek, Grzegorz Lato, Zbigniew Boniek, Andrzej Buncol et Włodzimierz Ciołek.

2000

Lors de la rencontre face à la France en février 2000, Marcin et Michał Żewłakow sont devenus les premiers jumeaux à être alignés en même temps pour la Pologne.

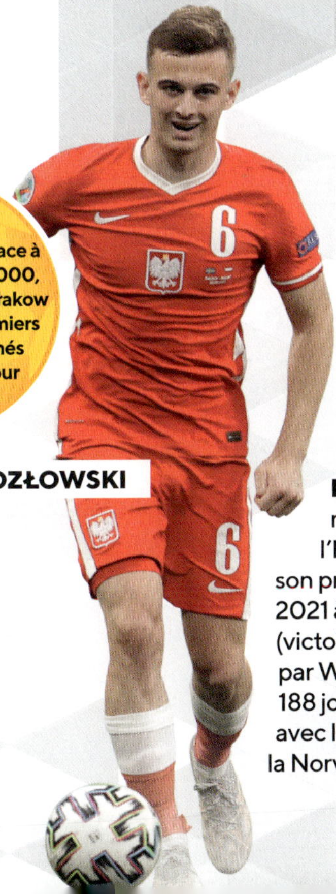

KOZŁOWSKI

SÉLECTIONS

1. **Robert Lewandowski,** 122
2. **Jakub Błaszczykowski,** 108
3. **Michał Żewłakow,** 102
4. **Grzegorz Lato,** 100
5. **Kazimierz Deyna,** 97

LÉGENDE NATIONALE

KOZ TOUJOURS

Le milieu de terrain anglais Jude Bellingham est devenu le plus jeune joueur d'un Championnat d'Europe lors de son entrée en jeu contre la Croatie à l'Euro 2020, à 17 ans et 349 jours. Mais son record n'a duré que 6 jours, quand **Kacper Kozłowski** a disputé les 35 dernières minutes pour son pays lors du nul 1-1 contre l'Espagne, à 17 ans et 246 jours. Il avait disputé son premier match, déjà comme remplaçant, en mars 2021 à 17 ans et 163 jours, en éliminatoires du Mondial (victoire 3-0 contre Andorre). Il reste toutefois devancé par Włodzimierz Lubański, qui n'avait que 16 ans et 188 jours quand il a marqué pour sa première sélection avec la Pologne en septembre 1963 (succès 9-0 contre la Norvège).

PORTUGAL

Bien que le Portugal ait produit quelques-uns des meilleurs joueurs du continent, son histoire internationale a souvent été marquée par les échecs, jusqu'à son triomphe au Championnat d'Europe 2016 et dans la première édition de la Ligue des Nations de l'UEFA.

Membre de la FIFA : 1921

Plus large victoire : 8-0, contre le Liechtenstein, en 1994 et 1999 ; contre le Koweït, en 2003

Meilleur classement FIFA : 2

Stade : Estádio de Luz, Benfica

Palmarès : 1 Championnat d'Europe (2016), 1 Ligue des Nations (2019)

JOUEUR STAR
POUVOIR PRÉSIDENTIEL

Cristiano Ronaldo dos Santos Aveiro doit son 2e prénom au président américain Ronald Reagan, dont son père était un grand admirateur. Désigné cinq fois Meilleur joueur de l'année par la FIFA, Cristiano Ronaldo a remporté l'Euro 2016 avec son pays, bien qu'il ait dû quitter la pelouse sur blessure dès la 25e minute de la finale. Il a inscrit 5 buts en 3 matchs à l'Euro 2020, devenant le premier homme à disputer cinq Championnats d'Europe de l'UEFA, et a égalé l'Iranien Ali Daei au nombre de buts internationaux (109). Il n'a toutefois pas eu la chance d'aller plus loin, le Portugal ayant été éliminé par la Belgique en 8e.

4

En 2018 en Russie, Cristiano Ronaldo est devenu le 1er Portugais – et le 4e footballeur – à marquer dans 4 Coupes du Monde.

RONALDO

2

Le Portugal est devenu la première nation dans l'histoire de la Coupe du Monde et du Championnat d'Europe à encaisser 2 buts contre son camp dans un même match, lors du revers 4-2 contre l'Allemagne à l'Euro 2020.

ANECDOTE DU TOURNOI
LE JARDIN D'ÉDER

L'attaquant remplaçant **Éder** est devenu un héros improbable lorsque le Portugal a finalement mis un terme à sa longue attente d'un trophée international, en remportant l'Euro 2016. Éder – qui a été prêté au club de Lille pour la saison 2015-2016 – a marqué le seul but de la finale à Paris, à la 109e minute, battant la France, pays organisateur. C'était le but d'ouverture le plus tardif d'une finale de Championnat d'Europe. Le Portugal, sous la houlette de Fernando Santos, a obtenu des nuls lors de ses trois matchs de premier tour, se qualifiant parmi les meilleures équipes classées troisièmes.

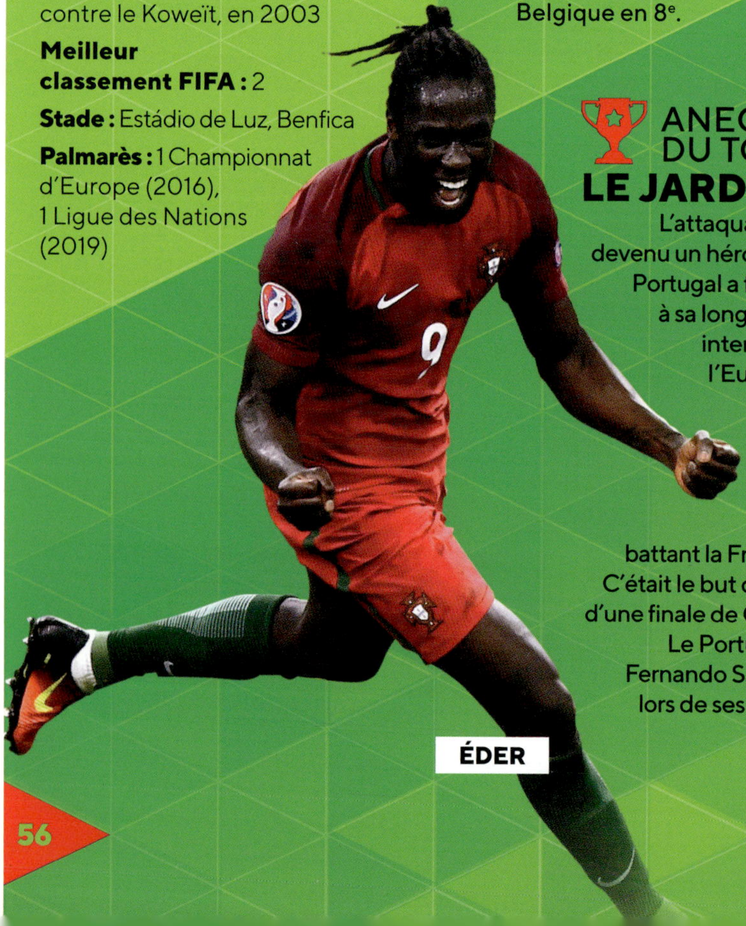

ÉDER

BUTEURS

1 **Cristiano Ronaldo,** 109
2 **Pauleta,** 47
3 **Eusébio,** 41
4 **Luís Figo,** 32
5 **Nuno Gomes,** 29

SÉLECTIONS

1. **Cristiano Ronaldo,** 179
2. **João Moutinho,** 135
3. **Luís Figo,** 127
4. **Pepe,** 119
5. **Nani,** 112

FIGO

JOUEUR STAR
BIEN JOUÉ, SANCHES

Renato Sanches est le plus jeune joueur portugais en compétition internationale : il avait 18 ans et 301 jours lors du match d'ouverture de l'Euro 2016 contre l'Islande. Sanches a été l'une des stars du tournoi, et a été nommé Meilleur jeune joueur de l'Euro 2016. Sa magnifique frappe longue contre la Pologne, en quart de finale, a fait de lui le plus jeune buteur de la phase à élimination directe du Championnat d'Europe, à 18 ans et 316 jours. Dix jours plus tard, il est devenu le plus jeune joueur à disputer une finale de ce championnat.

SANTOS

LÉGENDE NATIONALE
L'INGÉNIEUR DU SUCCÈS

Fernando Santos a conduit les Portugais au sacre au Championnat d'Europe 2016 et à la première Ligue des Nations de l'UEFA en 2019. Grâce à une belle campagne de qualifications pour l'Euro 2020, Santos a dépassé Luiz Felipe Scolari en nombre de matchs à la tête du Portugal. Après l'élimination du Portugal à l'Euro 2020 (à l'été 2021), Santos – qui avait auparavant entraîné les trois grands clubs portugais – Benfica, le Sporting Lisbonne et Porto – et qui possède un diplôme en ingénierie électrique – a supervisé 88 rencontres du Portugal. Avant cela, il avait emmené la Grèce jusqu'aux quarts de l'Euro 2012 et, pour la première fois de l'histoire des Hellènes, au deuxième tour d'une Coupe du Monde, en 2014.

1000

En mai 2018, en préparation du Mondial 2018, André Silva a inscrit le 1 000e but du Portugal lors du nul 2-2 contre la Tunisie.

38

Pepe, le solide défenseur central d'origine brésilienne, est devenu le plus vieux joueur de champ portugais, à 38 ans et 121 jours, lors de la défaite 1-0 contre la Belgique en 8e de l'Euro 2020. Le record absolu est toujours détenu par le gardien Vítor Damas, âgé de 38 ans et 246 jours, lors de la défaite contre le Maroc 3-1 au 1er tour du Mondial 1986.

LÉGENDE NATIONALE
CINQ MAJEUR

Eusébio, Mário Coluna, José Augusto, António Simões et José Torres formaient l'épine dorsale du grand Benfica des années 1960 et de la sélection portugaise à la Coupe du Monde 1966. Capitaine en Angleterre, Coluna a été décisif en finale de la Coupe d'Europe 1961 en inscrivant le 3e but. José Augusto, auteur d'un doublé lors du premier match des Portugais au Mondial 1966, contre la Hongrie, deviendra sélectionneur, puis entraîneur de l'équipe nationale féminine.

LÉGENDE NATIONALE
LA PANTHÈRE NOIRE

Né au Mozambique, **Eusébio da Silva Ferreira** a été nommé « Golden Player » du Portugal lors du cinquantenaire de l'UEFA, en 2004. Engagé par Benfica en 1960, à 18 ans, il signe un *hat-trick* dès sa 2e sortie, contre Santos, lors d'un tournoi amical à Paris où il éclipse le jeune Pelé. En 1962, il aide son club à conquérir sa 2e Coupe d'Europe. Ballon d'Or *France Football* en 1965, il mène sa sélection à la 3e place de la Coupe du Monde 1966.

EUSÉBIO

RÉPUBLIQUE D'IRLANDE

Depuis que Jacky Charlton a qualifié la sélection pour l'Euro 1988, l'Irlande est l'une des équipes les plus redoutables du Vieux Continent.

Membre de la FIFA : 1924

Plus large victoire : 8-0, contre Malte, en 1983

Meilleur classement FIFA : 6

Stade : Aviva Stadium, Dublin

Palmarès : –

LÉGENDE NATIONALE
LE RETOUR DU MICK

Mick McCarthy a été à la fois le 1er homme à être capitaine de la République d'Irlande en Coupe du Monde (en Italie en 1990) et le dernier à l'entraîner en phase finale, lors du Mondial 2002 au Japon et en Corée du Sud. En 2018, il est aussi devenu le seul à avoir été deux fois sélectionneur de son pays. Après un premier passage de 1996 à 2004, il a entamé son second mandat par une victoire 1-0 contre Gibraltar. Né en Angleterre d'un père irlandais, McCarthy a qualifié l'Irlande pour les barrages de l'UEFA Euro 2020 contre la Slovaquie. Il a démissionné en avril 2020 et a cédé la place à son adjoint, **Stephen Kenny**, après le report de la phase finale. Kenny entraîne des clubs depuis qu'il a une vingtaine d'années, en Irlande et en Écosse, et a qualifié les espoirs irlandais au Championnat d'Europe des moins de 21 ans. Avec les A, il a perdu la demi-finale de barrage pour l'Euro 2020 contre la Slovaquie ; au terme d'un match nul et vierge, les Irlandais se sont inclinés 4-2 aux tirs au but après les échecs d'Alan Browne et Matt Doherty.

JOUEUR STAR
BRADY ET SA BANDE

Vers la fin du dernier match du premier tour de l'Euro 2016, les Irlandais ont retrouvé le sourire aux dépens de l'Italie, lorsque **Robbie Brady** a marqué un but victorieux. L'équipe de Martin O'Neill a ainsi obtenu une place au second tour, où elle a pris de l'avance sur la France grâce à un penalty de Brady, avant de succomber 2-1. Ce penalty après 118 secondes était le plus rapide en phase finale de Championnat d'Europe. Brady a été le premier joueur irlandais à marquer dans des matchs successifs de cette compétition ; Robbie Keane, lui, avait réussi cet exploit pendant la Coupe du Monde 2002.

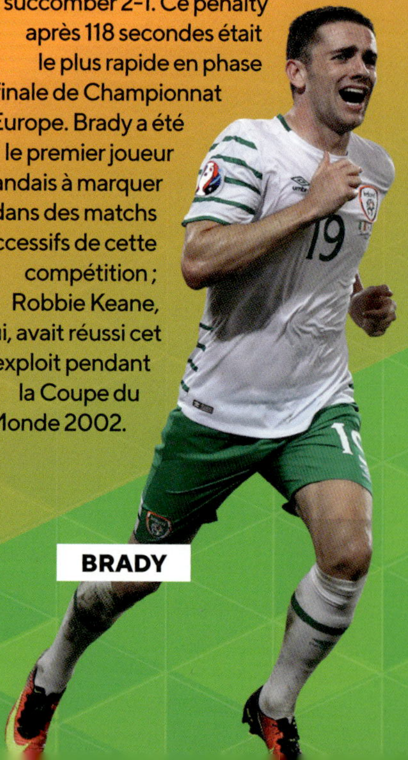

64

Martin O'Neill a joué 64 fois pour l'Irlande du Nord de 1971 à 1984. Il succède à Giovanni Trapattoni au poste de sélectionneur, le vétéran italien ayant démissionné après l'échec aux qualifications de la Coupe du Monde 2014.

ANECDOTE DU TOURNOI
OÙ EST LE MAILLOT VAINQUEUR ?

En juin 2017, la rappeuse anglaise M.I.A. portait l'un des anciens maillots du gardien irlandais **Packie Bonner** lors d'une séance photo, ce qui a rappelé aux fans d'heureux souvenirs de leurs aventures en Coupe du Monde. Bonner a joué en Championnat d'Europe 1988 et en Coupe du Monde 1990 et 1994. Selon lui, il est possible qu'un styliste de M.I.A. ait récupéré l'un des maillots rouge et jaune qu'il a donnés à des œuvres à l'issue de l'édition 1994. Bonner a renforcé sa gloire nationale en arrêtant le penalty de Daniel Timofte lors d'une victoire de 2e tour aux tirs au but sur la Roumanie, lors de la Coupe du Monde 1990. Par la suite, le défenseur vétéran David O'Leary a marqué un penalty victorieux. L'Irlande est arrivée en quart de finale, où elle a perdu de justesse 1-0 face à l'Italie, pays d'accueil.

CHARLTON

LÉGENDE NATIONALE
CHARLTON CHAMPION

Jack Charlton a remporté la Coupe du Monde 1966 en tant que défenseur central de l'Angleterre, mais la Fédération irlandaise de football lui a rendu un vibrant hommage lorsqu'il est décédé à 85 ans en juillet 2020. Charlton était devenu sélectionneur de l'Irlande en 1986 et lui avait offert sa première participation à un tournoi majeur, le Championnat d'Europe 1988, débuté par une victoire 1-0 contre les Anglais. Il a également disputé deux Coupes du Monde, atteignant même les quarts en 1990 (défaite contre l'Italie) et signant une victoire en phase de groupes contre le même adversaire quatre ans plus tard. Il a remis sa démission en 1996 après n'avoir pu qualifier l'Irlande pour l'Euro en Angleterre.

SÉLECTIONS

1. **Robbie Keane,** 146
2. **Shay Given,** 134
3. **John O'Shea,** 118
4. **Kevin Kilbane,** 110
5. **Steve Staunton,** 102

KEANE

LÉGENDE NATIONALE
LE ROI ROBBIE

L'attaquant très international **Robbie Keane** est devenu le meilleur buteur irlandais en octobre 2004 et a continué à marquer jusqu'au 31 août 2016, lorsqu'il a effectué sa 146e et dernière apparition avec un 68e but, lors d'une victoire 4-0 en match amical contre Oman. On se souviendra aussi de ses égalisations de dernière minute contre l'Allemagne et l'Espagne lors de la Coupe du Monde 2002. En novembre 2006, il a signé un *hat-trick* lors du dernier match disputé dans le stade de Lansdowne Road, contre Saint-Marin. Quatre ans plus tard, il inaugurait la nouvelle enceinte, rebaptisée Aviva Stadium, avec sa 100e sélection. Keane célébrait ses buts avec une roue et des coups de pistolets mimés.

118 SECONDES

En 2016, le penalty concédé par la France après 118 secondes de jeu était le plus rapide en phase finale de Championnat d'Europe.

33

Le portier David Forde a enfin disputé son premier match international avec l'Irlande en affrontant la Suède, en éliminatoires de la Coupe du Monde en mars 2013, à 33 ans – devenant ainsi le débutant le plus âgé de l'histoire du pays.

BUTEURS

1. **Robbie Keane,** 68
2. **Niall Quinn,** 21
3. **Frank Stapleton,** 20
4. **John Aldridge,** 19
   = Tony Cascarino, 19
   = Don Givens, 19

66

Seul l'Anglais Billy Wright, avec ses 70 matchs internationaux d'affilée, surpasse le palmarès de **Kevin Kilbane**, dont la 109e sélection contre Macédoine, en mars 2011, était aussi sa 66e cape de suite sur 11 ans et cinq mois.

KILBANE

4

Paddy Moore a signé le premier quadruplé de l'histoire des éliminatoires de la Coupe du Monde lors d'un nul 4-4 avec la Belgique, le 25 février 1934.

KEANE O'NEILL

LÉGENDE NATIONALE
KEANE QUITTE

Peu de joueurs vedettes ont quitté leur équipe nationale avec autant de fracas que le capitaine **Roy Keane** en 2002, lors de l'entraînement préliminaire à la Coupe du Monde à Saipan, au Japon. Le fougueux capitaine du Manchester United est parti avant même le début de la compétition, se plaignant du manque de professionnalisme dans la préparation irlandaise – ayant perdu confiance en l'entraîneur Mick McCarthy. L'Irlande est arrivée sans lui au deuxième tour, perdant contre l'Espagne aux tirs au but, mais son comportement a divisé le pays. Au départ de McCarthy, Keane et la fédération irlandaise de football ont conclu une trêve et le joueur a réintégré l'équipe en avril 2004, avec le nouvel entraîneur Brian Kerr.

ROUMANIE

Depuis 1938, la Roumanie n'a participé qu'à quatre éditions de l'épreuve suprême sur quatorze tentatives. Le pays a connu son apogée footballistique en 1994 lorsque Gheorghe Hagi et sa bande se sont hissés en quart de finale de la Coupe du Monde.

2

La Roumanie n'a concédé que deux buts pendant tous les éliminatoires de l'Euro 2016 (un record pour cette phase), mais elle en a ensuite encaissé le même nombre dans le seul match d'ouverture, une défaite 2-1 contre la France, pays hôte.

Plus large victoire : 9-0, contre la Finlande, en 1973

Meilleur classement FIFA : 3

Stade : Arena Națională, Bucarest

Palmarès : –

MUTU

LÉGENDE NATIONALE
MUTU PAS MUET

La Roumanie n'a perdu qu'un seul match dans lequel **Adrian Mutu** a marqué, un exploit d'autant plus remarquable que l'attaquant compte 35 buts, soit autant que Gheorghe Hagi, co-meilleur buteur roumain. Son dernier but en sélection, une égalisation contre la Hongrie en éliminatoires de la Coupe du Monde, en mars 2013, était son premier depuis 21 mois.

LÉGENDE NATIONALE
LE MARADONA DES CARPATES

« Joueur roumain du XXe siècle », **Gheorghe Hagi** a marqué 3 buts et a été élu dans l'équipe type de la Coupe du Monde 1994 aux États-Unis. En quart de finale, son équipe s'est inclinée aux tirs au but contre la Suède après un nul 2-2. Hagi a débuté en sélection en 1983 à tout juste 18 ans et a marqué son 1er but à 19 ans, lors d'une défaite 3-2 contre l'Irlande du Nord. Avec 35 réalisations en 125 matchs, il reste le meilleur buteur de la sélection roumaine. Son fils, Ianis Hagi, est né en 1998. En novembre 2018, l'attaquant a fait ses débuts en sélection comme remplaçant lors d'un succès 3-0 contre la Lituanie en Ligue des Nations de l'UEFA.

HAGI

BUTEURS

1 **Gheorghe Hagi,** 35
= **Adrian Mutu,** 35

3 **Iuliu Bodola,** 31

4 **Viorel Moldovan,** 25
= **Ciprian Marica,** 25

ANECDOTE DU TOURNOI
QUATUOR D'ENFER

Gheorghe Hagi, Florin Răducioiu, Ilie Dumitrescu et Gheorghe « Gica » Popescu ont illuminé de leur talent la Coupe du Monde 1994 aux États-Unis. Les trois premiers ont inscrit 9 des 10 buts roumains (4 pour Răducioiu, 3 pour Hagi, 2 pour Dumitrescu). Lors de la séance de tirs au but contre la Suède, ils ont tous assuré, mais les échecs de Dan Petrescu et Miodrag Belodedici ont précipité l'élimination des Roumains. Popescu et Hagi ont été coéquipiers en équipe nationale, mais sont également beaux-frères : leurs épouses, Luminita Popescu et Marilena Hagi, sont sœurs.

115

Les deuxième et troisième joueurs les plus capés de Roumanie sont non seulement d'anciens coéquipiers et amis, mais aussi beaux-frères : Marilena, l'épouse de Gheorghe Hagi, et Luminita, celle de **Gheorghe Popescu**, sont sœurs. En 115 sélections, Popescu – surnommé « Gica » – a disputé trois Coupes du Monde, en 1990, 1994 et 1998.

SÉLECTIONS

1. **Dorinel Munteanu,** 134
2. **Gheorghe Hagi,** 124
3. **Gheorghe Popescu,** 115
4. **Răzvan Raț,** 113
5. **Ladislau Bölöni,** 102

MUNTEANU

POPESCU

LÉGENDE NATIONALE

DORINEL L'ENDURANT

Dorinel Munteanu a joué pour la Roumanie plus que tout autre joueur, batant même le record pourtant bien établi des 125 sélections de son ancien coéquipier, Gheorghe Hagi. Munteanu, un milieu défensif polyvalent, est resté sur 119 capes à cause d'une absence de 18 mois de la scène internationale, avant d'être étonnamment rappelé, à l'âge de 37 ans, par l'entraîneur Victor Pițurcă, en février 2005. Munteanu a mis un terme à sa carrière avec la Roumanie deux ans plus tard, ayant marqué 16 fois en 134 matchs.

102

Le milieu László Bölöni est devenu le premier Roumain à atteindre 100 sélections lors d'un revers 2-0 contre l'Irlande en mars 1988. Il compte 23 buts pour son pays, dont celui de la victoire 1-0 contre l'Italie en avril 1983, qui a permis à la Roumanie d'accéder pour la première fois au Championnat d'Europe.

ANECDOTE DU TOURNOI

RUDOLF ET LE ROI

La Roumanie a joué pour la 1re Coupe du Monde en Uruguay en 1930, battant le Pérou 3-1, avant d'être éliminée 4-0 par le pays hôte. L'entraîneur Constantin Rădulescu a fait office de juge de touche pour certains matchs où son équipe n'apparaissait pas. L'équipe aurait été choisie par le roi Carol II. Son capitaine était Rudolf Wetzer, le seul Roumain à avoir marqué 5 buts dans un seul match (lors d'une victoire 8-1 contre la Grèce en mai 1930, avant la compétition).

6

Après deux cartons jaunes en 6 minutes contre l'Italie en quart de l'Euro 2000, le « Maradona des Carpates » Gheorghe Hagi a fait ses adieux au football international sur une expulsion.

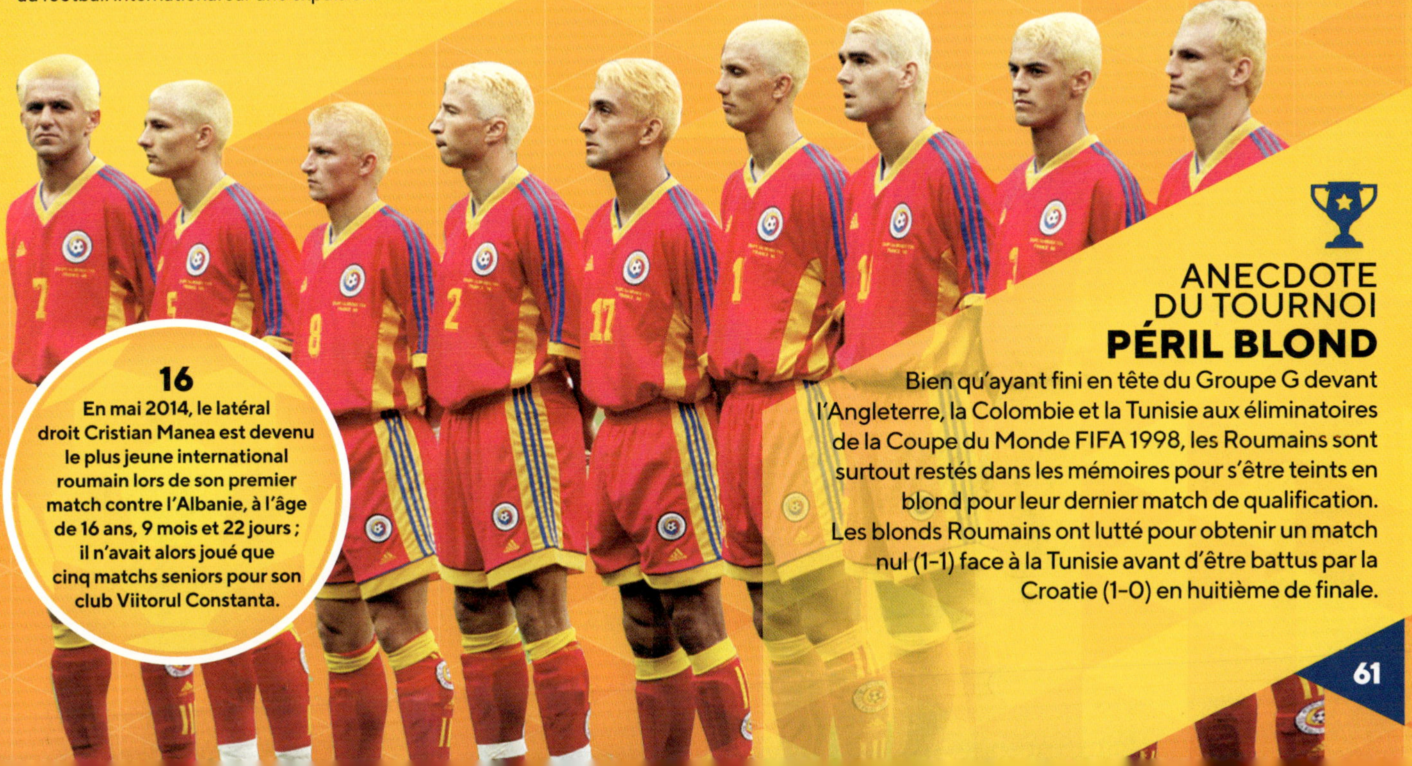

16

En mai 2014, le latéral droit Cristian Manea est devenu le plus jeune international roumain lors de son premier match contre l'Albanie, à l'âge de 16 ans, 9 mois et 22 jours ; il n'avait alors joué que cinq matchs seniors pour son club Viitorul Constanta.

ANECDOTE DU TOURNOI

PÉRIL BLOND

Bien qu'ayant fini en tête du Groupe G devant l'Angleterre, la Colombie et la Tunisie aux éliminatoires de la Coupe du Monde FIFA 1998, les Roumains sont surtout restés dans les mémoires pour s'être teints en blond pour leur dernier match de qualification. Les blonds Roumains ont lutté pour obtenir un match nul (1-1) face à la Tunisie avant d'être battus par la Croatie (1-0) en huitième de finale.

RUSSIE

Avant son effondrement en 1991, l'Union soviétique (URSS) comptait parmi les grandes nations du football mondial. Depuis août 1992, les résultats de la Russie sont moins convaincants, hormis une place de demi-finaliste à l'Euro 2008.

Membre de la FIFA : 1992
Plus large victoire :
7-0, contre Saint-Marin, en 1995 ;
7-0, contre le Liechtenstein, en 2015
Meilleur classement FIFA : 3
Stade : Stade Loujniki, Moscou
Palmarès : –

RECORD DE BUTS
L'HEURE D'ARTEM

Le penalty inscrit par le capitaine **Artem Dzyuba** contre le Danemark, à l'Euro 2020 en juin 2021, n'a pas suffi à empêcher la défaite 4-1 et la dernière place du Groupe B, synonyme d'élimination. Mais il a permis au joueur de revenir à hauteur d'Aleksandr Kerzhakov avec 30 buts en sélection. Dzyuba avait notamment contribué à la plus large victoire de la Russie postsoviétique, 9-0 contre les Îles Féroé en juin 2009, avec un quadruplé. Il en avait fait de même pour écraser le Luxembourg 7-0 en septembre 2004. À l'Euro 2020, la Russie a signé une unique victoire lors de son deuxième match, contre la Finlande, grâce à un but d'Aleksei Miranchuk dans le temps additionnel de la première période.

LÉGENDE NATIONALE
IGOR ET L'OR

Igor Netto a été le capitaine des plus grands succès de l'URSS : l'or aux JO 1956 de Melbourne et le sacre lors du premier Championnat d'Europe, en France en 1960. Né à Moscou en 1930, il s'est vu remettre l'Ordre de Lénine en 1957. Après sa carrière de footballeur, il est devenu entraîneur de hockey sur glace. Netto totalise 37 buts en 367 rencontres de championnat avec le Spartak Moscou et a remporté cinq fois le championnat soviétique.

NETTO

17
Le benjamin des internationaux soviétiques est Eduard Streltsov (17 ans et 340 jours), auteur d'un triplé pour sa première cape, contre la Suède en juin 1956... et d'un second pour son deuxième match, contre l'Inde.

DZYUBA

4

L'ailier Denis Cheryshev, qui a inscrit quatre buts au Mondial 2018, a remplacé Alan Dzagoev contre l'Arabie saoudite et marqué – ce qui fait de lui le tout premier remplaçant à inscrire un but dans un match d'ouverture de la Coupe du Monde.

ANECDOTE DU TOURNOI
HEUREUX HÔTES

Les espoirs de la Russie – pays hôte de la Coupe du Monde 2018 mais le plus faible dans le classement mondial de la FIFA, à la 70e place – n'étaient pas grands. Mais lors du match d'ouverture de la phase finale, la Russie a battu l'Arabie saoudite 5-0 puis a vaincu l'Égypte 3-1, s'assurant une place au 2e tour. Par la suite, la Russie a battu l'Espagne aux tirs au but avant de perdre en quart de finale contre la Croatie, là encore aux tirs au but. Le sélectionneur Stanislav Cherchesov, ancien gardien russe, a exprimé la fierté nationale ressentie devant ces progrès inattendus.

SÉLECTIONS

1. **Sergei Ignashevich,** 127
2. **Igor Akinfeev,** 111
3. **Viktor Onopko,** 109
4. **Yuri Zhirkov,** 104
5. **Vasili Berezutski,** 101

LÉGENDE NATIONALE

LE RETOUR DE YURI

La Russie se balade depuis ses prestations, meilleures qu'espérées, dans sa Coupe du Monde en 2018. Elle a joué ses matchs à domicile loin de Moscou, notamment un large succès 5-1 contre la République tchèque en Ligue des Nations disputé à Rostov et un match nul et vierge contre la Suède à Kaliningrad. Aucun joueur de l'équipe ne comptait plus de 50 sélections avant le retour, en mars 2016, du latéral Yuri Zhirkov, 35 ans, qui avait pourtant annoncé sa retraite internationale après le Mondial 2018. Sa première sélection remonte à 14 ans plus tôt, en 2005, face à l'Italie.

AKINFEEV

18

Le gardien du CSKA Moscou **Igor Akinfeev** est devenu – à 18 ans et 20 jours – le plus jeune footballeur international russe de l'ère post-soviétique à l'occasion de sa première cape, en amical contre la Norvège, le 28 avril 2004.

2

Bien que né en Ukraine, Viktor Onopko a joué presque toute sa carrière en Russie et en Espagne. Il a été élu Footballeur russe de l'année en 1993 et 1994.

LÉGENDE NATIONALE

CŒUR DE KERZ

Un seul joueur se trouvait dans l'équipe russe en phase finale de la Coupe du Monde 2002 puis 2014 : **Aleksandr Kerzhakov**. Il a découvert la sélection en mars 2002, à 19 ans, mais n'a joué que 8 minutes lors du Mondial trois mois plus tard. Auteur de 5 buts en éliminatoires, il a été l'homme fort de la qualification pour la phase finale 2014. Kerzhakov a égalé le record de buts en sélection de Vladimir Beschastnykh quand il est entré en jeu contre la Corée du Sud pour égaliser à 1-1, dans le premier match du Mondial 2014. Il a inscrit son 30ᵉ et dernier but pour la Russie lors d'un amical remporté contre le Belarus en juin 2015.

KERZHAKOV

BUTEURS

1. **Artem Dzyuba,** 30
   = **Aleksandr Kerzhakov,** 30
3. **Vladimir Beschastnykh,** 26
4. **Roman Pavlyuchenko,** 21
5. **Andrei Arshavin,** 17
   = **Valeri Karpin,** 17

YASHIN

LÉGENDE NATIONALE

SPIDER-MAN

La FIFA a désigné **Lev Yashin** Meilleur gardien du XXᵉ siècle. C'est tout naturellement que ce joueur légendaire a été inclus dans le onze du siècle. Sur ses 20 ans de carrière, il a disputé 326 matchs de Championnat avec le Dynamo Moscou – son seul et unique club – et a décroché 78 sélections avec l'URSS, concédant moins d'un but par rencontre (70 au total). Avec le Dynamo, il a remporté cinq Championnats et trois coupes soviétiques, la dernière lors de son ultime saison complète, en 1970. Il a arrêté 150 penaltys au cours de sa carrière et rendu 12 copies immaculées en Coupe du Monde.

1

Un seul gardien a été désigné Footballeur européen de l'année : Lev Yashin, en 1963, année durant laquelle il a aussi remporté son 5ᵉ championnat soviétique.

ÉCOSSE

L'Écosse possède un championnat passionné et une riche tradition footballistique – elle a accueilli le premier match international de l'histoire, contre l'Angleterre, en novembre 1872. Malgré tout, elle n'a jamais réussi à traduire ses ambitions sur la scène internationale.

Membre de la FIFA : 1910
Plus large victoire : 11-0, contre l'Irlande, en 1901
Meilleur classement FIFA : 13
Stade : Hampden Park, Glasgow
Palmarès : –

20
Le milieu de Chelsea Billy Gilmour a été désigné homme du match à l'issue de la deuxième rencontre du Groupe D de l'Euro 2020, un 0-0 contre le « vieil ennemi » anglais, à Wembley. Il s'agissait alors de son premier match pour son pays, devenant au passage le plus jeune débutant écossais dans un tournoi majeur, à 20 ans et 7 jours.

LÉGENDE NATIONALE
KING KENNY

Kenny Dalglish est le meilleur buteur *ex æquo* (avec Denis Law) de l'équipe nationale et le seul international à avoir dépassé la centaine de sélections. Avec 102 capes, il dépasse de 11 unités son dauphin, le gardien Jim Leighton. Bien que fan des Rangers dans son enfance (il est né à Glasgow le 4 mars 1951), Dalglish est le fer de lance de la domination du Celtic dans les années 1970 (quatre championnats, quatre Coupes d'Écosse et une Coupe de la Ligue). Il devient ensuite une légende à Liverpool, en remportant trois Coupes d'Europe (1978, 1981 et 1984) et en menant les *Reds* à leur premier doublé coupe-championnat (1986) en tant qu'entraîneur-joueur.

BUTEURS

1	**Kenny Dalglish,** 30
	= Denis Law, 30
3	**Hughie Gallacher,** 23
4	**Lawrie Reilly,** 22
5	**Ally McCoist,** 19

4

Denis Law a inscrit deux quadruplés pour l'Écosse : le premier contre l'Irlande du Nord le 7 novembre 1962 – permettant aux Écossais de remporter le Championnat britannique – et le second contre la Norvège, en amical, le 7 novembre 1963.

40

Défenseur central des Glasgow Rangers, **David Weir** est devenu l'international écossais le plus âgé lors des éliminatoires de l'Euro 2012 contre la Lituanie, le 3 septembre 2010, à 40 ans et 111 jours. C'était sa 66e sélection.

ANECDOTE DU TOURNOI
LES ÉCOSSAIS À WEMBLEY

L'une des victoires les plus chères au cœur des Écossais est assurément celle du 15 avril 1967 à Wembley contre les Anglais, rivaux de toujours et champions du monde en titre, 3 buts à 2. C'était la première défaite de l'équipe de Sir Alf Ramsey depuis la Coupe du Monde FIFA remportée en 1966. L'homme du match – le premier de l'entraîneur Bobby Brown – est le très habile milieu offensif écossais Jim Baxter. Le 15 avril 1961 est un souvenir moins réjouissant : au même endroit et face aux mêmes adversaires, l'Écosse perdait 9-3.

46

En mars 2015, Steven Fletcher a mis fin à ses six années de disette avec un triplé lors de la victoire 6-1 contre Gibraltar, à Hampden Park. Cela faisait 46 ans qu'un Écossais n'avait pas marqué trois buts en un match.

17

Le plus jeune capitaine est John Lambie, qui a mené son équipe à 17 ans et 92 jours contre l'Irlande, en mars 1886 ; le plus jeune depuis 1900 est Darren Fletcher, à 20 ans et 115 jours contre l'Estonie, en mai 2004.

SÉLECTIONS

1 **Kenny Dalglish,** 102
2 **Jim Leighton,** 91
3 **Darren Fletcher,** 80
4 **Alex McLeish,** 77
5 **Paul McStay,** 76

LÉGENDE NATIONALE
LOYAUTÉS PARTAGÉES

L'ailier Jim Brown, d'origine écossaise, a joué et marqué pour l'équipe américaine qui a perdu contre l'Argentine lors de la première Coupe du Monde, en 1930. Installé trois ans plus tôt dans le New Jersey, il a intégré l'équipe grâce à la nationalité américaine de son père. Deux de ses frères ont également joué comme professionnels : John, goal sélectionné par l'Écosse, et Tom, qui n'a jamais joué comme international. George, le fils de Jim, a été sélectionné une fois pour les États-Unis, en 1957, et deux des fils de John, Peter et Gordon, ont intégré l'équipe écossaise de rugby.

LÉGENDE NATIONALE
CLARKE LAISSE SA MARQUE

L'Écosse a mis fin à 23 ans d'attente pour disputer un grand tournoi international en se qualifiant pour le Championnat d'Europe 2020, en juin 2021. Le sélectionneur Steve Clarke, 6 sélections comme défenseur, avait succédé à Alex McLeish en 2019. Pour son premier match à la tête de l'Écosse, l'ancien joueur de Chelsea avait obtenu un succès 2-1 contre Chypre grâce à l'ouverture du score du capitaine **Andrew Robertson**. Les Écossais ont terminé l'année 2019 avec 3 succès de rang, grâce notamment aux 6 buts du milieu John McGinn, auteur de son premier triplé international contre Saint-Marin (6-0).

ROBERTSON

GEMMILL

LÉGENDE NATIONALE
GEMMILL LE DANSEUR

Archie Gemmill a inscrit le plus beau but de l'Écosse sur la scène internationale lors de l'étonnante victoire 3-2 contre les Pays-Bas à la Coupe du Monde 1978. Après avoir leurré 3 défenseurs, il a piqué le ballon au-dessus du gardien néerlandais Jan Jongbloed. En 2008, ce moment magique a été chorégraphié par l'English National Ballet dans *The Beautiful Game*. Le film culte des années 1990, *Trainspotting*, qui se déroule à Édimbourg, y fait également référence.

JOUEUR STAR
MARSHALL FAIT SA LOI

Le gardien de but **David Marshall** a connu sa première sélection en 2004, mais a dû attendre longtemps avant de regoûter aux joies de l'équipe nationale. Pourtant, 16 ans plus tard, il a joué un rôle important pour qualifier l'Écosse à l'Euro 2020, premier tournoi majeur du pays depuis la Coupe du Monde 1998. Marshall a été le héros des tirs au but contre Israël, en demi-finale de barrage en octobre 2020, puis de nouveau un mois plus tard, en finale de barrage contre la Serbie. Il a été moins chanceux en phase finale. Le premier match des Écossais s'est soldé sur une défaite 2-0 contre les Tchèques : Patrik Schick a signé le but du break avec un lob depuis le milieu de terrain. L'Écosse a ensuite obtenu un nul de prestige contre l'Angleterre à Londres avant de concéder un revers 3-1 contre la Croatie à Hampden Park.

MARSHALL

SERBIE

La sélection yougoslave était l'un des fleurons du football d'Europe de l'Est. La Serbie a pris son indépendance du Monténégro en 2006 et a participé à la Coupe du Monde 2018.

Membre de la FIFA : 2006

Plus large victoire : 5-0, contre la Roumanie, en 2009

Meilleur classement FIFA : 6

Stade : Stade Rajko Mitić, Belgrade

Palmarès : –

STOJKOVIĆ

LÉGENDE NATIONALE
LE RÉVEIL DU DRAGAN

Lors de sa dernière participation en Coupe du Monde avant sa dissolution, la Yougoslavie avait atteint les quarts en Italie en 1990 grâce à l'un des footballeurs les plus élégants qui soient, le meneur **Dragan Stojković**. C'est lui qui a inscrit les deux buts pour battre l'Espagne 2-1 en 8e, mais il a échoué aux tirs au but contre les champions en titre et futurs finalistes argentins. Stojković a gagné la Ligue des Champions avec l'Olympique de Marseille en 1993, bien qu'il n'ait pas disputé la finale contre l'AC Milan en raison d'une blessure. Il avait déjà atteint la finale deux ans plus tôt, avec le Red Star Belgrade. Stojković est devenu le 10e sélectionneur serbe en dix ans lorsqu'il a pris les rênes de l'équipe en mars 2021.

BUTEURS

1 **Aleksandar Mitrović,** 41

2 **Stjepan Bobek,** 38

3 **Milan Galić,** 37
= **Blagoje Marjanović,** 37
= **Savo Milošević,** 37

9

Stjepan Bobek détient le record de buts en un match dans l'élite du championnat yougoslave/serbe, avec 9 réalisations pour le Partizan Belgrade lors de la déroute 10-1 du 14 Oktobar, en juin 1948. Il compte aussi 37 buts en 63 sélections entre 1946 et 1956 et a décroché l'argent aux JO 1948 et 1962.

1930

Milorad Arsenijević est le 1er footballeur à avoir été capitaine puis sélectionneur de son pays en Coupe du Monde : capitaine de la Yougoslavie qui a atteint le dernier carré de l'édition inaugurale du tournoi en Uruguay en 1930, il a dirigé le groupe au Mondial brésilien 20 ans plus tard.

JOUEUR STAR
NITRO MITROVIĆ

Avec 39 réalisations, **Aleksandar Mitrović** est devenu le meilleur buteur de la Yougoslavie/Serbie en ouvrant le score contre le Portugal (2-2) en mars 2021, pour les éliminatoires du Mondial 2022. Il s'est ainsi racheté après son tir au but manqué qui avait offert la victoire à l'Écosse en barrages de l'Euro 2020, en novembre précédent. Mitrović a inscrit son premier but avec les A contre la Croatie en septembre 2013, mais a dû patienter 2 ans avant de doubler la mise, lors de la défaite 2-1 contre la France pour le 100e match de la Serbie indépendante.

MITROVIĆ

ANECDOTE DU TOURNOI
SERBIE PUISSANCE 5

Le succès 5-0 des Serbes contre les Russes à Belgrade, en novembre 2020, pour le compte de la Ligue des Nations de l'UEFA, est la plus large victoire du pays, après un score identique contre la Roumanie en octobre 2009 et des succès 6-1 contre l'Azerbaïdjan en octobre 2007, la Bulgarie en novembre 2008 et le pays de Galles en septembre 2012. Face aux Gallois, le meneur Dušan Tadić obtenait sa première sélection ; il est aujourd'hui un pilier de l'équipe. Ses quatre buts ont aidé la Serbie à valider son ticket pour le Mondial 2018. Malgré une victoire inaugurale 1-0 contre le Costa Rica, les Serbes n'ont pas passé le premier tour. Tadić a pris le brassard de capitaine en 2021.

JOUEUR STAR
MIEUX VAUT TARD...

Branislav Ivanović, qui est devenu le joueur serbe le plus capé avec deux participations en Coupe du Monde 2018, a marqué des buts aussi tardifs qu'importants contre le Portugal. En septembre 2007, il a ainsi égalisé pour son pays à la 88e minute lors d'une qualification pour l'Euro contre le Portugal. Il a aussi marqué de la tête lors des arrêts de jeu, pour Chelsea, battant ainsi le Benfica Lisbonne lors de la finale de la Ligue Europa 2013, un an après la suspension qui l'avait écarté de la victoire avec son club contre le Bayern Munich, en Ligue des Champions.

IVANOVIĆ

SÉLECTIONS

1	**Branislav Ivanović**, 105
2	**Dejan Stanković**, 103
3	**Savo Milošević**, 102
4	**Aleksander Kolarov**, 90
5	**Dragan Džajić**, 85

87

Dragan Džajić, l'une des stars de l'ex-Yougoslavie, a inscrit le but de la victoire contre l'Angleterre pour conduire son pays en finale du Championnat d'Europe 1968. Džajić a encore marqué lors du nul 1-1 contre l'Italie, mais son équipe a perdu 2-0 quand la finale a été rejouée.

3

Le milieu Dejan Stanković est le seul homme à avoir joué pour trois pays dans trois Coupes du Monde FIFA : la Yougoslavie en 1998, la Serbie-et-Monténégro en 2006 et la Serbie en 2010.

ANTIĆ

LÉGENDE NATIONALE
ANTIĆ ACCLAMÉ

En avril 2020, de nombreux hommages ont été rendus à **Radomir Antić**, décédé à 71 ans à Madrid. Antić est le seul homme à avoir entraîné les trois géants espagnols, Barcelone, Real Madrid et Atlético – offrant à ce dernier le doublé coupe-championnat en 1995-1996. Son compatriote Milinko Pantić, buteur pour l'Atlético en finale de la *Copa del Rey* contre le Barça, le considérait comme un père. Antić a également guidé la Serbie à la Coupe du Monde de la FIFA 2010 en Afrique du Sud, la première phase finale pour la nation après l'indépendance du Monténégro. Si les Serbes ont été éliminés dès le premier tour, ils ont néanmoins signé une victoire de prestige 1-0 contre l'Allemagne grâce à un but de l'ailier Milan Jovanović en première période.

LÉGENDE NATIONALE
UN RECORD UNIQUE

Dejan Stanković a inscrit un doublé pour son premier match avec la Yougoslavie, en 1998. Il est aussi célèbre pour ses 2 reprises de volée mémorables du milieu du terrain : la première pour l'Inter contre le Genoa en 2009-2010 – avec une reprise en première intention sur un dégagement du gardien adverse – et la seconde, presque identique, face aux Allemands de Schalke 04 en Ligue des Champions, la saison suivante. Stanković a égalé le record de sélections de Savo Milošević pour l'équipe de Serbie lors de son dernier match international, en octobre 2011, puis l'a surpassé en octobre 2013, jouant les 10 premières minutes d'un match amical contre le Japon, remporté 2-0 à Novi Sad.

STANKOVIĆ

100

Savo Milošević a été le 1er Serbe à atteindre les 100 sélections internationales. Il a joué pour son pays sous quatre maillots différents, représentant la Yougoslavie avant et après sa dissolution, la Serbie-et-Monténégro, et enfin la Serbie seule.

MILOŠEVIĆ

SLOVAQUIE

La Slovaquie n'a désormais plus rien à envier à sa voisine, la République tchèque. Les Slovaques ont décroché en 2010 une première qualification pour la Coupe du Monde et se sont offert les champions du monde italiens 3-2 pour filer en huitième.

Membre de la FIFA :
1994

Plus large victoire :
7-0, contre le Liechtenstein, en 2004 ; contre Saint-Marin, en 2007 et 2009

Meilleur classement FIFA : 14

Stade : Tehelné pole, Bratislava

Palmarès : –

TROIS ET DEMI

Adam Nemec a dû attendre plus de 3 ans et demi entre ses débuts pour la Slovaquie contre le Luxembourg, en février 2011, et son 1er but international, le seul du match face à Malte, en septembre 2014.

SÉLECTIONS

1	**Marek Hamšík,** 129
2	**Miroslav Karhan,** 107
3	**Peter Pekarík,** 104
	= Martin Škrtel, 104
5	**Ján Ďurica,** 91

ŠKRTEL

6

La campagne de qualification de la Slovaquie pour l'Euro 2016 a été marquée par six victoires d'affilée, un record national, dont un succès surprise 2-1 contre l'Espagne, championne en titre.

JOUEUR STAR
ŠKRINIAR EST PARTOUT

Le défenseur central **Milan Škriniar** a mis la Slovaquie sur de bons rails à l'Euro 2020, puisqu'il a ouvert le score lors du succès 2-1 contre la Pologne. Pourtant, il avait bien failli être le bourreau des siens, après avoir inscrit un but contre son camp à la dernière minute des barrages éliminatoires contre l'Irlande du Nord, à Belfast. Michal Ďuriš avait sauvé la mise en marquant dans les prolongations. La suite du parcours slovaque en phase finale a été moins glorieuse, avec une défaite 1-0 contre la Suède et un large revers 5-0 contre l'Espagne lors duquel le gardien Martin Dúbravka et le milieu Juraj Kucka ont tous deux marqué contre leur camp.

ŠKRINIAR

ANECDOTE DU TOURNOI
MAREK MARQUE

La Slovaquie est parvenue trois fois à sa victoire la plus écrasante, 7-0. L'arrière latéral Marek Čech est le seul à avoir joué ces trois matchs : contre le Lichtenstein en septembre 2004 et deux fois contre Saint-Marin, en octobre 2007 et juin 2009. Il a marqué deux fois dans ce dernier match. Quatre de ses cinq buts internationaux, depuis ses débuts en 2004, ont été marqués contre Saint-Marin. Čech a même réalisé un doublé lors de la victoire 5-0 de novembre 2007.

JOUEUR STAR
LES ADIEUX DE MARTIN

Martin Škrtel et Marek Hamšík ont vécu de grandes joies ensemble, notamment les parcours de la Slovaquie jusqu'en 8e de finale de la Coupe du Monde de la FIFA 2010 et de l'UEFA Euro 2016. Škrtel a pris sa retraite internationale à sa 107e sélection, en amical contre le Paraguay, en octobre 2019. Pour l'occasion, il a porté le brassard de capitaine pendant la première demi-heure. Ce match a aussi été marqué par les adieux du défenseur Tomaš Hubočan (65 matchs) et du buteur Adam Nemec (43).

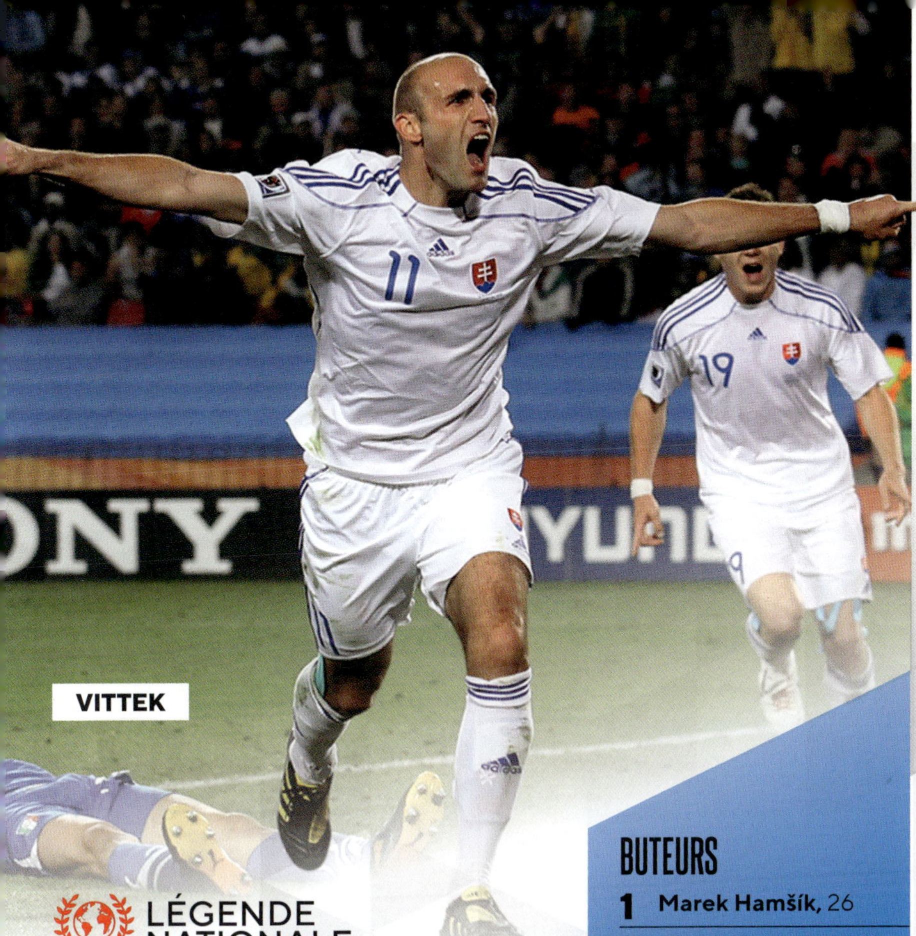

VITTEK

52

Ondrej Duda a inscrit le premier but de la Slovaquie dans un Championnat d'Europe, seulement 52 secondes après son entrée en jeu, lors du revers 2-1 contre le pays de Galles en phase de groupes 2016. Un succès 2-1 contre la Russie et un nul 0-0 contre l'Angleterre ont ensuite permis aux Slovaques de passer au second tour, où ils ont subi la loi des champions du monde allemands (3-0).

DUDA

LÉGENDE NATIONALE
RÓBERT, CE HÉROS

Le Slovaque **Róbert Vittek** est devenu le 4e joueur seulement, issu d'un pays faisant ses débuts en Coupe du Monde, à marquer pas moins de 4 buts lors d'un unique tournoi, au Mondial 2010 en Afrique du Sud : 1 but contre la Nouvelle-Zélande, 2 contre l'Italie, championne en titre, et 1 penalty contre les Pays-Bas en huitième de finale. Les 3 autres joueurs à avoir égalé ce record sont le Portugais Eusébio en 1966, le Danois Preben Elkjær-Larsen en 1986, et le Croate Davor Šuker en 1998.

BUTEURS

1 **Marek Hamšík,** 26
2 **Róbert Vittek,** 23
3 **Szilárd Németh,** 22
4 **Marek Mintál,** 14
= **Miroslav Karhan,** 14
= **Róbert Mak,** 14

LÉGENDE NATIONALE
JAMAIS DEUX WEISS SANS TROIS

Trois joueurs du nom de Vladimír Weiss, de la même famille, ont été internationaux de football, dont deux lors du Mondial 2010. Le premier Vladimír a porté trois fois le maillot tchécoslovaque, notamment en finale des JO 1964, au cours de laquelle il a marqué contre son camp face à la Hongrie, victorieuse 2-1. Le deuxième Vladimír comptabilise 19 capes pour la Tchécoslovaquie et 12 pour la Slovaquie. Le troisième en totalisait 12 à la fin du Mondial 2010, mais il n'avait que 20 ans.

8

Huit joueurs slovaques se sont illustrés dans l'équipe de Tchécoslovaquie championne de l'Euro 1976 contre l'Allemagne de l'Ouest, dont le capitaine Anton Ondruš et les 2 buteurs de ce match nul 2-2 : Ján Švehlík et Karol Dobiáš.

JOUEUR STAR
HAMŠÍK À FOND

Le meneur de jeu Marek Hamšík s'est souvent démarqué sur le terrain, mais aussi par sa crête Mohawk. Toutefois, il a tenu sa promesse de se raser le crâne en cas de victoire avec Naples en Coupe d'Italie 2012. Deux ans plus tôt, avec le brassard de la Slovaquie, il avait éliminé les champions du monde italiens au premier tour de la Coupe du Monde de la FIFA 2010. Hamšík est devenu le joueur le plus capé de son pays avec une 108e sélection en octobre 2018, inscrivant le seul but de son équipe contre la République tchèque (2-1). Il a ensuite égalé puis dépassé Róbert Vittek au classement des buteurs grâce à un doublé contre l'Azerbaïdjan (4-1) en juin suivant.

107

Miroslav Karhan est devenu le 1er Slovaque à passer la barre des 100 sélections. Il a pris sa retraite en 2011, après 107 capes.

KARHAN

SUÈDE

Avec douze participations aux phases finales de la Coupe du Monde (dont une place de finaliste de l'édition de 1958 qu'elle a organisée) et trois médailles olympiques (dont l'or à Londres en 1948), la Suède possède un palmarès footballistique riche.

Membre de la FIFA : 1908

Plus large victoire : 12-0, contre la Lettonie, en 1927 ; contre la Corée du Sud, en 1948

Meilleur classement FIFA : 2

Stade : Friends Arena, Stockholm

Palmarès : –

LARSSON

LÉGENDE NATIONALE

ON REMET ÇA ?

Star du Celtic et du FC Barcelone, **Henrik Larsson** est l'un des footballeurs suédois les plus célèbres, titrés et récompensés de l'ère moderne. Il a pris sa retraite internationale après le Mondial 2002… et de nouveau après Allemagne 2006. Il a fait un second come-back pour les éliminatoires d'Afrique du Sud 2010. Chaque fois, supporters et dirigeants ont réclamé le retour de l'attaquant aux 37 buts en 106 sélections (dont 5 au cours de ses 3 Mondiaux). Son fils Jordan, lui aussi attaquant, a disputé ses premières minutes sous le maillot suédois contre l'Estonie en janvier 2018 et a inscrit son premier but international pour battre la Moldavie en match amical deux ans plus tard.

81

Emil Forsberg a marqué après seulement 81 secondes de jeu lors du succès de la Suède 3-2 contre la Pologne, au premier tour de l'Euro 2020 – le 2e but le plus rapide d'un Championnat d'Europe après celui de Dmitri Kirichenko en 65 secondes lors de Russie-Grèce en 2004. Forsberg a totalisé 4 buts en autant de matchs à l'Euro 2020.

4

Le défenseur central Olof Mellberg est devenu le premier Suédois à disputer quatre phases finales de Championnat d'Europe lorsqu'il a joué à l'Euro 2012.

SVENSSON

RECORD DE BUTS

ANDERS POUR LONGTEMPS

Le milieu **Anders Svensson** a égalisé le record de sélections en équipe suédoise de Thomas Ravelli. Pour fêter cette performance, il a marqué lors de ses 142e et 143e matchs en équipe nationale : un tir de loin, alors que la Norvège était battue 4-2, puis le but vainqueur contre la République d'Irlande, en qualification pour la Coupe du Monde 2014. Svensson est devenu le joueur le plus capé de son pays, lors d'une victoire 1-0 contre le Kazakhstan, mais sans marquer de but.

Il s'est retiré du football international en 2013, à l'âge de 37 ans, après une défaite contre le Portugal lors d'un match éliminatoire en qualification. Il a joué 148 matchs et marqué 21 buts.

SÉLECTIONS

1 **Anders Svensson,** 148
2 **Thomas Ravelli,** 143
3 **Andreas Isaksson,** 133
= **Sebastian Larsson,** 133
5 **Kim Källström,** 131

LÉGENDE NATIONALE

IBRA-CADABRA

Peu de footballeurs actuels ont autant de succès – et d'ego – que l'attaquant suédois **Zlatan Ibrahimović**. Il a notamment déclaré : « Il n'y a qu'un seul Zlatan », « Je suis comme Mohammed Ali » et, en réponse à des critiques du Norvégien John Carew : « Ce que Carew fait avec un ballon, je peux le faire avec une orange ». En novembre 2012, il a inauguré le nouveau stade de Solna en marquant les quatre buts de la Suède contre l'Angleterre (4-2) en match amical, dont un incroyable retourné acrobatique de 30 mètres qui lui a valu le prix Ferenc Puskás du but de l'année.

IBRAHIMOVIĆ

BUTEURS

1	**Zlatan Ibrahimović**, 62
2	**Sven Rydell**, 49
3	**Gunnar Nordahl**, 43
4	**Henrik Larsson**, 37
5	**Gunnar Gren**, 32

39

Zlatan Ibrahimović est sorti de 5 ans de retraite internationale pour revêtir le maillot de la Suède en 2021 à l'occasion de deux matchs. Il est devenu le buteur le plus âgé de la nation, face au Kosovo le 28 mars 2021, à 39 ans et 176 jours. Une blessure au genou l'a privé de l'Euro l'été suivant.

JOUEURS STARS

LA RELÈVE EST LÀ

Si Marcus Berg occupe la pointe de l'attaque, les nouveaux héros devant les buts sont les défenseurs Andreas Granqvist et Victor Lindelöf. Berg a totalisé 7 buts – un record – lors du parcours jusqu'en demi-finale de l'Euro des moins de 21 ans à domicile et a dominé les éliminatoires du Mondial 2018 avec 8 unités. Granqvist a été le meilleur buteur de la Suède, quart de finaliste en Russie, et a signé un penalty crucial face à la Turquie dans le Groupe B de Ligue des Nations. La Suède a été promue en battant la Russie 2-0 sur des buts de Lindelöf et Berg.

17

Alexander Isak est devenu le plus jeune buteur international suédois le 12 janvier 2017, quand il a ouvert le score lors du succès 6-0 contre la Slovaquie à Abu Dhabi, à l'âge de 17 ans et 113 jours.

2e

Le meilleur résultat de la Suède en Coupe du Monde est une place de finaliste. L'Anglais George Raynor, qui a mené l'équipe à l'or olympique en 1948 à Londres, a atteint la 3e place à la Coupe du Monde 1950 et la finale de l'édition 1958.

LÉGENDE NATIONALE

GRE-NO-LI, LES JO ET L'ITALIE

Après avoir mené la sélection suédoise à l'or aux Jeux olympiques de Londres 1948, **Gunnar Gren**, Gunnar Nordahl et Nils Liedholm ont été achetés par l'AC Milan. Le trident offensif « Gre-No-Li » conduira le club lombard au *Scudetto* en 1951. Nordahl, qui a terminé meilleur buteur de la Serie A à cinq reprises entre 1950 et 1955, reste le meilleur réalisateur de l'Histoire *rossonera* avec 221 réalisations en 268 matchs. Gren et Liedholm disputeront la Coupe du Monde 1958, où la sélection suédoise échouera en finale face au Brésil.

GREN

JOUEUR STAR

INDISPENSABLE SEB

Le milieu **Sebastian Larsson**, réputé pour ses frappes lointaines et ses coups francs, a passé le plus clair de sa carrière en Angleterre, après avoir rejoint Arsenal à 16 ans. Il a aidé la Suède à se qualifier pour les quarts de la Coupe du Monde de la FIFA 2018, où elle a été éliminée par… l'Angleterre. Larsson a décroché sa 100e sélection lors d'un amical de préparation à la Coupe du Monde 2018 contre le Pérou, avant de s'offrir un doublé face à Malte en octobre 2019 (4-0) lors de la qualification à l'Euro 2020. C'étaient ses premiers buts internationaux depuis une victoire 2-0 contre la France à l'Euro 2012. À l'Euro 2020, Larsson était présent au coup d'envoi des huitièmes de finale contre l'Ukraine (défaite 2-1 après prolongations), devenant le titulaire le plus âgé de son pays dans un grand tournoi (36 ans et 23 jours) depuis la participation de Gunnar Gren à la finale du Mondial 1958 (37 ans et 241 jours).

LARSSON

SUISSE

La Suisse n'a jamais réussi à se faire une place parmi les grandes puissances footballistiques, mais elle accueille les sièges de la FIFA et de l'UEFA. La nation helvète a coorganisé l'Euro 2008 avec l'Autriche et a atteint les demi-finales de la première Ligue des Nations en 2019.

Membre de la FIFA : 1905
Plus large victoire : 9-0, contre la Lituanie, en 1924
Meilleur classement FIFA : 3
Stade : Stade de Suisse Wankdorf, Berne
Palmarès : –

ANECDOTE DU TOURNOI

HERMÉTIQUE MAIS ÉLIMINÉE

La Suisse reste la seule équipe à quitter une Coupe du Monde sans avoir pris le moindre but dans le temps réglementaire, lors d'Allemagne 2006. En huitième, après 120 minutes stériles face à l'Ukraine, elle s'est inclinée 3-0 aux tirs au but en manquant toutes ses tentatives. Bien que battu trois fois lors de l'épreuve de vérité, le gardien **Pascal Zuberbühler** a établi le record suisse de matchs consécutifs sans prendre de but dans une compétition internationale.

ZUBERBÜHLER

2004
Comparé à un lama par un journaliste suisse suite à son crachat sur Steven Gerrard à l'Euro 2004, Alexander Frei, meilleur buteur de l'histoire de la Suisse, a adopté un spécimen de ce camélidé au zoo de Bâle pour se faire pardonner.

3

Yann Sommer est le 3e gardien seulement à marquer contre son camp en Coupe du Monde, après l'Espagnol Zubizarreta, en 1998, et le Hondurien Noel Valladares, en 2014. Face au Costa Rica, un penalty a rebondi sur sa tête avant de rentrer dans les cages.

LÉGENDE NATIONALE

LE LAMA FREI

Alexander Frei semblait avoir abandonné tout espoir d'augmenter son record de 42 buts suisses en 84 matchs quand il annonça sa retraite du football international en avril 2011, blâmant l'abus de critiques de ses propres fans lors des derniers matchs, notamment le match nul 0-0 contre Malte, où Frei et Gökhan Inler ratèrent les penaltys. Frei a été rejoint dans sa décision par son coéquipier Marco Streller qui totalise 12 buts en 37 matchs.

FREI

BUTEURS

1 **Alexander Frei,** 42
2 **Max Abegglen,** 34
= **Kubilay Türkyilmaz,** 34
4 **André Abegglen,** 29
= **Jacques Fatton,** 29

SÉLECTIONS

1. **Heinz Hermann,** 118
2. **Alain Geiger,** 112
3. **Stephan Lichtsteiner,** 108
4. **Stéphane Chapuisat,** 103
5. **Granit Xhaka,** 98

22

Jakob Kühn, ancien joueur et sélectionneur suisse de légende, n'avait que 22 ans quand il a été renvoyé de la Coupe du Monde 1966 pour ne pas avoir respecté un couvre-feu.

LÉGENDE NATIONALE
HÜGI LES BONS TUYAUX

Seuls deux joueurs ont marqué plus de trois buts en un seul match pour la Suisse, et **Josef Hügi** est en tête, avec une quintuple réussite. Parmi ses 23 buts en 34 matchs pour son pays, il y en a cinq le 12 octobre 1960 lors d'une défaite 6-2 infligée à la France, à Bâle. Hügi a trouvé les filets six fois en Coupe du Monde 1954, dont un triplé en quart de finale, une défaite 7-5 face à l'Autriche. Hügi a terminé 2e meilleur buteur de la compétition. Ses six buts en phase finale de la Coupe du Monde restent un record national. Lors des JO de Paris 1924, Paul Sturzenegger avait marqué quatre fois contre la Lituanie, battue 9-0.

HÜGI

JOUEUR STAR
LA LOYAUTÉ DU SHAQ

Né au Kosovo, le meneur de jeu suisse **Xherdan Shaqiri** s'était dit prêt à changer de maillot national quand son pays natal est devenu membre de l'UEFA et de la FIFA en 2016, mais l'instance internationale du football s'y est opposée. Avec 7 buts en compétitions majeures, Shaqiri est le Suisse le plus prolifique. Ses trois buts à l'Euro 2020 sont venus s'ajouter à son triplé inscrit contre le Honduras au Mondial 2014, sans oublier une spectaculaire reprise acrobatique lors du nul 1-1 contre la Pologne, en huitième de l'Euro 2016 (qualification des Polonais aux tirs au but). L'histoire s'est répétée en 2021 : après son égalisation à 1-1 en quart contre l'Espagne, son pays s'est encore incliné aux tirs au but.

SHAQIRI

4

La Suisse a perdu les 4 quarts de finale qu'elle a disputés : aux Coupes du Monde 1934, 1938 et 1954, puis à l'Euro 2020.

LÉGENDE NATIONALE
HERMANN DE PEU

La carrière de Heinz Hermann, joueur le plus capé de Suisse, a malheureusement coïncidé avec la plus longue absence de son pays en compétitions majeures. Le milieu de terrain a marqué 15 buts en 118 matchs, de 1978 à 1991 et a été désigné Meilleur footballeur suisse quatre fois. Sa sélection a connu une traversée du désert entre sa sortie au premier tour de la Coupe du Monde de la FIFA 1966 et sa qualification aux huitièmes du Mondial 1994.

JOUEUR STAR
HARIS, CAPITAL EN FRANCE

Le buteur **Haris Seferović** a trouvé les filets à trois reprises à l'Euro 2020, devenant le 3e Suisse seulement (après Xherdan Shaqiri et Admir Mehmedi) à marquer en Coupe du Monde et Championnat d'Europe. Il a notamment signé un doublé contre les champions du monde français au deuxième tour, alors que les Suisses étaient menés 3-1 à 9 minutes du coup de sifflet final. Il a réduit le score à 3-2 à la 81e avant que Mario Gavranović n'égalise dans les arrêts de jeu. Le gardien Yann Sommer s'est mué en héros des tirs au but en repoussant la tentative de Kylian Mbappé pour offrir la victoire aux siens 5 tirs à 4.

SEFEROVIĆ

4

Karl Rappan, qui a inventé le pressing défensif et le repositionnement tactique, a effectué quatre mandats à la tête de la Suisse entre 1937 et 1963.

TURQUIE

SÉLECTIONS

1. **Rüştü Reçber**, 120
2. **Hakan Şükür**, 112
3. **Bülent Korkmaz**, 102
4. **Emre Belözoğlu**, 101
5. **Arda Turan**, 100

La Turquie ne s'est qualifiée que pour deux Coupes du Monde au XXe siècle. Mais depuis 2000, les supporters turcs ont eu bien des raisons de se réjouir, avec notamment une 3e place à la Coupe du Monde 2002 au Japon et en Corée du Sud.

Membre de la FIFA : 1923

Plus large victoire : 7-0, contre la Syrie, en 1949 ; contre la Corée du Sud, en 1954 ; contre Saint-Marin, en 1996

Meilleur classement FIFA : 5

Stade : Stade olympique Atatürk

Palmarès : –

REÇBER

LÉGENDE NATIONALE

LE ROI DU COME-BACK

Avec sa queue-de-cheval et ses peintures de guerre noir charbon, **Rüştü Reçber**, l'international turc le plus capé, s'est toujours fait remarquer – mais jamais plus, peut-être, que lors de la Coupe du Monde 2002, où il a tant contribué à la 3e place de la Turquie. Il a été sélectionné dans l'équipe type de la compétition et nommé Meilleur gardien de l'année par la FIFA. Il avait été relégué sur le banc à l'époque où la Turquie jouait les qualifications de l'Euro 2008, mais il avait joué en quart de finale, après l'expulsion et la suspension du gardien titulaire Volkan Demirel. À cette occasion, Reçber était redevenu un héros, arrêtant le tir du Croate Mladen Petrić lors des tirs au but, ce qui a permis à la Turquie d'arriver à sa première demi-finale en Championnat d'Europe, échouant de peu contre l'Allemagne.

LÉGENDE NATIONALE

FATIH TERIM

En juillet 2017, la troisième période de **Fatih Terim** aux commandes de l'équipe nationale a pris fin abruptement, mettant un terme à une ère épique. Terim reste le personnage dominant de l'histoire du football turc. Après avoir conduit Galatasaray à la victoire sur Arsenal en finale de la Coupe UEFA 2000 (le premier trophée européen du pays), Terim a emmené la Turquie jusqu'à son parcours épatant à l'Euro 2008. En demi-finale face à l'Allemagne, les Turcs se sont inclinés sur un but de dernière minute. Terim est revenu à Galatasaray en 2009, avant de redevenir sélectionneur national pour la troisième fois en 2013.

TERIM

136

Fatih Terim a dirigé 136 rencontres avec la Turquie pour un bilan de 70 victoires, 34 nuls et 32 défaites.

JOUEUR STAR

ARDENT ARDA

L'ailier magique Arda Turan – capitaine de la Turquie lors de l'Euro 2016 – a survécu à des problèmes cardiaques, à la grippe porcine et à un accident de voiture avant de devenir l'une des stars du football turc. Parmi ses succès internationaux figurent deux buts essentiels lors de l'Euro 2008 : le premier est un but vainqueur contre la Suisse pendant les arrêts de jeu ; le second est un premier but contre la République tchèque qui menait 2-0, lors d'un match décisif de qualification au premier tour, gagné finalement 3-2 par la Turquie. Après avoir quitté Galatasaray, il a connu un grand succès au sein de clubs espagnols, remportant des titres européens et nationaux avec l'Atlético Madrid et Barcelone.

ANECDOTE DU TOURNOI
UN PETIT TOUR

En 2021, la Turquie a disputé l'Euro 2020 avec un mélange de jeunesse et d'expérience prometteur. Déjà architecte de la troisième place au Mondial 2002, Şenol Güneş, 69 ans, est revenu à la tête de l'équipe 15 ans plus tard, en 2019. L'équipe alignée à l'Euro 2020 était la plus jeune du plateau avec une moyenne d'âge de 24 ans et 353 jours. Mais les Turcs se sont inclinés 3-0 contre l'Italie à Rome pour leur entrée en lice, encaissant autant de buts en une soirée que lors de tous les éliminatoires du Groupe H (où ils avaient notamment battu la France championne du monde 2-0 avant de tenir le nul 1-1 au retour). La Turquie a perdu ses trois matchs de l'Euro, cédant aussi contre les Gallois (2-0) et la Suisse (3-1). L'attaquant phare **Burak Yılmaz**, précédé uniquement par Hakan Şükür au classement des meilleurs buteurs turcs, a inscrit un triplé lors du succès 4-2 contre les Pays-Bas en mars 2021, lors d'un match de qualifications pour le Mondial 2022. Il est toutefois resté muet à l'Euro.

YILMAZ

15

Le 26 octobre 1923, Zeki Riza Sporel marquait le premier but turc en match international, contre la Roumanie. Il réalisait d'ailleurs un doublé ce jour-là, avec un match nul 2-2, premiers buts d'une série de 15 réalisations en 16 matchs.

94

Le dernier « but en or » en Coupe du Monde de la FIFA a été inscrit par le remplaçant turc İlhan Mansız, synonyme de victoire en quart 2002 contre le Sénégal, après quatre minutes de prolongation. Lors de l'édition suivante, en Allemagne, l'ancien système de deux prolongations de 15 minutes, suivies des tirs au but si besoin, a été rétabli.

17

Le meneur de jeu Nuri Şahin est devenu le plus jeune international et le plus jeune buteur turc le même jour. Il avait 17 ans et 32 jours pour son premier match contre l'Allemagne, à Istanbul, le 8 octobre 2005. Son but, à une minute de la fin, a offert une victoire 2-1 à la Turquie.

RECORD DE BUTS
SUPER ŞÜKÜR

Hakan Şükür a marqué le but le plus rapide en Coupe du Monde. Il a frappé dès la 11e seconde de la petite finale de l'édition 2002 contre la Corée du Sud. La Turquie remporta 3-2 pour prendre la 3e place, son meilleur résultat dans l'épreuve. Avec 51 buts en 112 sélections, le « Taureau du Bosphore » affiche un total plus de deux fois supérieur à celui de son dauphin. Il a ouvert son compteur dès sa deuxième sortie, lors d'une victoire 2-1 face au Danemark le 8 avril 1992. Il a signé deux quadruplés : lors d'un succès 6-4 contre le pays de Galles le 20 août 1997 et lors de la correction 5-0 de la Moldavie le 11 octobre 2006.

ŞÜKÜR

LÉGENDE NATIONALE
LES JUMEAUX

Hamit Altintop est né 10 minutes avant son jumeau **Halil**, dans la ville allemande de Gelsenkirchen, le 8 décembre 1982. Depuis, il n'a cessé de le précéder dans leurs carrières parallèles de footballeurs professionnels. Ils débutèrent tous deux dans l'équipe amateur allemande de Wattenscheid avant que Hamit le défenseur/milieu de terrain ne rejoigne Schalke 04 à l'été 2006, bientôt suivi par Halil l'attaquant. Hamit n'y restera qu'une saison avant d'être enrôlé par le Bayern Munich. Les deux frères contribuèrent à l'accession de la Turquie en demi-finale de l'Euro 2008 (défaite face à leur pays d'adoption, l'Allemagne), mais seul Hamit figura parmi les 23 meilleurs joueurs du tournoi.

BUTEURS

1 **Hakan Şükür**, 51
2 **Burak Yilmaz**, 29
3 **Tuncay Şanlı**, 22
4 **Lefter Küçükandonyadis**, 21
5 **Nihat Kahveci**, 19
= **Metin Oktay**, 19
= **Cemil Turan**, 19

11

Hakan Şükür a marqué le but le plus rapide en Coupe du Monde. Il a frappé dès la 11e seconde de la petite finale de l'édition 2002 contre la Corée du Sud.

HALIL **ALTINTOP**

HAMIT **ALTINTOP**

UKRAINE

Depuis son indépendance en 1991, l'Ukraine s'est imposée comme une grande force du football. Elle a atteint les quarts de la Coupe du Monde 2006 en Allemagne et de l'Euro 2020, et a coorganisé le Championnat d'Europe 2012.

Membre de la FIFA : 1992

Plus large victoire : 9-0, contre Saint-Marin, en 2013

Meilleur classement FIFA : 11

Stade : (Rotation)

Palmarès : –

ANECDOTE DU TOURNOI
ZINCHENKO S'IMPOSE

Le milieu et latéral droit **Oleksandr Zinchenko** représente un espoir pour l'avenir, malgré la déception de l'Ukraine à l'Euro 2016, éliminée dès le premier tour. Deux semaines avant la compétition, il est devenu le plus jeune buteur du pays lors d'une victoire 4-3 en match amical contre la Roumanie – puis il est entré en jeu lors du match d'ouverture contre l'Allemagne, à l'âge de 19 ans et 179 jours, devenant le plus jeune joueur ukrainien en phase finale internationale. Zinchenko a quitté son club russe pour Manchester City et a remporté la *Premier League*. Il continue de briller avec son pays, qui a dominé le Groupe B de Ligue des Nations UEFA en 2018. À l'Euro 2020, Zinchenko a ouvert le score contre la Suède, avant d'offrir le but de la victoire à Artem Dovbyk dans les derniers instants du match pour envoyer l'Ukraine en quart d'un Championnat d'Europe pour la première fois de son histoire.

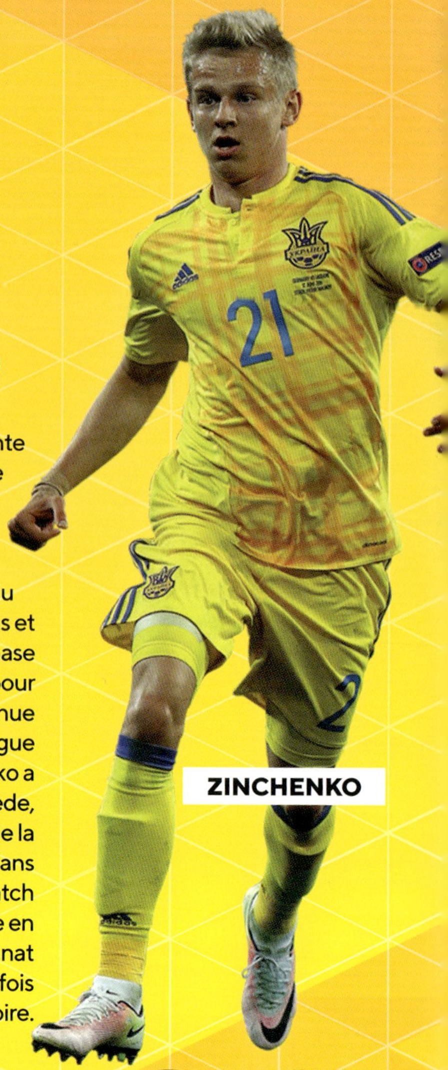

ZINCHENKO

YARMOLENKO

93

Andriy Pyatov est devenu le gardien ukrainien le plus capé avec sa 93e sélection lors d'un nul 2-2 en Serbie en novembre 2019, offrant à son pays un billet pour l'Euro 2020. Il avait déjà établi un record national d'invincibilité en gardant ses cages inviolées pendant 752 minutes entre mars et novembre 2013.

BUTEURS

1. **Andriy Shevchenko,** 48
2. **Andriy Yarmolenko,** 42
3. **Yevhen Konoplyanka,** 21
4. **Serhiy Rebrov,** 15
5. **Oleh Husyev,** 13

JOUEUR STAR
L'ÉCLAIR YARMOLENKO

L'ailier **Andriy Yarmolenko** et le buteur Roman Yaremchuk sont devenus le premier duo à marquer dans les deux premiers matchs d'un même Championnat d'Europe : lors du revers 3-2 contre les Pays-Bas et du succès 2-1 contre la Macédoine du Nord. Seul Andriy Shevchenko a marqué davantage que Yarmolenko en sélection. Ce dernier détient aussi le record du but le plus rapide : 14 secondes, lors d'une défaite amicale 3-2 contre l'Uruguay en septembre 2011.

LÉGENDE NATIONALE
LE RÊVE DE REB'

En août 1996, Serhiy Rebrov a marqué le tout premier but de l'Ukraine en Coupe du Monde, synonyme de victoire 1-0 sur l'Irlande du Nord lors des éliminatoires pour le Mondial 1998. Rebrov a fait partie du groupe qui a disputé sa première phase finale de Coupe du Monde, en 2006 ; il a marqué contre l'Arabie saoudite et a contribué à arriver en quart de finale où l'Ukraine a perdu 3-0 contre l'Italie, future championne. Après des passages en Angleterre et en Turquie, Rebrov est revenu à Kiev et, en 2014, il est passé sur le banc en conduisant le Dynamo à deux titres de championnat ukrainien.

SÉLECTIONS

1. **Anatoliy Tymoshchuk**, 144
2. **Andriy Shevchenko**, 111
3. **Ruslan Rotan**, 100
4. **Andriy Yarmolenko**, 99
5. **Oleh Husyev**, 98

TYMOSHCHUK

LÉGENDE NATIONALE
UN TEMPS D'AVANCE

Sélectionneur de l'Ukraine pour sa première participation à la Coupe du Monde, Oleg Blokhin a bâti sa réputation en tant que buteur du Dynamo Kiev, le club de sa ville natale. Né en 1952, quand l'Ukraine faisait partie de l'URSS, Blokhin détient le record de buts (211) et de matchs (432) en championnat soviétique. Il est aussi le recordman de réalisations (42) et de capes (112) pour la sélection soviétique. Blokhin a dirigé l'Ukraine lors de la Coupe du Monde 2006. En Allemagne, ses protégés ont perdu 3-0 en quart contre les futurs champions italiens après avoir sorti la Suisse aux tirs au but.

LÉGENDE NATIONALE
EN ORBITE

À la lutte avec son coéquipier **Anatoliy Tymoshchuk**, Andriy Shevchenko fut le 1er footballeur ukrainien à atteindre les 100 sélections. Mais Tymoshchuk, milieu de terrain défensif avec 144 sélections à son actif, a dépassé Shevchenko. Il a pris sa retraite en 2016. Il eut aussi l'honneur de voir son nom dans l'espace : lors de sa mise en orbite en 2007, le cosmonaute ukrainien Yuri Malenchenko portait un maillot du Zenit Saint-Pétersbourg floqué « Tymoshchuk ».

120:37

Le but victorieux d'Artem Dovbyk à la dernière seconde d'Ukraine-Suède, en huitième de l'Euro 2020, est le but le plus tardif de l'histoire du Championnat d'Europe. Enregistré à la 120e minute et 37 secondes, il dépasse le record de Michel Platini à la 118e et 53 secondes qui avait éliminé le Portugal en 1984.

18

Serhiy Rebrov a effectué ses débuts contre les États-Unis en juin 1992 âgé de 18 ans et 24 jours, devenant le plus jeune international ukrainien.

3

Trois Ukrainiens ont remporté le Ballon d'Or en tant que meilleur footballeur européen de l'année : Oleh Blokhin en 1975 et Igor Belanov en 1986 avec l'Union soviétique, puis Andriy Shevchenko après l'indépendance, en 2004.

8

Huit buteurs ont trouvé le chemin des filets durant l'écrasant succès 9-0 contre Saint-Marin, en éliminatoires du Mondial en 2013 – la victoire la plus large de l'Ukraine.

SHEVCHENKO

LÉGENDE NATIONALE
SUPER SHEVA

Andriy Shevchenko était un jeune boxeur prometteur avant de se tourner vers le football. Il a remporté des trophées dans tous les clubs où il est passé, dont 5 titres avec le Dynamo Kiev. Il est le deuxième joueur le plus capé et le meilleur buteur d'Ukraine (48 buts en 111 matchs). Il a notamment marqué 2 buts lors du Mondial 2006, où il était le capitaine de la sélection qui disputait son premier tournoi majeur. Pour l'Euro 2012 (coorganisé par son pays), il a inscrit un doublé lors du premier match des siens pour renverser la Suède (2-1). Shevchenko était l'adjoint du sélectionneur ukrainien Mikhail Fomenko à l'Euro 2012 avant de devenir titulaire du poste. Si son équipe n'a pas disputé le Mondial 2018, Sheva a conduit les siens jusqu'aux quarts de l'Euro 2020 où ils ont été éliminés 4-0 par l'Angleterre à Rome.

PAYS DE GALLES

Dans un pays où le rugby a toujours été le sport roi, les progrès récents du football gallois – dont une demi-finale à l'Euro 2016 – insufflent un optimisme et un enthousiasme sans précédent.

Membre de la FIFA : 1906

Plus large victoire : 11-0, contre l'Irlande, en 1888

Meilleur classement FIFA : 8

Stade : Cardiff City Stadium, Cardiff

Palmarès : –

100 MILLIONS
Gareth Bale est devenu le joueur le plus cher du monde en août 2013 lorsque le Real Madrid l'a arraché à Tottenham Hotspur contre 100 millions de dollars.

BALE

LÉGENDE NATIONALE
JEUNE DRAGON

Il semblait prévisible que le premier but du pays de Galles à l'Euro 2016 (sa première phase finale depuis la Coupe du Monde 1958) soit signé **Gareth Bale**. La star du Real Madrid – quadruple champion d'Europe avec son club – a ouvert le score avec un coup franc lors d'une victoire 2-1 contre la Slovaquie au premier tour. Bale a renouvelé sa performance au match suivant contre l'Angleterre, devenant le 3e joueur seulement, après Michel Platini en 1984 et l'Allemand Thomas Hässler en 1992, à marquer deux coups francs directs en un Euro. Bale, un temps plus jeune international gallois, est devenu le meilleur buteur de son pays avec un triplé en mars 2018, lors d'une défaite 6-0 infligée à la Chine.

20

Le milieu Aaron Ramsey est devenu le plus jeune capitaine gallois, à 20 ans et 90 jours, en prenant le brassard contre l'Angleterre en mars 2011. Le record précédent appartenait à Mike England, âgé de 22 ans et 135 jours contre l'Irlande du Nord en avril 1964.

LÉGENDE NATIONALE
BILLY L'IDOLE

L'ailier Harris Wilson est devenu le plus jeune international titulaire gallois en octobre 2013, lorsqu'il a remplacé Hal Robson-Kanu dans un match de qualification pour la Coupe du Monde 2014. À l'âge de 16 ans et 207 jours, il avait 108 jours de plus que Gareth Bale, le précédent détenteur du record. L'international gallois le plus âgé est Billy Meredith, qui a disputé son 48e et dernier match à l'âge de 45 ans et 229 jours, en mars 1920. L'Euro 2020 de Wilson s'est terminé avec un carton rouge lors de l'élimination contre les Danois, victorieux 4-0 en huitième.

CHARLES

ANECDOTE DU TOURNOI
HISTOIRE DE FAMILLE

La seule phase finale de Coupe du Monde disputée par le pays de Galles remonte à 1958. Les Gallois avaient cédé 1-0 devant le Brésil, futur champion, sur le premier but international de Pelé. C'était alors une affaire de famille à plus d'un titre. L'ailier gauche Cliff Jones avait été rejoint dans le groupe par son cousin Ken, gardien remplaçant qui n'a jamais joué pour son pays. Leur père, Ivor, et leur oncle, Bryn, ont aussi porté le maillot national. En 1958, les piliers de l'équipe étaient Mel et **John Charles**. John excellait autant en défense centrale qu'en pointe. Il a inscrit le 1er but des Gallois en Suède, lors du nul 1-1 contre la Hongrie. Mel est l'un des 4 Gallois seulement à avoir marqué 4 fois dans un match international.

BUTEURS

1. **Gareth Bale,** 33
2. **Ian Rush,** 28
3. **Ivor Allchurch,** 23
   = Trevor Ford, 23
5. **Dean Saunders,** 22

15

L'attaquant Robert Earnshaw a la particularité d'avoir signé des triplés dans les quatre divisions du football anglais, en Coupe d'Angleterre et en Coupe de la Ligue anglaise. Il a également réussi un triplé contre l'Écosse, le 18 février 2004. En matchs internationaux, 15 triplés ont été marqués par 15 Gallois différents.

LÉGENDE NATIONALE
GIGGS AU SOMMET

Le joueur gallois le plus titré de tous les temps est devenu sélectionneur national en 2018, malgré son absence d'expérience comme manager à temps plein. De 1991 à 2007, **Ryan Giggs** a marqué 12 buts en 64 matchs pour le pays de Galles. En club, il n'a porté que le maillot de Manchester United et a remporté 13 championnats, 4 *FA Cups*, 3 *League Cups*, 2 Ligues des Champions de l'UEFA et une Coupe du Monde des clubs de la FIFA. Il a joué dans plus de 1 000 matchs d'équipe première avant de prendre sa retraite en 2014, à l'âge de 40 ans. Après la qualification manquée pour le Mondial 2018, Giggs a remplacé Chris Coleman au poste de sélectionneur et a atteint la phase finale de l'Euro 2020. Il a démissionné pour raisons personnelles et a été remplacé par son adjoint Robert Page pour le tournoi.

SPEED

LÉGENDE NATIONALE
LA MORT D'UN GRAND PRO

C'est avec stupeur que les amoureux du ballon rond ont appris le décès soudain du sélectionneur **Gary Speed** en novembre 2011. Ancien milieu de terrain de Leeds, Everton, Newcastle et des Bolton Wanderers, 2e joueur le plus capé du pays de Galles, Speed a été retrouvé mort à son domicile, dans le comté anglais du Cheshire. Âgé de 42 ans, il était en poste depuis 11 mois. Des performances encourageantes avaient fait passer ses hommes de la 116e à la 48e place au classement FIFA, et leur avaient valu le prix de la Meilleure progression en 2011. En février 2012, un match en son honneur opposa le pays de Galles au Costa Rica (nation contre laquelle il avait honoré sa 1re cape en mai 1990).

GIGGS

1906

Pionniers du cinéma, Sagar Mitchell et James Kenyon ont été les premiers à filmer un match international : pays de Galles-Irlande, en mars 1906.

20

Le défenseur du pays de Galles et de Chelsea Ethan Ampadu est le plus jeune joueur à avoir été expulsé directement d'un Championnat d'Europe quand il a reçu un rouge à 20 ans et 279 jours pour une faute sur l'Italien Federico Bernardeschi, lors du dernier match du Groupe A de l'Euro 2020.

LÉGENDE NATIONALE
LE CHOIX IMPOSSIBLE

Chris Gunter avait 29 ans quand il a disputé son 93e match international contre l'Albanie, en novembre 2018. Il est ainsi devenu le Gallois le plus capé, devant l'ancien éboueur reconverti en gardien d'Everton, Neville Southall. Les parents de Gunter ont dû faire face à un dilemme après le succès 3-1 contre la Belgique, en quart de finale de l'UEFA Euro 2016 (buts du capitaine Ashley Williams, d'Hal Robson-Kanu et de Sam Vokes). En effet, son frère Marc devait se marier au Mexique le même jour que la demi-finale contre le Portugal. Ils ont finalement assisté à la rencontre à Lille, où le pays de Galles s'est incliné 2-0, mais a quand même signé le meilleur résultat de son histoire. Gunter est devenu le premier international gallois à atteindre 100 sélections quand le Mexique a été battu 1-0 en amical en mars 2021.

GUNTER

SÉLECTIONS

1. **Chris Gunter,** 102
2. **Gareth Bale,** 96
   = Wayne Hennessey, 96
4. **Neville Southall,** 92
5. **Ashley Williams,** 86

EUROPE : LES AUTRES ÉQUIPES

Pour les petits pays européens, la fierté de défendre les couleurs nationales compte bien davantage que les rêves d'hégémonie planétaire.

Pays : Islande
Membre de la FIFA : 1947
Joueur le plus capé :
Rúnar Kristinsson, 104
Meilleurs buteurs :
Eiður Guðjohnsen/Kolbeinn Sigþórsson, 26

Pays : Saint-Marin
Membre de la FIFA : 1988
Joueur le plus capé :
Andy Selva, 73
Meilleur buteur :
Andy Selva, 8

Pays : Finlande
Membre de la FIFA : 1908
Joueur le plus capé :
Jari Litmanen, 137
Meilleur buteur :
Jari Litmanen, 32

Pays : Luxembourg
Membre de la FIFA : 1910
Joueur le plus capé :
Mario Mutsch, 102
Meilleur buteur :
Léon Mart, 16

Pays : Gibraltar
Membre de la FIFA : 2016
Joueur le plus capé :
Liam Walker, 53
Meilleur buteur :
Lee Casciaro, 3

Pays : Autriche
Membre de la FIFA : 1905
Joueur le plus capé :
Andreas Herzog, 103
Meilleur buteur :
Toni Polster, 44

Pays : Géorgie
Membre de la FIFA : 1992
Joueur le plus capé :
Levan Kobiashvili, 100
Meilleur buteur :
Shota Arveladze, 26

Pays : Macédoine du Nord
Membre de la FIFA :
1994
Joueur le plus capé :
Goran Pandev, 117
Meilleur buteur :
Goran Pandev, 37

Pays : Azerbaïdjan
Membre de la FIFA : 1992
Joueur le plus capé :
Rashad Sadygov, 111
Meilleur buteur :
Gurban Gurbanov, 14

Pays : Bosnie-Herzégovine
Membre de la FIFA : 1996
Joueur le plus capé :
Edin Džeko, 114
Meilleur buteur :
Edin Džeko, 59

Pays : Slovénie
Membre de la FIFA : 1992
Joueur le plus capé :
Boštjan Cesar, 101
Meilleur buteur :
Zlatko Zahovič, 35

Pays : Arménie
Membre de la FIFA : 1992
Joueur le plus capé :
Sargis Hovsepyan, 132
Meilleur buteur :
Henrikh Mkhitaryan, 30

Pays : Albanie
Membre de la FIFA : 1932
Joueur le plus capé :
Lorik Cana, 93
Meilleur buteur :
Erjon Bogdani, 18

Pays : Biélorussie
Membre de la FIFA : 1992
Joueur le plus capé :
Aliaksandr Kulchy, 102
Meilleur buteur :
Maksim Romaschenko, 20

Pays : Andorre
Membre de la FIFA : 1996
Joueur le plus capé :
Ildefons Lima, 128
Meilleur buteur :
Ildefons Lima, 11

Pays : Monténégro
Membre de la FIFA : 2007
Joueur le plus capé :
Fatos Bećiraj, 78
Meilleur buteur :
Stevan Jovetić, 31

Pays : Kosovo
Membre de la FIFA : 2018
Joueur le plus capé :
Amir Rrahmini/Mërgim Vokvoda, 34
Meilleur buteur :
Vedat Muriqi, 11

ANECDOTE DU TOURNOI
PETIT PAYS, GRAND TALENT

L'Islande est devenue le plus petit pays à se qualifier pour la Coupe du Monde avec une victoire 2-0 sur le Kosovo en octobre 2017, grâce à des buts de Gylfi Sigurðsson et Jóhann Berg Guðmundsson. L'attaquant **Alfreð Finnbogason** a marqué le premier but islandais en phase finale de Coupe du Monde, lors d'un nul 1-1 contre l'Argentine, double tenante du titre. Contrairement à sa première participation à l'Euro deux ans plus tôt, l'Islande n'a pas accédé au 2e tour, perdant 2-0 contre le Nigeria et 2-1 contre la Croatie. Le sélectionneur (et dentiste à temps partiel) Heimir Hallgrímsson a démissionné de ses fonctions à l'issue de cette phase finale.

FINNBOGASON

ANECDOTE DU TOURNOI

LA FINLANDE, ENFIN

Teemu Pukki, auteur de 10 buts, a brillé en qualifiant la Finlande pour un premier tournoi majeur en 33 tentatives. Les Finlandais ont accroché la 2e place du Groupe B des éliminatoires de l'UEFA Euro 2020, derrière l'Italie. Pukki a notamment inscrit un doublé dans la rencontre cruciale contre le Liechtenstein, en novembre 2019 (3-0). Seul le Luxembourg a disputé plus d'éliminatoires (35) sans jamais se qualifier. Pukki a marqué 10 buts dans ses 59 premières sélections, puis en a ajouté 20 dans ses 31 matchs suivants avant de se qualifier pour l'Euro à l'été 2021. Il a ainsi dépassé l'ancien attaquant de Chelsea Mikael Forssell (29) et n'est plus devancé que par Jari Litmanen (32).

PUKKI

SELVA

137

En 2016, la Géorgie est devenue l'équipe la moins bien classée à battre l'Espagne. Elle était alors 137e au classement de la FIFA, 131 places derrière son adversaire.

RECORD DE BUTS

SELVA, L'EXCEPTION

Avec moins de 30 000 habitants, Saint-Marin reste dernier *ex æquo* du classement FIFA. Mais le petit pays a enfin eu une raison de se réjouir, grâce à un match nul 0-0 contre l'Estonie, en novembre 2014, son tout 1er point en qualification à l'Euro. Il mettait ainsi fin à 61 défaites successives. Sa seule victoire est un succès 1-0 contre le Liechtenstein en avril 2004, grâce à un but dès la 5e minute d'**Andy Selva**, joueur le plus capé et meilleur buteur de Saint-Marin. En 2020, la nation a enchaîné 2 matchs sans défaite pour la première fois de son histoire, avec des nuls 0-0 contre le Liechtenstein en octobre et Gibraltar le mois suivant.

RECORD DE BUTS

LE LUXEMBOURG RENAÎT

En septembre 2013, le Luxembourg a mis fin à une longue attente en battant l'Irlande du Nord 3-2. C'était la première victoire à domicile des « Lions Rouges » en qualification pour la Coupe du Monde depuis 41 ans (victoire sur la Turquie 2-0, en octobre 1972), cinq ans jour pour jour après leur dernière victoire en qualification pour la Coupe du Monde, 2-1 en Suisse en 2008. Le Luxembourg a poursuivi sur sa belle lancée avec un succès-surprise 1-0 contre l'Irlande en mars 2021, pour les éliminatoires du Mondial 2022, grâce à un but tardif du milieu Gerson Rodrigues. Trois jours plus tard, le même Rodrigues a récidivé contre les champions d'Europe portugais, malgré la défaite 3-1.

330 000

L'Islande, 330 000 habitants, a disputé la Coupe du Monde 2018 et le Championnat d'Europe 2016. La nation la moins peuplée en une phase finale majeure reste Tahiti, 182 000 habitants, en Coupe des Confédérations 2013 de la FIFA.

PANDEV

LÉGENDE NATIONALE

SUPER PAN

La toute première qualification de la Macédoine du Nord pour un grand tournoi est l'œuvre du meilleur buteur de l'histoire de la sélection, près de 20 ans après ses débuts. **Goran Pandev** a marqué le seul but du barrage contre la Géorgie en novembre 2020, décrochant un billet pour le Championnat d'Europe l'été suivant. Il avait atteint les 100 capes un peu plus tôt dans les éliminatoires, lors d'une victoire 3-1 contre la Lettonie en 2019. En août 2019, Pandev avait pris la tête du classement des buteurs devant Georgi Hristov grâce à un doublé contre les champions d'Europe espagnols (défaite 3-2).

15

Le démantèlement de l'URSS a créé 15 nouvelles nations de football, même si la Russie a disputé l'Euro 1992 en tant que CEI (Communauté des États indépendants), qui excluait l'Estonie, la Lettonie et la Lituanie.

LIMA

JOUEUR STAR
JOURS DE GLOIRE POUR ILDEFONS

Ildefons Lima, capitaine vétéran d'Andorre, a éprouvé une double joie le 9 juin 2017. Il a en effet atteint le record d'Óscar Sonejee de 106 capes, et son équipe a battu la Hongrie 1-0 en éliminatoires de la Coupe du Monde 2018. Ce n'était que la 2e victoire des Andorrans en compétition, et la première en 66 matchs. Le but victorieux était l'œuvre du défenseur central Marc Rebés, son premier en 9 matchs pour l'Andorre. La petite nation a mis un terme à une série de 56 défaites en éliminatoires du Championnat d'Europe de l'UEFA, avec un succès 1-0 sur la Moldavie, grâce à un but d'un autre défenseur, Marc Vales.

DŽEKO

JOUEUR STAR
DZEKO GRAND CŒUR

En septembre 2012, **Edin Džeko** est devenu le meilleur buteur de tous les temps pour la Bosnie-Herzégovine en réalisant un triplé en 2e mi-temps d'une victoire 8-1 contre le Liechtenstein en éliminatoires de la Coupe du Monde 2014. En marquant ces buts, il a dépassé le record précédent d'Elvir Bolić, mais aussi celui de son coéquipier international Zvjezdan Misimović, qui avait réalisé un doublé en première mi-temps. Les deux hommes ont fait la course en tête jusqu'à ce que Džeko s'envole seul. En septembre 2018, il est devenu le joueur le plus capé du pays et en a profité pour signer le seul but du match contre l'Autriche en Ligue des Nations de l'UEFA.

54

Le latéral kazakh Aybol Abiken a marqué un but de 54 mètres lors du revers 3-1 contre l'Albanie en novembre 2020, le but le plus lointain en Ligue des Nations de l'UEFA. Il a lobé le gardien adverse depuis la ligne médiane.

54

Le territoire britannique d'outre-mer de Gibraltar est devenu le 54e membre de l'UEFA, juste à temps pour participer à la qualification de l'Euro 2016, mais a été volontairement tenu à l'écart de son voisin espagnol pour le tirage au sort.

SINDELAR

ANECDOTE DU TOURNOI
LE KOSOVO EN FÊTE

Le Kosovo a disputé sa 1re compétition internationale en jouant les éliminatoires de la Coupe du Monde de la FIFA 2018. Il a ensuite participé aux qualifications du Championnat d'Europe de l'UEFA, terminant 3e du Groupe A derrière l'Angleterre et la République tchèque, synonyme de barrage contre la Macédoine du Nord. Le meilleur buteur de la sélection de Bernard Challandes était **Vedat Muriqi**. Avec 4 buts, il a doublé son total en sélection. Muriqi a marqué lors du succès crucial 2-0 contre le Monténégro, tout comme Amir Rrahmani, qui partage le record de sélection avec son coéquipier arrière-droit Mërgim Vojvoda.

MURIQI

LÉGENDE NATIONALE
SINDELAR L'INSOUMIS

En 1938, la star autrichienne **Matthias Sindelar** a refusé de jouer pour l'équipe unifiée après l'annexion de l'Autriche par l'Allemagne. Sindelar, né dans l'actuelle République tchèque en février 1903, était le leader de la *Wunderteam* autrichienne des années 1930. Il a inscrit 27 buts en 43 matchs pour cette équipe, invaincue d'avril 1931 à décembre 1932 et vice-championne olympique en 1936. Le meilleur buteur autrichien reste Anton « Toni » Polster avec 44 réalisations en 95 sélections entre 1982 et 2000. Seul Andreas Herzog, avec 103 capes, a plus souvent représenté le pays.

167 Le milieu letton Vitālijs Astafjevs est devenu le joueur européen le plus capé de tous les temps – record désormais battu – en disputant son 158e match international à 38 ans en novembre 2009, un amical contre le Honduras. Il a terminé sa carrière à 167 capes.

JOUEUR STAR
HAMLET, DEUX FOIS

L'attaquant Hamlet Mkhitaryan a joué à deux reprises pour l'Arménie post-soviétique en 1994, mais est décédé deux ans plus tard d'une tumeur au cerveau, âgé de 33 ans à peine. Son fils, **Henrikh Mkhitaryan**, qui avait alors sept ans, est devenu meilleur buteur d'Arménie et rend régulièrement hommage à son père. Mkhitaryan fils avait égalé Artur Petrossian en marquant contre le Danemark, en juin 2013. Si Petrossian avait eu besoin de 69 rencontres pour inscrire ses 11 buts, Mkhitaryan l'a fait en seulement 39 matchs. Il a ensuite pris seul les commandes du classement avec son 12e but international lors d'un nul 2-2 contre l'Italie, en octobre 2013.

MKHITARYAN

VUČINIĆ

JOUEUR STAR
VUČINIĆ, VU

Stevan Jovetic a marqué sept buts en sept matchs pour le Monténégro, de septembre 2016 à juin 2017, dépassant son coéquipier attaquant et capitaine **Mirko Vučinić**, avec 23 buts. Son triplé en qualification à la Coupe du Monde 2018 a contribué à la victoire 4-1 sur l'Arménie, en juin 2017. Parmi les 17 buts de Vučinić figure le tir victorieux contre la Suisse en qualification pour l'Euro 2012, qu'il a fêté en ôtant son short pour se le mettre sur la tête – facétie qui lui a valu un carton jaune.

ANECDOTE DU TOURNOI
JOIE KAZAKHE, TRISTESSE ÉCOSSAISE

En mars 2019, quelque 27 000 supporters kazakhs fêtant la nouvelle année ont eu une raison supplémentaire de se réjouir en suivant le plus bel exploit footballistique du pays. Le Kazakhstan, 117e nation mondiale, battait l'Écosse 3-0 à la surprise générale dans le premier match des éliminatoires de l'Euro 2020 à Astana. Yuriy Pertsukh, Yan Vorogovskiy et Baktiyar Zaynutdinov ont été les trois héros du pays pour la première rencontre du Tchèque Michal Bílek à la tête de l'équipe. Le Kazakhstan avait perdu ses 10 matchs dans la campagne de qualification pour la Coupe du Monde 2018.

100
Boštjan Cesar a joué son 100e match contre l'Écosse en octobre 2017, mais il a été gâché par un carton rouge tardif. Cesar a pris sa retraite après le match suivant.

JOUEUR STAR
LE CLAN XHAKA

Granit et Taulant Xhaka, nés tous deux à Bâle de parents albanais du Kosovo, sont devenus les premiers frères à s'affronter en Championnat d'Europe, le 11 juin 2016 : Granit, milieu de terrain de 23 ans pour la Suisse, et Taulant, défenseur de 25 ans pour l'Albanie. Granit et la Suisse l'ont remporté 1-0. Leur mère a été aperçue ce jour-là dans les tribunes, portant un maillot aux couleurs des deux pays pour encourager ses fils.

MISFUD

LÉGENDE NATIONALE
LA PIQÛRE DU MOUSTIQUE

À 39 ans, **Michael Mifsud** a marqué pour sa 143e et dernière sélection, un succès 3-0 en amical contre le Liechtenstein en novembre 2009. Le plus grand joueur maltais – malgré son mètre 65 qui lui a valu le surnom de « Moustique » – a inscrit 42 buts pour son pays, dont un quintuplé lors d'un succès 7-1 contre le Liechtenstein en mars 2008 (avec 3 buts en 21 minutes). En juin 2013, pour les éliminatoires du Mondial 2014, il a aussi signé le seul but du match qui a offert la première victoire de Malte à l'extérieur en compétition, face à l'Arménie.

AMÉRIQUE DU SUD

L'Amérique du Sud est réputée pour la passion inégalée des supporters et le talent spectaculaire des joueurs. Les représentants du continent ont remporté neuf Coupes du Monde de la FIFA. Quant à la Copa América, initiée en 1916, elle est la plus ancienne compétition internationale encore disputée.

Fondation : 1916

Pays membres : 10

Siège : Luque, Paraguay

Nation la plus titrée en championnat continental : Uruguay, 15 Argentine, 15

10

Le nombre de nations de la CONMEBOL, la Confédération sud-américaine de football, qui participent à la Copa América. Au moins deux autres pays étaient invités entre 1993 et 2019.

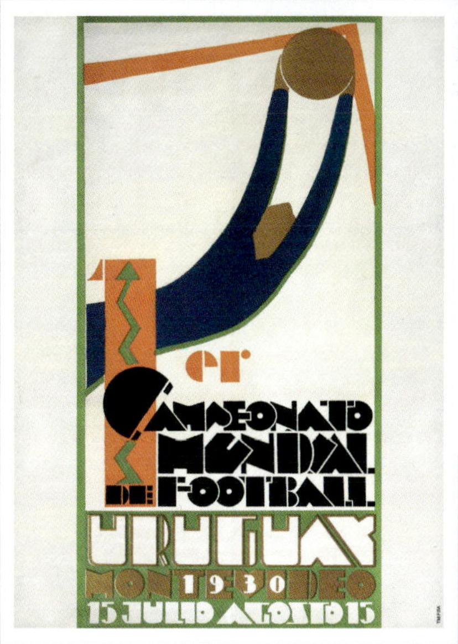

La première Coupe du Monde s'est déroulée en Amérique du Sud : l'Uruguay a organisé et remporté le tournoi en 1930.

21

Le Brésil a participé aux 21 phases finales de la Coupe du Monde, plus que tout autre pays, et en a remporté 5, un autre record.

Le premier club de football fondé en Amérique du Sud était le Lima Cricket and Football Club, en 1859, au Pérou.

10

La CONMEBOL ne compte que 10 États membres, moins que les autres confédérations de la FIFA.

ARGENTINE

Vainqueur de la Copa América à 14 reprises, sacrée en Coupe des Confédérations en 1992, médaillée d'or aux Jeux olympiques 2004 et 2008, et surtout championne du monde en 1978 et 1986, l'Argentine est l'une des nations les plus titrées à l'échelle mondiale.

Membre de la FIFA : 1912

Plus large victoire : 12-0, contre l'Équateur, en 1942

Meilleur classement FIFA : 1

Stade : Estadio Monumental Antonio Vespucio Liberti, Buenos Aires

Palmarès : 2 Coupes du Monde (1978, 1986), 15 Copa América (1921, 1925, 1927, 1929, 1937, 1941, 1945, 1946, 1947, 1955, 1957, 1959, 1991, 1993, 2021)

MESSI

JOUEUR STAR
LEO BRAVO

Lionel Messi a été expulsé seulement deux minutes après ses débuts en équipe nationale – en août 2005 contre la Hongrie, après être entré comme remplaçant. Messi est devenu le meilleur buteur argentin de tous les temps avec un score de 65, ainsi que le plus jeune buteur en Coupe du Monde (contre la Serbie-et-Monténégro en 2006, à l'âge de 19 ans), puis le plus jeune capitaine – à 23 ans, lors de la Coupe du Monde 2010. Messi a aussi obtenu le Ballon d'Or du Meilleur joueur de la Coupe du Monde 2014, et 4 prix du Meilleur joueur du match, un record en une seule compétition.

19

Lionel Messi est le 2e remplaçant seulement à avoir inscrit un triplé en Copa América. Il a marqué trois fois lors de son entrée en jeu pour sceller la victoire 5-0 contre le Panama, au premier tour de la Copa América Centenario 2016. 19 minutes séparent son 1er et son 3e buts.

MASCHERANO

JOUEUR STAR
L'ÉCLAT DE MASCHERANO

Avant la création de la Coupe du Monde de la FIFA en 1930, huit Uruguayens avaient remporté l'or aux Jeux olympiques de 1924 et 1928. Un seul autre homme, le Hongrois Dezső Novák en 1964 et 1968, a réussi ce doublé avant le milieu défensif argentin **Javier Mascherano**, à Athènes en 2004 et à Pékin en 2008. Carlos Tévez a marqué le seul but contre le Paraguay, tandis qu'Ángel Di María a offert la victoire contre le Nigeria quatre ans plus tard, sous une chaleur telle que les organisateurs ont dû autoriser des pauses fréquentes pour que les joueurs s'hydratent. Mascherano, surnommé le « Petit chef », est devenu l'Argentin le plus capé au Mondial 2018, avant de prendre sa retraite internationale à la suite du revers 4-3 en huitième contre les futurs champions français. Lionel Messi a dépassé Mascherano en tant que joueur le plus capé du pays lors de la Copa América 2021.

3

L'Argentine est l'un des 3 pays, avec la France et le Brésil, à avoir été sacré en Coupe du Monde, en Coupe des Confédérations et aux Jeux olympiques.

BUTEURS

1. **Lionel Messi**, 76
2. **Gabriel Batistuta**, 54
3. **Sergio Agüero**, 42
4. **Hernán Crespo**, 35
5. **Diego Maradona**, 34

DI MARÍA

1

Un seul joueur de l'équipe de César Menotti championne du monde en 1978 évoluait dans un club étranger : Mario Kempes, auteur d'un doublé en finale et vainqueur du Soulier d'Or.

JOUEUR STAR
LES AILES D'ÁNGEL

L'Argentine a connu bien des misères aux tirs au but, aussi bien en finale de la Copa América 2015 que dans l'édition du centenaire, l'année suivante – à chaque fois contre le Chili, après un nul 0-0. L'*Albiceleste* avait cédé 4-1 en 2015, puis 4-2 en 2016. Pour cette dernière édition, Lionel Messi avait raté sa tentative. En 2019, il avait été expulsé lors de la petite finale remportée contre le Chili. Mais il s'est racheté en 2021 : l'Argentine a mis fin à 28 ans d'attente en Copa América en battant le Brésil, pays hôte, 1-0 en finale grâce au but d'**Ángel Di María**. Les Argentins sont ainsi revenus à hauteur de l'Uruguay avec 15 titres dans la compétition. Messi a été désigné meilleur joueur et meilleur buteur du tournoi avec ses 4 réalisations (autant que le Colombien Luis Díaz) auxquelles s'ajoutent 5 passes décisives.

ANECDOTE DU TOURNOI
MESSI, C'EST FINI ?

En 2016, pour la Copa América Centenario, l'Argentine a atteint – et perdu – une finale pour la 3e année de suite, battue 4-2 aux tirs au but par le Chili. Cette finale s'est achevée sur un 0-0 après 120 minutes, comme celle de 2015, lorsque le Chili, pays hôte, l'avait remporté 4-1 aux tirs au but également. L'Argentine avait aussi échoué contre l'Allemagne en finale de la Coupe du Monde 2014. Les derniers sacres des Argentins remontent à 1993 en Copa América et 1986 en Coupe du Monde. Désespéré après cette dernière déroute, durant laquelle il a manqué un tir au but, Messi a surpris le monde en annonçant sa retraite internationale à seulement 29 ans. Il est rapidement revenu, mais la Copa América 2019 n'a pas été plus réussie, puisqu'il a reçu le second carton rouge de sa carrière en petite finale, finalement remportée 2-1 par l'Argentine contre le Chili.

14

L'Argentine a échoué en finale de la Copa América plus souvent que toute autre nation : 14 fois, trois de plus que le Brésil, les dernières en 2015 et 2016.

LÉGENDE NATIONALE
LA CHANCE DU DÉBUTANT

Le sélectionneur le plus jeune de l'histoire de la Coupe du Monde est Juan José Tramutola, qui entame la Coupe du Monde 1930 par une victoire 1-0 sur la France, à l'âge de 27 ans et 267 jours. L'Argentine ira jusqu'en finale et sera finalement battue par l'Uruguay. L'Argentin Guillermo Stábile fut le meilleur buteur de cette Coupe du Monde avec 8 buts en 4 matchs, les seuls matchs internationaux qu'il ait disputés. Il a par la suite remporté 6 titres de la Copa América comme entraîneur, de 1939 à 1960.

LÉGENDE NATIONALE
LE DIVIN DIEGO

Pour nombre d'observateurs, **Diego Maradona** était le meilleur footballeur de l'histoire, et sa mort à l'âge de 60 ans, le 25 novembre 2020, a suscité une vive émotion dans le monde entier. Pelé a ainsi déclaré : « J'ai perdu un grand ami, et le monde a perdu une légende. » Le talent, les buts et les prouesses de Maradona parlent pour lui. Enfant, il se fait remarquer en jonglant à la mi-temps des matchs de l'Argentinos Juniors. S'il n'est pas retenu pour la Coupe du Monde 1978 et se fait expulser lors de l'édition 1982, c'est bien lui qui conduit l'Argentine au sacre mondial en 1986. Brassard au bras, il signe même un but mythique contre l'Angleterre en quart. En finale contre la RFA, il offre le but de la victoire à Jorge Burruchaga. Devenu sélectionneur, il emmènera l'Argentine jusqu'en quart au Mondial 2010.

2 MINUTES

Le milieu Marcelo Trobbiani n'a joué que 2 minutes en Coupe du Monde. Au Mondial 1986, il était entré en jeu à la place du buteur Jorge Burruchaga pour les deux dernières minutes de la finale.

MESSI
MARADONA

JOUEUR STAR
LES ENFANTS VONT BIEN

En 2007 au Canada, l'Argentine a remporté pour la sixième fois la Coupe du Monde des moins de 20 ans, un record, en battant la République tchèque 2-1. **Sergio Agüero** a marqué lors de la finale, terminant le tournoi comme meilleur buteur avec 6 buts. Deux ans plus tard, Agüero a épousé Giannina Maradona, la plus jeune fille de Diego. En février 2009, Giannina a donné naissance à Benjamin, le premier petit-enfant de Diego Maradona. Sergio Agüero est connu sous le surnom de « Kun », d'après un personnage de dessin animé auquel il était censé ressembler, enfant.

AGÜERO

12

L'Argentine est l'auteur de la victoire la plus large dans l'histoire de la Copa América. En 1942, elle a battu l'Équateur sur le score de 12-0 avec un quintuplé de José Manuel Moreno.

ANECDOTE DU TOURNOI
ADIEUX EN JAUNE

Vingt ans avant que la France ait dû porter le maillot du club argentin local de l'Atlético Kimberley, lors de la Coupe du Monde 1978, l'Argentine avait connu cette même situation gênante contre l'Allemagne de l'Ouest, au premier tour du Mondial 1958 en Suède. L'*Albiceleste*, qui n'avait prévu qu'une seule tenue, a dû emprunter le maillot jaune du club de l'IFK Malmö. Malgré l'ouverture du score dès la 3e minute, l'Argentine s'est finalement inclinée 3-1 et a terminé dernière du Groupe A.

ANECDOTE DU TOURNOI
SUPER MARIO

Deux joueurs argentins ont terminé en tête du classement des buteurs d'une Coupe du Monde. En 1930, pour la première édition en Uruguay, Guillermo Stábile a signé 8 buts pour envoyer l'Argentine en finale, remportée 4-2 par le pays hôte. Ces quatre matchs ont été les seuls pour son pays, mais une fois devenu sélectionneur, Stábile a remporté six *Copa América* entre 1940 et 1950. **Mario Kempes**, pour sa part, a bien soulevé le trophée mondial grâce à un doublé lors de la finale 1978, à Buenos Aires, pour surclasser les Pays-Bas 3-1 et porter à 6 son total de buts dans la compétition.

20

Le stade national de l'Argentine, le Monumental de Buenos Aires, a été inauguré en 1938, mais sa construction ne s'est véritablement achevée que 20 ans plus tard, grâce aux 97 000 dollars reçus par River Plate pour le transfert d'Omar Sívori à la Juventus.

LÉGENDE NATIONALE
L'ANGE GABRIEL

Gabriel Batistuta, surnommé « Batigol », est le seul joueur à avoir inscrit un triplé dans deux Coupes du Monde différentes, respectivement contre la Grèce en 1994 et face à la Jamaïque en 1998. Le Hongrois Sándor Kocsis, le Français Just Fontaine et l'Allemand Gerd Müller ont inscrit, pour leur part, 2 *hat-tricks* dans la même Coupe du Monde. Batistuta a fait trembler les filets de la Serie A pendant 11 journées consécutives en 1994-1995 avec la Fiorentina, signant ainsi un nouveau record.

BATISTUTA

KEMPES

LÉGENDE NATIONALE
JAVIER, À LA RÉGULIÈRE

Seuls Lionel Messi et Javier Mascherano ont décroché plus de capes pour l'Argentine que **Javier Zanetti**, qui a joué 143 matchs internationaux. Pourtant, il a été écarté des Coupes du Monde 2006 et 2010. Zanetti, qui jouait en défense ou au milieu, détient aussi le record de matchs de Serie A disputés par un joueur étranger – tous pour l'Inter, avec qui il a remporté le triplé Coupe-Championnat-Ligue des Champions en 2009-2010. Malgré cette prouesse, lui et son coéquipier Esteban Cambiasso n'ont pas été retenus par Diego Maradona pour le Mondial 2010.

ZANETTI

SÉLECTIONS

1	**Lionel Messi**, 151
2	**Javier Mascherano**, 147
3	**Javier Zanetti**, 143
4	**Roberto Ayala**, 114
5	**Ángel Di María**, 111

LÉGENDE NATIONALE
CHANGEMENT DE MAILLOT

Luisito Monti est le seul à avoir disputé la finale de la Coupe du Monde pour 2 pays différents. Né à Buenos Aires le 15 mai 1901 de parents italiens, ce milieu de terrain joue un rôle essentiel dans le parcours argentin à la Coupe du Monde de 1930. Les *Albicelestes* s'inclinent 4-2 en finale face à l'Uruguay, alors que le joueur prétend avoir reçu des menaces de mort. Transféré à la Juventus l'année suivante, il est autorisé à jouer pour l'Italie, qui bat la Tchécoslovaquie en finale de la Coupe du Monde 1934. Toujours lors du Mondial 1934, Raimundo Orsi évolue, lui aussi, sous les couleurs italiennes, alors qu'il avait joué pour l'Argentine jusqu'en 1929.

ANECDOTE DU TOURNOI
ALPHABÉTIQUE

Lors des Coupes du Monde 1978 et 1982, les numéros des maillots de l'équipe d'Argentine ont été attribués selon l'ordre alphabétique des noms et non le poste des joueurs. Le n° 1 est revenu aux milieux Norberto Alonso en 1978 et Osvaldo Ardiles en 1982. Le seul membre de l'équipe de 1982 dont le numéro ne correspondait pas à l'ordre alphabétique était Diego Maradona, avec son célèbre 10. Naples a rendu hommage à son attaquant fantasque en retirant le numéro 10 de son effectif.

LÉGENDE NATIONALE
JOUEURS À FRANGE

Capitaine exigeant lors du sacre mondial en 1978, **Daniel Passarella** l'était tout autant dans le rôle de sélectionneur. Après avoir pris les rênes de l'Argentine en 1994, il a déclaré qu'il ne retiendrait aucun joueur portant des cheveux longs et a demandé à Claudio Caniggia de se débarrasser de sa « coiffure de fillette ».

PASSARELLA

3

Martín Palermo a manqué les 3 penaltys qu'il a tentés lors du match de la Copa América 1999 contre la Colombie. Le premier a heurté la barre, le deuxième s'est envolé et le troisième a été arrêté. Résultat : 3-0 pour la Colombie.

BRÉSIL

Aucun pays n'incarne aussi bien l'essence du football que le Brésil. Seule nation à avoir disputé toutes les éditions de la Coupe du Monde, le Brésil est aussi la plus titrée avec ses 5 étoiles.

Membre de la FIFA : 1923

Plus large victoire : 10-1, contre la Bolivie, en 1949

Meilleur classement FIFA : 1

Stade : Maracanã, Rio de Janeiro

Palmarès : 5 Coupes du Monde (1958, 1962, 1970, 1994, 2002), 9 Copa América (1919, 1922, 1949, 1989, 1997, 1999, 2004, 2007, 2019)

NEYMAR

26

Star du Mondial 1970, Tostão a pris sa retraite trois ans plus tard, à 26 ans, en raison d'une blessure à l'œil.

JOUEUR STAR
NEYMAR GÉANT

Neymar est le plus jeune joueur à atteindre 100 sélections pour le Brésil. Il a dépassé Ronaldo pour devenir le 2e meilleur buteur de l'histoire – derrière Pelé – avec un triplé lors d'un succès 4-2 contre le Pérou en octobre 2020 comptant pour les éliminatoires du Mondial 2022. C'était alors son 4e triplé avec le Brésil. Neymar avait marqué quatre buts lors de la Coupe du Monde 2014 à domicile avant de se blesser et d'assister à la déroute de ses coéquipiers 7-1 contre l'Allemagne en demi-finale. Deux ans plus tard, il a inscrit le but de la victoire sur penalty contre l'Allemagne pour offrir une première médaille d'or olympique au Brésil. Il a disputé son 100e match avec les *Auriverdes* lors d'un nul 1-1 contre le Sénégal en octobre 2019, à 27 ans et 247 jours.

43

La légende Rivaldo a joué jusqu'à ses 43 ans, soit plus de dix ans après son heure de gloire, lorsqu'il a aidé le Brésil à remporter la Coupe du Monde 2002.

SCOLARI

LÉGENDE NATIONALE
FELIPÃO, LE RETOUR

En novembre 2012, le retour de **Luiz Felipe Scolari**, dit Felipão (Phil le grand), comme entraîneur brésilien devait réitérer le succès du pays en Coupe du Monde 2002. Pourtant, malgré une victoire en Coupe des Confédérations 2013, la Coupe du Monde jouée à domicile l'année suivante restera mémorable pour ses records indésirables et les performances gênantes de l'équipe brésilienne, avec une déroute 7-1 contre l'Allemagne en demi-finale, à Belo Horizonte. Scolari a été remercié quelques jours après une défaite 3-0 face aux Pays-Bas, en petite finale.

LÉGENDE NATIONALE
LE ROI

Pelé est souvent considéré comme le meilleur joueur de tous les temps, l'icône sportive par excellence, dont l'aura dépasse le rectangle vert. La star a ainsi dédié son 1000e but aux enfants pauvres du Brésil. Lancé avec Santos dès l'âge de 15 ans, Edson Arantes do Nascimento remporte sa première Coupe du Monde deux ans plus tard, en inscrivant un doublé en finale. Malgré les nombreuses offres formulées par les clubs européens, les conditions économiques et la réglementation du football brésilien de l'époque permettront à Santos de conserver sa pépite pendant presque 20 ans, jusqu'en 1974.

BUTEURS

1	**Pelé**, 77
2	**Neymar**, 68
3	**Ronaldo**, 62
4	**Romário**, 55
5	**Zico**, 48

PELÉ

3

Meilleur buteur de l'histoire de la sélection *auriverde*, Pelé est le seul footballeur à avoir remporté trois Coupes du Monde.

7

Pelé a inscrit 7 triplés pour le Brésil et n'est suivi que par Zico et Romário (4), mais un seul joueur a réalisé un quintuplé sous la tunique brésilienne : l'ancien attaquant de Flamengo et du Barça, Evaristo de Macedo, contre la Colombie, en mars 1957.

SÓCRATES

ANECDOTE DU TOURNOI
GRANDS CLASSIQUES

Le Brésil a disputé beaucoup de matchs d'anthologie. La défaite 3-2 contre l'Italie en 1982 est l'un des grands classiques de l'histoire de la Coupe du Monde. Paolo Rossi inscrivit les 3 buts transalpins, tandis que le sélectionneur Telê Santana fut critiqué pour avoir joué l'attaque à fond alors qu'un nul 2-2 suffisait. La *Seleçao* 1982 de **Sócrates**, Zico et autres Falcão est considérée comme l'une des meilleures équipes à n'avoir pas remporté l'épreuve suprême. En 1994, la victoire 3-2 en quart de finale contre les Pays-Bas a été tout aussi haletante, les 5 buts ayant été inscrits en seconde période.

1954
La tenue bleue et jaune mondialement célèbre n'a été adoptée qu'en 1954, en remplacement de l'ancien maillot blanc.

ANECDOTE DU TOURNOI
LE PAYS DU FOOT

Aucun pays n'est aussi profondément identifié au football que le Brésil, qui a remporté cinq Coupes du Monde, en 1958, 1962, 1970, 1994 et 2002. La *Seleçao* est aussi la seule équipe à avoir disputé toutes les éditions de l'épreuve suprême et à figurer presque toujours parmi les favoris. Après son troisième sacre, au Mexique en 1970, le Brésil a gagné le droit de conserver définitivement le trophée Jules Rimet, lequel a malheureusement disparu du siège de la fédération en 1983.

LÉGENDE NATIONALE
LA JOIE DU PEUPLE

Garrincha, l'une des plus grandes légendes du Brésil, est né Manuel Francisco dos Santos. Son surnom de « Petit oiseau » venait de ses jambes fines et un peu tordues. Malgré cette maladie d'enfance, Garrincha a été ailier droit et star du Botafogo de 1953 à 1965. Nouveaux venus en équipe nationale, Pelé et lui ont fait la différence lors la Coupe du Monde 1958. En 1962, Garrincha a été élu Meilleur joueur de cette compétition. Il est mort en janvier 1983, âgé de seulement 49 ans. Son épitaphe reprend l'expression qui lui était souvent attribuée de son vivant : « La joie du peuple ».

GARRINCHA

LÉGENDE NATIONALE
L'ÉLÉGANT LÚCIO

L'arrière central **Lúcio** a établi un record lors de la Coupe du Monde 2006, jouant 386 minutes sans commettre de faute ; cette période n'a pris fin qu'avec la défaite du Brésil en quart de finale, 1-0 contre la France. Surtout apprécié pour sa maîtrise du jeu, Lúcio savait aussi marquer des buts, comme en fin de match contre les États-Unis, offrant un 3-2 au Brésil lors de la finale 2009 de la Coupe des Confédérations. L'année suivante, Lúcio a contribué au triple succès du club de l'Inter Milan : Championnat, Coupe d'Italie et Ligue des Champions.

LÚCIO

1000

Le Brésil a joué son 1 000ᵉ match le 14 novembre 2012. Neymar a égalisé en seconde période pour arracher le nul 1-1 contre la Colombie, aux États-Unis.

ANECDOTE DU TOURNOI
VITE ENTRÉ… VITE PARTI

Le 28 mars 2017, en battant le Paraguay 3-0, le Brésil est devenu le premier pays (en dehors de la Russie, pays hôte) à s'assurer une place en Coupe du Monde 2018, après seulement 14 des 18 tours de qualifications prévus par la CONMEBOL. Le Brésil était le 6ᵉ des 10 pays sud-américains du groupe lorsque Tite a pris les fonctions de sélectionneur à l'été 2016, mais il a conduit son équipe à 8 victoires consécutives, la qualifiant aisément. En dépit de ses grands espoirs pour l'édition 2018 (et après avoir dépassé l'Allemagne comme pays ayant les meilleurs buteurs de tous les temps en Coupe du Monde, avec 229 points), le Brésil s'est incliné 2-1 face à la Belgique en quart de finale.

JOUEUR STAR
ALISSON AU PAYS DES MERVEILLES

Le portier de Liverpool et du Brésil Alisson Becker a passé 14 h 59 sans encaisser de but en club et en sélection, avant d'être finalement battu sur penalty par Paolo Guerrero, en finale de la Copa América 2019. Le but du Péruvien – le seul encaissé pendant la compétition – n'a pas empêché le triomphe du Brésil 3-1. Alisson a vécu une année 2019 de rêve : il a été élu Meilleur gardien de la FIFA et sacré champion en Copa America, Ligue des Champions de l'UEFA et Coupe du Monde des clubs de la FIFA, tout comme son coéquipier Roberto Firmino.

ANECDOTE DU TOURNOI
LA COURSE À LA COPA

Si le Brésil n'a gagné que 3 des 33 premières Copa America, les *Auriverde* ont glané 5 titres sur les 9 dernières éditions après leur sacre en 2019. C'était également leur premier succès en 12 ans. En finale, au Maracanã de Rio, les Brésiliens ont battu le Pérou 3-1, malgré l'absence de leur superstar Neymar, blessé, et l'expulsion de Gabriel Jesus. L'avant-centre avait offert l'ouverture du score à Everton, puis doublé la mise avant de rentrer aux vestiaires prématurément. Même à 10, le Brésil a aggravé la marque sur penalty grâce au remplaçant Richarlison, permettant à l'expérimenté **Dani Alves** de brandir le trophée.

ALVES

3

L'arrière droit **Djalma Santos** est l'un des deux seuls joueurs à avoir figuré dans l'équipe type de la Coupe du Monde à trois reprises.

SANTOS

RONALDO

RONALDINHO

7 Vainqueur du Mondial 2002 à l'âge de 22 ans, **Ronaldinho** avait offert la victoire aux siens face aux Anglais d'un tir lointain en quart de finale – avant d'être expulsé sept minutes plus tard. Suspendu pour la demi-finale, il est revenu pour la finale.

LÉGENDE NATIONALE
LE MYSTÈRE RONALDO

Un seul homme sait ce qui est arrivé à **Ronaldo** quelques heures avant la finale de la Coupe du Monde 1998 : le joueur lui-même. La superstar brésilienne a engendré l'un des plus grands mystères de l'histoire de l'épreuve. Absent de la feuille de match, son nom y réapparaît juste à temps pour le coup d'envoi. Après avoir évoqué une blessure de la cheville, le staff brésilien annonce des problèmes intestinaux. Finalement, le médecin de l'équipe Lídio Toledo a révélé que le buteur avait été admis à l'hôpital en raison de convulsions dans son sommeil, mais qu'il avait été déclaré apte à jouer après des tests neurologiques et cardiaques. Quatre ans plus tard, il inscrit un doublé en finale pour battre l'Allemagne 2-0 et s'offrir le Soulier d'Or pour ses 8 réalisations. Seul l'Allemand Miroslav Klose le devance avec 15 buts en Coupe du Monde.

MARCELO

BEBETO

ROMÁRIO

SÉLECTIONS

1	**Cafu,** 142
2	**Roberto Carlos,** 125
3	**Dani Alves,** 118
4	**Neymar,** 111
5	**Lúcio,** 105

JOUEUR STAR
UN MAUVAIS DÉPART

Le défenseur latéral gauche **Marcelo** a eu l'honneur douteux d'être le premier joueur à ouvrir le score en phase finale de la Coupe du Monde 2014 en marquant contre son camp, donnant malencontreusement l'avantage à la Croatie lors du match d'ouverture à São Paulo. Le Brésil est néanmoins revenu pour gagner 3-1, grâce à deux buts de Neymar et un d'Oscar. Marcelo, qui avait marqué pour son club du Real Madrid deux semaines plus tôt dans la finale victorieuse de la Ligue des Champions, est aussi devenu le premier Brésilien à marquer contre son propre gardien en phase finale de la Coupe du Monde.

LÉGENDE NATIONALE
L'EMPEREUR ROMÁRIO

Le buteur suprême brésilien **Romário** est l'un des rares joueurs à affirmer avoir dépassé les 1 000 buts en carrière. Il est aussi le dernier à avoir remporté à la fois la Coupe du Monde et le titre de Meilleur joueur de la compétition, lors de l'édition 1994. Après sa retraite, l'ancien attaquant de Barcelone et de Fluminense s'est lancé en politique et a été élu député, tout comme son partenaire d'attaque **Bebeto**. Avec ce duo, le Brésil est resté invaincu en 23 rencontres, pour un total de 17 victoires, 6 nuls et 33 buts à eux deux, dont 8 au Mondial 1994.

ANECDOTE DU TOURNOI
UN MATCH ÉLECTRIQUE… OU PAS

Le *Superclásico de las Américas*, un match annuel aller-retour entre l'Argentine et le Brésil, a été ajouté au calendrier en 2011. Victorieux de la première édition, le Brésil a conservé sa couronne l'année suivante dans une double confrontation sous haute tension. Après la victoire des *Auriverdes* 2-1 à l'aller, le retour à Chaco a été reporté en raison d'une coupure de courant. Le match décalé s'est terminé sur le score de 2-1 pour l'Argentine, mais ce sont bien les Brésiliens qui l'ont emporté 4-3 aux tirs au but. Les deux rivaux se sont affrontés 108 fois pour un bilan de 43 succès brésiliens, 40 argentins et 25 nuls. Le dernier succès du Brésil contre l'Argentine lui a permis de se frayer un chemin jusqu'au titre en Copa América 2019.

CHILI

Le Chili est l'un des 4 membres fondateurs de la CONMEBOL, la confédération sud-américaine de football, en 1916. Le pays a connu ses plus belles heures en 1962, avec une troisième place à la Coupe du Monde organisée sur ses terres, puis en 2015 et 2016 en remportant ses deux premiers titres de Copa América.

Membre de la FIFA : 1912

Plus large victoire : 7-0, contre le Venezuela, en 1979 ; l'Arménie, en 1997 ; le Mexique, en 2016

Meilleur classement FIFA : 3

Stade : Estadio Nacional Julio Martínez Prádanos, Santiago

Palmarès : 2 Copa América (2015, 2016)

SALAS

BUTEURS

1. **Alexis Sánchez**, 46
2. **Eduardo Vargas**, 40
3. **Marcelo Salas**, 37
4. **Iván Zamorano**, 34
5. **Carlos Caszely**, 32

2

Deux Argentins de suite – Marcelo Bielsa et Jorge Sampaoli – ont franchi la phase de groupes de Coupe du Monde, en 2010 et 2014, offrant au Chili ses premiers matchs à élimination directe.

LÉGENDE NATIONALE

L'ÈRE SALAS

Marcelo Salas, 3e plus grand buteur chilien, formait un duo redoutable avec Iván Zamorano à la fin des années 1990 et au début des années 2000. Il marqua 4 buts pour le Chili lors de la Coupe du Monde 1998 en France, sans que son équipe ait remporté un seul match. L'attaquant originaire de Temuco se retira 2 ans de la compétition internationale, de 2005 à 2007, puis revint jouer les éliminatoires de la Coupe du Monde 2010. Il marqua les 2 buts du match nul Chili-Uruguay du 18 novembre 2007, mais mit fin à sa carrière internationale 3 jours plus tard, lors de la défaite 3-0 contre le Paraguay.

RECORD DE BUTS

« COUP » DE CHANCE

Pendant des années, l'ailier gauche Leonel Sánchez a détenu le record du nombre de sélections internationales, avec 84 matchs (et 23 buts). Pour l'un d'entre eux, il eut de la chance de rester sur le terrain : lors du célèbre Chili-Italie surnommé « la bataille de Santiago », durant la Coupe du Monde 1962, Sánchez donna un coup de poing à l'Italien Humberto Maschio. Ce jour-là, l'arbitre anglais Ken Aston n'expulsa « que » 2 joueurs. Sánchez fut, finalement, l'un des 6 meilleurs buteurs du tournoi, aux côtés des Brésiliens Garrincha et Vavá, du Russe Valentin Ivanov, du Yougoslave Dražan Jerković et du Hongrois Flórián Albert.

SÁNCHEZ

JOUEUR STAR

SÁNCHEZ ET SES RECORDS

C'est l'international **Alexis Sánchez** qui a marqué le but victorieux contre l'Argentine, décrochant la première Copa América chilienne en 2015. Sánchez jouait alors pour Arsenal en Angleterre, après un passage en Italie avec Udinese et en Espagne avec Barcelone. Sánchez détient le record du plus jeune international chilien, après ses débuts contre la Nouvelle-Zélande en avril 2006 à l'âge de 17 ans et 4 mois. Depuis la Coupe des Confédérations 2017, Sánchez a atteint un total de 39 buts, deux de plus que le précédent détenteur du record, Marcelo Salas. En 2018, alors qu'il jouait pour Manchester United, Sánchez est devenu le Chilien le plus capé.

LÉGENDE NATIONALE
LES AILES DE MEDEL

Deuxième joueur le plus capé du Chili, **Gary Medel** est l'un des artisans de la réussite moderne de la sélection. Il a notamment été désigné Meilleur joueur du tournoi lors du premier succès chilien en Copa América, en 2015. En défense ou au milieu, le joueur polyvalent – surnommé « le Pitbull » – aurait même pu compter plus de sélections s'il n'avait pas reçu 5 cartons rouges. Le milieu de terrain Arturo Vidal a aussi connu des déboires disciplinaires en 2015 quand il a conduit sa Ferrari dans un mur. Le joueur a alors promis de reverser sa prime de victoire à des bonnes œuvres avant de marquer un doublé lors d'un match décisif contre la Bolivie (5-0), en phase de groupes.

MEDEL

48

Le Chili a passé 48 ans sans victoire en Coupe du Monde, depuis son succès en petite finale contre la Yougoslavie le 16 juin 1962 jusqu'à une victoire au premier tour sur le même score face au Honduras, le 16 juin 2010.

BEAUSEJOUR

SÉLECTIONS

1. **Alexis Sánchez**, 139
2. **Gary Medel**, 134
3. **Claudio Bravo**, 133
4. **Mauricio Isla**, 125
5. **Arturo Vidal**, 124

99

Le Chili a attendu 99 ans son premier triomphe en Copa América, en 2015, et a conservé son titre l'année suivante.

1930

L'attaquant Carlos Vidal, surnommé « Petit Renard », a été le premier joueur à manquer un penalty en Coupe du Monde, lorsque le gardien français Alex Thépot l'a arrêté.

JOUEUR STAR
ENCORE BRAVO

Attendre 90 ans pour remporter une première Copa América, puis doubler la mise 12 mois plus tard : c'était le destin du Chili. Comme en 2015, les Chiliens ont battu l'Argentine en finale l'année suivante, cette fois aux États-Unis, à l'occasion de la Copa América Centenario, marquant le 100e anniversaire de la compétition. Les deux finales se sont jouées aux tirs au but après un score nul et vierge. Le Chili s'est imposé 4-1 en 2015 et 4-2 un an plus tard. Le capitaine **Claudio Bravo** a été désigné Meilleur gardien les deux fois, de même qu'en Coupe des Confédérations de la FIFA, en 2017 en Russie. À cette occasion, le Chili s'est incliné 1-0 en finale contre l'Allemagne, mais Bravo a encore brillé dans l'épreuve de vérité au tour précédent en arrêtant trois tentatives portugaises, après un 0-0 dans le temps réglementaire.

BRAVO

RECORD DE BUTS
BRAVO, BEAUSEJOUR !

Le Chili a passé 48 ans exactement sans victoire en Coupe du Monde, d'une 3e place en petite finale contre la Yougoslavie, le 16 juin 1962, à une victoire au premier tour sur le même score face au Honduras, le 16 juin 2010. Ce but victorieux tant attendu était dû à **Jean Beausejour**, qui a inscrit ensuite le 3e but chilien de la victoire 3-1 sur l'Australie, 4 ans plus tard au Brésil. Il est donc le premier Chilien à avoir marqué dans plus d'une Coupe du Monde. Le gardien et capitaine lors des deux dernières Coupes était Claudio Bravo, le Chilien le plus capé.

VARGAS

4

En juin 2016, **Eduardo Vargas** a marqué quatre buts lors d'une victoire record du Chili (et sa plus grande en compétition) en battant le Mexique 7-0 en quart de finale de la Copa América Centenario.

URUGUAY

L'Uruguay a été le premier vainqueur de la Coupe du Monde, en 1930, et reste le plus petit pays à l'avoir remportée, avec moins de 4 millions d'habitants. La nation a été sacrée une deuxième fois, en 1950.

Membre de la FIFA : 1916

Plus large victoire : 9-0, contre le Pérou, en 1927

Meilleur classement FIFA : 2

Stade : Estadio Centenario, Montevideo

Palmarès : 2 Coupes du Monde (1930, 1950), 15 Copa América (1916, 1917, 1920, 1923, 1924, 1926, 1935, 1942, 1956, 1959, 1967, 1983, 1987, 1995, 2011)

CAVANI

3

Il n'a fallu que trois minutes à Edinson Cavani pour marquer son premier but international, entré comme remplaçant contre la Colombie pour ses débuts en équipe nationale, en février 2008.

JOUEUR STAR

LA FOI DE CAV'

Edinson Cavani a non seulement aidé son pays à obtenir la 4e place à la Coupe du Monde 2010 et sa 15e Copa América l'année suivante, mais ce fervent catholique a aussi reçu les louanges de l'archevêque de Naples quand il évoluait dans le club de la ville. Sa Copa América 2015 s'est mal terminée, cependant, avec une expulsion lors du quart de finale perdu contre le Chili, futur champion. Il aura attendu 2019 pour marquer son premier but dans la compétition, mais y aura mis la manière avec une reprise acrobatique lors du succès inaugural 4-0 contre l'Équateur.

JEUNESSE

Le défenseur central José Giménez est devenu le plus jeune Uruguayen en Coupe du Monde quand il est entré contre l'Angleterre à 19 ans et 149 jours, lors du tournoi 2014 au Brésil.

LÉGENDE NATIONALE

UNE CLASSE AU-DESSUS

Óscar Washington Tabárez, un ancien instituteur surnommé « Le Maestro », a emmené l'Uruguay au deuxième tour de la Coupe du Monde de la FIFA 1990, puis est revenu pour un second mandat en 2006. Il a qualifié la *Celeste* au Mondial 2010 et a atteint la 4e place. Lors de son 168e match en tant que sélectionneur de l'Uruguay en 2016, il a dépassé le record de l'Allemand Sepp Herberger en nombre de matchs entraînés pour la même équipe. En octobre 2019, à l'Estadio Centenario de Montévidéo, Tabárez est devenu le premier sélectionneur à diriger 200 matchs, ce qu'il a fêté par une victoire 1-0 en amical contre le Pérou, grâce à son ailier Brian Rodríguez.

TABÁREZ

16

Seize ans ont passé entre les deux mandats d'Óscar Washington Tabárez à la tête de l'Uruguay. Pendant cette période, la sélection n'a pas gagné un seul match de Coupe du Monde.

ANECDOTE DU TOURNOI
UNE FINALE ET DEUX BALLONS

L'Uruguay fut le 1er pays organisateur et le 1er vainqueur de la Coupe du Monde FIFA en 1930, après avoir été médaille d'or aux JO de 1924 à Paris et de 1928 à Amsterdam. Lors de la finale de 1930, où l'Uruguay a battu l'Argentine, son ennemi juré, deux ballons furent utilisés : l'Argentine choisit le premier et menait alors 2-1 ; l'Uruguay choisit le second et l'emporta 4-2. L'Uruguay n'a pas voulu défendre son titre en 1934, refusant de se déplacer en Italie, pays hôte, marquant ainsi son mécontentement que seuls quatre pays européens soient venus en 1930.

JOUEUR STAR
GO, GODIN

Le défenseur **Diego Godín** a été le troisième Uruguayen à franchir la barre des 100 sélections, avant de devenir le joueur le plus capé de son pays en finale de la *China Cup* 2019, quand l'Uruguay a battu la Thaïlande 4-0. Godín a le chic pour inscrire des buts décisifs, notamment ses trois réalisations en mai et juin 2014. Son premier but a offert un premier titre de champion d'Espagne en 18 ans à l'Atlético Madrid, le second a donné l'avantage à son club en finale de Ligue des Champions de l'UEFA (finalement perdue 4-1 contre le Real Madrid) et le dernier a permis de battre l'Italie en fin de match pour accéder aux 8e de la Coupe du Monde de la FIFA.

GODÍN

SCARONE

1901
Le premier match international officiel en dehors du Royaume-Uni s'est soldé par la défaite 3-2 de l'Uruguay à domicile, contre l'Argentine, le 16 mai 1901.

3
L'attaquant **Héctor Scarone**, 4e meilleur buteur uruguayen de tous les temps avec 31 buts en 52 matchs internationaux, a remporté 3 titres avec son pays ; la Coupe du Monde en 1930 et l'or olympique, en 1924 à Paris et 1928 à Amsterdam.

SÉLECTIONS

1. **Diego Godín,** 146
2. **Maxi Pereria,** 125
3. **Edinson Cavani,** 123
= **Fernando Muslera,** 123
= **Luis Suárez,** 123

ANECDOTE DU TOURNOI
UN BEAU CINQUANTENAIRE

Une mini-Coupe du Monde (*Mundialito*) s'est déroulée en décembre 1980 et janvier 1981, pour célébrer le 50e anniversaire de la Coupe du Monde FIFA et, comme en 1930, l'Uruguay l'a remporté. Ce *Mundialito* devait accueillir les six nations ayant alors remporté la Coupe du Monde, mais l'Angleterre, sacrée en 1966, déclina l'invitation et fut remplacée par les Pays-Bas, finalistes en 1978. L'Uruguay a battu le Brésil 2-1 en finale, une réédition de la finale de la Coupe du Monde 1950. Le capitaine de l'équipe uruguayenne était alors le portier Rodolfo Rodriguez. Leur entraîneur, Roque Máspoli, avait participé en tant que joueur à la finale de 1950.

JOUEUR STAR
SUÁREZ A LES CROCS

La carrière de **Luis Suárez** comporte de nombreuses zones d'ombre. Il s'est forgé une réputation douteuse en quart du Mondial 2010 face au Ghana, d'abord en égalisant de la main à la dernière seconde, puis en explosant de joie quand Asamoah Gyan a manqué le penalty. Pire encore, en 2014, Suárez a mordu l'épaule du défenseur italien Giorgio Chiellini, ce qui lui a valu une suspension de quatre mois. Son instinct de buteur est nettement plus admirable : il a notamment signé quatre buts lors de la campagne victorieuse de l'Uruguay en Copa América 2011. Il a ensuite amélioré le record national de buts en inscrivant sa 60e réalisation lors du succès 2-1 face au Chili en octobre 2020, premier but des éliminatoires sud-américains du Mondial 2022.

SUÁREZ

BUTEURS

1. **Luis Suárez,** 64
2. **Edinson Cavani,** 53
3. **Diego Forlán,** 36
4. **Héctor Scarone,** 31
5. **Ángel Romano,** 28

AMÉRIQUE DU SUD : LES AUTRES ÉQUIPES

Constituée de seulement dix nations en Amérique du Sud, la CONMEBOL est plus que relevée. Si tous les pays n'ont pas le pedigree du Brésil ou de l'Argentine, le sous-continent a écrit de belles pages du football.

Pays : Colombie
Membre de la FIFA : 1938
Joueur le plus capé : David Ospina, 113
Meilleur buteur : Radamel Falcao, 35
Palmarès : 1 Copa América (2001)

Pays : Pérou
Membre de la FIFA : 1925
Joueur le plus capé : Roberto Palacios, 128
Meilleur buteur : Paolo Guerrero, 38
Palmarès : 2 Copa América (1939, 1975)

Pays : Bolivie
Membre de la FIFA : 1926
Joueur le plus capé : Ronald Raldes, 102
Meilleur buteur : Marcelo Martins, 25
Palmarès : 1 Copa América (1963)

Pays : Paraguay
Membre de la FIFA : 1925
Joueur le plus capé : Paulo da Silva, 148
Meilleur buteur : Roque Santa Cruz, 32
Palmarès : 2 Copa América (1953, 1979)

Pays : Équateur
Membre de la FIFA : 1930
Joueur le plus capé : Iván Hurtado, 168
Meilleur buteur : Agustín Delgado, Enner Valencia, 31
Palmarès : –

Pays : Venezuela
Membre de la FIFA : 1952
Joueur le plus capé : Juan Arango, 129
Meilleur buteur : Salomón Rondón, 31
Palmarès : –

JOUEUR STAR
MINA MÈNE À LA MARQUE

Le défenseur central colombien Yerry Mina s'est surpris lui-même à la Coupe du Monde 2018, en se révélant un pilier protecteur, mais aussi le meilleur buteur de son équipe avec trois buts, ce qui égalait le record d'un défenseur en phase finale. La Colombie a perdu son match d'ouverture contre le Japon, mais Mina a inscrit le premier but de la rencontre suivante, une victoire 3-0 sur la Pologne. Il a de nouveau marqué le seul point qui a vaincu le Sénégal, propulsant la Colombie au 2e tour. Mina a mis une tête, égalisant à la dernière minute pour obtenir un nul 1-1 contre l'Angleterre, avant que la Colombie perde aux tirs au but.

26
C'est le nombre de minutes qu'il a fallu au meilleur buteur Salomón Rondón pour inscrire un triplé et offrir la victoire au Venezuela en Kirin Cup 2019, avec un succès 4-1 contre le Japon à Suita.

GUERRERO

JOUEUR STAR
LE HÉROS GUERRERO

L'expérimenté meneur de jeu **Paolo Guerrero** a pris son mal en patience avant de conduire le Pérou à la Coupe du Monde de la FIFA 2018, sa première participation à la phase finale en 36 ans. Guerrero a marqué lors d'une victoire 2-0 sur l'Australie, mais son équipe a été éliminée dès la phase de groupes. Ce 35e but a amélioré le record de Guerrero, 14 ans après sa première cape. Il a fait encore mieux lors de la Copa América 2019 : avec trois réalisations, il a terminé co-meilleur buteur et a hissé le Pérou en finale, perdue 3-1 contre le Brésil.

MARTINS

4

Le seul succès de la Bolivie en Copa América est arrivé sur ses terres, en 1963. Elle a mené 2-0 puis 4-2 contre le Brésil en finale, avant que Máximo Alcócer ne valide le succès 5-4 à seulement 4 minutes de la fin.

ANECDOTE D'ÉQUIPE
MARCELO

Le meilleur buteur de la sélection bolivienne est **Marcelo Martins** – également connu sous le nom de Marcelo Moreno – dont le 21e but lui a permis de dépasser Joaquín Botero lors d'un nul 2-2 contre le Paraguay en novembre 2020, comptant pour les éliminatoires du Mondial 2022. Martins avait évolué avec les Espoirs brésiliens, puisque son père Mauro Martins est un ancien footballeur auriverde, mais il a choisi de représenter son pays de naissance, la Bolivie. Parmi ses coups d'éclat, il avait ouvert le score lors du succès retentissant 6-1 contre l'Argentine, entraînée par Diego Maradona, en avril 2009. Botero, lui, avait signé un triplé avant de prendre sa retraite internationale.

MOMENT EMBLÉMATIQUE
L'ÉQUATEUR REND HOMMAGE AUX VICTIMES

L'Équateur a atteint la phase éliminatoire de la Copa América 2016, pour la première fois depuis 1987. Le pays a fait match nul contre le Brésil (0-0) et le Pérou (2-2), puis a battu Haïti 4-0. L'entraîneur Gustavo Quinteros a dédié ce succès aux 600 personnes tuées par un tremblement de terre dans la région équatorienne de Manabi, le 16 avril 2016. Le but d'ouverture contre Haïti a été marqué par l'attaquant de West Ham United, Enner Valencia, qui avait mis trois fois le ballon dans les filets lors de la Coupe du Monde 2014, dont un doublé contre le Honduras, pour une victoire 2-1. Enner Valencia est le premier Équatorien à marquer plus d'une fois dans un match de phase finale de la Coupe du Monde.

44

À la Coupe du Monde 1982, le Pérou était dirigé par le Brésilien Tim, qui a dû attendre 44 ans (un record) pour retrouver l'épreuve suprême. L'attaquant avait disputé l'édition 1938 avec la *Seleção*.

35 742

Le plus petit stade national d'Amérique du Sud, l'Olímpico Atahualpa de Quito, peut accueillir 35 742 spectateurs.

ANECDOTE D'ÉQUIPE
MATCHS EN ALTITUDE

La Bolivie et l'Équateur jouent leurs matchs à domicile à des altitudes plus élevées que toutes les autres équipes de la planète. Dans la capitale bolivienne de La Paz, le stade Hernando Siles est à 3 637 mètres au-dessus du niveau de la mer, tandis que, en Équateur, le stade Olímpico Atahualpa de Quito se trouve à 2 800 mètres d'altitude. Les adversaires se plaignent de l'air raréfié qui rend la respiration difficile, sans parler du jeu. La FIFA a interdit les rencontres internationales à plus de 2 500 mètres en mai 2007. L'interdiction a été complètement levée un an plus tard, en mai 2008.

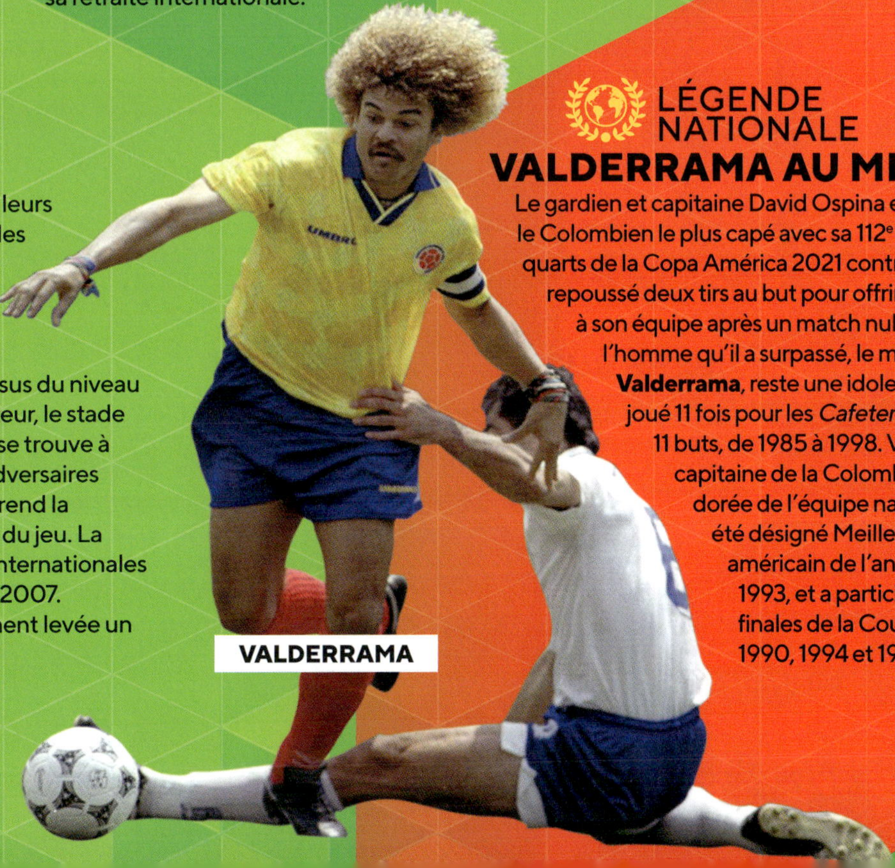

VALDERRAMA

LÉGENDE NATIONALE
VALDERRAMA AU MICRO

Le gardien et capitaine David Ospina est devenu le Colombien le plus capé avec sa 112e sélection en quarts de la Copa América 2021 contre l'Uruguay. Il a repoussé deux tirs au but pour offrir la victoire 4-2 à son équipe après un match nul et vierge. Mais l'homme qu'il a surpassé, le milieu **Carlos Valderrama**, reste une idole nationale. Il a joué 11 fois pour les *Cafeteros*, marquant 11 buts, de 1985 à 1998. Valderrama a été capitaine de la Colombie à l'époque dorée de l'équipe nationale. Il a été désigné Meilleur joueur sud-américain de l'année en 1987 et 1993, et a participé aux phases finales de la Coupe du Monde en 1990, 1994 et 1998.

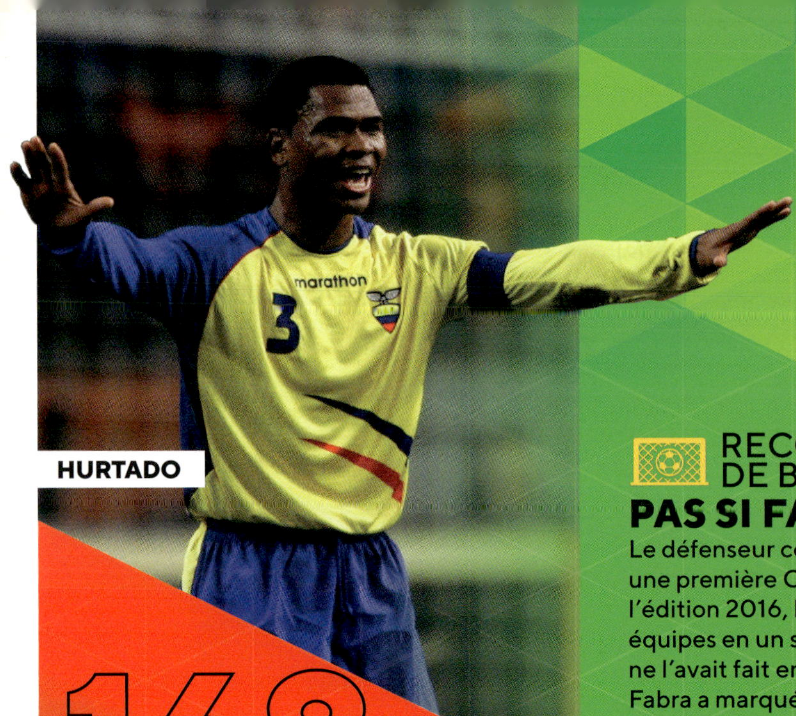

HURTADO

168

Iván Hurtado est le footballeur sud-américain le plus capé, avec 168 sélections.

LÉGENDE NATIONALE
LE PARAGUAY GAGNE

Les deux Paraguayens les plus capés, le défenseur Paulo da Silva (148 participations, la première contre la Bolivie le 27 juillet 2000) et le gardien Justo Villar (120 participations, la première contre le Guatemala le 3 mars 1999) ont grandement contribué à la meilleure performance de leur pays en Coupe du Monde : le Paraguay est sorti premier de son groupe en 2010 pour atteindre les quarts de finale et ne perdre que contre l'Espagne, futur champion. Da Silva et Villar jouaient toujours dans l'équipe en octobre 2016, favorisant la victoire de leur pays lors d'une qualification à la Coupe du Monde en Argentine, pour la première fois – grâce à un but de Derlis González.

RECORD DE BUTS
PAS SI FABULEUX

Le défenseur colombien Frank Fabra a connu une première Copa América douce-amère avec l'édition 2016, lorsqu'il a marqué pour les deux équipes en un seul match : aucun autre joueur ne l'avait fait en 100 ans de cette compétition. Fabra a marqué des deux côtés, et son équipe a perdu 3-2 contre le Costa Rica au premier tour, mais elle s'est ressaisie ensuite et a réussi à se qualifier pour la phase suivante, parvenant finalement en demi-finale.

RONDÓN

LÉGENDE NATIONALE
RON VAINQUEUR

Le Bolivien le plus capé, le défenseur central Ronald Raldes, a marqué son 2ᵉ but international contre l'Équateur, en Copa América 2015, offrant une première victoire de la Bolivie dans cette compétition depuis 1997. La Bolivie a échoué à se qualifier pour le Mondial 2018 et n'a donc disputé qu'une seule phase finale, en 1994. Toutefois, lors des éliminatoires 2018, elle a remporté deux matchs de suite pour la première fois depuis 20 ans et notamment un 2-0 surprise contre l'Argentine, grâce à un doublé de Marcelo Moreno, qui avait enchaîné 10 matchs internationaux sans un seul but auparavant.

SANTA CRUZ

BÉBÉ BUT

Le buteur Roque Santa Cruz a été surnommé « Baby Goal » lors de sa première sélection, à seulement 17 ans, en 1998. Il est le meilleur buteur paraguayen de l'histoire.

ANECDOTE D'ÉQUIPE
TOUS CARACAS DE FOOT

Le Venezuela est le seul pays de la CONMEBOL à ne s'être jamais qualifié pour une Coupe du Monde de la FIFA. Il occupait pourtant la 25ᵉ place au classement mondial de la FIFA, en novembre 2019, bien que le baseball et la boxe soient traditionnellement plus populaires. Après des investissements importants pour construire de nouveaux stades, le Venezuela a accueilli sa première Copa América en 2007. Juan Arango, le capitaine et joueur le plus capé, a guidé ses troupes jusqu'au 2ᵉ tour pour la toute première fois. Le buteur **Salomón Rondón**, qui a sillonné le monde, a été le premier Vénézuélien à atteindre les 30 buts, avec un triplé lors du succès 4-1 au Japon en novembre 2019.

RECORD DE BUTS
LA REVANCHE DE FALCAO

Le capitaine et meilleur buteur de la Colombie **Radamel Falcao** s'est remarquablement rétabli pour disputer la Coupe du Monde de l'UEFA 2018 en Russie. Quatre ans plus tôt, une blessure au genou avait failli mettre fin prématurément à sa brillante carrière de buteur. En 2009, le FC Porto avait acheté Falcao pour 2 millions d'euros, ce qui s'est révélé une affaire : en 2011, Falcao les a conduits à un triplé Coupe, Championnat et *Europa League*. Il a conservé son titre européen 12 mois plus tard, cette fois avec les Espagnols de l'Atlético Madrid. Il a ensuite signé à l'AS Monaco, où il a terminé Meilleur buteur de Ligue 1 l'année du sacre, en 2016-2017.

FALCAO

3

Les trois buts internationaux de Paulo Da Silva ont été marqués contre le Chili : deux le 21 novembre 2017 à Santiago et le troisième presque neuf ans plus tard, le 1er septembre 2016.

ANECDOTE DU TOURNOI
RUDE RUIDÍAZ

Le Pérou aura attendu 31 ans pour battre de nouveau le Brésil, avec une victoire 1-0 au premier tour de la Copa América 2016. L'équipe de Ricardo Gareca est ainsi parvenue au second tour, éliminant les Brésiliens de Dunga. Le but a été controversé, cependant, car il semblait que Raúl Ruidíaz avait projeté le ballon de la main, en reprenant la frappe croisée d'Andy Polo. Ruidíaz a répété qu'il avait utilisé sa cuisse, rejetant les comparaisons avec le but « main de Dieu » de Maradona en Coupe du Monde 1986, et affirmant que sa frappe était « grâce à Dieu ». La victoire précédente du Pérou sur le Brésil – celle de 2016 n'était que la quatrième de l'Histoire – avait eu lieu en avril 1985, avec un seul but marqué par Julio César Uribe, lors d'un match amical à Brasilia. En Copa América, le Pérou n'avait battu le Brésil qu'en 1953 et 1975.

73

Grâce à Óscar Córdoba, la Colombie n'a encaissé aucun but durant la Copa América 2001. Córdoba est devenu le gardien de but le plus sélectionné de son pays (73 fois) entre 1993 et 2006.

ANECDOTE DU TOURNOI
MACHINE À BUTS

Seuls deux joueurs ont marqué plus de buts pour l'Équateur que « le Tank ». En dix ans et 74 sélections, jusqu'en 2002, Eduardo Hurtado a signé 26 buts. Agustín Delgado et le héros du Mondial 2014, Enner Valencia, comptent tous deux 31 réalisations, mais le triplé de Hurtado a aidé l'Équateur à décrocher la plus large victoire de son histoire en éliminatoires de la Coupe du Monde : 5-0 contre le Venezuela en 1993. En novembre 2020, ses compatriotes ont fait aussi bien avec un succès surprise 6-1 contre la Colombie. Six Équatoriens ont trouvé le chemin des filets ce jour-là.

LÉGENDE NATIONALE
LOLO AU-DESSUS DU LOT

Teodoro « Lolo » Fernández marqua 6 buts en 2 matchs pour le Pérou aux JO d'été de Berlin en 1936 (5 contre la Finlande battue 7-3, le 6e durant les prolongations contre l'Autriche battue 4-2). Le Pérou fut cependant scandalisé quand des fans autrichiens déchaînés envahirent le terrain, et encore plus outré quand les autorités olympiques ordonnèrent que le match soit rejoué. En signe de protestation, les Péruviens quittèrent la compétition, rejoints par la Colombie. L'Autriche, elle, décrocha finalement l'argent. Fernández et ses coéquipiers remportèrent toutefois la Copa América 3 ans plus tard, Fernández terminant Meilleur buteur de la compétition, avec 7 buts.

FERNÁNDEZ

AFRIQUE

La confédération africaine a organisé sa première Coupe des Nations en 1957, un an seulement après sa fondation. Forte de 56 pays membres, la CAF est aujourd'hui la plus grande confédération internationale et son histoire footballistique n'a rien à envier au reste de la planète.

Fondation : 1956

Pays membres : Pays membres : 54 (+ 1 non-membre de la FIFA)

Siège : Le Caire, Égypte

Nation la plus titrée en championnat continental : Égypte, 7 (1957, 1959, 1986, 1998, 2006, 2008, 2010)

5

L'Afrique est divisée en cinq fédérations régionales, auxquelles s'ajoute un membre non régional, la Réunion.

6

Six nations africaines se sont qualifiées pour le Mondial 2010, plus que dans toute autre édition. Outre l'Afrique du Sud, pays hôte, figuraient aussi l'Algérie, le Cameroun, la Côte d'Ivoire, le Ghana et le Nigeria.

ETO'O

18

Samuel Eto'o est le meilleur buteur de l'histoire de la Coupe d'Afrique des Nations (18).

L'Égypte est devenue la première sélection africaine à participer à la Coupe du Monde, en 1934. Le continent a toutefois dû attendre 1978 pour remporter un match, grâce à la Tunisie.

2

Le Nigeria est la première équipe africaine à se qualifier pour les 8e de la Coupe du Monde deux fois de suite : en 1994 et 1998.

AFRIQUE DU NORD

La fédération régionale d'Afrique du Nord est sans conteste celle qui a connu le plus de succès au niveau continental, grâce à ses fers de lance. L'Égypte est le pays le plus titré en Coupe d'Afrique des Nations, tandis que la Tunisie est la première sélection du continent à avoir remporté un match de Coupe du Monde.

Pays : Algérie
Membre de la FIFA : 1964
Joueur le plus capé : Lakhdar Belloumi, 100
Meilleur buteur : Abdelhafid Tasfaout, 36
Palmarès : 2 Coupes d'Afrique des Nations (1990, 2019)

Pays : Égypte
Membre de la FIFA : 1923
Joueur le plus capé : Ahmed Hassan, 184
Meilleur buteur : Hossam Hassan, 68
Palmarès : 7 Coupes d'Afrique des Nations (1957, 1959, 1986, 1998, 2006, 2008, 2010)

Pays : Libye
Membre de la FIFA : 1964
Joueur le plus capé : Ahmed Saad, 108
Meilleur buteur : Fawzi Al-Issawi, 40
Palmarès : –

Pays : Maroc
Membre de la FIFA : 1960
Joueur le plus capé : Noureddine Naybet, 115
Meilleur buteur : Ahmed Faras, 29
Palmarès : 1 Coupe d'Afrique des Nations (1976)

Pays : Soudan
Membre de la FIFA : 1948
Joueur le plus capé : Muhannad El Tahir, 79
Meilleur buteur : Nasr El-Din Abbas, 27
Palmarès : 1 Coupe d'Afrique des Nations (1970)

Pays : Tunisie
Membre de la FIFA : 1960
Joueur le plus capé : Radhi Jaïdi, 105
Meilleur buteur : Issam Jemâa, 36
Palmarès : 1 Coupe d'Afrique des Nations (2004)

ANECDOTE DU TOURNOI
UN FESTIVAL DE BUTS

L'Égypte n'a eu que deux matchs à jouer pour se qualifier en Coupe du Monde FIFA 1934, devenant le 1er représentant africain de ce tournoi. Ces matchs aller-retour furent joués contre la Palestine (alors sous mandat britannique) et remportés par l'Égypte de belle manière (7-1 au Caire et 4-1 en Palestine). Mahmoud Mokhtar est l'auteur d'un coup du chapeau à l'aller et d'un doublé au retour. La Turquie devait participer à ces éliminatoires ; en se retirant, elle a ouvert la voie à l'Égypte.

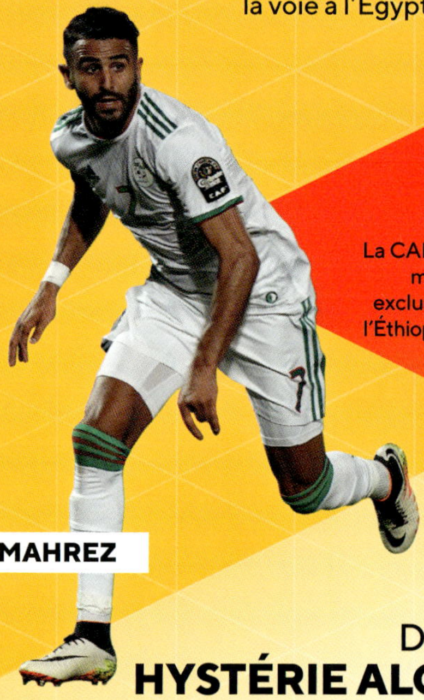

MAHREZ

4

La CAF a été fondée par 4 pays, mais l'Afrique du Sud a été exclue par les 3 autres, l'Égypte, l'Éthiopie et le Soudan, avant de participer à la première Coupe d'Afrique des Nations.

ANECDOTE DU TOURNOI
HYSTÉRIE ALGÉRIENNE

Le meneur de jeu **Riyad Mahrez** a été la star de la Coupe d'Afrique des Nations 2019 et figure naturellement parmi les quatre Algériens désignés dans l'équipe type de la compétition. Mais c'est bien le buteur Baghdad Bounedjah qui s'est mué en héros. Son tir lointain dévié a scellé la victoire de l'Algérie contre le Sénégal, en finale en Égypte. Le sélectionneur et ancien milieu international Djamel Belmadi n'était arrivé en poste qu'en août précédent. Il s'agit du second titre de l'Algérie dans la compétition après celui de 1990, obtenu grâce à la star Rabah Madjer. En 2016, Mahrez est devenu le premier Africain désigné Meilleur joueur d'Angleterre par ses pairs après avoir aidé Leicester à décrocher la *Premier League*. La même année, il a été élu Meilleur joueur africain, mais les récompenses de la CAN 2019 sont allées à ses coéquipiers Ismaël Bennacer, Meilleur joueur, et Raïs M'Bolhi, Meilleur gardien.

JOUEUR STAR
SALAH, LE PHARAON DU FOOTBALL

L'ailier égyptien **Mohamed Salah** s'est affirmé comme l'un des joueurs mondiaux les plus remarquables lors des éliminatoires du Mondial 2018. Avant cela, il avait inscrit un triplé contre le Zimbabwe lors des qualifications 2014, avant que ses buts pour l'Égypte et le club suisse de Bâle ne lui valent un transfert de 11 millions de livres à Chelsea.

En 2017, Salah est recruté par Liverpool et reçoit le prix de footballeur de l'année par l'association des journalistes spécialisés et celle des joueurs professionnels. S'il aurait pu remporter la Ligue des Champions 2018 sans une blessure à l'épaule subie en début de finale contre le Real Madrid, il a finalement été sacré en 2019, inscrivant même son nom au tableau d'affichage contre Tottenham.

SALAH

ANECDOTE DU TOURNOI
HALLICHE HALLUCINANT

En 2014 au Brésil, l'Algérie est devenue la première nation africaine à marquer quatre buts en un seul match en phase finale de la Coupe du Monde, battant la Corée du Sud 4-2 au sein du Groupe H. Les Algériens ont terminé 2e de leur groupe, derrière les Belges vainqueurs, se qualifiant ainsi pour la phase d'éliminatoires pour la première fois. En 8e de finale, l'Algérie a affronté l'un des favoris du tournoi, l'Allemagne, et elle n'est sortie qu'après un match palpitant, conclu 2-1 après prolongations. L'un des buteurs de la victoire sur la Corée du Sud – débutée en trombe, avec 3-0 à la mi-temps – a été le milieu Rafik Halliche, grâce à une tête. Il a joué huit fois en Coupe du Monde, un nouveau record algérien.

5-2

Le premier but international de la Libye a été inscrit par Mokhtar Al-Ghannai, à la 12e minute du match contre la Palestine aux Jeux panarabes d'août 1953. Il a ensuite doublé son total 20 minutes plus tard, contribuant au succès 5-2.

15

Le succès 3-1 du Soudan sur la pelouse du Tchad, en septembre 2019, était sa première victoire en 15 matchs de qualification de la Coupe du Monde de la FIFA (après 3 nuls et 11 défaites). Le buteur Ramadan Agab a inscrit le tout premier triplé de la nation dans la compétition.

LÉGENDE NATIONALE
UNE BELLE FIDÉLITÉ

Parmi les 6 équipes africaines présentes à la Coupe du Monde FIFA 2010, l'Algérie est la seule dont le sélectionneur soit aussi un Africain. Il s'agit de **Rabah Saâdane**, ancien joueur devenu coach de l'équipe d'Algérie en 1981-1982, 1984-1986, 1999, 2003-2004 et 2010. En 2010, l'Algérie ne concède que 2 défaites en 3 matchs (contre la Slovaquie et les États-Unis sur le score de 1 à 0), et obtient un match nul surprise contre l'Angleterre (0-0). Elle est, avec le Honduras, la seule équipe à n'avoir marqué aucun but (une première pour l'Algérie dans une Coupe du Monde).

SAÂDANE

ANECDOTE DU TOURNOI
UN RECORD MAROCAIN

C'est au Mexique, en 1986, que le Maroc est devenu la 1re équipe africaine à se classer en tête de son groupe en Coupe du Monde, au détriment de l'Angleterre, de la Pologne et du Portugal. La victoire 3-1 contre les Portugais dans la dernière journée a été déterminante après des matchs nuls (0-0) concédés contre les deux autres équipes, dont l'Angleterre qui a perdu son capitaine Bryan Robson (épaule démise) et son vice-capitaine Ray Wilkins (expulsé). **Abderrazak Khairi** a inscrit un doublé contre le Portugal. Lothar Matthäus a mis fin aux espoirs du Maroc en 8e, offrant la victoire à l'Allemagne à 3 minutes du terme.

KHAIRI

JAÏDI

ANECDOTE DU TOURNOI
LA TUNISIE AU TOP

La Tunisie est devenue la première équipe africaine à remporter un match de phase finale de Coupe du Monde en battant le Mexique 3-1 à Rosario (Argentine), en 1978, grâce à des buts d'Ali Kaabi, Néjib Ghommidh et Mokhtar Dhouib. La Tunisie a ensuite participé à trois Mondiaux de suite, en 1998, 2002 et 2006, et a remporté sa seule Coupe d'Afrique des Nations en 2004, chez elle, après une victoire 2-1 contre le Maroc en finale. **Radhi Jaïdi** a participé à ces quatre tournois. En club, le défenseur central aux 105 sélections a joué pour l'Espérance de Tunis et pour Bolton Wanderers, Birmingham City et Southampton en Angleterre.

2

La défaite 2-1 du Maroc contre l'Arabie saoudite en 1994 a été l'un des deux derniers matchs à être joués simultanément, en dehors des derniers matchs de poule. La Belgique a battu les Pays-Bas 1-0 au même moment. Ces quatre équipes du Groupe F avaient encore un match à disputer. Depuis, chaque match est programmé à un moment différent, sauf les derniers matchs de poule.

ANECDOTE DU TOURNOI
MAUVAIS PERDANTS

La Libye peut prétendre au record de la plus large victoire d'une nation africaine après son succès 21-0 contre Oman lors de la Coupe arabe des Nations d'avril 1966 – mais les joueurs d'Oman sont sortis du terrain 10 minutes avant la fin, pour protester contre l'attribution d'un penalty à la Libye. Ils n'ont plus participé à la compétition. Un an plus tôt, le Soudan signait sa plus large victoire officielle 15-0 face à Mascate et Oman.

ANECDOTE DU TOURNOI
L'ÉGYPTE À SEC

Équipe la plus titrée de la Coupe d'Afrique des Nations avec 7 succès, l'Égypte n'a pas brillé lors de l'édition 2019 à domicile. Un an après avoir disputé leur troisième Coupe du Monde de la FIFA, en 2018, et malgré la présence de la star Mohamed Salah, les Pharaons se sont inclinés 1-0 contre l'Afrique du Sud dès les huitièmes.

39

Le premier homme à avoir remporté la CAN comme joueur puis entraîneur est l'Égyptien Mahmoud Al-Gohary. Meilleur buteur de l'édition 1959 à trois équipes, grâce à un triplé contre l'Éthiopie (4-0), il était sélectionneur 39 ans plus tard quand son équipe a battu l'Afrique du Sud 2-0 en finale 2008, au Burkina Faso.

JOUEUR STAR
LES HASSAN EN HAUT

Ahmed et Hossam partagent le même nom de famille et des records avec l'Égypte, mais aucun lien de parenté. **Ahmed Hassan** est l'homme le plus capé du monde : il a pris sa retraite internationale après 184 sélections et 33 buts, le 12 mars 2012 à l'issue d'un amical contre le Kenya, 17 ans après ses débuts. Hossam Hassan détenait le record de sélections égyptiennes avant lui, avec 170 capes, et ses 68 buts restent inatteignables. Il a joué aux côtés d'un autre Hassan, son frère Ibrahim, arrière-droit, sélectionné 131 fois pour l'Égypte, notamment lors de la Coupe du Monde 1990.

AHMED HASSAN

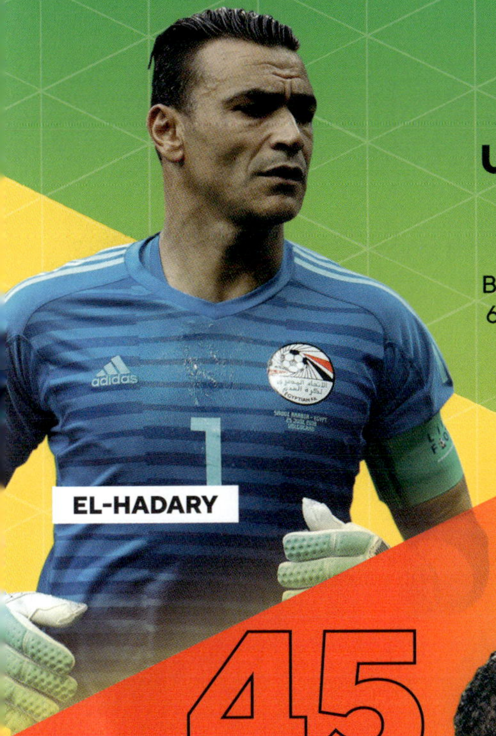

EL-HADARY

ANECDOTE DU TOURNOI
UN ARBITRAGE PRESTIGIEUX

En 1998, le Marocain Saïd Belqola fut le premier Africain à arbitrer une finale de Coupe du Monde FIFA. Ce match vit la victoire de la France sur le Brésil, 3-0. Son plus grand moment fut sans doute la 68e minute, où il expulsa le Français Marcel Desailly, brandissant un carton rouge – le 3e dans une finale de Coupe du Monde FIFA. Belqola est mort d'un cancer quatre ans plus tard, à l'âge de 44 ans.

36

Lorsqu'il se qualifie pour la Coupe du Monde FIFA 1970, le Maroc fait son retour dans le tournoi après 36 ans d'absence. Aucun pays africain n'a participé au Mondial 1966, car les 16 équipes candidates ont boycotté la compétition après la décision de la FIFA d'opposer la meilleure équipe africaine à une nation d'Asie ou d'Océanie en barrage.

45

À l'âge de 45 ans et 161 jours, le gardien égyptien **Essam El-Hadary** est devenu le joueur le plus âgé de l'histoire de la Coupe du Monde lorsqu'il a participé à la défaite 2-1 contre l'Arabie saoudite en 2018.

ABOUD

ANECDOTE DU TOURNOI
ABOUD N'EST PAS À BOUT

Après les événements survenus en Libye en 2011, personne n'attendait d'exploits de la sélection nationale lors de la CAN 2012. Ils auront toutefois donné du plaisir à leurs supporters en se défaisant du Sénégal 2-1 au cours de leur premier match de poule – première victoire libyenne en phase finale de la CAN à l'extérieur. Les maillots des joueurs arboraient le drapeau du Conseil national de transition. On retiendra Ihaab Boussefi, auteur d'un doublé face au Sénégal, ainsi que le portier et capitaine **Samir Aboud**, doyen du tournoi à 39 ans.

LÉGENDE NATIONALE
FANTASTIQUE FARAS

Ahmed Faras n'est pas seulement le meilleur buteur marocain de tous les temps, avec 42 buts entre 1965 et 1979 ; c'est aussi le capitaine qui a remporté le seul trophée de la Coupe d'Afrique des Nations de son pays, en 1976 ; il a aussi été désigné Meilleur joueur de la compétition avec trois buts en six matchs. Faras avait déjà joué deux fois remplaçant pour la première phase finale du Maroc en Coupe du Monde, en 1970 (son équipe étant la première à représenter l'Afrique depuis 1934).

1934
Abdelrahman Fawzi est devenu le premier footballeur africain à marquer en Coupe du Monde FIFA en égalisant pour l'Égypte contre la Hongrie, au 1er tour du tournoi 1934.

LÉGENDE NATIONALE
BUTEURS RIVAUX

Un héros tunisien revient au sommet : **Issam Jemâa**, né à Gabès, a dépassé le score de Francileudo Santos, avec 36 buts en 80 matchs, de 2005 à 2014. Jemâa a commencé sa carrière avec l'Esperance mais, depuis 2005, il a joué en France pour Lens, Caen, Auxerre et Brest, au Koweït pour le Koweït SC, au Qatar pour Al-Sailiya et pour le Dubaï CSC. Né au Brésil, Santos n'est arrivé en Tunisie qu'à la fin de son adolescence et n'a adopté la nationalité tunisienne qu'à l'âge de 24 ans.

JEMÂA

AFRIQUE SUBSAHARIENNE

Des Super Eagles aux Black Stars, des Bafana Bafana aux Éléphants, le football subsaharien a produit quelques-unes des plus grandes stars du continent. La première Coupe du Monde sur le sol africain s'est tenue en Afrique du Sud, en 2010.

Pays : Afrique du Sud
Membre de la FIFA : 1992
Joueur le plus capé : Aaron Mokoena, 107
Meilleur buteur : Benni McCarthy, 31
Palmarès : 1 Coupe d'Afrique des Nations (1996)

Pays : Ghana
Membre de la FIFA : 1958
Joueur le plus capé : Asamoah Gyan, 109
Meilleur buteur : Asamoah Gyan, 51
Palmarès : 4 Coupes d'Afrique des Nations (1963, 1965, 1978 et 1982)

Pays : Cameroun
Membre de la FIFA : 1962
Joueur le plus capé : Rigobert Song, 137
Meilleur buteur : Samuel Eto'o, 56
Palmarès : 5 Coupes d'Afrique des Nations (1984, 1988, 2000, 2002, 2017)

Pays : Nigeria
Membre de la FIFA : 1960
Joueur le plus capé : Vincent Enyeama/Joseph Yobo, 101
Meilleur buteur : Rashidi Yekini, 37
Palmarès : 3 Coupes d'Afrique des Nations (1980, 1994, 2013) 1 Jeux olympiques (1996)

Pays : Gabon
Membre de la FIFA : 1966
Joueur le plus capé : Didier Ovono, 112
Meilleur buteur : Pierre-Emerick Aubameyang, 27
Palmarès : –

Pays : Mali
Membre de la FIFA : 1964
Joueur le plus capé : Seydou Keita, 102
Meilleur buteur : Seydou Keita, 25
Palmarès : –

1985
Le premier pays africain à remporter une compétition officielle de la FIFA est le Nigeria, victorieux 2-0 face à l'Allemagne en 1985 en finale de la Coupe du Monde des moins de 17 ans.

Pays : Sénégal
Membre de la FIFA : 1964
Joueur le plus capé : Henri Camara, 99
Meilleur buteur : Henri Camara, 29
Palmarès : –

Pays : Liberia
Membre de la FIFA : 1964
Joueur le plus capé : Joe Nagbe, 77
Meilleur buteur : George Weah, 18
Palmarès : –

Pays : Zimbabwe
Membre de la FIFA : 1965
Joueur le plus capé : Peter Ndlovu, 100
Meilleur buteur : Norman Mapeza, 92
Palmarès : –

Pays : Côte d'Ivoire
Membre de la FIFA : 1964
Joueur le plus capé : Didier Zokora, 123
Meilleur buteur : Didier Drogba, 65
Palmarès : 2 Coupes d'Afrique des Nations (1992, 2015)

Pays : Zambie
Membre de la FIFA : 1964
Joueur le plus capé : Kennedy Mweene, 121
Meilleur buteur : Godfrey Chitalu, 79
Palmarès : 1 Coupe d'Afrique des Nations (2012)

Pays : Togo
Membre de la FIFA : 1964
Joueur le plus capé : Emmanuel Adebayor, 87
Meilleur buteur : Emmanuel Adebayor, 32
Palmarès : –

Pays : Botswana
Membre de la FIFA : 1978
Joueur le plus capé : Joel Mogorosi, 92
Meilleur buteur : Jerome Ramatlhakwane, 24
Palmarès : –

JOUEUR STAR
IGHALO AU GALOP

Le buteur nigérian Odion Ighalo n'a pas seulement été le meilleur buteur des éliminatoires de la Coupe d'Afrique des Nations de la CAF 2019 avec 7 réalisations, il a aussi été sacré Soulier d'Or de la phase finale. Parmi ses 5 buts, il a notamment marqué en demi-finale contre les futurs champions algériens (défaite 2-1) et en petite finale contre la Tunisie (1-0). En janvier 2020, Ighalo a signé dans son club de cœur, Manchester United, en provenance du Shanghai Shenhua, mais il a dû attendre 3 rencontres avant de jouer ses premières minutes, en raison des craintes de coronavirus. Seuls 5 Nigérians ont marqué plus que ses 16 buts en sélection, mais il lui reste du chemin pour rattraper les 37 réalisations de Rashidi Yekini.

MANDELA

LÉGENDE NATIONALE
LE GRAND MADIBA

Outre le match Pays-Bas-Espagne en finale de la Coupe du Monde FIFA 2010, l'événement du 11 juillet 2010 fut la présence de **Nelson Mandela**, légendaire ancien président de l'Afrique du Sud. Ce frêle vieillard de 91 ans, connu sous son nom tribal de Madiba, fut conduit sur le terrain avant le début du match, et reçut une impressionnante ovation de la foule réunie dans le stade. Ce fut sa seule apparition publique durant le tournoi. Mandela a joué un rôle crucial en 2004 lors du vote donnant à l'Afrique du Sud l'organisation de la Coupe du Monde 2010.

116

Les Zambiens estiment que le meilleur buteur en année calendaire n'est pas Lionel Messi, mais leur joueur Godfrey Chitalu. En 2012, Messi a marqué 91 buts pour l'Argentine et Barcelone, mais la fédération zambienne soutient que Chitalu en avait inscrit 116 en 1972 (apparemment sans que cela soit remarqué à l'étranger).

JOUEUR STAR
GYAN LE GÉANT

Le Ghanéen **Asamoah Gyan** a inscrit plus de buts en Coupe du Monde que tout autre joueur représentant une nation africaine. Il a porté son total à 6 réalisations avec deux buts au Mondial 2014 au Brésil, devançant d'une unité le Camerounais Roger Milla. Il est aussi devenu le premier Africain à marquer dans 3 Coupes du Monde. Gyan avait la possibilité d'emmener le Ghana pour la première fois en demi-finale, mais il a raté son penalty, à l'ultime minute des prolongations en quarts 2010. S'il s'est rattrapé quelques minutes plus tard pendant les tirs au but, c'est bien l'Uruguay qui s'est qualifié.

GYAN

2010

Les frères Boateng sont entrés dans l'histoire de la Coupe du Monde en s'affrontant lors de la phase finale 2010 en Afrique du Sud. Jerome était arrière-gauche pour l'Allemagne qui a battu le Ghana de son demi-frère aîné, Kevin-Prince.

LÉGENDE NATIONALE
DOUBLE ROUGE

Deux joueurs ont été exclus lors de deux Coupes du Monde différentes : le Camerounais Rigobert Song, face au Brésil en 1994 et au Chili en 1998, et Zinedine Zidane, face à l'Arabie saoudite en 1998, puis contre l'Italie lors de la finale de 2006. L'expulsion de Song contre la *Seleção* lui vaut un autre record, celui du plus jeune joueur exclu en Coupe du Monde, à l'âge de 17 ans et 358 jours. Né à Nkenglikok le 1er juillet 1976, l'ancien Lensois est aujourd'hui, avec 137 sélections, le Camerounais le plus sélectionné de tous les temps. Il a remporté la Coupe d'Afrique des Nations de la CAF à deux reprises : en 2000 et 2002.

LÉGENDE NATIONALE
INOUBLIABLE MILLA

L'attaquant camerounais **Roger Milla**, qui fêtait ses réalisations en dansant autour du poteau de corner, est devenu en 1994 le plus vieux buteur de l'histoire de la Coupe du Monde. À 42 ans et 39 jours, avec le nom « Milla » écrit à la main sur son maillot, il a surgi du banc pour marquer contre la Russie. Né à Yaoundé le 20 mai 1952, Milla avait quitté le football professionnel un an plus tôt, avant que le Président du Cameroun, Paul Biya, ne le persuade de rejoindre les Lions Indomptables pour la Coupe du Monde 1990. Milla a finalement mis un point final à sa carrière internationale après le Mondial 1994 aux États-Unis, avec 77 sélections et 43 buts à son actif.

MILLA

15 Samuel Kuffour est devenu le plus jeune médaillé olympique en football lorsque le Ghana s'est adjugé le bronze à Barcelone en 1992, à 27 jours de son 16e anniversaire.

AUBAMEYANG

JOUEUR STAR
UN BON AU GABON

En 2016, le meilleur buteur international gabonais, **Pierre-Emerick Aubameyang**, a mis un terme au règne de quatre ans de Yaya Touré en tant que Footballeur africain de l'année. Touré a rejoint le Camerounais Samuel Eto'o dans les rangs des quadruples vainqueurs, mais les 41 buts d'Aubameyang pour son club Borussia Dortmund et pour le Gabon ont relégué Touré à la 2e place. Né à Laval, en France, Aubameyang a commencé sa carrière en Italie avec l'AC Milan avant de devenir le premier joueur du Championnat d'Allemagne à recevoir ce titre. Par la suite, il a rejoint Arsenal en 2018, un transfert record pour le club à 56 millions de livres. Aubameyang, qui a joué une fois pour la France chez les moins de 21 ans, a fait ses débuts au Gabon en 2009.

LÉGENDE NATIONALE
QUATRE ET QUATRE

Les deux seuls footballeurs africains à avoir joué dans quatre Coupes du Monde sont camerounais. L'attaquant Samuel Eto'o est le plus récent, en 2014, après 1998, 2002 et 2010. Il a ainsi égalé le défenseur Rigobert Song, membre de l'équipe camerounaise en 1994, 1998, 2002 et 2010. Le gardien camerounais Jacques Songo'o a aussi été sélectionné en équipe nationale pour les quatre Coupes du Monde de 1990-2002, mais il n'a joué que dans les éditions 1994 et 1998.

1992
Peter Ndlovu, le meilleur buteur zimbabwéen, a été le premier joueur africain à intégrer la *Premier League* anglaise, lors de ses débuts à Coventry City, en août 1992.

1996

Pendant l'Apartheid, l'instance mondiale du football, la FIFA, a suspendu l'Afrique du Sud pendant 32 ans. Le pays a fait son retour en 1992 avec un succès 1-0 contre le Cameroun. Quatre plus tard, il remportait la Coupe d'Afrique des Nations chez lui en battant la Tunisie 2-0 en finale.

LÉGENDE NATIONALE
LE PRÉSIDENT GEORGE

WEAH

George Weah est entré dans l'histoire en décembre 2017, lorsqu'il est devenu la première star du football africaine à devenir président de son pays, lors de la première alternance démocratique libérienne depuis des décennies, en succédant à Ellen Johnson Sirleaf, la première présidente élue en Afrique. Weah, qui a grandi dans un bidonville de la capitale Monrovia, est le seul ancien Footballeur de l'année de la FIFA dont le pays ne s'est jamais qualifié pour la phase finale de la Coupe du Monde. Weah a brillé comme attaquant pour Monaco, le PSG, Milan, Chelsea et Manchester City, puis il a puisé dans ses fonds propres pour payer les voyages et l'équipement de son équipe nationale.

LÉGENDE NATIONALE
SUPER FRED

Frédéric Kanouté est devenu le premier joueur non né en Afrique à être élu Joueur africain de l'année, en 2007. Né à Lyon, Kanouté a joué pour l'équipe française des moins de 21 ans. Mais ce fils d'une Française et d'un Malien a finalement choisi de défendre les couleurs du Mali en 2004. Il a inscrit 23 buts en 37 sélections avant de prendre sa retraite internationale après la CAN 2010. En club, il reste le chouchou des fans du FC Séville, avec ses 143 buts inscrits et ses deux Coupes de l'UEFA remportées. Seuls trois joueurs ont marqué davantage pour ce club.

14

Les buts de Roger Milla à la Coupe du Monde 1990 lui ont valu de remporter un deuxième titre de Footballeur africain de l'année, 14 ans après son premier sacre, signant une performance inédite.

7

Le Sud-Africain Benni McCarthy et l'Égyptien Hossam Hassan ont tous les deux marqué sept buts à la Coupe d'Afrique des Nations 1998. Depuis, aucun joueur n'a inscrit plus de cinq buts en une même édition.

LÉGENDE NATIONALE

ALLEZ ADE

Emmanuel Adebayor, meilleur buteur togolais de tous les temps – et Joueur africain de l'année 2008 – a été capitaine lors de l'unique participation de son pays à la phase finale de la Coupe du Monde 2006, en Allemagne. L'équipe n'a pas remporté un seul match, mais la carrière d'Adebayor en club européen s'est révélée plus aboutie, avec des passages à Metz et Monaco, en Espagne avec le Real Madrid et en Angleterre avec Arsenal, Manchester City, Tottenham et Crystal Palace.

ADEBAYOR

LÉGENDE NATIONALE

BENNI SOIT-IL

Le meilleur buteur sud-africain, **Benni McCarthy**, est aussi le premier homme à avoir marqué pour son pays en Coupe du Monde. Il a égalisé contre le Danemark (1-1), dans le deuxième match du tournoi 1998 en France, avant une défaite 3-0 contre les Bleus. McCarthy compte 31 buts en 79 sélections après ses débuts contre les Pays-Bas en 1997. Ce sont 2 buts de plus que Shaun Bartlett. Malheureusement pour lui, des problèmes de santé l'ont privé du Mondial 2010 à domicile.

MCCARTHY

DISCIPLINE

UNE LEÇON HISTORIQUE

Le Sénégal a bien involontairement marqué l'histoire de la Coupe du Monde en phase finale 2018, lorsqu'il est devenu le premier pays à être éliminé aux cartons jaunes. Le Sénégal et le Japon ont terminé à 4 points dans leur groupe, mais c'est une nouvelle règle de « fair-play » qui les a départagés. Les 2 pays ont fait un nul 2-2 et ont terminé à égalité de points, de différence de buts et de buts marqués. Mais le Sénégal a « perdu » 6-5 aux cartons jaunes : le Japon est allé au 2ᵉ tour… et le Sénégal est reparti.

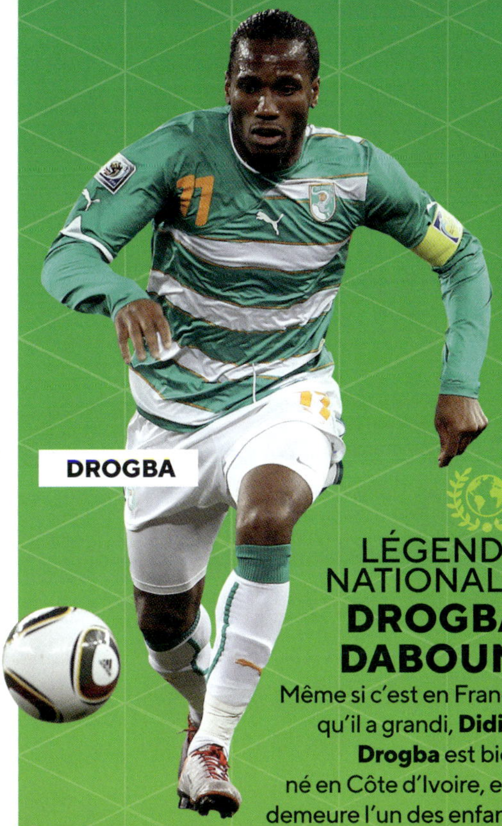

DROGBA

LÉGENDE NATIONALE

DROGBA DABOUM

Même si c'est en France qu'il a grandi, **Didier Drogba** est bien né en Côte d'Ivoire, et il demeure l'un des enfants chéris du pays, tant pour ses performances footballistiques que pour ses actions en dehors du terrain. Capitaine des Éléphants, il a inscrit 65 buts en 104 sélections (un record). À côté de cela, il a appelé à un cessez-le-feu lorsque son pays était ravagé par une guerre civile. Il a également obtenu qu'un match qualificatif pour la CAN contre Madagascar soit joué non pas dans la capitale Abidjan mais dans le fief rebelle de Bouaké, pour favoriser la réconciliation nationale.

DISCIPLINE

LES LIONS DE LA TERANGA

Le monde entier a rendu hommage au milieu sénégalais Papa Bouba Diop, décédé à seulement 42 ans en novembre 2020. Il avait inscrit le premier but de son pays en Coupe du Monde et créé la sensation pour le match d'ouverture 2002 en battant la France 1-0. Les Lions de la Teranga étaient ensuite devenus la 2ᵉ nation africaine seulement à atteindre les quarts d'un Mondial. Le buteur Henri Camara, recordman de sélections et de buts, avait inscrit un doublé pour battre la Suède 2-1 après prolongations en 8ᵉ. Au tour suivant, le Sénégal avait flanché contre la Turquie (1-0).

ASIE ET OCÉANIE

L'Asie accueillera la Coupe du Monde pour la 2e fois lorsque le Qatar organisera la grand-messe du football en novembre et décembre 2022. La première phase finale orientale avait été coorganisée par le Japon et la Corée du Sud en 2002. Cet événement souligne l'importance croissante du football en Asie.

AFC

Fondation : 1954

Pays membres : 47

Siège : Kuala Lumpur, Malaisie

Nation la plus titrée en championnat continental : Japon, 4

OFC

Fondation : 1966

Pays membres : 11 (+ 2 non-membres de la FIFA)

Siège : Auckland, Nouvelle-Zélande

Nation la plus titrée en championnat continental : Nouvelle-Zélande, 5

88

Le **Qatar** jouera sa première phase finale de Coupe du Monde de la FIFA chez elle en 2022, une première depuis l'Italie en 1934.

L'Inde se passionne de plus en plus pour le football, comme l'a prouvé l'enthousiasme des supporters locaux lors de la Coupe du Monde des moins de 17 ans de la FIFA.

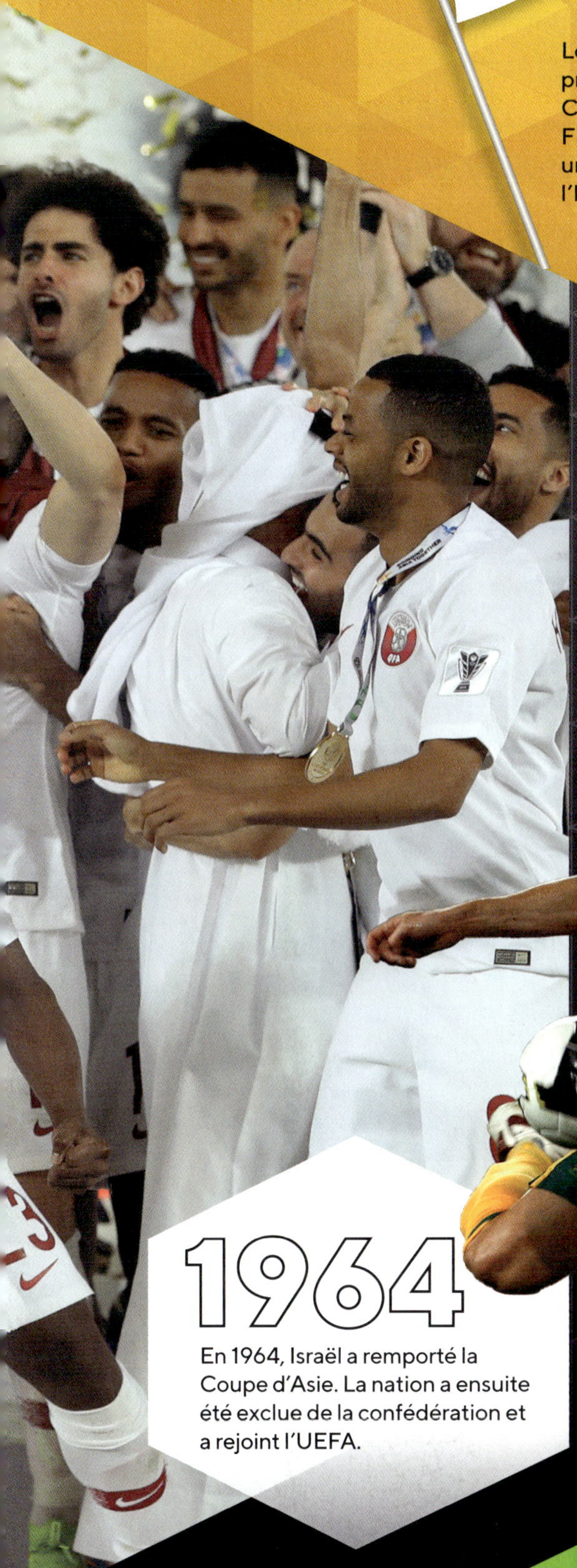

DAEI

10

Pour le 60ᵉ anniversaire de sa création en 2014, l'AFC a créé un panthéon des joueurs asiatiques. Parmi les dix premiers joueurs intronisés figurent **Ali Daei** (Iran), **Harry Kewell** (Australie) et Yasuhiko Okudera (Japon).

KEWELL

1964

En 1964, Israël a remporté la Coupe d'Asie. La nation a ensuite été exclue de la confédération et a rejoint l'UEFA.

12

La Confédération asiatique de football comptait 12 membres fondateurs et en totalise aujourd'hui 47.

AUSTRALIE

Emmenée par de nouvelles générations de joueurs, dont beaucoup évoluent dans les meilleurs clubs européens, l'Australie parvient régulièrement à se qualifier pour la Coupe du Monde. En 2015, elle a organisé et remporté la Coupe d'Asie pour la première fois.

Membre de la FIFA : 1922

Plus large victoire : 31-0, contre les Samoa américaines, en 2001

Meilleur classement FIFA : 14

Stade : Stade Australia, Sydney

Palmarès : 4 Coupes des Nations OFC (1980, 1996, 2000, 2004), 1 Coupe d'Asie (2015)

JOUEUR STAR

LE MILLIÈME DE MILE

Le capitaine australien Mile Jedinak a marqué les trois derniers buts de son pays en Coupe du Monde – toujours en surface de réparation. Il a inscrit un but lors d'une défaite 3-2 face aux Pays-Bas en 2014, puis a retrouvé les filets quatre ans après lors d'une défaite 2-1 face à la France et à l'occasion d'un nul 1-1 contre le Danemark, avant l'élimination de l'Australie à l'issue du premier tour. En novembre 2017, Jedinak, milieu de terrain, a réalisé un triplé, décrochant une place en phase finale en battant le Honduras 3-1 après un match aller 0-0.

KEWELL

WILLIAMS

LÉGENDE NATIONALE

HÉROS DU PAYS

Harry Williams est le premier joueur australien aborigène à avoir représenté son pays au niveau international. Il a fait ses débuts en 1970 et a fait partie, en 1974, de la 1re équipe australienne à disputer une phase finale de Coupe du Monde, en RFA. Malgré un nul contre le Chili, l'Australie a terminé dernière de son groupe après des revers contre l'Allemagne de l'Est et le futur vainqueur, l'Allemagne de l'Ouest.

ANECDOTE DU TOURNOI

LA MAGIE D'HARRY

À 19 ans, l'ailier australien Daniel Arzani était le plus jeune joueur de la Coupe du Monde 2018 et est entré en cours de jeu contre la France, le Danemark et le Pérou. Avant lui, en 2006, l'Australie avait atteint pour la première fois de son histoire (et la seule à ce jour) la phase à élimination directe d'un Mondial grâce à une égalisation tardive de **Harry Kewell** contre la Croatie. Dix ans plus tôt, Kewell était devenu le 3e plus jeune international de son pays à l'âge de 17 ans et 215 jours. En 2005, il est devenu le premier Australien à remporter la Ligue des Champions avec Liverpool, face à l'AC Milan. Malheureusement pour lui, une blessure l'a privé du 8e de finale contre l'Italie, à la Coupe du Monde 2006.

5

Avec un total de cinq buts en Coupe du Monde, Tim Cahill en a marqué seulement trois de moins que tous les autres Australiens réunis.

CAHILL

LÉGENDE NATIONALE
CAHILL ENTRE DANS L'HISTOIRE

En 2006, **Tim Cahill** a inscrit les deux premiers buts de l'Australie en Coupe du Monde, aux 84e et 89e minutes d'une remontée face au Japon, pour une victoire 3-1. Cahill a gardé le plus spectaculaire pour la fin : une volée en première intention lors d'une défaite 3-2 contre les Pays-Bas en 2014. Il a aussi reçu son 2e carton jaune de la compétition plus tard dans ce match, manquant donc la dernière rencontre de son pays. Il a marqué deux fois en 2006, une fois en 2010 (recevant aussi un carton rouge) et deux fois en 2014. Il a pris sa retraite internationale en novembre 2018 après 108 sélections et 50 buts – dont plus de la moitié (26) de la tête.

SÉLECTIONS

1. **Mark Schwarzer,** 109
2. **Tim Cahill,** 108
3. **Lucas Neill,** 96
4. **Brett Emerton,** 95
5. **Alex Tobin,** 87

29

L'ancien record australien de 29 buts par l'Australien Damian Mori, en seulement 45 matchs internationaux, comprend des triplés contre les îles Fidji et Tahiti, des quadruplés contre les îles Cook et Tonga, et un quintuplé lors du 13-0 infligé aux îles Salomon en éliminatoires du Mondial 1998.

BUTEURS

1. **Tim Cahill,** 50
2. **Damian Mori,** 29
3. **Archie Thompson,** 28
4. **John Aloisi,** 27
5. **Attila Abonyi,** 25
   = **John Kosmina,** 25

91

Réputé pour ses tacles appuyés, Lucas Neill a dû attendre son 91e match international avant de marquer son premier but pour son pays : le dernier d'une victoire 4-0 contre la Jordanie, en juin 2013, qui a amélioré les chances de l'Australie de se qualifier pour la Coupe du Monde 2014.

1000

En mars 2015, Jedinak a marqué le 1 000e but international de l'Australie, un coup franc incroyable lors d'un match amical 2-2 contre l'Allemagne, championne du monde.

RECORD DE BUTS
ÉPREUVE DE VÉRITÉ

L'Australie est le seul pays à s'être qualifié aux tirs au but pour une Coupe du Monde. C'était lors du barrage de novembre 2005. Après la défaite 1-0 en Uruguay, Mark Bresciano remet les deux équipes à égalité 1-1 en Australie. Après une prolongation infructueuse, **Mark Schwarzer** réalise deux parades lors de la séance de tirs au but remportée 4-2 par les *Aussies*, John Aloisi signant le penalty victorieux. Schwarzer battra ensuite le record de sélections d'Alex Tobin avec une 88e apparition en janvier 2011, en Coupe d'Asie. Tobin jouait comme défenseur lors de la première sélection de Schwarzer en 1993.

3,69

Damian Mori n'aura jamais disputé la Coupe du Monde, mais il détient le record du but le plus rapide, marqué après 3,69 secondes de jeu lors d'un match entre son club d'Adelaide City et Sydney United en 1996.

SCHWARZER

RECORD DE BUTS
ARCHIE FORT

Le 9 avril 2001, l'Australie a établi un record international en écrasant Tonga 22-0 en éliminatoires de la Coupe du Monde de la FIFA 2002. Elle a fait encore mieux deux jours plus tard en massacrant les Samoa américaines 31-0. Le buteur **Archie Thompson** a notamment signé 13 buts, un record, tandis que son coéquipier David Zdrilic n'a marqué « que » huit fois. Tous deux font mieux que le précédent record de sept buts en un match par l'Iranien Karim Bagheri. Avec un but contre le Tonga pour sa première sélection, puis son carton au match suivant, Thompson a signé 14 buts en deux matchs, soit autant que dans ses 51 sélections suivantes.

THOMPSON

3

Graham Poll, en 2006, ne fut pas le 1er arbitre de la Coupe du Monde FIFA à infliger 3 cartons jaunes au même joueur. La chose s'était déjà produite lors d'un match de l'Australie en Coupe du Monde 1974, quand le milieu de terrain Ray Richards fut expulsé tardivement face au Chili.

JAPON

Le Japon a accueilli, avec la Corée du Sud, la Coupe du Monde 2002, l'équipe nippone se qualifiant pour la 1re fois au 2e tour. Les victoires du Japon en Coupe d'Asie des Nations en 1992, 2000, 2004 et 2011 ont prouvé son talent.

Membre de la FIFA : 1950
Plus large victoire : 15-0, contre les Philippines, en 1967
Meilleur classement FIFA : 9
Stade : (Rotation)
Palmarès : 4 Coupes d'Asie (1992, 2000, 2004, 2011)

50
Parmi les 50 buts de Shinji Okazaki pour son pays figurent des triplés dans deux matchs de suite, contre Hong Kong et le Togo, en octobre 2009.

HONDA

LÉGENDE NATIONALE
HONDA INSPIRÉ

Le talentueux meneur de jeu **Keisuke Honda** est le meilleur buteur japonais en Coupe du Monde – avec quatre unités – et le seul à avoir marqué lors de trois phases finales. Il a commencé en Afrique du Sud, en 2010, lors des victoires sur le Cameroun et le Danemark, et a continué avec un but lors d'une défaite contre le Costa Rica au Brésil, quatre ans plus tard. Honda a été élu deux fois Homme du match pendant le Mondial 2010 et Meilleur joueur de la compétition lorsque le Japon a remporté la Coupe d'Asie 2011. Après l'élimination du Mondial russe en 2018, Honda s'est retiré du football international.

BUTEURS

1 **Kunishige Kamamoto,** 75
2 **Kazuyoshi Miura,** 55
3 **Shinji Okazaki,** 50
4 **Hiromi Hara,** 37
= Keisuke Honda, 37

JOUEUR STAR
OKAZAKI EST OK

En mars 2016, **Shinji Okazaki** est devenu le 5e joueur seulement à atteindre 100 sélections pour le Japon, lors d'un match contre la Syrie. Deux mois plus tard, l'attaquant a terminé la saison avec un titre de Championnat d'Angleterre, après avoir marqué 5 buts lors du triomphe de Leicester, sur une cote de 5 000 contre 1. Okazaki a marqué pendant la victoire 3-1 du Japon face au Danemark, lors de la Coupe du Monde 2010, aux côtés de Keisuke Honda et de Yasuhito Endō – c'était la première fois qu'une équipe asiatique marquait trois buts en un seul match de la Coupe du Monde, depuis que le Portugal avait vaincu la Corée du Nord 5-3 en quart de finale en 1966.

OKAZAKI

50

Le 2e buteur le plus prolifique du Japon, Kazuyoshi Miura, est aussi le footballeur professionnel en activité le plus âgé au monde. Le 12 mars 2017, à 50 ans et 14 jours, Miura a marqué pour le Yokohama FC contre Thespakusatsu Gunma en Division 2 de la J-League.

ANECDOTE DU TOURNOI

FOOT ET POLITIQUE

Le Japon a décroché une médaille de bronze surprise aux JO de Mexico en 1968, et l'attaquant star Kunishige Kamamoto a été désigné Meilleur buteur de la compétition avec 7 buts. Il reste le meilleur buteur japonais de tous les temps, avec 75 buts en 76 matchs (le Japon considère les matchs olympiques comme des rencontres officielles). Aujourd'hui à la retraite, il est devenu entraîneur, vice-président de la fédération de football de son pays et... membre du Parlement japonais.

8 Huit hommes ont dépassé les cent sélections pour le Japon, le dernier en date étant le défenseur central Maya Yoshida. Il a décroché sa 100ᵉ cape lors de la victoire 2-0 contre le Kyrgyzstan en novembre 2009.

LÉGENDE NATIONALE

PAS TROP TÔT, YUTO

Le défenseur Yūto Nagatomo, vainqueur de la Coupe d'Asie AFC 2011 et plus tard capitaine de l'Inter Milan, a pris le brassard du Japon lorsqu'il est devenu le 7ᵉ Japonais à atteindre les 100 capes, à l'occasion d'un amical perdu 3-1 contre le Brésil en novembre 2017. Il a égalé les 122 sélections de Masami Ihara (capitaine lors du 1ᵉʳ triomphe en Coupe d'Asie en 1992) avec une victoire contre le Kirghizistan en novembre 2019. Un mois plus tôt, Nagatomo avait inscrit son 5ᵉ but international, et son premier en 10 ans, lors d'un succès 6-0 contre la Mongolie. Il a disputé les 8ᵉ de finale de la Coupe du Monde de la FIFA 2018, même si l'ancien milieu Akira Nishino a remplacé le sélectionneur Vahid Halilhodžić 2 mois avant le coup d'envoi.

ENDŌ

LÉGENDE NATIONALE

HAPPY ENDŌ

Le milieu de terrain **Yasuhito Endō** a marqué le but d'ouverture des défenseurs japonais lors de leur triomphe en Coupe d'Asie : l'équipe a débuté l'édition 2015 en battant les débutants de la Palestine 4-0. Cependant, après avoir remporté ses trois matchs de groupes sans encaisser de but, le Japon a perdu la rencontre suivante, un quart de finale contre les Émirats arabes unis, après un 1-1 suivi de tirs au but. C'était leur pire performance en Coupe d'Asie depuis 19 ans. Endō a eu la consolation de devenir le premier international japonais à obtenir 150 capes, mais il a quitté la scène internationale après la phase finale, avec 15 buts en 152 matchs.

21 Aucune équipe n'a inscrit plus de buts que le Japon au cours d'une unique Coupe d'Asie AFC, avec 21 réalisations en 6 matchs au Liban en 2000. Neuf joueurs ont marqué. Akinori Nishizawa et Naohiro Takahara en ont signé 5 chacun, dont des triplés contre l'Ouzbékistan au premier tour (8-1). Un seul but a scellé la victoire en finale contre l'Arabie saoudite, signé Shigeyoshi Mochizuki.

2018

Les joueurs et supporters japonais en ont impressionné beaucoup à la Coupe du Monde 2018, par leurs performances et leur tenue. Les fans japonais ont été filmés en train de nettoyer méticuleusement derrière eux dans les tribunes après les matchs, et le staff en faisait de même dans les vestiaires, y compris après la défaite 3-2, malgré un avantage de 0-2, contre la Belgique en huitième.

SÉLECTIONS

1 **Yasuhito Endo,** 152
2 **Yuto Nagatomo,** 123
3 **Masami Ihara,** 122
4 **Shinji Okazaki,** 119
5 **Yoshikatsu Kawaguchi,** 116

KAMAMOTO

RECORD DE BUTS

15-0, SERVICE À SUIVRE

En septembre 1967, le Japon a écrasé les Philippines 15-0 à Tokyo pour signer la plus large victoire de son histoire. Le meilleur buteur de la sélection, **Kunishige Kamamoto**, a inscrit six buts ce jour-là. Mais les Samouraïs Bleus ont bien failli reproduire cet exploit lors des éliminatoires du Mondial 2022 avec un triomphe 14-0 contre la Mongolie, en mars 2021, dont un triplé de l'attaquant du Werder Brême Yuya Osako.

11 Tadanari Lee a honoré sa 1ʳᵉ cape au premier tour de la Coupe d'Asie 2011, face à la Jordanie, et a ouvert son compteur de buts à 11 minutes de la fin de la prolongation en finale contre l'Australie.

CORÉE DU SUD

« Be the Reds ! » (Soyez rouges !) était le cri de ralliement des supporters sud-coréens lorsque le pays a coorganisé la Coupe du Monde 2002. La Corée du Sud est alors devenue la 1re nation asiatique à atteindre les demi-finales, se classant finalement 4e.

Membre de la FIFA : 1948
Plus large victoire : 16-0, contre le Népal, en 2003
Meilleur classement FIFA : 17
Stade : Stade de la Coupe du Monde, Séoul
Palmarès : 2 Coupes d'Asie (1956, 1960)

4 Le défenseur sud-coréen Hong Myung-Bo a été le 1er footballeur asiatique à participer à 4 phases finales de Coupe du Monde de suite, de 1990 à 2002.

LÉGENDE NATIONALE
MYUNG-BO, CAPITAINE RECORDMAN

Le défenseur **Hong Myung-Bo** a été le capitaine de son équipe à domicile quand il a mené la Corée du Sud à la 4e place du Mondial 2002, où il a été désigné troisième meilleur joueur du tournoi.

En tant que sélectionneur des moins de 23 ans, Hong a décroché la médaille d'argent aux Jeux olympiques 2002 grâce à une victoire 2-0 contre le Japon en petite finale.

Hong est devenu sélectionneur des A en juin 2013, dirigeant l'équipe pour la Coupe du Monde 2014. Lors d'un match de groupes, il a rencontré la Belgique dont il avait affronté l'entraîneur, Marc Wilmots, comme joueur, en phase finale en 1998.

HONG

29
Le 0-0 à Pyongyang en octobre 2019, valant pour les éliminatoires du Mondial 2022, était le premier match opposant les deux Corées depuis 29 ans.

56 Depuis la création du classement mondial de la FIFA en 1992, aucun leader ne s'était incliné contre une nation classée 56 places plus bas, jusqu'à ce que l'Allemagne, championne en titre, perde 2-0 contre la Corée du Sud au Mondial 2018.

LÉGENDE NATIONALE
LES RUINES DE AHN

Ahn Jung-hwan est passé de zéro à héros en huitième de finale de la Coupe du Monde 2002 à domicile, face à l'Italie. Après avoir manqué un penalty, il a inscrit le but en or qui a éliminé les Italiens. En représailles, le président du club de Pérouse, Luciano Gaucci, a annoncé qu'il mettait un terme au prêt du Coréen, accusé d'avoir « ruiné le football italien ». Ahn partage le record national de buts en Coupe du Monde (3) avec Son Heung-min et Park Ji-sung. Ce dernier est, quant à lui, devenu le premier Asiatique champion d'Europe en remportant la Ligue des Champions avec Manchester United contre Chelsea en 2008.

AHN

BUTEURS

1. **Cha Bum-Kun,** 58
2. **Hwang Sun-Hong,** 50
3. **Park Lee-Chun,** 36
4. **Kim Jae-Han,** 33
   = **Lee Dong-Gook,** 33

JOUEUR STAR
SON EST BON

Le héros sud-coréen **Son Heung-Min** a marqué le but de consolation contre le Mexique et le second but contre l'Allemagne lors du Mondial 2018, quelques minutes après l'ouverture du score de Kim Young-Gwon dans le temps additionnel. Son a poussé le ballon dans les cages vides, profitant d'une sortie du portier allemand, Manuel Neuer, à l'autre bout du terrain. Son marquait alors son 23e but en 70 matchs internationaux, dont trois en Coupe du Monde, comme Park Ji-Sung et Ahn Jung-Hwan. Son a été sélectionné pour la Coupe du Monde 2014, même si son père, l'ancien international Son Woong-Chun, estimait qu'il lui fallait plus de temps pour exprimer son potentiel.

SON

5

L'arrière droit Park Jin-Sub n'est pas un habitué des buts, avec 5 réalisations en 35 sélections. Néanmoins, il les a tous inscrits le même jour, lors d'un succès écrasant 16-0 contre le Népal, en éliminatoires de la Coupe d'Asie AFC, en septembre 2003.

LEE

LÉGENDE NATIONALE
CHASSEUR D'ARAIGNÉES

Le gardien de but **Lee Woon-Jae**, appelé « mains d'araignée », devint un héros national en arrêtant le tir au but de l'Espagnol Joaquín Sánchez Rodríguez, envoyant ainsi son équipe en demi-finale de la Coupe du Monde 2002. Lee, qui a joué durant la Coupe du Monde 1994, et qui participa également aux éditions 2006 et 2010, a sauvé d'autres tirs au but – 3 notamment durant la Coupe d'Asie des Nations 2007, qui a vu son pays prendre la 3e place. Le remplaçant de Lee, Kim Byung-Ji, n'a joué que 62 matchs internationaux.

LÉGENDE NATIONALE
AVEC CHA BOOM, ÇA FAIT BOOM !

Avant même que la Corée du Sud ne se fasse une réputation en Coupe du Monde sous l'égide de Guus Hiddink, le pays avait déjà son héros en pleine gloire, le fougueux attaquant **Cha Bum-Kun**, connu pour ses frappes canon et surnommé « Cha Boom ». Il permit à d'autres joueurs asiatiques de se faire un nom en Europe, en signant notamment avec l'Eintracht de Francfort en 1979, et en jouant plus tard pour le Bayer Leverkusen. Au nombre de ses exploits allemands, on compte 2 victoires en Coupe de l'UEFA – avec Francfort en 1980, et son rival en *Bundesliga*, le Bayer Leverkusen, 8 ans plus tard. Il deviendra l'idole de futurs internationaux allemands comme Jürgen Klinsmann et Michael Ballack.

ANECDOTE DU TOURNOI
JEUX MILITAIRES

Bien que les joueurs sud-coréens aient été dispensés de service militaire en récompense de leur triomphe aux Jeux d'Asie 2018, le capitaine Son Heung-Min est rentré de Londres pour accomplir son devoir durant le confinement du COVID-19. Lors de ces jeux, Son était l'un des trois joueurs de plus de 23 ans autorisés, mais son compagnon d'attaque Hwang Ui-Jo lui a volé la vedette : ce dernier a inscrit 9 buts en 7 matchs et a terminé Meilleur buteur. La Corée du Sud a battu le Japon 2-1 en prolongation, grâce aux réalisations de l'ailier gauche Lee Seung-Woo et du buteur Hwang Hee-Chan. Hwang a été désigné Footballeur coréen de l'année en 2018 ; Son l'a été en 2017 et 2019.

SÉLECTIONS

1. **Hong Myung-Bo,** 136 = **Cha Bun-Kun,** 136
2. **Lee Woon-Jae,** 133
3. **Lee Young-Pyo,** 127
4. **Kim Ho-Kon,** 124 = **Yoo Sang-Chui,** 124

34

La Corée du Sud a disputé plus de matchs de Coupe du Monde que n'importe quel autre pays d'Asie, avec un total de 34, dont trois matchs de premier tour en 2018.

CHA

ASIE : LES AUTRES ÉQUIPES

13

L'Iran a remporté trois Coupes d'Asie de suite en gagnant la totalité de ses 13 matchs en 1968, 1972 et 1976.

Si les sélections asiatiques et océaniennes mineures ne sont pas encore animées d'une passion obsessionnelle pour le ballon rond, cela n'enlève rien à l'intensité des rivalités entre pays et au niveau de performance atteint.

Pays : Irak
Membre de la FIFA : 1950
Joueur le plus capé : Younis Mahmoud, 148
Meilleur buteur : Hussein Saeed, 78
Palmarès : 1 Coupe d'Asie (2007)

Pays : Chine
Membre de la FIFA : 1931
Joueur le plus capé : Li Weifeng, 112
Meilleur buteur : Hao Haidong, 41
Palmarès : –

Pays : Qatar
Membre de la FIFA : 1970
Joueur le plus capé : Hassan Al-Haydos, 138
Meilleur buteur : Mubarak Mustafa, 41
Palmarès : 1 Coupe d'Asie (2019)

Pays : Arabie saoudite
Membre de la FIFA : 1956
Joueur le plus capé : Mohamed Al-Deayea, 178
Meilleur buteur : Majed Abdullah, 72
Palmarès : 3 Coupes d'Asie (1984, 1988, 1996)

Pays : Iran
Membre de la FIFA : 1948
Joueur le plus capé : Javad Nekounam, 151
Meilleur buteur : Ali Daei, 109
Palmarès : 3 Coupes d'Asie (1968, 1972, 1976)

Pays : Ouzbékistan
Membre de la FIFA : 1994
Joueur le plus capé : Server Djeparov, 128
Meilleur buteur : Maksim Shatskikh, 34
Palmarès : –

Pays : Syrie
Membre de la FIFA : 1937
Joueur le plus capé : Maher Al-Sayed, 109
Meilleur buteur : Firas Al-Khatib, 36
Palmarès : –

ANECDOTE DU TOURNOI
L'IRAK RELÈVE LA TÊTE

L'une des plus grandes et belles surprises du football international fut la victoire irakienne lors de la Coupe d'Asie 2007, un an à peine après la fin de la guerre qui avait ravagé le pays, et obligé la sélection à disputer ses rencontres à domicile à l'étranger. Les Irakiens ont éliminé le Vietnam et la Corée du Sud pour se hisser en finale, lors de laquelle le capitaine Younis Mahmoud a inscrit le but décisif face à l'Arabie saoudite. Quatre ans plus tard, ils ne purent conserver leur bien, s'inclinant en quart de finale contre l'Australie.

AL-HAYDOS

ANECDOTE DU TOURNOI
LES STARS DU QATAR

Le Qatar, pays hôte de la Coupe du Monde 2022, a été sacré champion continental pour la première fois en 2019, soulevant la Coupe d'Asie AFC après son succès 3-1 contre le Japon en final à Abou Dhabi. L'un des buteurs ce jour-là était Almoez Ali, d'une splendide reprise acrobatique. Ali a terminé le tournoi avec 9 buts, record de la compétition, dont un quadruplé en 51 minutes face à la Corée du Nord (6-0). Le but marqué par le Japon en finale est le seul concédé par le Qatar (contre 19 marqués), entraîné par l'Espagnol Félix Sánchez. Le capitaine était l'attaquant **Hassan Al-Haydos**, joueur le plus capé de la sélection.

RECORD DE BUTS
LES SAOUDIENS EN RETARD

L'Arabie saoudite a mis fin à une série de 12 rencontres sans victoire en phase finale de la Coupe du Monde lorsqu'elle a battu l'Égypte 2-1 lors du dernier match de groupes, en 2018. C'était la première fois que les Saoudiens gagnaient depuis qu'ils avaient battu la Belgique 1-0 en juin 1994. L'Égypte a inscrit le premier but, mais les Saoudiens ont égalisé avec un penalty du milieu de terrain Salman Al Faraj, à 5 minutes 50 secondes dans les premiers arrêts de jeu – le but le plus tardif en première mi-temps d'un match de phase finale, depuis 1966. Leur buteur victorieux s'est aussi montré tardif : l'ailier Salem Al-Dossari a marqué à la 5e minute des 2e arrêts de jeu.

RECORD DE COUPES
L'AFC EN CHIFFRES

L'Iran domine le palmarès de la Coupe d'Asie, même s'il n'a atteint « que » le dernier carré en 2019, battu par les Émirats arabes unis. L'Iran compte le plus de matchs joués (131), de victoires (41), de nuls (19) et de buts marqués (131). Avec un seul but en deux participations, la Palestine est l'équipe la moins prolifique, tandis que la Chine affiche le plus de buts concédés (65), loin devant le Myanmar et Singapour (4 en une participation). Le Japon est le plus titré avec 4 sacres, devant l'Iran et l'Arabie saoudite (3).

130 000
La plus grosse affluence pour un match de qualification à domicile a été enregistrée le 22 novembre 1997, lors d'un nul 1-1 entre l'Iran et l'Australie, au stade Azadi de Téhéran : 130 000 personnes.

26
La Coupe d'Asie 2015 a établi un record remarquable de matchs consécutifs sans résultat nul en compétition internationale. Les 26 rencontres de phase de groupes, puis les deux premiers quarts de finale, ont tous produit des vainqueurs au bout de 90 minutes.

XU

ANECDOTE DU TOURNOI
LE GÉANT ENDORMI

La Chine a beau être le pays le plus peuplé au monde, elle ne s'est qualifiée qu'une seule fois pour la phase finale de la Coupe du Monde de la FIFA – même si le sélectionneur italien champion du monde 2006 Marcello Lippi et le capitaine Fabio Cannavaro se sont succédé à la tête de la sélection. Le deuxième mandat de Lippi s'est achevé en novembre 2019, quand il a cédé la place à Li Tie. Le défenseur a disputé le Mondial 2002 en compagnie du joueur le plus capé Li Weifeng (112) et du meilleur buteur Hao Haidong (41), mais aucun n'a réussi à marquer, subissant 3 défaites contre le Costa Rica, le Brésil et la Turquie. L'espoir est éternel : en éliminatoires du Mondial 2022, la Chine a infligé un revers 7-0 à Guam en octobre 2019 grâce à un quintuplé de **Yang Xu**. Celui-ci est devenu le premier homme en 18 ans (depuis les Australiens Archie Thompson et David Zdrilic contre les Samoa américaines) à signer quatre buts en première mi-temps d'un éliminatoire de Coupe du Monde. Yang Xu s'est hissé à la 2e place du classement des buteurs (29).

KHARBIN

LÉGENDE NATIONALE
LA FIERTÉ DE LA SYRIE

En 2017, **Omar Kharbin** est devenu le premier Syrien désigné Meilleur joueur d'Asie de l'année. L'ailier a aidé son club saoudien Al-Hilal à remporter son premier championnat en six ans et à atteindre la finale de la Ligue des Champions de l'AFC, perdue contre les Japonais des Urawa Red Diamonds. Kharbin, qui avait fait ses débuts à 15 ans avec Al-Wahda, dans sa ville natale de Damas, a aussi égalisé pour la Syrie malgré la défaite contre les champions sortants australiens au 1er tour de la Coupe d'Asie 2019, remporté par le Qatar. Le titre de Meilleur joueur d'Asie a été remporté par des Qataris en 2018 et 2019, l'ailier Akram Afif succédant au défenseur Abdelkarim Hassan. Le prix a été annulé en 2020 en raison de la pandémie de COVID-19.

LÉGENDE NATIONALE
DAEI : LE MEILLEUR D'ENTRE TOUS

Ali Daei a terminé sa carrière avec 109 buts en 149 sélections, entre 1993 et 2006 – cela sans avoir marqué durant les Coupes du Monde FIFA 1998 et 2006. Il est aussi, avec 14 buts, le meilleur buteur de la Coupe d'Asie des Nations, qu'il n'a pourtant jamais remportée. Sa carrière de sélectionneur a été moins prolifique, puisqu'elle n'a duré qu'un an, de mars 2008 à mars 2009. Il a été remercié après le parcours laborieux de l'Iran en éliminatoires de la Coupe du Monde 2010.

DAEI

37

La Chine a atteint sa meilleure place au classement mondial FIFA/Coca-Cola en 1998, avec une 37e position, mais n'a pas su se maintenir dans ces sphères. En 2008, elle est tombée à la 100e place avant de remonter à la 76e en 2020.

1938

L'Indonésie (à l'époque les Indes orientales néerlandaises) est le 1er pays asiatique à avoir participé à une Coupe du Monde, en France en 1938. Le 5 juin à Reims, la Hongrie l'a emporté 6-0 dans ce tournoi par élimination directe.

ANECDOTE DU TOURNOI
LE BHOUTAN BAT TOUT

En mars 2015, le Bhoutan a connu une série de victoires sans précédent. Cette nation, alors la moins bien classée au monde, n'avait remporté que deux matchs internationaux officiels en 34 ans avant de battre le Sri Lanka deux fois lors d'une qualification en match double pour la Coupe du Monde 2018. Le seul but du premier match était l'œuvre de Tshering Dorji, et c'est Chencho Gyeltshen – seul joueur professionnel du pays – qui a marqué les deux buts du Bhoutan une semaine plus tard, dans une victoire 2-1. La nation himalayenne est parvenue pour la première fois au 2e tour des qualifications en Coupe d'Asie, mais elle a perdu ses huit matchs, avec une différence de buts de -52.

LÉGENDE NATIONALE
L'AS DU BARÇA

Le 1er Asiatique à avoir joué pour un club européen a aussi été, pendant près d'un siècle, le plus prolifique buteur du FC Barcelone, avant d'être surpassé par Messi en mars 2014. Paulino Alcántara, originaire des Philippines, marqua 369 buts en 357 matchs pour le Barça entre 1912 et 1927. Il avait commencé sa carrière à 15 ans, un autre record du club. Né aux Philippines, mais de père espagnol, il disputa des matchs internationaux pour la Catalogne et pour les Philippines, avec qui il joua le match qui fut aussi la plus cuisante défaite du Japon (15-2).

CHHETRI

4-0

Le 30 juin 2002, le jour où le Brésil et l'Allemagne se disputaient la finale de la Coupe du Monde, les deux pays les plus mal classés à la FIFA s'affrontaient également. Le Bhoutan a battu Montserrat, équipe de la zone CONCACAF, 4-0.

ANECDOTE DU TOURNOI
DES PREMIÈRES AU PREMIER TOUR

En janvier 2019, l'Inde a mis fin à 55 ans de disette en phase finale de Coupe d'Asie en s'imposant 4-1 face à la Thaïlande. Grâce à son doublé, **Sunil Chhetri** a porté son total de buts internationaux à 67, record de l'époque. Il en est aujourd'hui à 72 buts et 115 sélections, record national. Toutefois, ce furent les seuls points de l'Inde glanés dans le tournoi. La Thaïlande a réagi en remerciant son sélectionneur serbe Milovan Rajevac, remplacé par Sirisak Yodyardthai, puis s'est qualifiée au second tour pour la première fois en 47 ans avant d'être éliminée 2-1 par la Chine.

102

Le 17 novembre 2004, sur une victoire 7-0 contre le Laos, l'attaquant iranien Ali Daei, auteur d'un quadruplé, est devenu le premier footballeur à dépasser les 102 buts en sélection.

LÉGENDE NATIONALE
ALI LE MAGNIFIQUE

En 2019, aucun joueur n'a marqué plus de buts internationaux que l'Émirati **Ali Mabkhout**. Avec 19 buts en 13 matchs, il devance le Qatari Almoez Ali (15), le Portugais Cristiano Ronaldo (14), l'Ouzbek Eldor Shomurodov (13) et l'Anglais Harry Kane (12). Son doublé contre la Malaisie en septembre lui a permis de dépasser les 52 buts d'Adnan Al-Talyani et il plafonne aujourd'hui à 63 buts en 83 sélections. Mabkhout a marqué le but le plus rapide de l'histoire de la Coupe d'Asie, en seulement 14 secondes, face au Bahreïn en 2015 (victoire 2-1 au premier tour). Il a terminé Soulier d'Or de la compétition, malgré la 3e place de son équipe. La seule participation des Émirats arabes unis en Coupe du Monde de la FIFA remonte à 1990, quand le Polonais Bernard Blaut a remplacé le célèbre Brésilien Mário Zagallo sur le banc juste avant le début du tournoi.

SHATSKIKH

LÉGENDE NATIONALE
LES RECORDS OUZBEKS

Le meilleur buteur ouzbek **Maksim Shatskikh** s'est retiré du football international après sa 61e sélection, lors d'un match amical contre Oman en mai 2014. Il avait égalé le record de 31 buts de Mirjalol Qosimov lors d'une victoire 7-3 face à Singapour, en juin 2008, et détient aussi le record national de buts en un seul match depuis son quintuplé contre Taïwan, en octobre 2007. Avec le club ukrainien du Dynamo de Kiev, il est devenu le 2e Ouzbek – après Qosimov avec l'Alania Vladikvkaz – à marquer dans une compétition de l'UEFA. Qosimov a été deux fois sélectionneur de l'Ouzbékistan atteignant les quarts de finale de la Coupe d'Asie en 2015. Le joueur le plus capé du pays est l'attaquant Serjer Deparov, qui a raccroché en 2017 après 128 sélections.

1934
La Palestine, alors sous mandat britannique, a été le 1er pays asiatique à jouer les éliminatoires de la Coupe du Monde. Le 16 mars 1934, elle a perdu 7-1 en Égypte.

LÉGENDE NATIONALE
BADER PARMI LES GRANDS

Bader Al-Mutawa est le joueur le plus capé du Koweït. Appelé pour la 181e fois en sélection pour affronter l'Arabie Saoudite en mars 2021, il n'est plus qu'à trois longueurs du record absolu de capes détenu par l'Égyptien Ahmed Hassan (184). Al-Mutawa avait fait ses débuts en septembre 2003 avec un but lors du succès 3-1 contre Singapour. Il a un temps formé un redoutable duo d'attaque avec Bashar Abdullah, meilleur buteur du Koweït avec 75 unités.

MABKHOUT

JOUEUR STAR
AL-JABER PUISSANCE QUATRE

Sami Al-Jaber est l'un des plus grands joueurs d'Arabie saoudite. Il est non seulement le 2e meilleur buteur de son pays avec 44 unités, mais il est aussi devenu le 2e joueur asiatique à avoir disputé 4 Coupes du Monde lorsqu'il a été titularisé le 14 juin 2006 contre la Tunisie à Munich. Il a célébré l'occasion en marquant son 3e but en Coupe du Monde, après ses réalisations en 1994 et 1998. Al-Jaber était aussi un homme clé de la sélection saoudienne titrée en Coupe d'Asie en 1996, victorieuse en finale des Émirats arabes unis, pays hôte, aux tirs au but.

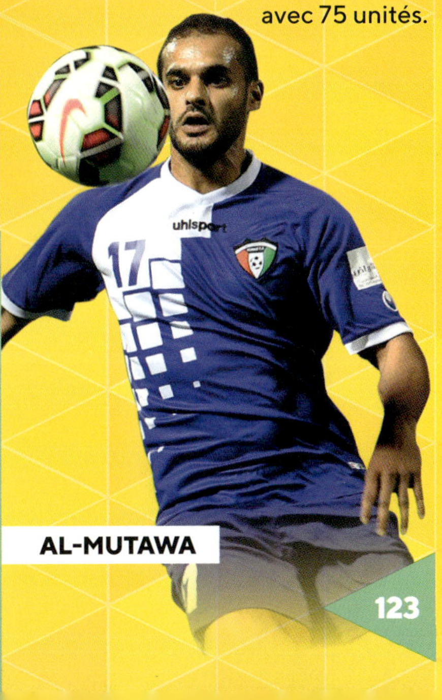

AL-MUTAWA

OCÉANIE

Le football océanien détient quelques records saisissants, mais bien peu dont il pourrait se vanter. Les gardiens des petites îles sont notamment en souffrance avec un nombre de buts encaissés digne des scores de cricket…

Pays : Nouvelle-Zélande
Membre de la FIFA : 1948
Joueur le plus capé : Ivan Vicelich, 88
Meilleur buteur : Vaughan Coveny, 28
Palmarès : 5 Coupes des Nations OFC (1973, 1998, 2002, 2008 et 2016)

Pays : Fidji
Membre de la FIFA : 1964
Joueur le plus capé : Esala Masi, 52
Meilleur buteur : Esala Masi, 32
Palmarès : –

Pays : Tahiti
Membre de la FIFA : 1989
Joueur le plus capé : Angelo Tchen, 34
Meilleur buteur : Teaonui Tehau, 24
Palmarès : 1 Coupe des Nations OFC (2012)

WOOD

JOUEUR STAR
WOOD STOCKE LES BUTS

Chris Wood a marqué quatre buts lors de la Coupe des Nations océaniennes 2016, un de moins que le Papouasien Raymond Gunemba, meilleur buteur. La Nouvelle-Zélande a remporté le titre pour la 5e fois, un record. Wood avait inscrit son premier but international en octobre 2010, lors d'un nul 1-1 contre le Honduras, et avait aussitôt reçu un carton jaune pour avoir fêté son but en montrant ses sous-vêtements portant son surnom, « Woodzee ». Le 14 novembre 2014, lors d'un match amical contre la Chine, Wood est devenu le plus jeune capitaine de son pays, à l'âge de 22 ans et 343 jours.

3

Ricki Herbert est l'un des trois Néo-Zélandais à avoir été sélectionneur de l'équipe nationale, avec Barrie Truman, entre 1970 et 1976, et Danny Hay, en 2019.

HERBERT

LÉGENDE NATIONALE
UN BEAU DOUBLÉ

Ricki Herbert est le seul joueur néo-zélandais à avoir participé à deux Coupes du Monde de la FIFA. Arrière gauche dans l'édition 1982 en Espagne, il est revenu en tant que sélectionneur en 2010. La Nouvelle-Zélande s'est qualifiée pour ce Mondial à l'issue d'un match de barrage contre le Bahreïn, représentant la fédération d'Asie. Herbert a démissionné en novembre 2013, et s'est occupé brièvement des Maldives. En août 2019, l'ancien défenseur de Leeds United, Danny Hay (31 sélections entre 1996 et 2007), est devenu sélectionneur des *All Whites*. Herbert et lui sont les seuls à avoir été capitaines puis sélectionneurs de la Nouvelle-Zélande.

LÉGENDE NATIONALE
COURAGEUX VANUATU

Le meilleur résultat du Vanuatu en Coupe des Nations OFC est une 4e place en 2007, mais trois ans plus tôt, le pays avait créé l'une des grandes surprises du tournoi en battant la Nouvelle-Zélande 4-2 au premier tour. Parmi les joueurs les plus connus figurent Etienne Mermer, le plus capé avec 31 sélections, avant de devenir brièvement sélectionneur en 2017, ou encore le meilleur buteur, Richard Iwai, auteur de 20 buts pour son pays et devenu entraîneur des moins de 23 ans. La plus large victoire du Vanuatu a été obtenue contre les Kiribati, 18-0, en juillet 2003. Pour l'un des premiers matchs de Mermer à la tête de l'équipe, le Vanuatu s'était imposé 10-0 sur le terrain de Tuvalu en décembre 2017.

MENAPI

34

Commins Menapi est le meilleur buteur des îles Salomon, avec 34 buts en 37 matchs de 2000 à 2009.

31-0

Les Samoa américaines ont établi un record international peu envié : une défaite 31-0 contre l'Australie en avril 2001, deux jours après la défaite écrasante des Tonga contre l'Australie (22-0).

24

Tahiti a concédé pas moins de 24 buts en trois rencontres de la Coupe des Confédérations FIFA 2013, dont dix contre l'Espagne.

TEAONUI TEHAU

ANECDOTE DU TOURNOI
DES NULS INSUFFISANTS

Bien qu'il ne s'agisse que de sa 2e participation en Coupe du Monde FIFA – et la 1re depuis 1982 –, la Nouvelle-Zélande n'a pas perdu un seul match en 2010. Au 1er tour, elle a concédé 3 nuls face à la Slovaquie, l'Italie et au Paraguay. Mais les 3 points accumulés n'ont pas suffi à placer l'équipe parmi les 2 premiers du Groupe F.

Elle a terminé cependant 3e devant l'Italie, tenante du titre. Trois autres équipes ont été éliminées sans avoir perdu un seul match : l'Écosse en 1974, le Cameroun en 1982 et la Belgique en 1998.

ANECDOTE DU TOURNOI
TEHAU TOUT EN HAUT

Tahiti, outsider de la région pacifique, a fini par briser l'hégémonie de l'Australie et de la Nouvelle-Zélande sur la Coupe des Nations OFC en remportant la neuvième édition du tournoi en 2012. Tahiti a inscrit 20 buts dans ses cinq rencontres aux îles Salomon, dont 15 par la famille Tehau : les frères Lorenzo (5), Alvin et Jonathan (4 chacun) ainsi que leur cousin Teaonui (2). Steevy Chong Hue a inscrit l'unique but de la finale contre la Nouvelle-Calédonie pour décrocher le titre et une place en Coupe des Confédérations 2013. **Teaonui Tehau** est le meilleur buteur de la nation avec 24 réalisations en 31 sélections.

JOUEUR STAR
LE FEU DES FIDJI

Esala Masi détient les records fidjiens de sélections et de buts, avec 32 réalisations en 52 matchs de 1997 à 2005. Il a notamment signé un doublé pour battre Tahiti 4-2 et décrocher la 3e place de la Coupe des Nations OFC 1998. La nation a réitéré son exploit dix ans plus tard. Les Fidjiens ont bien failli devenir le premier pays autre que l'Australie ou la Nouvelle-Zélande à accéder au tournoi olympique masculin, mais ils se sont inclinés 1-0 contre les *All Whites* lors des barrages de Londres 2012.

65

Le défenseur central Ivan Vicelich a amélioré le record néo-zélandais de 64 sélections de Vaughan Coveny au match retour des barrages d'accession à la Coupe du Monde 2010 contre le Bahreïn. Il a ainsi aidé ses coéquipiers à valider leur billet pour la phase finale en Afrique du Sud.

CONCACAF

L'histoire du football s'écrira par trois fois en 2026, quand le Canada, le Mexique et les États-Unis, trois pays de la CONCACAF, accueilleront la Coupe du Monde de la FIFA. Il s'agira d'une édition record avec le passage de 32 à 48 équipes, organisée pour la première fois par trois nations. Le Mexique, lui, deviendra le premier pays à recevoir le Mondial pour la troisième fois.

Fondation : 1961

Pays membres : 35 (+ 6 non-membres de la FIFA)

Siège : Miami, États-Unis

Nation la plus titrée en championnat continental : Mexique, 11

3

En 2026, le Mexique aura organisé ou co-organisé la Coupe du Monde trois fois, plus que toute autre nation.

4

Il existe 4 zones CONCACAF : Amérique du Nord, Amérique centrale, Caraïbes et Amérique du Sud.

2000

Entre eux, le Mexique et les États-Unis se partagent tous les titres en *Gold Cup*, sauf celui de 2000, remporté par le Canada.

La meilleure prestation d'une équipe de la CONCACAF en Coupe du Monde remonte à la première édition, en 1930, avec la 3e place des États-Unis.

L'équipe nationale mexicaine est la seule nation de la CONCACAF à avoir remporté un tournoi masculin officiel de la FIFA : la Coupe des Confédérations de la FIFA 1999.

MEXIQUE

Le Mexique a beau être un ogre de la CONCACAF – il n'a manqué que cinq Coupes du Monde (en 1934, 1938, 1974, 1982 et 1990) –, il a toujours eu du mal à imposer sa marque sur la scène internationale.

SÁNCHEZ

LÉGENDE NATIONALE « HUGOAL »

Javier Hernández est peut-être devenu le meilleur buteur mexicain devant Jared Borgetti, mais l'attaquant le plus mythique de la sélection mexicaine est sans doute **Hugo Sánchez**, célèbre notamment pour ses saltos acrobatiques après ses buts. Lors de son passage à l'Atlético et au Real Madrid, il fut désigné 5 fois Meilleur buteur de la *Liga* (1985 à 1988 et 1990). Sélectionneur du Mexique de 2006 à 2008, il déçut, avec comme meilleur résultat une 3e place à la Copa América 2007.

Membre de la FIFA : 1927

Plus large victoire : 13-0, contre les Bahamas, 1987

Meilleur classement FIFA : 4

Stade : Estadio Azteca, Mexico

Palmarès : 11 CONCACAF (1965, 1971, 1977, 1993, 1996, 1998, 2003, 2009, 2011, 2015, 2019)

16

Seuls quatre pays – l'Argentine, le Brésil, l'Allemagne et l'Italie – ont joué plus souvent en phase finale de la Coupe du Monde que le Mexique, avec ses 16 participations.

LÉGENDE NATIONALE L'INSPIRATION D'IGNACIO

Le football mexicain a pleuré son sélectionneur mythique **Ignacio Trelles**, décédé d'une crise cardiaque à 103 ans en avril 2020. Trelles détient le record de rencontres dirigées à tête du Mexique. Il a décroché 50 victoires en 106 matchs entre 1958 et 1976. C'est grâce à lui que le Mexique a remporté son 1er succès en Coupe du Monde, 3-1 contre la Tchécoslovaquie en 1962, même si les Mexicains ont quitté la compétition dès le premier tour au Chili et en Angleterre 4 ans plus tard. Trelles, aussi surnommé « Don Nacho », a supervisé un record de 1 083 matchs d'élite au Mexique. Seuls lui et Victor Manuel Vucetich (sélectionneur du Mexique pendant 35 jours seulement) ont remporté le championnat national avec 4 clubs différents. Bora Milutinović a été sélectionneur pendant 104 matchs, de 1983 à 1986, puis de 1995 à 1997, notamment lors du parcours jusqu'en quart dans le Mondial à domicile en 1986.

TRELLES

BUTEURS

1. **Javier Hernández,** 52
2. **Jared Borghetti,** 46
3. **Cuauhtémoc Blanco,** 39
4. **Carlos Hermosillo,** 35
   = **Luis Hernández,** 35

LÉGENDE NATIONALE
LE RECORD DE MÁRQUEZ

Le défenseur Rafael Márquez cumule les records mexicains en Coupe du Monde. Avec 19 matchs en phase finale, il en a disputé sept de plus que Javier Hernández. Il est le seul – avec Cuauhtémoc Blanco et Hernández – à avoir marqué dans trois Coupes du Monde. Enfin, à l'âge de 39 ans et 139 jours, Márquez est devenu le deuxième joueur de champ le plus âgé titulaire dans un match à élimination directe de Coupe du Monde. Il n'est devancé que par l'Anglais Stanley Matthews contre l'Uruguay, en 1954, alors âgé de six jours de plus.

SÉLECTIONS

1	**Claudio Suárez,** 177
2	**Andrés Guardado,** 165
3	**Rafael Márquez,** 147
4	**Pável Pardo,** 146 **= Gerardo Torrado,** 146

HERNÁNDEZ

3

Hugo Sánchez a disputé trois Coupes du Monde (1978, 1986 et 1994) et aurait certainement participé à celles de 1982 et 1990 si son pays s'était qualifié.

SUÁREZ

JOUEUR STAR
TROIS GÉNÉRATIONS

Avec son but contre le Costa Rica, le 24 mars 2017, **Javier Hernández** a égalé le record mexicain de Jared Borgetti : 46 buts en 89 matchs. D'autres buts ont suivi, ainsi que la 100e cape de Hernández, qui a atteint 50 buts avec un tir contre la Corée du Sud en Coupe du Monde 2018. En juin 2010, lors d'un match d'ouverture contre l'Afrique du Sud, Hernández a représenté la 3e génération familiale jouant en Coupe du Monde.

LÉGENDE NATIONALE
L'EMPEREUR SUÁREZ

Pendant longtemps, seul l'Égyptien Ahmed Hassan (avec 184 capes) avait joué plus de matchs internationaux que le défenseur mexicain **Claudio Suárez**, qui a disputé 177 rencontres de 1992 à 2006. Surnommé « El Emperador », celui-ci a disputé les quatre rencontres des siens aux Mondiaux 1994 et 1998. Une jambe cassée l'a privé de l'édition 2002. Enfin, il faisait partie du groupe retenu pour la Coupe du Monde 2006, mais il n'est pas entré en jeu et a pris sa retraite après la phase finale.

42

Le Mexicain Manuel Rosas a inscrit le tout premier penalty sifflé en Coupe du Monde, à la 42e minute du match contre l'Argentine en 1930.

5

Le défenseur Rafael Márquez est entré dans l'histoire en 2014 comme 1er capitaine de son pays dans 4 Coupes du Monde consécutives – et a amélioré ce record 4 ans plus tard, lors du 8e de finale contre le Brésil en 2018. Márquez, son compatriote Antonio Carbajal et l'Allemand Lothar Matthäus sont les seuls joueurs à avoir disputé 5 phases finales de Coupe du Monde.

GUARDADO

22

En quart de finale de la Copa América 2016, le Mexique a subi une défaite écrasante 7-0 contre le Chili, la pire qu'il ait connue en compétition officielle, et qui a mis fin à une série d'invincibilité de 22 matchs, un record pour la sélection.

ANECDOTE DU TOURNOI
CONQUISTADORS DE LA COUPE

Aucune nation n'a remporté le tournoi d'Amérique du Nord et centrale – connu sous le nom de Championnat CONCACAF depuis 1963, puis de Gold Cup depuis 1991 – plus souvent que le Mexique, titré 11 fois. Jonathan Dos Santos a inscrit le seul but de la finale 2019 contre les États-Unis, pays hôte, à Chicago. Le capitaine expérimenté **Andrés Guardado** a sauvé une balle d'égalisation à 2 minutes du terme en repoussant le ballon avec son visage sur sa ligne de but. Ailier et meneur de jeu, Guardado, qui avait fait ses débuts en sélection à 19 ans en décembre 2005, est le seul joueur à avoir marqué dans trois finales de Gold Cup.

ÉTATS-UNIS

De Pelé à David Beckham, de grands joueurs ont évolué dans le Championnat américain. Les États-Unis font partie des 17 nations à avoir accueilli la Coupe du Monde.

Membre de la FIFA : 1913

Plus large victoire : 8-0, contre la Barbade, en 2008

Meilleur classement FIFA : 4

Stade : (Rotation)

Palmarès : 6 CONCACAF (1991, 2002, 2005, 2007, 2013, 2017)

DONOVAN

LÉGENDE NATIONALE
DONOVAN, LE BUTEUR

Landon Donovan, meilleur buteur américain, a été le joueur vedette de l'édition 2010. Il a inscrit 3 buts en 4 matchs, dont un coup franc direct qui a permis à son équipe de l'emporter contre l'Algérie et de terminer en tête du Groupe C. Il a participé à 13 rencontres de Coupe du Monde pour les États-Unis, deux de plus que ses compatriotes Earnie Stewart, Cobi Jones et DaMarcus Beasley. Le but marqué dans le match perdu face au Ghana en 8e de finale fait de lui le meilleur buteur américain de la compétition avec 5 buts (un de plus que Bert Patenaude, auteur d'un triplé en 1930, et que Clint Dempsey, auteur de deux buts en 2014).

HOWARD

LÉGENDE NATIONALE
HISTOIRE DE GANTS

Parmi les 5 gardiens en tête du classement de victoires avec la sélection masculine américaine, l'ancien portier de Manchester United et d'Everton **Tim Howard** est au sommet avec 62 succès, suivi de Kasey Keller (53), Tony Meola (37), Brad Guzan (30) et Brad Friedel (27). Pourtant, en matière de « clean sheets », le classement est un peu différent : Keller arrive 1er (47), devant Howard (42), Meola (32), Friedel (24) et Guzan (18). Keller est le plus titré avec son pays puisqu'il a remporté la CONCACAF à 3 reprises, contre 2 pour Howard et Meola.

30

Clint Dempsey, surnommé « Deuce », a mis seulement 30 secondes pour ouvrir le score contre le Ghana à la Coupe du Monde 2014. C'était le 5e but le plus rapide de l'histoire de la compétition.

BUTEURS

1	**Landon Donovan,** 57
	= Clint Dempsey, 57
3	**Jozy Altidore,** 42
4	**Eric Wynalda,** 34
5	**Brian McBride,** 30

148

Bruce Arena, qui s'est retiré en octobre 2017 après l'échec des États-Unis aux éliminatoires de la Coupe du Monde 2018, détient le record de longévité comme entraîneur de cette équipe. Arena est resté en poste pendant 148 matchs.

19

Jozy Altidore est devenu le plus jeune Américain à réaliser un triplé en match international, lors d'une victoire 3-0 contre Trinité-et-Tobago, le 1er avril 2009, à l'âge de 19 ans et 146 jours.

JOUEUR STAR
MAGIQUE CHRISTIAN

Natif de Philadelphie, **Christian Pulisic** est parti en Allemagne à l'âge de 16 ans, en 2015, pour signer avec le Borussia Dortmund. Il y a été rejoint, un an plus tard, par son cousin Will, un gardien qui a joué pour les moins de 17 ans américains. En mars 2017, Christian Pulisic a marqué le but américain le plus rapide en 2e mi-temps, 12 secondes seulement après la reprise, pour une victoire 6-0 sur le Honduras. Il est devenu le plus jeune capitaine de son pays, à 20 ans et 63 jours, face à l'Italien, en novembre 2018. Deux mois plus tard, il est devenu le footballeur américain le plus cher lorsque le club londonien de Chelsea l'a recruté pour 64 millions d'euros au mercato d'été.

PULISIC

SÉLECTIONS

1 **Cobi Jones,** 164
2 **Landon Donovan,** 157
3 **Michael Bradley,** 151
4 **Clint Dempsey,** 141
5 **Jeff Agoos,** 134

DEMPSEY

17

Christian Pulisic est devenu le plus jeune buteur américain lorsqu'il a marqué contre la Bolivie à l'âge de 17 ans et 253 jours, en mai 2016.

ANECDOTE DU TOURNOI
GAETJENS SURPREND L'ANGLETERRE

La victoire 1-0 contre l'Angleterre, le 29 juin 1950, fait partie des immenses surprises de la Coupe du Monde. Avec les Brésiliens, les Anglais faisaient figure de favoris. Les Américains, eux, avaient perdu leurs 7 derniers matchs en ne marquant que 2 buts. Pourtant, à la 37e minute, Joe Gaetjens reprend d'une tête plongeante le centre de Walter Bahr et bat Bert Williams. Face à la domination anglaise, le portier Frank Borghi multiplie les prouesses. Les Américains seront éliminés à la suite des défaites contre le Chili et l'Espagne, mais ce succès reste le plus grand exploit de leur histoire footballistique.

2

Les États-Unis sont devenus la première nation de la CONCACAF à posséder deux joueurs ayant marqué chacun 50 buts. Clint Dempsey a égalé le record national de Landon Donovan après avoir inscrit son 57e but lors de la victoire de son pays 2-0 contre le Costa Rica en juillet 2017.

LÉGENDE NATIONALE
CAPITAINE COOL

Le milieu **Michael Bradley** a vécu une désillusion sur ses terres en s'inclinant en finale de Gold Cup 2019 contre le Mexique. Mais il a quand même été sélectionné dans le XI du tournoi avec son compère du milieu Christian Pulisic et le défenseur Aaron Long. Bradley a fait ses débuts en sélection en mai 2006 et est devenu titulaire indiscutable quand son père, Bob Bradley, a été désigné sélectionneur plus tard dans l'année. La légende allemande Jürgen Klinsmann, qui a dirigé la sélection entre 2011 et 2016, en a fait son capitaine en 2015. Bradley a gardé le brassard avec ses successeurs Bruce Arena (revenu pour un deuxième mandat après avoir supervisé les États-Unis aux Coupes du Monde 2002 et 2006) et Gregg Berhalter.

BRADLEY

JOUEUR STAR
AFFAIRE DE FAMILLE

La famille Reyna est devenue la première de l'histoire des États-Unis à compter trois membres en sélection nationale quand le milieu du Borussia Dortmund, **Giovanni Reyna**, a été appelé la veille de ses 18 ans pour un match nul et vierge contre le pays de Galles en novembre 2020. Son père a totalisé 112 capes entre 1994 et 2006 et a été capitaine lors du Mondial 2006 en Allemagne. Sa mère a joué 6 matchs de l'équipe féminine en 1993.

Pour sa deuxième sélection 4 jours plus tard, Giovanni est devenu le 3e plus jeune buteur américain avec un doublé lors du succès 6-2 contre le Panama. En mai 2018, Josh Sargent est devenu, quant à lui, le 4e plus jeune buteur, à la 52e minute du match contre la Bolivie. Il n'a pu en profiter que sept minutes, puisque son coéquipier Tim Weah, né deux jours après lui, a marqué à la 59e.

REYNA

CONCACAF : LES AUTRES ÉQUIPES

Le Mexique et les États-Unis sont assurément les nations dominantes de la zone CONCACAF, mais avec les bonnes prestations du Costa Rica en Coupe du Monde, ou même du Panama qui a accédé à la phase finale 2018, la région dispose d'un grand vivier de talents.

TORRES

LÉGENDE NATIONALE

TORRES, LE TOUR DE FORCE

Le Panama a effectué ses débuts en phase finale de la Coupe du Monde lors de l'édition 2018, sous la houlette du puissant arrière central **Róman Torres**, dont le but à trois minutes de la fin a scellé la victoire de son équipe 2-1 sur le Costa Rica, lui assurant une place aux dépens des États-Unis, qui ont perdu sur le même score face à Trinité-et-Tobago ce même soir. Le président panaméen Juan Carlos Varela a décrété un jour férié pour fêter cet exploit. Le Panama a perdu ses trois matchs en Russie (3-0 face à la Tunisie, 6-1 contre l'Angleterre et 2-1 avec la Tunisie) mais les fans ont fêté leur équipe avec exubérance à Nijni Novgorod lorsque le remplaçant Felipe Baloy a marqué le tout premier but du Panama en Coupe du Monde, contre l'Angleterre.

Pays : Costa Rica
Membre de la FIFA : 1927
Joueur le plus capé : Walter Centeno, 137
Meilleur buteur : Rolando Fonseca, 47
Palmarès : –

Pays : Salvador
Membre de la FIFA : 1938
Joueur le plus capé : Alfredo Pacheco, 85
Meilleur buteur : Raúl Díaz Arce, 39
Palmarès : –

Pays : Honduras
Membre de la FIFA : 1946
Joueur le plus capé : Maynor Figueroa, 165
Meilleur buteur : Carlos Pavón, 57
Palmarès : –

Pays : Trinité-et-Tobago
Membre de la FIFA : 1964
Joueur le plus capé : Angus Eve, 117
Meilleur buteur : Stern John, 70
Palmarès : –

Pays : Canada
Membre de la FIFA : 1912
Joueur le plus capé : Julián de Guzmán, 89
Meilleur buteur : Dwayne De Rosario, 22
Palmarès : 2 *Gold Cup* (1985, 2000)

Pays : Panama
Membre de la FIFA : 1938
Joueur le plus capé : Gabriel Gómez, 149
Meilleur buteur : Luis Tejada/Blas Pérez, 43
Palmarès : –

11
Sorti du banc, Lucas Cavallini a inscrit un triplé lors du plus large succès canadien, un 11-0 contre les Îles Caïman en mars 2021 pour les éliminatoires du Mondial 2022. C'était le tout premier match entre ces deux nations.

ANECDOTE DU TOURNOI

TOUT POUR LE SALVADOR

Le Salvador est le premier pays d'Amérique centrale – hormis le Mexique – à s'être qualifié deux fois pour la Coupe du Monde, en 1970 et 1982. Les dernières années se sont révélées plus difficiles, même si le défenseur Alfredo Pacheco a fait honneur à son pays et est devenu le joueur le plus capé avec 86 participations de 2002 à 2013.

JOHN

70

Seuls 15 internationaux ont fait mieux que les 70 buts en 115 matchs du Trinidadien **Stern John** entre ses débuts en 1995 et son dernier match en 2011.

JOUEUR STAR
KEYLOR D'ABORD

En 1990, le Costa Rica a effectué ses débuts en phase finale de Coupe du Monde, et le gardien Luis Gabelo Conejo a reçu le titre de Meilleur gardien avec l'Argentin Sergio Goycochea, pour avoir aidé son équipe à atteindre la phase à élimination directe. *Los Ticos* ont encore amélioré leur performance en 2014. Les buteurs Joel Campbell et Bryan Ruiz se sont révélés impressionnants, mais là encore, c'est un gardien qui a joué un rôle crucial : **Keylor Navas** a été élu Homme du match quatre fois en cinq rencontres. De l'autre côté du terrain, le premier joueur à inscrire deux buts pour le Costa Rica en Coupe du Monde a été Paulo Wanchope, auteur d'un doublé dans le match d'ouverture de l'édition 2006 perdu 4-2 contre l'Allemagne, pays hôte. Son total record de 45 buts en sélection a finalement été dépassé par Rolando Fonseca et ses 47 unités.

NAVAS

ANECDOTE DU TOURNOI
TROIS SUR ONZE

Wilson Palacios, le milieu de terrain défensif de Stoke City, était le joueur le plus célèbre de l'équipe hondurienne, qui participait à la phase finale de la Coupe du Monde pour la première fois en 28 ans. Pourtant, comme l'équipe de 1982, les hommes de Reinaldo Rueda ont joué trois matchs sans gagner. Milton Palacios, un frère plus âgé, a joué 14 fois comme défenseur, de 2003 à 2006. Jerry et Wilson ont tous deux intégré l'équipe de l'édition 2014, mais sans beaucoup de chance, en particulier pour Wilson, expulsé lors du match contre la France.

Le Honduras a perdu ses trois matchs, mais a du moins inscrit un but contre l'Équateur.

3 Le Canada, Haïti, la Jamaïque, le Panama et Trinité-et-Tobago ont tous joué trois matchs de Coupe du Monde lors de leur unique participation. La Jamaïque en a gagné un, Trinité a décroché un nul. Toutes les autres rencontres ont été perdues.

5 En 1938, Cuba a marqué 5 buts pour devenir le premier État insulaire de la région CONCACAF à atteindre les quarts de finale de la Coupe du Monde.

2 Après le Mexique en 1986, le Costa Rica est devenu la 2e équipe de la CONCACAF éliminée sans avoir perdu de match dans le temps réglementaire.

LÉGENDE NATIONALE
ALPHONSO, PHÉNOMÈNE ADO

L'ailier gauche **Alphonso Davies** est devenu le plus jeune international canadien en jouant contre Curaçao le 13 juin 2017, à seulement 16 ans et 225 jours. Vingt-trois jours plus tard, il est devenu non seulement le plus jeune buteur de sa sélection (avec un doublé pour une victoire 4-2 contre la Guyane en *Gold Cup* CONCACAF), mais aussi le plus jeune buteur du tournoi. Avec ses 3 buts, il a même fini Soulier d'Or, malgré l'élimination du Canada au 2e tour. Davies, qui a signé au Bayern Munich en 2018, est né dans un camp de réfugiés au Ghana, alors que ses parents libériens fuyaient la guerre civile. La famille est arrivée au Canada quand il avait cinq ans. Il a obtenu la nationalité canadienne à peine une semaine avant son premier match en sélection. Davies a aussi marqué, de même que Lucas Cavallini, lors d'un succès 2-0 contre les États-Unis en octobre 2019 ; il s'agissait de la première victoire canadienne contre ses voisins en 34 ans et 19 affrontements. Le buteur le plus prolifique du pays reste Dwayne De Rosario, dont les 22 buts ont notamment permis de décrocher l'or en *Gold Cup* 2000.

DAVIES

WHITMORE

LÉGENDE NATIONALE
LES REGGAE BOYZ

En 1998, la Jamaïque est devenue la première équipe des Caraïbes anglophones à se qualifier pour la Coupe du Monde. Plusieurs de ces « Reggae Boyz » évoluaient en Angleterre, comme Frank Sinclair (Chelsea) et Robbie Earl (Wimbledon). La Jamaïque n'a pas passé la phase de groupes, mais a battu le Japon 2-1 lors de son dernier match, grâce à un doublé de **Theodore Whitmore**, 3e joueur le plus capé après Ian Goodison (128) et Linval Dixon (127). Whitmore est devenu le sélectionneur national en 2006.

COUPE DU MONDE FIFA

En 2018, la France a remporté la Coupe du Monde de la FIFA pour la deuxième fois de son histoire. En Russie, les Bleus sont allés au bout d'un tournoi passionnant et se sont imposés 4-2 face à la Croatie, invitée surprise en finale, au stade Loujniki de Moscou.

Première édition :
1930
Champion en titre :
France
Record de titres :
Brésil, 5
Prochaine édition :
Qatar, 2022

210

210 équipes ont participé aux éliminatoires de la Coupe du Monde 2018. La première édition, en 1930, est la seule à ne pas avoir eu de tour qualificatif.

Les stades de la **Coupe du Monde de la FIFA 2018** ont été remplis à 98 % ; les Fan Zones ont attiré 7,7 millions de visiteurs ; la Russie a accueilli plus de 1 million de touristes et le tournoi a réuni plus de 3 milliards de téléspectateurs, avec un chiffre record sur les canaux numériques de la FIFA.

FIFA WORLD CUP
RUSSIA 2018

180

MBAPPÉ

Kylian Mbappé a été désigné Meilleur jeune de la Coupe du Monde de la FIFA 2018 au terme d'une prestation explosive sous le maillot bleu pendant la phase finale. Âgé de 19 ans, Mbappé avait été racheté l'année précédente par le Paris Saint-Germain à Monaco pour la somme de 180 millions d'euros, un montant qu'il a parfaitement assumé en Russie.

169

169 buts ont été inscrits pendant la Coupe du Monde de la FIFA 2018, soit une moyenne de 2,64 buts par match.

Le stade **Azteca de Mexico** est le seul stade à avoir accueilli deux finales de Coupe du Monde. Le Maracanã, au Brésil, a aussi été le théâtre de deux matchs décisifs mais, en 1950, la compétition se jouait en groupes, sans véritable finale.

LA COUPE DU MONDE FIFA
LES ÉLIMINATOIRES

Pour accéder à la grand-messe du football, les nations doivent d'abord obtenir leur ticket au sein de leur confédération régionale.

RECORD NATIONAL DES QUALIFICATIONS
À LA FIN, C'EST L'ALLEMAGNE QUI GAGNE

Championne du monde 2014, l'Allemagne a été la seule équipe européenne à remporter ses 10 matchs des éliminatoires 2018. L'équipe de Joachim Löw a inscrit 43 buts et n'en a encaissé que 4. De plus, les 22 joueurs ont tous marqué des buts (dont un contre leur camp). Les meilleurs attaquants, Thomas Müller et Sandro Wagner, n'ont inscrit que cinq petits buts chacun. Au milieu de cette campagne, les Allemands ont décroché la victoire en Coupe des Confédérations de la FIFA 2017.

COUP D'ENVOI

Le défenseur de la Mongolie Norjmoogiin Tsedenbal a inscrit le tout premier but des éliminatoires du Mondial 2022 pour battre le Brunei Darussalam 2-0 le 6 juin 2019.

LEWANDOWSKI

PLUS LARGES VICTOIRES EN ÉLIMINATOIRES :

1. **Australie 31-0 Samoa américaines,** 11 avril 2001
2. **Australie 22-0 Tonga,** 9 avril 2001
3. **Maldives 0-17 Iran,** 2 juin 1997
4. **Australie 13-0 Îles Salomon,** 11 juin 1997
   = Nouvelle-Zélande 13-0 Fidji, 16 août 1981
   = Fidji 13-0 Samoa américaines, 7 avril 2001

RECORD DE BUTS
LEWANDOWSKI EN PÔLE POSITION

Avec 16 buts inscrits, le Polonais **Robert Lewandowski** a été le meilleur buteur des éliminatoires de la Coupe du Monde 2018, *ex æquo* avec Mohammad Al-Sahlawi de l'Arabie saoudite et Ahmed Khalil des Émirats arabes unis. Le trio a marqué un but de plus que le capitaine portugais Cristiano Ronaldo, Meilleur joueur de la FIFA en 2016 et 2017. Lewandowski et Ronaldo – désormais le meilleur buteur de l'histoire des qualifications européennes, avec 30 buts – ont battu le record européen de 14 buts inscrits par le Yougoslave Predrag Mijatović lors des préliminaires 1998.

32

Seuls 32 pays ont participé aux éliminatoires de la Coupe du Monde 1934. La Suède et l'Estonie ont disputé le premier match le 11 juin 1933.

39

Avec 39 buts, Carlos Ruiz est le meilleur buteur des éliminatoires de la Coupe du Monde, alors qu'il n'a jamais atteint la phase finale.

41

À 41 ans, le Zambien Kalusha Bwalya est le joueur le plus âgé à avoir inscrit un but victorieux en éliminatoires.

LÉGENDE NATIONALE
UN BUT CONTROVERSÉ

La France doit sa qualification pour la Coupe du Monde FIFA 2010 à l'un des buts les plus controversés de l'histoire du football international. Le 18 novembre 2009, son match retour contre l'Irlande compte déjà 13 minutes de temps additionnel lorsque **Thierry Henry** contrôle nettement le ballon de la main avant de centrer sur William Gallas, qui marque un but décisif permettant à la France de mener 2 à 1. L'arbitre suédois Martin Hansson a validé le but et la fédération irlandaise a demandé, d'abord, que le match soit rejoué, puis à devenir le trente-troisième pays participant, mais aucune suite n'a été donnée à ses requêtes.

HENRY

QUALIFICATIONS PAR CONFÉDÉRATION RÉGIONALE

1. Europe - 245
2. Amérique du Sud - 85
3. Afrique - 44
4. Amérique centrale/du Nord & Caraïbes - 42
5. Asie - 37

17,7 SECONDES

Le 13 juillet 2001, l'Égyptien Abdel Hamid Bassiouny a inscrit le triplé le plus rapide des éliminatoires lors de la victoire 8-2 contre la Namibie.

RECORD NATIONAL DES QUALIFICATIONS
NI ORANGE NI AZUR

Parmi les absents notables de la fête en Russie figurent l'Italie, victorieuse en 2006, et les Pays-Bas, deuxièmes en 2010 et troisièmes au Brésil en 2014. Les *Oranje* ont été éliminés après avoir terminé 3e du Groupe A, derrière la Suède, à la différence de buts. L'Italie a perdu 1-0 au total contre la Suède en éliminatoires. Les Suédois ont gagné 1-0 à domicile, puis ont tenu en échec toutes les tentatives des *Azzurri* au stade Giuseppe Meazza de Milan. Le capitaine et gardien vétéran, Gianluigi Buffon, est monté deux fois vers le ballon lors des corners pendant les arrêts de jeu, mais en vain. L'Italie, qui avait été, en 1934, le seul hôte à devoir se qualifier, pleure sa troisième absence de la phase finale, après 1930 et 1958.

RECORD NATIONAL DES QUALIFICATIONS
GUERRE ET FOOTBALL

Le 26 juin 1969, le Salvador s'impose 3-2 face au Honduras dans un barrage qualificatif pour l'édition 1970. Alors qu'une tension extrême règne entre les deux pays en raison d'un conflit frontalier, la rencontre est suivie d'émeutes. En phase finale du Mondial 1970, le Salvador a perdu ses 3 matchs et est sorti sans marquer un seul but.

RECORD NATIONAL DES QUALIFICATIONS
BIENVENUE AUX NOUVEAUX

Le Panama et l'Islande se sont qualifiés pour leur première phase finale de Coupe du Monde. Les Islandais ont confirmé leur parcours historique – après avoir atteint les quarts de finale de l'Euro en 2016 – en devenant la plus petite nation (avec 335 000 habitants) à parvenir à ce niveau de la Coupe du Monde. Le Panama a dû patienter pour laisser son empreinte. Un but à deux minutes de la fin, signé du défenseur Román Torres, lui a permis de vaincre le Costa Rica 2-1 lors du dernier match, décrochant ainsi une troisième place cruciale au sein du groupe CONCACAF.

LA COUPE DU MONDE FIFA
LES RECORDS COLLECTIFS

Des nations les plus titrées sur la scène internationale à celles qui n'ont disputé qu'un seul match, en passant par toutes les autres.

7 Avec sept succès lors de l'édition 2002 – un bilan parfait –, le Brésil a battu le record de victoires dans une phase finale.

KROOS

ANECDOTE DU TOURNOI
LA MALÉDICTION DES CHAMPIONS

Lors de la phase finale de la Coupe du Monde 2018, l'Allemagne est devenue le 4e tenant du titre consécutif à être éliminé en phase de groupes. La France avait été éliminée au même stade en 2000, de même que l'Italie en 2010 et l'Espagne, qui a suivi cet exemple malheureux au Brésil, quatre ans plus tard. En 2018, les Allemands ne se sont jamais remis d'une défaite 1-0 en ouverture face au Mexique. L'Allemagne a battu la Suède 2-1, et seulement avec un but de **Toni Kroos** aux arrêts de jeu, avant de perdre 2-0 face à la Corée du Sud.

ANECDOTE DU TOURNOI
APPARITION ÉCLAIR

Les Indes orientales néerlandaises (actuelle Indonésie) ont participé à une seule édition, à l'époque où la Coupe du Monde se jouait uniquement sur des matchs à élimination directe. Le 5 juin 1938, elles se sont inclinées 6-0 contre la Hongrie au 1er tour. C'est le plus petit nombre de matchs de Coupe du Monde disputés par une nation. Mais le plus mauvais bilan appartient au Salvador, qui n'a marqué qu'un but et en a encaissé 22 en six matchs sur deux participations.

LÉGENDE NATIONALE
LE BRÉSIL CHANGE DE COULEUR

Les maillots jaunes du Brésil sont célèbres dans le monde entier. Pourtant, la *Seleçao* était vêtue de blanc lors des quatre premières éditions de la Coupe du Monde. La défaite 2-1 contre l'Uruguay, qui a coûté le titre au Brésil en 1950, a été un tel traumatisme que la fédération a décidé de changer les couleurs. En 2014, la confédération brésilienne a déclaré que la déroute en demi-finale (7-1) contre l'Allemagne, puis en petite finale (3-0) contre les Pays-Bas, n'entraînerait aucun autre changement de couleur.

AFRIQUE DU SUD

L'Afrique du Sud est la seule nation hôte à ne pas s'être qualifiée pour le 2e tour de la compétition.

PARTICIPATIONS À LA FINALE DE LA COUPE DU MONDE FIFA

1	Allemagne/RFA – 8
2	Brésil – 7
3	Italie – 6
4	Argentine – 5
5	France – 3 = Pays-Bas – 3

PARTICIPATIONS À LA COUPE DU MONDE FIFA

1. Brésil – 21
2. Allemagne/RFA – 19
3. Italie – 18
4. Argentine – 17
5. Mexique – 16

FRANCE

La France a offert la plus mauvaise prestation d'un champion sortant : les Bleus n'ont marqué aucun but et n'ont arraché qu'un match nul en 2002.

MODRIĆ

TENUE DU TOURNOI

DU ROUGE TOUJOURS

La seule et unique victoire de l'Angleterre en 1966 en Coupe du Monde FIFA est aussi la première et la dernière fois (à ce jour) que la finale a été gagnée par des joueurs en rouge. Les Espagnols ont opté pour le bleu lors de leur victoire de 2010 contre les Pays-Bas, pour éviter un choc chromatique. **Luka Modrić** et ses coéquipiers de Croatie ont porté leur tenue rouge et blanche distinctive pour la finale de 2018, perdue contre la France. Le rouge s'est aussi révélé malheureux pour la Tchécoslovaquie, perdante de la finale en 1934, puis la Hongrie, en 1938 et 1954.

RECORD NATIONAL

COMME À LA MAISON

Avec sa victoire 1-0 contre l'Argentine en finale de la Coupe du Monde 2014, l'Allemagne est devenue la première nation européenne à remporter ce titre lors de l'une des 8 éditions organisées en Amérique du Nord, centrale ou du Sud depuis 1930. L'Espagne, victorieuse en 2010 en Afrique du Sud, a été la première équipe autre que le Brésil à décrocher le trophée hors de son continent d'origine ; le Brésil l'avait accompli en 1958 (Suède), 1970 (Mexique), 1994 (USA) et 2002 (Japon/Corée du Sud).

DEL BOSQUE

LÉGENDE NATIONALE

CHAMPION À DOUBLE TITRE

Vicente del Bosque, l'entraîneur espagnol, est le second entraîneur à avoir gagné la Coupe du Monde FIFA et la Ligue des Champions de l'UEFA (ex-Coupe des clubs champions européens). Le premier fut Marcello Lippi, entraîneur de la Juventus, quand elle remporta en 1996 la Ligue des Champions, et de l'équipe d'Italie, championne du monde en 2006. De plus, del Bosque a gagné deux fois la Ligue des Champions avec le Real Madrid (2000 et 2002), mais a été remercié à l'été 2003 pour n'avoir remporté « que » la *Liga*.

0

La Suisse détient le record du moins de buts concédés en une édition (2006), avant d'avoir été éliminée aux tirs au but par l'Ukraine au tour suivant.

18

Le Brésil (1930-1958) et l'Allemagne de l'Ouest (1986-1998) partagent le même record : marquer dans le plus de matchs consécutifs en Coupe du Monde de la FIFA (18).

ANECDOTE DU TOURNOI

L'ALLEMAGNE PROLONGE

En battant l'Argentine 1-0 au Maracanã en 2014, l'Allemagne est devenue la 5ᵉ nation à remporter la Coupe du Monde de la FIFA en prolongation après l'Italie (1934), l'Angleterre (1966), l'Argentine (1978) et l'Espagne (2010). En 2010 et 2014, le score était encore nul et vierge au bout de 90 minutes. L'Espagnol Andrés Iniesta et l'Allemand Mario Götze, à Rio de Janeiro, ont tous les deux marqué en 2ᵉ période des prolongations. Celles-ci n'avaient pas suffi en 1994 et en 2006, quand les tirs au but avaient été remportés respectivement par le Brésil et l'Italie.

ZENGA

RECORD DÉFENSIF

LE VERROU ITALIEN

L'Italie a établi le record de la plus longue série sans encaisser de buts en phase finale de Coupe du Monde. En 1990, elle a enchaîné 5 matchs, à commencer par un succès 1-0 en phase de groupes contre l'Autriche. Le gardien **Walter Zenga** n'a été battu que par l'Argentin Claudio Caniggia, qui a égalisé en demi-finale. Cette défense de fer n'aura pas permis aux Italiens d'aller au bout : ce sont les Argentins qui ont accédé à la finale en s'imposant 4-3 aux tirs au but.

2

Deux pays ont découvert la Coupe du Monde de la FIFA en 2018 : l'Islande et le Panama.

HALLGRÍMSSON

ANECDOTE DU TOURNOI
LA MORSURE DU FROID

Les néophytes islandais ont fait des dégâts face aux cadors à la Coupe du Monde 2018 et à l'UEFA Euro 2016. En France en 2016, l'Islande, débutante dans la compétition, avait battu l'Angleterre en 8e de finale. En Russie, elle a tenu tête à l'Argentine de Lionel Messi (1-1) pour ses premiers pas sur la scène mondiale. Pourtant, les Islandais ont gardé la tête sur les épaules, comme l'a déclaré le sélectionneur à mi-temps **Heimir Hallgrímsson** : « Je suis toujours dentiste et je ne cesserai jamais de l'être. »

RECORD DÉFENSIF
PÉNURIE DE BUTS

Les champions français (1998), italiens (2006) et espagnols (2010) détiennent le record du moins de buts encaissés jusqu'à leur triomphe. Ces trois équipes n'en ont concédé que deux chacune. L'Espagne est aussi le champion le moins prolifique avec 8 petits buts marqués en 2010, bien moins que les 11 de l'Italie en 1938, de l'Angleterre en 1966 et du Brésil en 1994.

70

Le Brésil a remporté plus de matchs de Coupe du Monde de la FIFA que tout autre pays.

ANECDOTE DU TOURNOI
TÊTUS ÉCOSSAIS

L'Angleterre et l'Écosse ont beau être le berceau du football, aucune nation du Royaume (y compris le pays de Galles et l'Irlande du Nord) n'a participé à une Coupe du Monde avant 1950, puisqu'elles n'étaient pas encore membres de la FIFA. L'Angleterre et l'Écosse se sont qualifiées pour la phase finale 1950, mais les Écossais ont refusé de partir au Brésil par principe, parce qu'ils n'avaient fini que deuxièmes des qualifications britanniques.

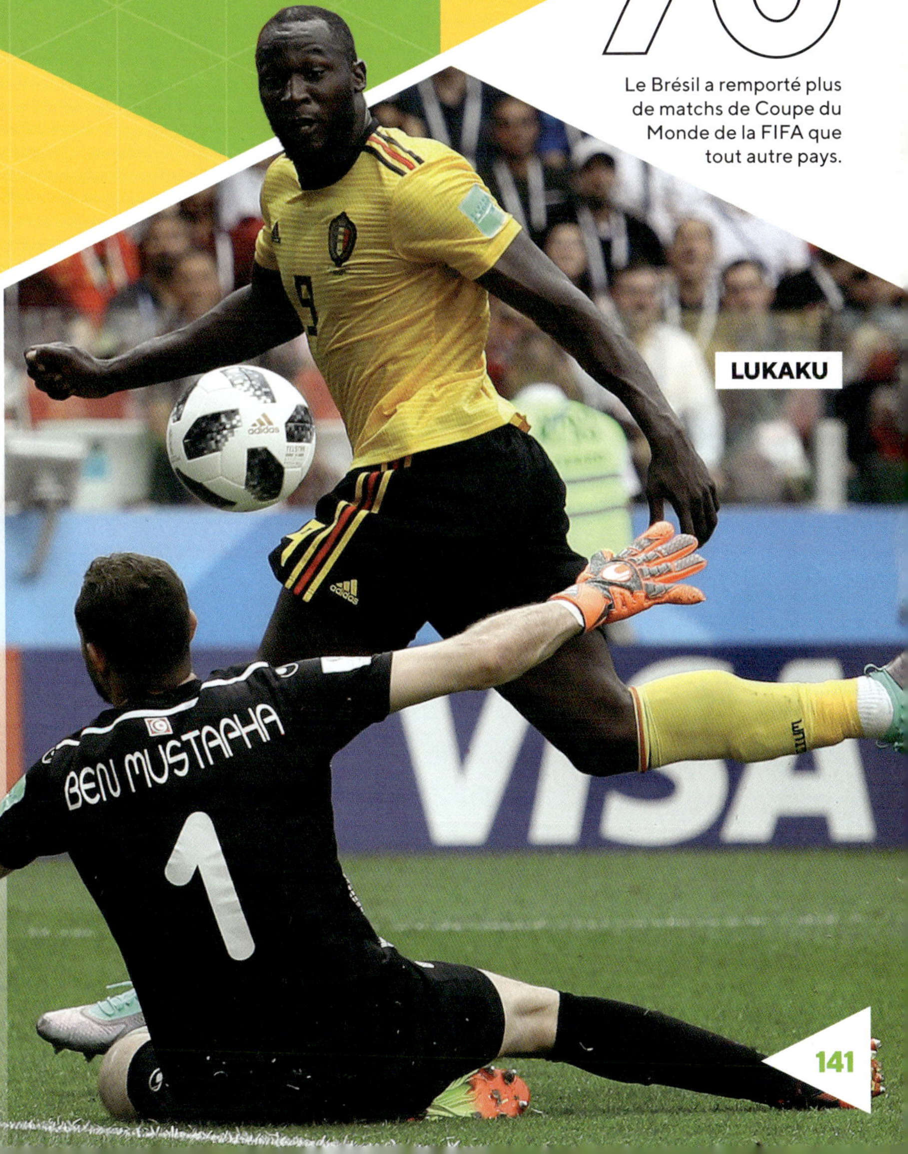

LUKAKU

RECORD DE BUTS
BUTS PARTAGÉS

La France en 1982, les champions italiens en 2006 et la Belgique, 3e en 2018, ont fourni le plus de buteurs différents dans une même phase finale : 10. En 2014, lors de l'épopée victorieuse, les 17 réalisations allemandes ont été inscrites par 7 joueurs : Thomas Müller (5), Andre Schürrle (3), Mats Hummels (2), Miroslav Klose (2), Toni Kroos (2), Mario Götze (2) et Mesut Özil (1). Meilleur buteur belge en 2018, **Romelu Lukaku** a fini avec 4 réalisations.

5

En battant l'Argentine 1-0 au Maracanã en 2014, l'Allemagne est devenue la 5e nation à remporter la Coupe du Monde de la FIFA en prolongation.

ANECDOTE DU TOURNOI
LE MAL DU PAYS

L'Afrique du Sud a été le premier pays hôte à sortir dès la phase de groupes d'une Coupe du Monde, en 2010. Son bilan d'une victoire, un nul et une défaite est seulement inférieur à la différence de buts que celui affiché par l'Espagne en 1982 et les États-Unis en 1994, deux organisateurs pourtant qualifiés au deuxième tour. La victoire 3-0 de l'Uruguay à Pretoria, le 16 juin 2010, est la deuxième plus lourde défaite d'un pays hôte en Coupe du Monde, suivie de celle de la Suède 5-2 contre le Brésil en finale 1958 et du Mexique 4-1 contre l'Italie en quart 1970.

RECORD DÉFENSIF
DÉFENSE PERMÉABLE

Les 14 buts concédés par le Brésil en phase finale 2014 sont un record pour un pays organisateur. Le record absolu est de 16 buts subis par la Corée du Sud en Suisse en 1954. Cette année-là, l'Allemagne de l'Ouest en avait encaissé 14, mais s'était néanmoins imposée au bout du compte. Les Allemands en avaient notamment concédé 8 en phase de groupes contre la Hongrie, avant de les battre en finale.

ANECDOTE DU TOURNOI
LA VISION DE RIMET

Jules Rimet, président de la FIFA de 1921 à 1954, a été l'instigateur de la première Coupe du Monde, en 1930. Le tournoi, en Uruguay, n'était pas très populaire, avec seulement 13 nations participantes. Le long voyage en bateau a découragé de nombreuses équipes européennes, seules la Belgique, la France, la Roumanie et la Yougoslavie ayant fait le déplacement. Le rêve de Rimet s'est depuis réalisé et la Coupe du Monde est devenue un événement planétaire. Le Brésil est l'équipe la plus titrée de la compétition avec 5 sacres, et la seule à avoir joué toutes les phases finales. Il compte aussi plus de victoires (70) que tout autre pays, bien que l'Allemagne (66 succès) ait disputé plus de matchs : 106 contre 104. L'Allemagne et l'Italie sont les pays européens les plus titrés avec 4 victoires chacun. Les premiers finalistes, l'Uruguay et l'Argentine, sont tous deux doubles champions, mais l'Argentine a également perdu deux finales. L'Angleterre (1966) et la France (1998) ont gagné la coupe à domicile. L'Espagne a échoué chez elle en 1982, mais s'est rattrapée en Afrique du Sud en 2010.

RIMET

ANECDOTE DU TOURNOI
COULEUR DE CHOIX

En 2018, le Japon et la Pologne étaient les seules équipes à avoir disputé tous leurs matchs de groupes dans leur maillot A. Le maillot bleu japonais était orné du drapeau national et d'un cimier pour marquer le 20e anniversaire de sa première participation à une phase finale.

HONDA

BUTS EN PHASE FINALE

1. **Brésil,** 229
2. **Allemagne/RFA,** 226
3. **Argentine,** 137
4. **Italie,** 128
5. **France,** 120

ANECDOTE DU TOURNOI
PETITE MARGE

Avant 2010, aucun pays n'avait gagné cinq matchs de Coupe du Monde de suite par un but d'écart. Mais Arjen Robben et les Pays-Bas ont tout changé, grâce à leur succès 3-2 contre l'Uruguay en demi-finale. Avant eux, le record appartenait à l'Italie, qui s'était imposée quatre fois sur la plus petite des marges, entre 1934 et 1938. La victoire 1-0 de l'Espagne contre les Néerlandais, à la Coupe du Monde 2010, était aussi sa 5e par un but d'avance et sa 4e en phase à élimination directe.

13

Seules 13 nations ont participé à la toute première Coupe du Monde de la FIFA. Imaginée par Jules Rimet, elle a été organisée en Uruguay en 1930.

ANECDOTE DU TOURNOI
UN GRAND PETIT

La Croatie, entraînée par **Zlatko Dalić**, était le deuxième plus petit pays (avec 4 millions d'habitants) à disputer une finale de Coupe du Monde, lors de sa défaite contre la France à Moscou en 2018. C'était aussi la plus jeune, avec une moyenne d'âge de 27 ans. Le plus petit finaliste reste l'Uruguay (3 millions), qui avait atteint la dernière marche en 1950.

DALIĆ

LA COUPE DU MONDE FIFA
LES BUTS

Les buts sont les moments qui marquent le plus les esprits en Coupe du Monde. Au fil des ans, les plus grands joueurs du monde ont affiché l'étendue de leurs talents sur la scène internationale.

11

Hakan Şükür détient le record du but le plus rapide en Coupe du Monde. Le Turc a frappé après 11 secondes contre la Corée du Sud en 2002.

7-5

Le plus gros score en Coupe du Monde a été enregistré en quart de l'édition 1954 entre l'Autriche et la Suisse, le 26 juin, avec un succès 7-5 des Autrichiens.

9

Le Brésil a marqué plus de buts (9) en match d'ouverture de la Coupe du Monde que toute autre nation.

2 500

En 2018, le Tunisien Fakhreddine Ben Youssef a marqué contre le Panama le 2 500e but des phases finales de la Coupe du Monde.

ANECDOTE DU TOURNOI
FERTILE FINALE

La victoire 4-2 de la France sur la Croatie, en finale de la Coupe du Monde 2018, a été la plus prolifique en 90 minutes depuis la victoire du Brésil sur la Suède, pays hôte, en 1958 (5-2). L'Angleterre, pays hôte, avait également gagné 4-2 contre la RFA en 1966, mais le score était de 2-2 au bout des 90 minutes. Le total des buts de l'édition 2018 est de 169, soit deux de moins qu'en 1998 et 2014, qui est le record pour la phase finale à 32 équipes et 64 matchs.

ANECDOTE DU TOURNOI
PROGRÈS DES PENALTYS

Avec quatre rencontres à élimination directe décidées aux tirs au but, le Mondial 2018 en Russie a égalé le record de 1990, 2006 et 2014. La Croatie est devenue la 2e équipe seulement, après l'Argentine en 1990, à remporter deux séances consécutives, contre le Danemark et la Russie. C'était aussi la première équipe à disputer les prolongations dans ses trois rencontres à élimination directe, ce qui signifie que les Croates avaient joué 90 minutes de plus que les Français, leurs adversaires en finale.

ANECDOTE DU TOURNOI
GÉNÉREUX ADVERSAIRES

Le Chili a été le premier pays à profiter d'un but contre son camp en Coupe du Monde. Le Mexicain Manuel Rosas avait mis le ballon dans ses propres filets lors du succès 3-0 des Chiliens en Uruguay (1930). La France, grâce notamment à deux CSC en 2014 et autant en 2018, détient le record du plus grand nombre de buts offerts (6) devant l'Italie et l'Allemagne (4 chacune). En 2018, le Croate **Mario Mandžukić** a inscrit le premier but contre son camp en finale de la Coupe du Monde, l'autre but, en faveur de la France, ayant été marqué par l'Australien Aziz Behich lors d'un match de groupes.

MANDŽUKIĆ

MEILLEURS BUTEURS DES PHASES FINALES DES COUPES DU MONDE FIFA

1 **Miroslav Klose, Allemagne – 16** (2002, 2006, 2010, 2014)

2 **Ronaldo, Brésil – 15** (1998, 2002, 2006)

3 **Gerd Müller, RFA – 14** (1970, 1974)

4 **Just Fontaine, France – 13** (1958)

5 **Pelé, Brésil – 12** (1958, 1962, 1966, 1970)

PELÉ

LES CAVIARS DE MESSI

Lionel Messi est le seul joueur à avoir délivré une passe décisive dans les 4 dernières Coupes du Monde.

KLOSE

LÉGENDE NATIONALE
PELÉ MALCHANCEUX

Pelé serait sans doute devenu le meilleur buteur de l'histoire de la Coupe du Monde si sa carrière n'avait pas été minée par les blessures. Il était, en effet, sur le flanc pendant les phases finales 1962 et 1966. Il avait inscrit six buts lors du sacre du Brésil en 1958, dont un doublé en finale contre la Suède (5-2). C'est également lui qui a signé le 100ᵉ but *auriverde* en Coupe du Monde, lors de la victoire 4-1 contre l'Italie en finale 1970. Malgré ses blessures à répétition, il reste le seul à avoir remporté 3 titres mondiaux (20 joueurs ont été sacrés deux fois).

LÉGENDE NATIONALE
KLOSE COMBAT

Huit joueurs ont marqué en Coupe du Monde à 12 ans d'écart, le plus notable étant **Miroslav Klose** : l'avant-centre allemand a commencé par un triplé lors de la victoire de l'Allemagne contre l'Arabie saoudite au Japon en 2002 (8-0), avant de marquer son 16ᵉ but lors de la victoire 7-1 sur le Brésil en demi-finale 2014. Klose est ainsi devenu le meilleur buteur en phase finale de tous les temps, avec un but de plus que le Brésilien Ronaldo. Les sept autres joueurs à avoir marqué en Coupe du Monde à 12 ans d'écart sont : Pelé (Brésil), Uwe Seeler (Allemagne), Diego Maradona (Argentine), Michael Laudrup (Danemark), Henrik Larsson (Suède), Sami Al-Jaber (Arabie saoudite) et Cuauhtémoc Blanco (Mexique).

BUTS SUR UNE COUPE DU MONDE

1 **Hongrie – 27** (1954)

2 **RFA – 25** (1954)

3 **France – 23** (1958)

4 **Brésil – 22** (1950)

5 **Brésil – 19** (1970)

RECORD DE BUTS
SOULIER D'OR : PAS UNE GARANTIE

Être le meilleur buteur est un grand honneur pour les footballeurs, mais rares sont ceux qui ont combiné le sacre mondial et cette distinction personnelle. Cette malheureuse tendance a débuté dès 1930 avec l'Argentin Guillermo Stábile qui s'est incliné en finale, bien qu'il soit auréolé du titre de meilleur marqueur. La liste des meilleurs buteurs ayant joué dans l'équipe victorieuse est courte : Garrincha et Vava (*ex æquo* en 1962), Mario Kempes (1978), Paolo Rossi (1982) et Ronaldo (2002). Meilleur buteur en 1970, Gerd Müller n'a brandi le trophée de la victoire de la RFA que 4 ans plus tard.

LA COUPE DU MONDE FIFA
LES PARTICIPATIONS

Depuis la naissance de la Coupe du Monde, de nombreux joueurs ont marqué la compétition de leur empreinte. Mais certains sont entrés dans les annales à jamais…

MARADONA

LÉGENDE NATIONALE
RECORDS DE CAPITANAT

Ils sont trois à avoir porté le brassard de capitaine dans deux finales de Coupe du Monde : **Diego Maradona** (Argentine), Dunga (Brésil) et Karl-Heinz Rummenigge (RFA). Maradona s'est imposé en 1986, mais a perdu quatre ans plus tard. Dunga a été victorieux en 1994, mais s'est incliné en 1998. Rummenigge a perdu en 1982 et 1986. Rafael Márquez a disputé le plus de matchs brassard au bras, dirigeant le Mexique dans 17 rencontres de Coupe du Monde.

ANECDOTE DU TOURNOI
DOUBLES CHAMPIONS

Lors de la phase finale de la Coupe du Monde 2018, **Didier Deschamps** est entré dans l'histoire du football, égalant Franz Beckenbauer et Mário Zagallo. Zagallo et Beckenbauer étaient les seuls à avoir remporté la Coupe du Monde en tant que joueurs et sélectionneurs, jusqu'à la victoire française sous la houlette de Deschamps, qui avait été le capitaine lors de la victoire de 1998. Zagallo, ailier gauche, a remporté la Coupe du Monde avec le Brésil en 1958 et 1962. Il a pris sa retraite de joueur en 1965. Cinq ans plus tard, Zagallo a remplacé en urgence le sélectionneur João Saldanha et a obtenu sa 3e victoire en Coupe du Monde 1970, au Mexique. Beckenbauer a joué cette même phase finale en 1970 pour la RFA dont il était capitaine, conduisant son équipe à la victoire en 1974, à domicile. Beckenbauer a été nommé sélectionneur en 1984 et a gagné la Coupe du Monde en 1990.

DESCHAMPS

LÉGENDE NATIONALE
LE RECORD DE PROSINEČKI

Robert Prosinečki est le seul joueur à avoir marqué pour 2 pays différents en Coupe du Monde. Il a marqué pour la Yougoslavie lors de sa victoire 4-1 contre les Émirats arabes unis en Italie en 1990. Huit ans plus tard, avec la jeune Croatie, il a fait trembler les filets lors d'un succès 3-0 au 1er tour face à la Jamaïque, avant d'ouvrir le score lors de la victoire 2-1 en petite finale contre les Pays-Bas.

PROSINEČKI

RECORD DE MATCHS DE PHASE FINALE DE LA COUPE DU MONDE FIFA

1 **Lothar Matthäus** (RFA/Allemagne) **– 25**
2 **Miroslav Klose** (Allemagne) **– 24**
3 **Paulo Maldini** (Italie) **– 23**
4 **Diego Maradona** (Argentine) **– 21**
= **Uwe Seeler** (RFA) **– 21**
= **Władysław Żmuda** (Pologne) **– 21**

GRANQVIST

DELPH

ANECDOTE DU TOURNOI
LES BÉBÉS DU FOOT

Le Suédois **Andreas Granqvist** et l'Anglais **Fabian Delph** ont vécu leur paternité de manière différente lors de la Coupe du Monde 2018. Delph, milieu de terrain pour Manchester City, est revenu chez lui en avion pour accueillir sa fille, avant de retourner en Russie. Granqvist est resté en phase finale tandis que sa femme Sofia donnait naissance à une fille. Elle avait insisté pour que son mari reste avec l'équipe, parce que « c'est de ces moments en Coupe du Monde qu'il rêvait quand il était petit ».

PROLONGATIONS HISTORIQUES

Le Russe Alexander Erokhine est devenu le premier à bénéficier du 4e changement pendant la Coupe du Monde 2018. Ce remplacement supplémentaire est autorisé seulement lors des prolongations en vertu d'une modification des règles, entérinée par le Conseil de la FIFA.

4

Les trois remplacements les plus précoces en Coupe du Monde sont tous intervenus à la 4e minute : Steve Hodge (Angleterre, 1986), Giuseppe Bergomi (Italie, 1998) et Peter Crouch (Angleterre, 2006).

17

L'attaquant nord-irlandais Norman Whiteside est devenu le plus jeune joueur en phase finale de Coupe du Monde lorsqu'il a été titularisé contre la Yougoslavie en 1982, à 17 ans et 41 jours.

16

Manchester City a envoyé plus de joueurs que tout autre club à la Coupe du Monde 2018 (16). Parmi eux figure le défenseur Benjamin Mendy, sacré champion avec la France.

4

Le record d'expulsions en une rencontre de Coupe du Monde a été établi entre le Portugal et les Pays-Bas, un match arbitré par le Russe Valentin Ivanov en 2006.

HISTORIQUE DES FÉDÉRATIONS
L'ALLEMAGNE RÉUNIE

L'Allemagne et la RFA sont comptabilisées ensemble dans les records de la Coupe du Monde car la fédération allemande (le Deutscher Fussball-Bund), fondée en 1900 et active jusqu'à l'avant-Seconde Guerre mondiale, est restée l'institution chargée du football national pendant la séparation Est-Ouest et après la réunification. Les équipes allemandes ont remporté la Coupe du Monde à quatre reprises et ont participé à la finale huit fois, un record. En 2014, les remplaçants André Schürrle et Mario Götze, qui ont joué un rôle décisif dans le match, ont été les premiers vainqueurs de la Coupe du Monde nés en Allemagne après la réunification ; leur coéquipier Toni Kroos était le seul membre de l'équipe de 2014 né dans l'ancienne Allemagne de l'Est. Kroos est ainsi le premier joueur de l'ancienne RDA à remporter la Coupe du Monde.

VARANE

LÉGENDE NATIONALE
LE DOUBLÉ DE VARANE

Raphaël Varane est devenu le 11e joueur à décrocher le double titre de la Ligue des Champions de l'UEFA et de la Coupe du Monde, lorsqu'il a assuré la défense de la France au cours de la phase finale 2018 en Russie. Varane, né à Lille et ancien junior de Lens, a intégré le Real Madrid en 2011, deux ans avant de faire ses débuts en équipe senior nationale. Avant de jouer la Coupe du Monde 2018, il avait déjà remporté 15 titres importants avec Madrid. Lors de la Coupe du Monde, il a joué l'intégralité des sept matchs de la France, dont la victoire en finale sur la Croatie.

LES CARTONS ROUGES LES PLUS RAPIDES EN COUPE DU MONDE

1 **José Batista** (Uruguay) **vs Écosse, 1986 – 1 min**
2 **Carlos Sánchez** (Colombie) **vs Japon, 2018 – 4 min**
3 **Giorgio Ferrini** (Italie) **vs Chili, 1962 – 8 min**
4 **Zezé Procópio** (Brésil) **vs Tchécoslovaquie, 1938 – 14 min**
5 **Mohammed Al Khilaiwi** (Arabie saoudite) **vs France 1998 – 19 min**
= **Miguel Bossio** (Uruguay) **vs Danemark, 1986 – 19 min**

LA COUPE DU MONDE FIFA
LES GARDIENS

La Coupe du Monde de la FIFA a fait émerger quelques légendes dans les cages. Des anciens briscards aux portiers les plus débridés, nombreux ont écrit leur nom dans les livres d'Histoire.

MEILLEURS GARDIENS DES DIFFÉRENTES COUPES DU MONDE

2018 – Thibaut Courtois, Belgique
2014 – Manuel Neuer, Allemagne
2010 – Iker Casillas, Espagne
2006 – Gianluigi Buffon, Italie
2002 – Oliver Kahn, Allemagne
1998 – Fabian Barthez, France
1994 – Michel Preud'homme, Belgique
1990 – Sergio Goycoechea, Argentine
1986 – Harald Schumacher, RFA
1982 – Dino Zoff, Italie

MEOLA

RICARDO DU BON CÔTÉ

L'Espagnol Ricardo Zamora est le premier gardien à avoir arrêté un penalty en Coupe du Monde, lorsqu'il s'est interposé devant le Brésilien Waldemar de Brito en 1934. L'Espagne l'a emporté 3-1.

LÉGENDE NATIONALE
INFIDÉLITÉ

Le gardien américain **Tony Meola** a quitté l'équipe nationale après la Coupe du Monde 1994 pour passer au football américain. N'ayant pas réussi à percer dans cette discipline, il est revenu au *soccer*, mais n'a plus rejoué en sélection jusqu'en 1999. Il a pris sa retraite internationale une seconde fois après avoir atteint la centaine de sélections. Il est le plus jeune capitaine jamais vu en Coupe du Monde : en 1990, à 21 ans et 316 jours, il portait le brassard lors d'une défaite 5-1 contre la Tchécoslovaquie.

CABALLERO

HISTOIRE RÉCENTE
LES GARDIENS À RUDE ÉPREUVE

La Coupe du Monde 2018 s'est révélée éprouvante pour les gardiens. Des erreurs de **Willy Caballero** ont coûté des buts à l'Argentine, lors d'un 1-1 contre l'Islande, puis d'une défaite 3-0 face à la Croatie. L'Uruguayen Fernando Muslera a bien commencé par trois matchs sans but encaissé, mais a mal estimé le tir d'Antoine Griezmann lors d'une défaite en quart de finale contre la France. Même le capitaine et portier allemand Neuer a peiné à retourner sur le terrain, après un long arrêt pour blessure. Lors du dernier match de groupes, l'Allemagne a cherché à égaliser contre la Corée du Sud, et Neuer a été surpris dans la surface de réparation de ses adversaires au moment où ceux-ci menaient une contre-attaque éclair, inscrivant un 2e but.

LÉGENDE NATIONALE
LE ROI HUGO QUATRE

Hugo Lloris est devenu le 4e gardien victorieux à porter le brassard de son pays en Coupe du Monde, lorsque la France est devenue championne pour la 2e fois en Russie. Le portier de Tottenham Hotspur a ainsi rejoint les Italiens Gianpiero Combi (1934) et Dino Zoff (1982) ainsi que l'Espagnol Iker Casillas (2010). Lloris a commis une erreur sur une passe en retrait lors de la finale, ce qui a valu à la France d'encaisser un 2e but, mais elle a finalement battu la Croatie 4-2. C'était le 104e match de Lloris pour la France en 10 ans. L'ancien goal de Nice et de Lyon a été nommé capitaine de l'équipe nationale en 2012.

LLORIS

1 Un seul gardien a essayé de marquer lors d'une Coupe du Monde. En 2014, le Suisse Diego Benaglio est le seul portier à avoir tiré au but.

6 Le gardien espagnol David De Gea a vécu un match difficile en Coupe du Monde 2018, encaissant six buts en seulement sept tirs.

16 En 2014, l'Américain Tim Howard a stoppé pas moins de 16 tirs contre la Belgique, en 8e de finale.

YES, HE KAHN

L'Allemand Oliver Kahn est le seul gardien à avoir été élu Meilleur joueur d'une Coupe du Monde, lors de l'édition 2002, et ce même si sa responsabilité est engagée sur les buts brésiliens en finale.

NEUER

LÉGENDE NATIONALE
RAMÓN FAIT JASER

La victoire 6-0 de l'Argentine contre le Pérou à la Coupe du Monde 1978 a éveillé les soupçons car les Argentins devaient s'imposer de 4 buts pour atteindre la finale aux dépens de l'ennemi brésilien. De plus, le gardien inca Ramón Quiroga était né en Argentine... Ce dernier martela pourtant qu'il avait évité une défaite encore plus embarrassante. Au début de la compétition, Quiroga avait été averti pour avoir commis une faute sur Grzegorz Lato... dans le camp polonais.

ANECDOTE DU TOURNOI
D'UN BOUT À L'AUTRE

En 8e de finale de la Coupe du Monde 2010, lors d'Allemagne-Angleterre, Miroslav Klose récupéra une balle lointaine de son gardien **Manuel Neuer** et marqua. Neuer est ainsi devenu le premier gardien depuis 44 ans crédité d'une passe décisive en phase finale. La passe précédente était due à Anzor Kavazachvili (URSS), auteur d'une passe décisive pour le but vainqueur de Valeriy Porkuyan contre le Chili, en 1966.

LÉGENDE NATIONALE
LE DOYEN

Dino Zoff est devenu à la fois le joueur et le capitaine le plus âgé à remporter la Coupe du Monde, en 1982 avec l'Italie. Il avait 40 ans et 133 jours. L'un de ses prédécesseurs comme gardien et capitaine de l'Italie et de la Juventus, Gianpiero Combi, avait aussi conduit l'Italie à la victoire en Coupe du Monde 1934. Zoff détient en outre le record (1 142 minutes) d'invincibilité pour un gardien international, établi entre 1972 et 1974.

ZOFF

LA COUPE DU MONDE FIFA
LES SÉLECTIONNEURS

Derrière chaque grande équipe se trouve un génie tactique. La Coupe du Monde de la FIFA a révélé quelques-uns des plus grands techniciens que la planète football ait connus.

LÉGENDE NATIONALE
LE GÉNIE EN GILET

Le sélectionneur anglais **Gareth Southgate** est devenu une improbable icône du style à la Coupe du Monde 2018, en préférant le gilet au jogging lors des matchs. Southgate est le premier Anglais à avoir participé aux demi-finales comme joueur (Euro 1996) et sélectionneur (Russie 2018). Auteur du penalty raté synonyme d'élimination de son pays en 1996, Southgate s'est racheté en devenant le premier sélectionneur anglais à remporter une séance de tirs au but en Coupe du Monde.

LÉGENDE NATIONALE
MIEUX VAUT TARD QUE JAMAIS

Zlatko Dalić a prouvé lors de la Coupe du Monde 2018 que le succès en club n'est pas essentiel au succès en équipe nationale. Dalić jouait dans des clubs saoudiens et émiratis avant d'être choisi pour remplacer Ante Čačić, quand la Croatie avait du mal à se qualifier. Sous la houlette de Dalić, les Croates ont terminé 2e de leur groupe derrière l'Islande, et se sont qualifiés pour la Russie en battant la Grèce en match de barrage. Dalić a joué habilement de diverses tactiques, parvenant à trois victoires en phase de groupes, plus deux autres de justesse aux tirs au but, et encore une aux prolongations, avant d'emmener la Croatie à sa première finale.

27

Juan José Tramutola est le plus jeune sélectionneur de Coupe du Monde. Il a mené l'Argentine en finale de l'édition 1930, à l'âge de 27 ans et 267 jours.

ANECDOTE DU TOURNOI
CRÈVE-CŒUR

Aucune nation n'a remporté la Coupe du Monde avec un entraîneur étranger. Mais plusieurs coachs ont affronté leur pays d'origine. Parmi eux Jürgen Klinsmann, qui a remporté la Coupe avec l'Allemagne en 1990, puis dirigé l'équipe de 2004 à 2006, décrochant la 3e place en 2006. Il est devenu sélectionneur de l'équipe des États-Unis en 2011. En 2014 au Brésil, « Klinsi » et l'équipe américaine ont perdu 1-0 un match de groupes contre l'Allemagne, dirigée par Löw, ancien assistant de Klinsmann, qu'il avait nommé en 2004.

71

Le sélectionneur le plus âgé en phase finale est l'Allemand Otto Rehhagel, âgé de 71 ans et 307 jours lorsqu'il a conduit la Grèce à l'édition 2010 en Afrique du Sud.

25

L'Allemand de l'Ouest Helmut Schön détient le record de matchs dirigés en Coupe du Monde : 25 au fil des éditions 1966, 1970, 1974 et 1978.

6

Carlos Alberto Parreira est le seul sélectionneur à avoir participé à 6 Coupes du Monde. Avec le Brésil, il a été titré en 1994 et a atteint les quarts en 2006, mais il a aussi dirigé le Koweït (1982), les Émirats arabes unis (1990), l'Arabie saoudite (1998) et l'Afrique du Sud à domicile (2010).

1

Un seul sélectionneur a remporté la Coupe du Monde à deux reprises sur le banc : l'Italien Vittorio Pozzo, en 1934 et 1938.

LÉGENDE NATIONALE
BORA L'EXPLORATEUR

Avec un seul tournoi de retard sur Carlos Alberto Parreira, **Bora Milutinović** a participé à 5 Coupes du Monde avec 5 sélections différentes. Après le Mexique en 1986 et les États-Unis en 1994, tous deux organisateurs, il a entraîné le Costa Rica (1990), le Nigeria (1998) et la Chine (2002). Chaque fois, il a atteint la phase à élimination directe, sauf en 2002, où la Chine n'a pas marqué un but.

MILUTINOVIĆ

SCOLARI

LÉGENDE NATIONALE
DU RÊVE AU CAUCHEMAR

Luiz Felipe Scolari a quitté ses fonctions d'entraîneur du Brésil après la pire déroute de l'histoire du pays : 7-1 en demi-finale contre l'Allemagne, suivie d'une défaite 3-0 contre les Pays-Bas en petite finale. Cependant, Scolari avait remporté la Coupe du Monde 2002 avec le Brésil et avait poursuivi son succès avec le Portugal en 2006, établissant un record individuel de 11 victoires d'affilée en phase finale.

ANECDOTE DU TOURNOI
COIN FUMEURS

Les entraîneurs des 2 équipes finalistes de la Coupe du Monde 1978, l'Argentin César Luis Menotti et le Néerlandais Ernst Happel, étaient de si gros fumeurs qu'un immense cendrier avait été placé au bord du terrain, pour qu'ils puissent le partager. Menotti, le vainqueur du jour, a également dirigé Barcelone et l'Atlético Madrid au cours de sa longue et fructueuse carrière sur le banc.

LES DIX DERNIERS SÉLECTIONNEURS CHAMPIONS DU MONDE

- **2018 : Didier Deschamps, France**
- **2014 : Joachim Löw, Allemagne**
- **2010 : Vicente Del Bosque, Espagne**
- **2006 : Marcelo Lippi, Italie**
- **2002 : Luiz Felipe Scolari, Brésil**
- **1998 : Aimé Jacquet, France**
- **1994 : Carlos Alberto Parreira, Brésil**
- **1990 : Franz Beckenbauer, Allemagne**
- **1986 : Carlos Bilardo, Argentine**
- **1982 : Enzo Bearzot, Italie**

LA COUPE DU MONDE FIFA
LES AFFLUENCES

De quelques centaines de spectateurs en 1930 aux millions de fans d'aujourd'hui, la Coupe du Monde rassemble les foules. Tous les quatre ans, des centaines de milliers d'amateurs se massent dans les travées des stades pour assister au plus grand spectacle de la planète.

RECORD D'AFFLUENCE
EN ROUTE POUR LA RUSSIE !

La FIFA a noté un taux de remplissage quasi-parfait en phase finale de la Coupe du Monde 2018, malgré des inquiétudes de départ pour certains matchs méconnus au début de la phase de groupes. Colin Smith, le responsable des compétitions, a indiqué un taux de remplissage de 98 % des 12 stades dans les 11 villes russes. La plupart des 2,4 millions de billets ont été achetés par les fans russes (872 000), suivis des supporters américains (88 825). Les Anglais, normalement les plus nombreux parmi les visiteurs, n'étaient que dixièmes pour le nombre de billets achetés (33 000).

7 000 000

Plus de 7 millions de fans se sont rendus dans les Fan Zones de la Coupe du Monde 2018 en Russie, soit 2 millions de plus qu'au Brésil en en 2014.

RECORD D'AFFLUENCE
MORBIDE MARACANÃ

C'est la finale de l'édition 1950 qui a attiré le public le plus nombreux de l'histoire de la Coupe du Monde. D'après les chiffres officiels, ils sont 173 850 à s'être rassemblés au Maracanã de Rio de Janeiro pour la finale Brésil-Uruguay, mais on parle officieusement de 210 000 spectateurs. La tension était telle au coup de sifflet final que le capitaine uruguayen Obdulio Varela s'est vu remettre le trophée subrepticement. Évoquant l'attitude du public, Jules Rimet, le président de la FIFA, a parlé plus tard d'un silence « morbide, quasiment insupportable ». Les nouveaux champions du monde se sont barricadés pendant plusieurs heures dans leur vestiaire avant de juger que les conditions de sécurité étaient réunies.

STADE NATIONAL
LA NOUVELLE VIE DU LOUJNIKI

Le stade Loujniki de Moscou, qui a accueilli sept matchs de la Coupe du Monde 2018, dont le match d'ouverture et la finale, a une place particulière dans l'histoire du sport. Baptisé à l'origine stade Lénine, il a ouvert en 1956 comme lieu polyvalent, pouvant accueillir 100 000 personnes. Il a reçu les JO 1980 ainsi que la phase finale de la Ligue des Champions de l'UEFA en 2008 et la Coupe de l'UEFA en 1999. Après des travaux récents, le Loujniki a pu recevoir 78 011 spectateurs pour la Coupe du Monde de football.

3 587 538

Le record d'affluence pour une Coupe du Monde remonte à 1994, aux États-Unis, quand plus de 3,5 millions de spectateurs avaient assisté aux matchs.

363 000

Seules 363 000 personnes ont suivi la Coupe du Monde 1934 en Italie, soit une moyenne de 21 352 spectateurs, la plus basse dans l'histoire de la compétition.

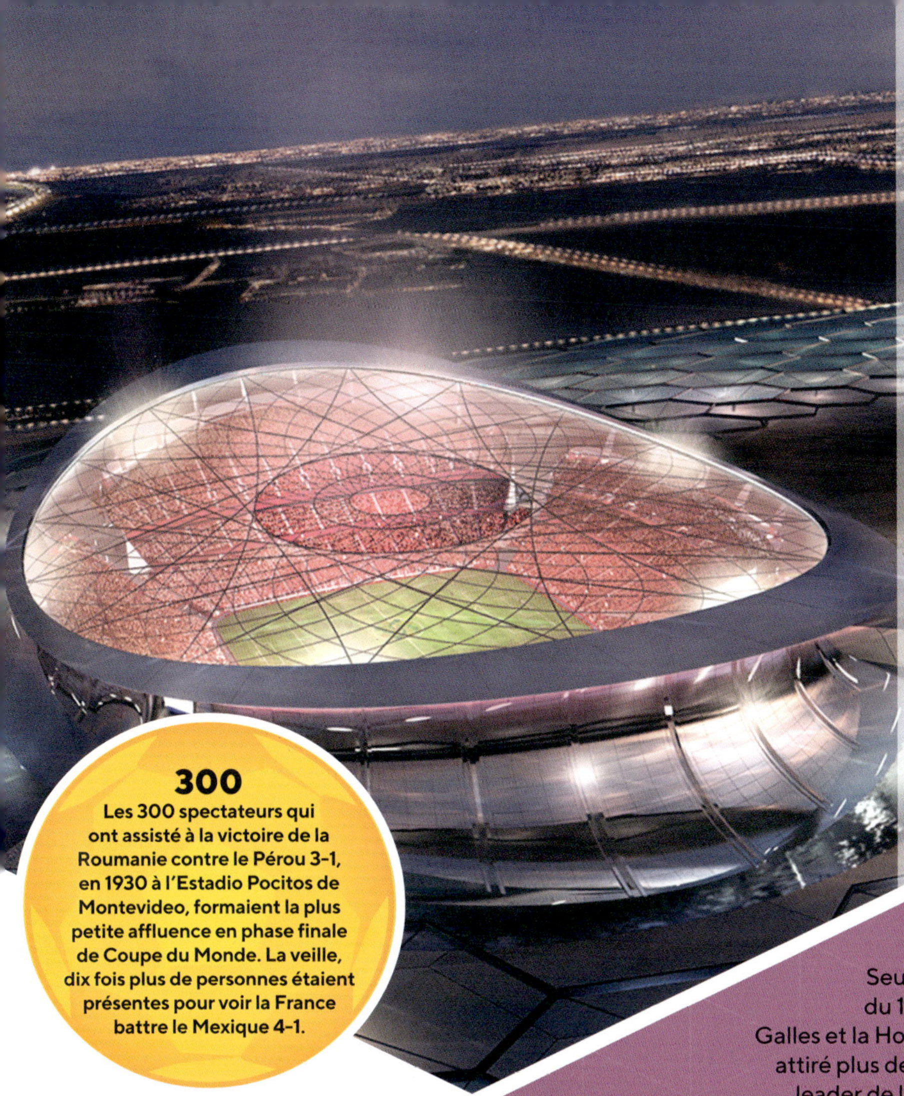

RECORD D'AFFLUENCE
CAPACITÉ D'ACCUEIL

Le stade Lusail de la Coupe du Monde au Qatar, qui recevra la finale de l'édition 2022, pourrait enregistrer la plus forte affluence depuis 1994. Le Lusail, conçu par Foster + Partners, est prévu pour 86 250 spectateurs, ce qui dépasserait les affluences notées à Saint-Denis (1998), Yokohama (2002), Berlin (2006), Johannesburg (2010), Rio (au Maracanã, 2014), et Moscou (2018), mais pas les 94 194 personnes qui ont vu jouer le Brésil contre l'Italie au Rose Bowl de Pasadena, en 1994. Le Comité suprême du Qatar pour la construction et le patrimoine avait proposé 12 nouveaux stades, réduits par la suite à huit. Plusieurs d'entre eux sont modulaires, afin d'être réduits ou même démontés après la phase finale.

300

Les 300 spectateurs qui ont assisté à la victoire de la Roumanie contre le Pérou 3-1, en 1930 à l'Estadio Pocitos de Montevideo, formaient la plus petite affluence en phase finale de Coupe du Monde. La veille, dix fois plus de personnes étaient présentes pour voir la France battre le Mexique 4-1.

RECORD D'AFFLUENCE
HONGROIS ABSENTS

Seuls 2 823 spectateurs ont assisté au match à rejouer du 1er tour de la Coupe du Monde 1958 entre le pays de Galles et la Hongrie. La première rencontre entre les 2 pays avait attiré plus de 15 000 personnes, mais l'exécution d'Imre Nagy, leader de l'insurrection hongroise, avait entraîné un boycott. Ce n'est pas l'affluence la plus faible pour un match de Coupe du Monde : la palme revient au Roumanie-Pérou de 1930, à l'Estadio Pocitos de Montevideo, en Uruguay. À peine 300 spectateurs étaient venus.

AFFLUENCES RECORD DE LA COUPE DU MONDE

1 **173 850 – Estádio do Maracanã,** Rio de Janeiro, Brésil, 1950

2 **114 600 – Estadio Azteca,** Mexico, Mexique, 1986

3 **107 412 – Estadio Azteca,** Mexico, Mexique, 1970

4 **98 000 – Wembley Stadium,** Londres, Angleterre, 1966

5 **94 194 – Rose Bowl,** Pasadena, États-Unis, 1994

6 **93 000 – Estadio Centenario,** Montevideo, Uruguay, 1930

7 **90 000 – Estadio Santiago Bernabéu,** Madrid, Espagne, 1982

8 **84 490 – Soccer City,** Johannesburg, Afrique du Sud, 2010

9 **80 000 – Stade De France,** Paris, France, 1998

10 **78 011 – Luzhniki,** Moscou, Russie, 2018

40 000

Le règlement de la FIFA prévoit que la capacité minimale d'un stade accueillant un match de Coupe du Monde doit être de 40 000 personnes. Celle-ci s'élève à 60 000 places au moins pour les quarts et à 80 000 pour la cérémonie d'inauguration et la finale.

ANECDOTE DU TOURNOI
ÉGALITÉ DES GENRES

Seuls deux stades ont accueilli des finales des Coupes du Monde masculine et féminine. Le Rose Bowl de Pasadena, en Californie, a été le théâtre de la finale masculine en 1994 – quand le Brésil a battu l'Italie – et de son équivalent féminin cinq ans plus tard, quand les Américaines ont battu les Chinoises, devant 90 185 spectateurs. Mais la Suède avait ouvert la voie, au Råsunda Stadium de Stockholm, même s'il a fallu attendre bien longtemps entre la finale homme en 1958 et celle des femmes en 1995.

LA COUPE DU MONDE FIFA
LES STADES ET LES VILLES HÔTES

La Coupe du Monde de la FIFA a voyagé presque partout sur la planète, et notamment dans des pays et des stades où des pages d'histoire ont été écrites.

INFANTINO

NOUVEAUX TERRITOIRES
En 2022, le Qatar deviendra le plus petit pays à accueillir la Coupe du Monde.

FUTURS TOURNOIS
UN FUTUR PARFAIT

L'avenir de la Coupe du Monde dépend de plus en plus des pays qui décideront de la co-organiser entre voisins. **Gianni Infantino**, élu président de la FIFA en 2016, s'est déclaré en faveur de cette mutualisation, qui encouragera davantage de pays à partager l'organisation de la phase finale, et évitera la construction de stades « éléphants blancs ». Pour 2030, une proposition conjointe est élaborée par l'Uruguay, l'Argentine et le Paraguay.

FUTURS TOURNOIS
LES TROIS VAINQUEURS

La phase finale de la Coupe du Monde 2026 entrera dans l'histoire à deux titres. D'abord, elle comprendra 48 équipes – pour 80 matchs – après la décision de la FIFA d'ouvrir la phase finale à davantage d'équipes (32 en Russie 2018). Ensuite, l'organisation sera partagée entre trois pays : les États-Unis, le Canada et le Mexique, après décision du Congrès de la FIFA à Moscou, en juin 2018. Leur « United 2026 » a battu son seul rival, le Maroc, par 134 voix contre 65. Une liste de 23 villes figurait dans la candidature, réduite par la suite à 10 aux États-Unis, trois au Canada et trois au Mexique. Ces deux pays accueilleront 10 matchs chacun et les États-Unis 60, dont tous ceux qui auront lieu à partir des quarts de finale.

HISTORIQUE DES STADES
LA PRÉROGATIVE DES ARCHITECTES

Des éléments créatifs et distinctifs ont été ajoutés aux stades construits pour la Coupe du Monde de la FIFA 2010 en Afrique du Sud, parmi lesquels les tours en forme de girafe du stade Mbombela de Nelspruit, l'arche de 350 mètres de long avec téléphérique au-dessus du terrain principal de Durban et les « pétales » blancs autour du stade Nelson Mandela Bay, à Port Elizabeth. En 2002, le Dôme de Sapporo a fait tourner les têtes : ce stade indoor avec terrain rétractable a été le deuxième site à accueillir un match de Coupe du Monde « en intérieur », après le Pontiac Silverdome en 1994.

LES DIX DERNIÈRES CANDIDATURES NON RETENUES

- **2026 :** Maroc
- **2022 :** Australie
- **2022 :** Japon
- **2022 :** Corée du Sud
- **2022 :** États-Unis
- **2018 :** Angleterre
- **2018 :** Pays-Bas /Belgique
- **2018 :** Espagne/Portugal
- **2010 :** Égypte
- **2010 :** Libye/Tunisie

HISTORIQUE DES STADES
RATIONALISATION À LA RUSSE

Les organisateurs de la Coupe du Monde 2018 en Russie ont essayé de revenir au système des « noyaux » de stades proches pour faciliter les trajets, l'hébergement et la logistique, limitant ainsi les coûts pour les fans. Deux stades étaient utilisés à Moscou, le Loujniki et le Spartak. Le système n'a pas fonctionné, cependant, pour Ekaterinburg, à l'extrémité orientale de la Russie européenne. Le concept des « noyaux » avait été rejeté par les hôtes français de 1998. Michel Platini, président du comité d'organisation, avait préféré un système de rotation pour que les matchs des équipes vedettes soient répartis sur l'ensemble du pays.

HISTORIQUE DES STADES
DROIT OBUS

Lors de la Coupe du Monde 1974 en Allemagne, Berlin, future capitale de l'Allemagne réunifiée, a accueilli seulement 3 matchs de poule. La défaite surprise des organisateurs face à la RDA a eu lieu à Hambourg. En 2002, des ouvriers travaillant sur le chantier de la Coupe du Monde 2006 ont découvert un obus datant de la Seconde Guerre mondiale sous les travées du stade olympique. L'Allemagne et le Brésil s'étaient portés candidats à l'organisation de l'édition 1942, contrainte à l'annulation par la guerre.

23

Entre les 19 rencontres au stade Azteca et les 4 de l'Estadio Olimpico Universitario, Mexico est la ville qui a accueilli le plus de matchs de Coupe du Monde.

6

Six stades ont accueilli une finale de Coupe du Monde et les épreuves olympiques d'athlétisme : le stade de Colombes à Paris, l'Olympiastadion de Berlin, Wembley à Londres, l'Olimpico de Rome, l'Olympiastadion de Munich et le stade Loujniki de Moscou.

5

Le Maroc a tenté cinq fois – en vain – d'obtenir l'organisation d'une Coupe du Monde : en 1994, 1998, 2006 et 2010. Un record.

14

En 1982, l'Espagne a réparti le tournoi sur 14 sites, ce qui reste le record pour un unique pays organisateur.

HISTORIQUE DES STADES
LE MEXIQUE À LA RESCOUSSE

Désignée pour organiser la Coupe du Monde 1986, la Colombie a renoncé en 1982 pour des raisons financières. Le Mexique l'a remplacée au pied levé malgré le tremblement de terre de septembre 1985, qui a tué quelque 10 000 personnes, mais a épargné les stades. L'Estadio Azteca est ensuite devenu le premier site à recevoir deux finales de Coupe du Monde de la FIFA, et le Mexique le premier pays à organiser deux fois la compétition.

LA COUPE DU MONDE FIFA
LES TIRS AU BUT

La séance de tirs au but, véritable guerre des nerfs à 11 mètres, est à la fois l'un des moments les plus attendus d'une Coupe du Monde, mais aussi l'un des plus redoutés, selon le passé de l'équipe…

18
L'Espagne a obtenu 18 penaltys pendant le temps réglementaire en Coupe du Monde et en a converti 15.

ANECDOTE DU TOURNOI
MALHEUREUX GYAN

Asamoah Gyan, le buteur ghanéen, est le seul joueur à avoir raté deux penaltys dans l'histoire de la Coupe du Monde. En 2006, il a tiré sur le poteau, manquant un penalty contre la République tchèque. Quatre ans plus tard, il heurte la barre transversale lors d'un penalty tiré à la toute fin de la seconde prolongation du quart de finale contre l'Uruguay. Si le tir était rentré, Gyan aurait donné la victoire à son pays (2-1) et une première participation pour l'Afrique à une demi-finale de Coupe du Monde FIFA. Malgré cet échec traumatisant, durant la séance de tirs au but, Gyan est le premier à tirer, en hauteur à nouveau, et le ballon pénètre dans la cage. Mais le Ghana perd 4 tirs au but à 2.

5 DERNIÈRES SÉANCES DE TIRS AU BUT EN COUPE DU MONDE FIFA

1. **Croatie 4-3 Russie, Quart de finale, 2018** (2-2 AP)
2. **Angleterre 4-3 Colombie, Huitième de finale, 2018** (2-2 AP)
3. **Croatie 3-2 Danemark, Huitième de finale, 2018** (1-1 AP)
4. **Russie 4-3 Espagne, Huitième de finale, 2018** (1-1 AP)
5. **Argentine 4-2 Pays-Bas, Demi-finale, 2014** (0-0 AP)

BUT RECORD
L'EFFICACITÉ ALLEMANDE

L'Allemagne/RFA a remporté les quatre séances de tirs au but qu'elle a disputées en Coupe du Monde ; aucune équipe n'a fait mieux jusqu'ici. La série a commencé par une victoire contre la France en demi-finale de l'édition 1982, grâce au gardien Harald Schumacher. La RFA a également accédé à la finale du mondial 1990 grâce à son sang-froid dans l'épreuve de vérité, contre l'Angleterre, cette fois. En 2006, le gardien allemand Jens Lehmann avait consulté un récapitulatif des préférences des tireurs argentins. La seule défaite d'une sélection allemande remonte à l'Euro 1976, quand la RFA s'est inclinée en finale face à la Tchécoslovaquie.

8
L'Angleterre et l'Italie partagent le record du plus grand nombre de joueurs à avoir raté un tir au but en Coupe du Monde. Y figurent Franco Baresi, Roberto Baggio, Stuart Pearce, Steven Gerrard et Frank Lampard, ce dernier n'ayant jamais marqué en Coupe du Monde.

POULSEN

ANECDOTE DU TOURNOI
DOUBLE ERREUR

Le Danois **Yussuf Poulsen**, en Coupe du Monde 2018, est devenu le premier joueur à concéder deux penaltys dans une seule compétition, après le Serbe Milan Dudić en 2006. Lors du match d'ouverture de l'équipe danoise, Poulsen a fait une faute sur Christian Cueva, mais le Péruvien a tiré son penalty au-dessus de la barre, et Poulsen s'est racheté en marquant le but victorieux du Danemark, avant de recevoir un carton jaune dans le temps additionnel. Au match suivant, Poulsen a concédé un penalty à l'Australie mais a également reçu un nouveau carton jaune, qui l'a exclu du dernier match de groupes contre la France. Mile Jedinak a marqué le but égalisateur, pour un nul 1-1.

SUBAŠIĆ

HISTOIRE RÉCENTE
DANIJEL LE LION

Lors de la Coupe du Monde 2018 en Russie, le Croate **Danijel Subašić** est devenu le 2e gardien à arrêter quatre tirs au but en un seul tournoi. Le joueur de Monaco a stoppé trois tirs danois lors des tirs au but, puis encore une frappe russe, lors de la victoire croate en quart de finale. Avant Subašić, le seul portier à avoir arrêté quatre tirs au but au cours du même tournoi était l'Argentin Sergio Goycochea, dans la phase finale de 1990. Goycochea a arrêté deux tirs yougoslaves en quart de finale et deux autres italiens, conduisant l'Argentine en finale.

29

Vingt-neuf penaltys ont été accordés lors de la Coupe du Monde 2018, un record. Cette nette augmentation (contre 13 en 2014) est due à l'introduction de l'arbitrage vidéo (VAR).

3-0

La victoire la plus large aux tirs au but en Coupe du Monde a été signée par l'Ukraine, vainqueur 3-0 de la Suisse en huitième de finale 2006.

BAGGIO

SÉANCES DE TIRS AU BUT PAR PAYS

- 5 - **Argentine** (4 victoires, 1 défaite)
- 4 - **Allemagne/RFA** (4 victoires)
- 4 - **Brésil** (3 victoires, 1 défaite)
- 4 - **France** (2 victoires, 2 défaites)
- 4 - **Angleterre** (1 victoire, 3 défaites)
- 4 - **Italie** (1 victoire, 3 défaites)
- 4 - **Espagne** (1 victoire, 3 défaites)

5
Aucune équipe n'a marqué plus de cinq fois lors d'une séance de tirs au but en Coupe du Monde.

ANECDOTE DU TOURNOI
ÉCHEC SUPRÊME

La première séance de tirs au but en Coupe du Monde a eu lieu lors de la demi-finale de Séville entre la France et la RFA, en 1982. Chez les Bleus, Didier Six et **Maxime Bossis** ont eu la malchance d'échouer. Les deux pays se sont retrouvés en demi-finale en 1986, les Allemands de l'Ouest s'imposant 2-0 dans le temps réglementaire. Les éditions 1990 et 2006 détiennent le record de séances de tirs au but : quatre chacune. Les demies d'Italie 1990 se sont jouées depuis le point de penalty. La finale de 2006 a été la deuxième à passer par l'épreuve de vérité, l'Italie battant la France 5-3, après l'échec de David Trezeguet.

BOSSIS

ANECDOTE DU TOURNOI
BAGGIO LE MALCHANCEUX

Il faut plaindre le pauvre **Roberto Baggio** : le maître italien a participé à trois séances de tirs au but en Coupe du Monde, plus que tout autre joueur… et il a perdu à chaque fois. Pire, c'est son tir, au-dessus de la barre, qui a offert le trophée au Brésil, lors de la finale de 1994. Mais Baggio avait également perdu contre l'Argentine en demi-finale (1990), et encore en quart de finale contre la France, en 1998. Ces deux dernières fois au moins, il avait marqué.

LE CHAMPIONNAT D'EUROPE DE L'UEFA

Le Championnat d'Europe de l'UEFA est l'une des plus grandes compétitions de football au monde, mais l'édition 2020 restera dans l'histoire à plus d'un titre. Le show européen était initialement prévu pour les mois de juin et juillet 2020, mais la pandémie de COVID-19 a contraint à décaler le tournoi d'une année, à l'été 2021.

Première édition : 1960

Champion en titre : Italie

Équipes les plus titrées : Allemagne, Espagne (3)

Prochaine édition : Allemagne, 2024

1968

La phase finale 1968 en Italie a servi de contexte à un célèbre film, *L'Or se barre* avec Michael Caine, où des voleurs britanniques se servent de la compétition pour réaliser un cambriolage à Turin.

PLATINI

142

Le tournoi à 24 équipes de l'été 2021 a totalisé plus de buts que tout autre Championnat d'Europe : 142. Par ailleurs, le taux de 2,78 buts par match est également le plus élevé de l'histoire de la compétition.

9

Michel Platini a marqué plus que tout autre joueur en une seule édition de l'Euro, lors de la phase finale 1984.

3

La France a organisé le tournoi à trois reprises, plus que toute autre nation.

BIERHOFF

L'Allemand **Oliver Bierhoff** a inscrit le premier but en or de l'histoire de la compétition, pour battre la République tchèque en finale de l'Euro 1996, le 30 juin, à Wembley.

L'UEFA EURO 2020

L'Italie a remporté le Championnat d'Europe de l'UEFA pour la deuxième fois seulement de son histoire. Et aucun de ses sacres n'a été simple. En 1968, à domicile, la *Squadra Azzurra* avait dû rejouer la finale pour venir à bout de la Yougoslavie. Pour l'Euro 2020, décalé d'un an, les protégés de Roberto Mancini ont dû en passer par les prolongations et les tirs au but pour battre l'Angleterre sur ses terres. Les Italiens l'ont finalement emporté 3-2 grâce au héros de la finale, le gardien Gianluigi Donnarumma, qui a repoussé les tirs de Jadon Sancho et Bukayo Saka.

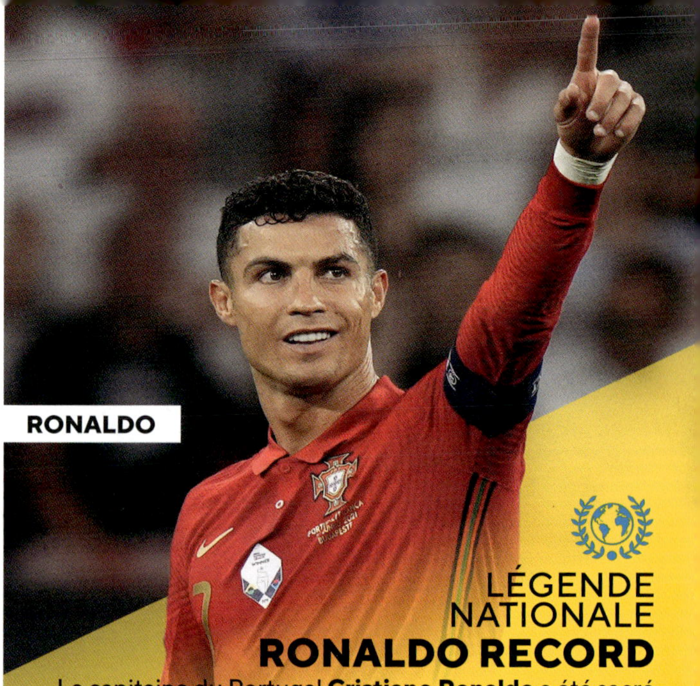

RONALDO

LÉGENDE NATIONALE

RONALDO RECORD

Le capitaine du Portugal **Cristiano Ronaldo** a été sacré Soulier d'Or de la compétition grâce à ses 5 buts, malgré l'élimination des champions en titre par la Belgique dès les huitièmes. Patrik Schick a également marqué 5 buts avec la République tchèque, mais a joué plus de minutes que le Portugais. Ronaldo a élevé son total de buts en Championnat d'Europe à 16, un record, et compte désormais 109 réalisations avec le Portugal. Il a ainsi égalé le record international masculin détenu jusque-là par l'Iranien Ali Daei. Schick a toutefois pu se consoler avec le prix du plus beau but : un lob de près de 50 mètres contre l'Écosse.

2

Deux équipes ont découvert l'Euro lors de la phase finale 2020. La Finlande s'est qualifiée en mettant fin à 32 campagnes infructueuses pour des compétitions majeures. La Macédoine du Nord a eu un parcours plus chaotique : 3e du Groupe G des éliminatoires, elle s'est qualifiée pour les barrages en remportant son groupe en Ligue des Nations de l'UEFA.

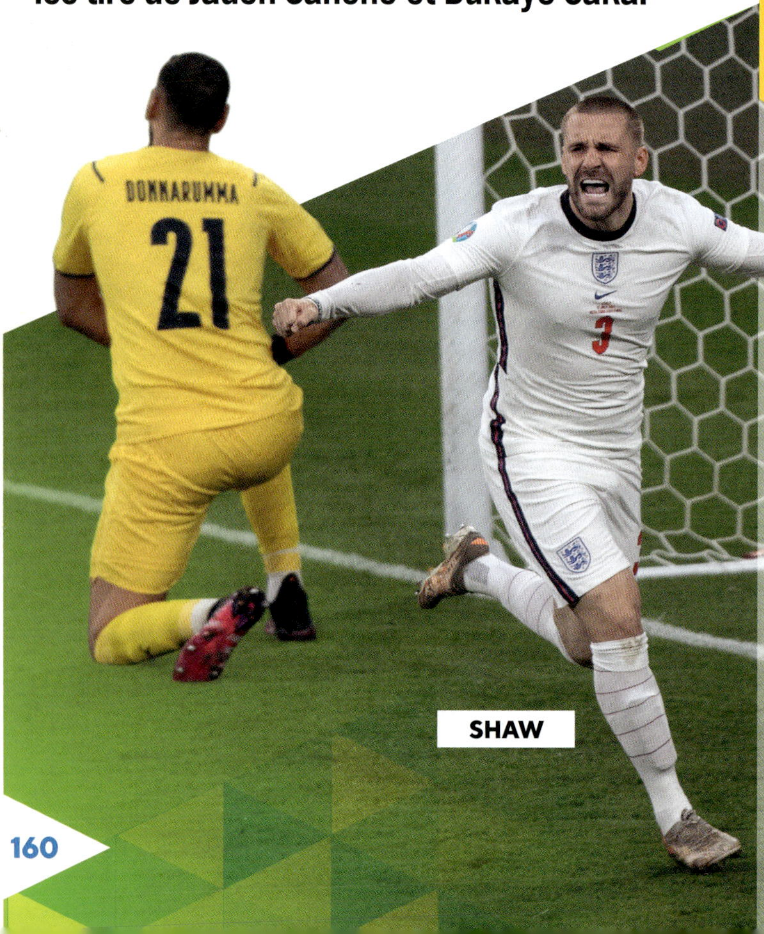

SHAW

ANECDOTE DU TOURNOI

LE SHOW SHAW

L'arrière-gauche **Luke Shaw** a ouvert le score pour l'Angleterre contre l'Italie en finale après seulement 1 min. et 56 s. de jeu. C'est le but le plus rapide en finale, le 5e le plus rapide de l'histoire du tournoi. Le plus pressé reste le Russe Dmitri Kirichenko, buteur après 1 min et 7 s lors d'un succès 2-1 en phase de groupes face aux futurs vainqueurs grecs, en 2004. Deux autres buts éclairs ont été marqués à l'Euro 2020 : par le Suédois Emil Forsberg (en 1'22 contre la Pologne) et le Danois Yussuf Poulsen (1'39 contre la Belgique), sans oublier la réalisation du Polonais Robert Lewandowski en 2016 (1'40 contre le Portugal).

ANECDOTE DU TOURNOI
LE DRAME DANOIS

Le Danemark s'est attiré la sympathie de toute l'Europe après le choc de son entrée en lice contre la Finlande, au Parken Stadium de Copenhague. Quand le capitaine Christian Eriksen s'est effondré peu avant la mi-temps, victime d'un arrêt cardiaque, tous ses coéquipiers sont venus l'entourer pendant que les médecins le réanimaient. Eriksen a passé trois jours à l'hôpital et s'est fait implanter un défibrillateur. Des messages de soutien, de sympathie et d'encouragement ont afflué du monde entier et ont aidé le Danemark à atteindre les demi-finales.

BONUCCI

ANECDOTE DU TOURNOI
WEMBLEY FAIT RÊVER

Wembley est le stade le plus utilisé en Coupe du Monde et Championnat d'Europe. L'enceinte historique, inaugurée en 1923 et modernisée en 2007, a accueilli 23 rencontres de grands tournois, trois de plus que le Stade Vélodrome à Marseille. Wembley est l'un des cinq stades à avoir accueilli une finale de Mondial et d'Euro, les autres étant le Stadio Olimpico de Rome, l'Olympiastadion de Munich, le Stade de France de Paris et le Santiago Bernabéu de Madrid.

ANECDOTE DU TOURNOI
LA JUVE DU DÉBUT À LA FIN

Le premier et le dernier but de la phase finale 2020 ont été marqués par des défenseurs centraux de la Juventus. C'est tout d'abord le Turc Merih Demiral qui a marqué contre son camp dans le match d'ouverture face à l'Italie, à Rome, le 11 juin. Un mois plus tard, à Wembley, le 11 juillet, son coéquipier en club **Leonardo Bonucci** a égalisé pour l'Italie en finale face à l'Angleterre. Les *Azzurri* sont au passage devenus la première nation à être sacrée en Coupe du Monde ou à l'Euro sans remporter ni la finale, ni la demi-finale dans le temps réglementaire. Ils se sont imposés aux tirs au but contre l'Espagne en demie, puis contre l'Angleterre en finale.

1

L'Angleterre, pays hôte de la finale, a atteint la dernière marche pour la première fois avant de s'incliner devant les Italiens. C'était la neuvième apparition des *Three Lions* en phase finale. Ils n'avaient jamais dépassé les demi-finales : à Florence en 1968, ils avaient cédé 1-0 contre la Yougoslavie. Ils avaient ensuite subi la loi des Allemands aux tirs au but en 1996, déjà à Wembley. Le sélectionneur Gareth Southgate a pu prendre sa revanche en battant l'Allemagne 2-0 en huitième de finale.

LUKAKU

1

La Belgique a entamé la phase finale 2020 avec le statut de n° 1 mondial. C'était aussi la première équipe à valider son billet pour la compétition. Les Diables Rouges se sont qualifiés dès le 10 octobre 2019 grâce à un large succès 9-0 contre Saint-Marin lors duquel l'avant-centre **Romelu Lukaku** avait inscrit un doublé, devenant le premier Belge à dépasser les 50 unités.

LÉGENDE NATIONALE
KANE À BOUT DE BRAS

Le capitaine anglais Harry Kane a inscrit 4 buts en phase finale. Il en avait déjà inscrit 12 lors des éliminatoires, dont il a été le meilleur buteur. Auparavant, il avait été sacré Soulier d'Or du Mondial 2018 en Russie avec 6 unités. Pendant la campagne de qualification européenne, il a marqué dans les 8 matchs de l'Angleterre et s'est offert un troisième triplé international lors du succès 7-0 contre le Monténégro. Les *Three Lions* fêtaient alors leur 1 000e match.

LE CHAMPIONNAT D'EUROPE DE L'UEFA
LES RECORDS COLLECTIFS

Au cours des six dernières décennies, en près de 60 ans d'histoire, le Championnat d'Europe est sans conteste devenu la plus grande compétition internationale de football après la Coupe du Monde.

RECORD DU TOURNOI
LA FRANCE FAIT CARTON PLEIN

Sur ses terres, la France de 1984 est la seule équipe à avoir remporté tous ses matchs dans un Euro depuis que la compétition concerne plus de 4 équipes, et sans jamais passer par les tirs au but. Les Bleus ont battu le Danemark 1-0, la Belgique 5-0 et la Yougoslavie 3-2 en groupe. En demie, ils ont éliminé le Portugal 3-2 (après prolongations) avant de dominer l'Espagne 2-0 en finale. Michel Platini a été la star du tournoi pour les Français avec 9 buts inscrits, ce qui l'a conduit tout droit à son deuxième Ballon d'Or cette année-là.

4-5

La France et la Yougoslavie ont totalisé 9 buts lors de leur affrontement, un record jamais égalé. Les Slaves avaient pris le meilleur sur le pays hôte lors des demies 1960.

17

Seuls 17 pays ont participé à la première édition en 1958-1960, dont la phase finale à quatre a vu la victoire de l'Union soviétique. En comparaison, 55 pays membres de l'UEFA ont disputé les éliminatoires de l'Euro 2020, avant la deuxième phase finale à 24 qualifiés.

À PILE OU FACE

Chez elle, l'Italie a atteint la finale de l'édition 1968 sur un jet de pièce – le seul de l'histoire de l'Euro. Le score était toujours de 0-0 après les prolongations entre l'Italie et l'Union soviétique à Naples, le 5 juin 1968.

KLUIVERT

ANECDOTE DU TOURNOI
TOUJOURS L'ESPAGNE

L'Espagne n'a pas seulement signé la plus large victoire en finale de Championnat d'Europe en écrasant l'Italie 4-0 lors du sommet de 2012, elle est aussi devenue la première nation à conserver son titre après son sacre de 2008. Les Espagnols comptent également le record de la plus large victoire (5-0 contre la Slovaquie, en phase de groupes à Séville de l'Euro 2020). Quatre autres pays ont déjà gagné avec une telle marge : la France (en 1984 contre la Belgique), le Danemark (en 1984 contre la Yougoslavie), la Suède (en 2004 contre la Bulgarie) et enfin les Pays-Bas, seul pays à avoir inscrit 6 buts en un match, pour battre la Yougoslavie 6-1 en 2000, grâce à un triplé de **Patrick Kluivert**.

ANECDOTE DU TOURNOI
COMME ON SE RETROUVE

L'Espagne et l'Italie se sont retrouvées en finale de l'Euro 2012 : c'était la 4e fois que les deux pays se rencontraient deux fois dans la même compétition – toujours après un match de 1er tour. Les Pays-Bas avaient perdu contre l'Union soviétique, avant de la vaincre en finale, en 1988 ; l'Allemagne avait battu la République tchèque à deux reprises à l'Euro 1996, y compris en finale ; et la Grèce avait fait de même avec le Portugal, en 2004. L'Espagne et l'Italie figuraient dans le Groupe C de l'Euro 2012, Cesc Fàbregas répliquant au but d'ouverture marqué par Di Natale pour l'Italie. Le 2e match fut nettement moins équilibré (4-0).

VOGTS

ANECDOTE DU TOURNOI
L'HÉRITAGE ALLEMAND

L'Allemagne (ancienne RFA) et l'Espagne ont chacune remporté trois fois le titre, mais les Allemands ont joué (53) et gagné (27) le plus de matchs. Ils ont aussi marqué plus de buts (78) que toute autre nation, tout en en concédant davantage (55). Ils ont enfin disputé le plus de phases finales (13). L'ancien défenseur **Berti Vogts** reste le seul joueur à avoir remporté le tournoi comme joueur (1972) et sélectionneur (1996). Après sa défaite en finale de l'Euro 2020, l'Angleterre est l'équipe qui a disputé le plus de matchs (38) sans jamais soulever la coupe Henri Delaunay.

DÉLLAS

RECORD DE BUTS
DÉLLAS, SON UNIVERS IMPITOYABLE

En demie de l'Euro 2004, la Grèce a remporté la seule victoire par « but en argent » de l'histoire de l'Euro. De la tête, **Traïanós Déllas** a donné la victoire aux siens à deux secondes de la fin de la première mi-temps de la prolongation contre la République tchèque, à Porto le 1er juillet. Les buts en or et en argent ont été abandonnés à l'Euro 2008 et les matchs par élimination directe se décident désormais par deux prolongations de quinze minutes, éventuellement suivies de tirs au but.

LES VAINQUEURS DE L'EURO

1 3 - RFA/Allemagne
=3 - Espagne

3 2 - France
=2 - Italie

5 1 - Union soviétique
=1 - Tchécoslovaquie
=1 - Pays-Bas
=1 - Danemark
=1 - Grèce
=1 - Portugal

3

La victoire 3-1 de la Tchécoslovaquie contre les Pays-Bas le 16 juin 1976 a établi un record de cartons rouges dans l'épreuve : 3.

SCHMEICHEL

ANECDOTE DU TOURNOI
SURPRISE DANOISE

Le Danemark a créé la surprise en gagnant l'UEFA Euro 1992. Deuxième de son groupe qualificatif, il n'était même pas censé participer, mais il avait été invité à compléter le tableau de 8 équipes après la suspension de la Yougoslavie pour cause de guerre. Le gardien **Peter Schmeichel** a été le héros de cette épopée, grâce à ses exploits lors de la séance de tirs au but contre les Pays-Bas en demi-finale et lors de la finale contre l'Allemagne, remportée 2-0 avec des buts de John Jensen et de Kim Vilfort.

142

142 buts - un record - ont été marqués en phase finale 2020, soit bien plus que l'édition précédente à 24 équipes, en 2016, qui totalisait 108 buts.

LE CHAMPIONNAT D'EUROPE DE L'UEFA
LES RECORDS INDIVIDUELS

Le Championnat d'Europe de l'UEFA nous a offert quelques-uns des moments les plus marquants de l'histoire du football, signés par les plus grands joueurs du continent.

RECORD DE BUTS
LA VALEUR N'ATTEND PAS LES ANNÉES

À 17 ans et 246 jours, le milieu polonais **Kacper Kozłowski** est devenu le plus jeune joueur en phase finale de l'Euro lorsqu'il a remplacé Mateusz Klich en phase de groupes 2020 contre l'Espagne. Le record avait été établi seulement 6 jours plus tôt par l'Anglais Jude Bellingham (17 ans et 349 jours), entré en jeu à la place de Harry Kane pour le succès 1-0 contre la Croatie. D'autres records de précocité ont été battus dans ce tournoi : Pedri est le plus jeune titulaire d'un match à élimination directe (18 ans et 215 jours contre la Croatie en huitième). Le lendemain, l'Allemand Jamal Musiala (18 ans et 117 jours), entré en jeu contre l'Angleterre, est devenu le plus jeune en match à élimination directe. Musiala avait joué avec les espoirs anglais avant d'opter pour l'Allemagne en A.

KOZŁOWSKI

37

À 37 ans et 321 jours, Goran Pandev est le 2e buteur le plus âgé en phase finale, avec la Macédoine du Nord face à l'Autriche à l'Euro 2020. L'Autrichien Ivica Vastić, buteur à 38 ans et 257 jours contre la Pologne en 2008, conserve son record.

SHEARER

RECORD DU TOURNOI
FRAPPE D'OR

Le buteur espagnol Fernando Torres a reçu le Soulier d'Or en 2012, bien qu'il ait marqué le même nombre de buts (trois) que l'Italien Mario Balotelli, le Russe Alan Dzagoev, l'Allemand Mario Gómez, le Croate Mario Mandžukić et le Portugais Cristiano Ronaldo. La décision s'est basée sur le nombre de passes décisives – Torres et Gómez étant *ex æquo* – puis sur le temps joué. Avec 92 minutes passées sur le terrain par Torres, ce dernier a reçu le titre, devant Gómez.

4

Karim Benzema a fêté ses débuts à l'Euro avec quatre buts pour la France à l'Euro 2020. Il entre directement à la 5e place des meilleurs buteurs français dans la compétition derrière Michel Platini (9), Antoine Griezmann (7), Thierry Henry (6) et Zinédine Zidane (5).

LÉGENDE NATIONALE
SHEARER : UN ANGLAIS AU TOP

Alan Shearer est le seul joueur anglais à dominer les grilles de scores de l'Euro, terminant meilleur buteur de l'édition 1996 avec 5 buts en 5 matchs, contre la Suisse, l'Écosse et les Pays-Bas (2 buts) dans le Groupe A, puis contre l'Espagne aux tirs au but en quart de finale, et l'Allemagne en demi-finale à Wembley. Il ajoutera encore 2 buts durant l'Euro 2000, se plaçant 2e meilleur buteur de tous les temps derrière Michel Platini et Cristiano Ronaldo.

10

L'édition 2000 fut la plus prolifique en cartons rouges, avec 10 joueurs expulsés, dont le Roumain Gheorghe Hagi, le Portugais Nuno Gomes, l'Italien Gianluca Zambrotta et le Tchèque Radoslav Látal. Ce dernier était un récidiviste, puisqu'il avait écopé de la même peine lors de l'Euro 1996. Il est le seul à avoir été expulsé de deux Championnats d'Europe.

RECORD DE BUTS
VONLANTHEN, MIEUX QUE ROONEY

Le plus jeune buteur des phases finales de l'Euro est le milieu de terrain suisse **Johan Vonlanthen**. Il avait 18 ans et 141 jours, le 21 juin 2004, lorsqu'il inscrivit le seul but des siens, défaits 3-1 par la France. Il battit le record établi par Wayne Rooney quatre jours plus tôt : l'Anglais avait 18 ans et 229 jours quand il marqua le 1er but du 3-0 contre la Suisse. Vonlanthen a dû se retirer des terrains à l'âge de 26 ans, en mai 2012, suite à une blessure au genou.

VONLANTHEN

RECORD DE BUTS
ÇA VA COMME UN LUNDI

Le 10 juillet 1960, lors du 1er Euro, l'attaquant soviétique Viktor Ponedelnik donna la victoire (2-1) à son pays contre la Yougoslavie. Mais il fit les gros titres de la presse russe, car le coup d'envoi du match ayant été donné à Paris le dimanche à 22 heures, heure de Moscou, lorsque Ponedelnik marqua (à la 113e minute), on était lundi matin en Russie. Ponedelnik (« lundi » en russe) expliqua : « Quand j'ai marqué, les journalistes ont titré : *Ponedelnik zabivayet v Ponedelnik.* » (Lundi marque un lundi.) Ce but reste le plus tardif en finale de Championnat d'Europe/Coupe des Nations.

ILYN DANS L'HISTOIRE

Le Soviétique Anatoli Ilyin est devenu le 1er buteur de la phase finale du Championnat d'Europe de l'UEFA lorsqu'il a marqué à la 4e minute contre la Hongrie, le 29 septembre 1958.

1

Un seul joueur a été exclu en finale de l'Euro : le défenseur français Yvon Le Roux a, en effet, reçu un second carton jaune à cinq minutes du coup de sifflet final en 1984 (victoire des Bleus 2-0 contre l'Espagne).

LÉGENDE NATIONALE
OLIVIER ÉTONNE

L'Allemand **Oliver Bierhoff** a inscrit le 1er but en or de l'histoire de la compétition en finale de l'Euro 1996 contre la République tchèque, à Wembley, le 30 juin (avec cette règle, la première équipe marquant en prolongations gagnait le match). Bierhoff a marqué à la 5e minute des prolongations. Déviée par le défenseur Michal Horňák, sa frappe de vingt mètres échappa au gardien Petr Kouba.

BIERHOFF

MEILLEURS BUTEURS DE L'HISTOIRE DE L'EURO

1 **Cristiano Ronaldo,** Portugal, 14

2 **Michel Platini,** France, 9

3 **Antoine Griezmann,** France, 7
= **Alan Shearer,** Angleterre, 7

5 **Nuno Gomes,** Portugal, 6
= **Thierry Henry,** France, 6
= **Zlatan Ibrahimović,** Suède, 6
= **Patrick Kluivert,** Pays-Bas, 6
= **Romelu Lukaku,** Belgique, 6
= **Alvaro Morata,** Espagne, 6
= **Wayne Rooney,** Angleterre, 6
= **Ruud van Nistelrooy,** Pays-Bas, 6

LE CHAMPIONNAT D'EUROPE DE L'UEFA

LES AUTRES RECORDS

Le Championnat d'Europe a fait naître de nombreuses statistiques intéressantes, qui concernent aussi bien les pannes de but que les pays organisateurs.

KJÆR

HISTOIRE RÉCENTE
LES BUTS NE FONT PAS TOUT

Le Championnat d'Europe 2020 a établi un nouveau record en nombre de buts par match depuis que la phase de groupes a été introduite lors de l'édition 1980 en Italie. Les 142 buts inscrits en 2021 correspondent à un taux de 2,78 buts par match. C'est mieux que les 2,74 de l'édition 2000 en Belgique et aux Pays-Bas. Toutefois, c'est bien moins que les 4,75 buts par match de 1976, mais cette édition ne comptait que quatre équipes et 19 buts. La phase finale 2020 s'est aussi distinguée avec 11 buts contre son camp, soit plus que lors de toutes les autres éditions réunies (9). Le premier malchanceux a été le Turc Merih Demiral dans le match inaugural contre l'Italie, le dernier le capitaine danois **Simon Kjær** en demi-finale contre l'Angleterre.

6

Six cartons rouges ont été distribués à l'Euro 2020, dont deux pour les Gallois Harry Wilson et Ethan Ampadu. Les arbitres ont sorti 151 cartons jaunes. L'Anglais Alan Mullery était le premier joueur expulsé en phase finale, face à la Yougoslavie, en 1968 à Florence.

LES 10 DERNIERS ARBITRES DES FINALES DE L'EURO

- **2020 – Björn Kuipers** (Pays-Bas)
- **2016 – Mark Clattenburg** (Angleterre)
- **2012 – Pedro Proenca** (Portugal)
- **2008 – Roberto Rosetti** (Italie)
- **2004 – Markus Merk** (Allemagne)
- **2000 – Anders Frisk** (Suède)
- **1996 – Pierluigi Palretto** (Italie)
- **1992 – Bruno Galler** (Suisse)
- **1988 – Michel Vautrot** (France)
- **1984 – Vojtech Christob** (Tchécoslovaquie)

ALONSO

RECORD DU TOURNOI
ILS ATTENDENT QUOI ?

Entre le penalty transformé par **Xabi Alonso** dans le temps additionnel du quart de finale Espagne-France (2-0) et le but de Mario Balotelli à la 20e minute de la demi-finale Italie-Allemagne (2-1), 260 minutes se sont écoulées dans cet Euro 2012 sans que tremblent les filets, un record de la compétition. Dans cet intervalle, l'Italie a signé un nul 0-0 contre l'Angleterre avant de s'imposer aux tirs au but, et l'Espagne en a fait autant contre le Portugal.

3-0

Lors des éliminatoires 1964, la Grèce avait déclaré forfait contre l'Albanie car les deux pays étaient encore techniquement en guerre. L'Albanie l'a donc emporté 3-0 sur tapis vert. La Grèce a officiellement annoncé la fin de la guerre en 1987 seulement.

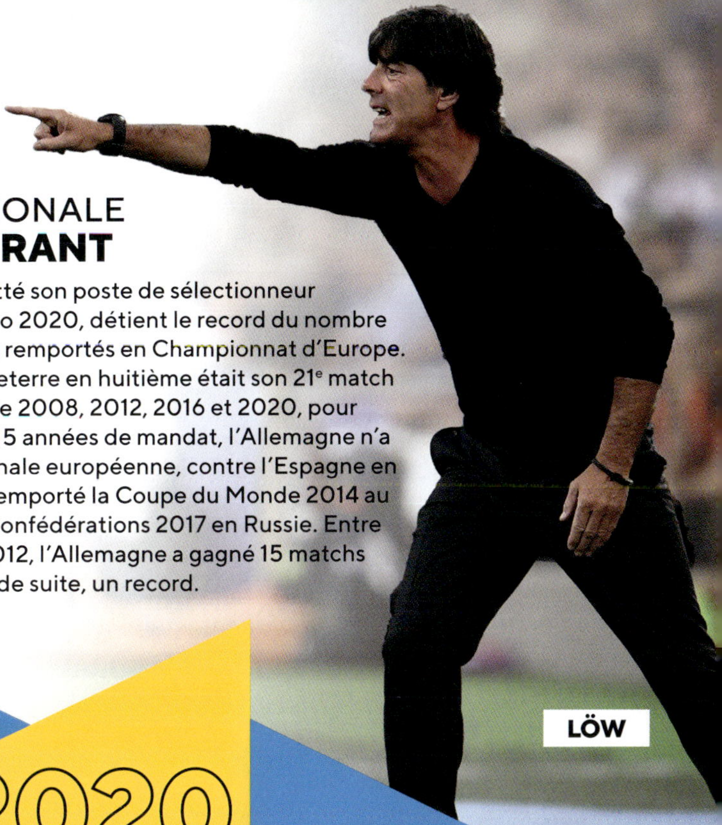

LÖW

LÉGENDE NATIONALE
LÖW L'ENDURANT

Joachim Löw, qui a quitté son poste de sélectionneur d'Allemagne après l'Euro 2020, détient le record du nombre de matchs supervisés et remportés en Championnat d'Europe. La défaite contre l'Angleterre en huitième était son 21e match sur les quatre éditions de 2008, 2012, 2016 et 2020, pour 13 victoires. Durant ses 15 années de mandat, l'Allemagne n'a pu faire mieux qu'une finale européenne, contre l'Espagne en 2008. Löw a toutefois remporté la Coupe du Monde 2014 au Brésil et la Coupe des Confédérations 2017 en Russie. Entre juillet 2010 et juin 2012, l'Allemagne a gagné 15 matchs internationaux de suite, un record.

CLATTENBURG

ANECDOTE D'ARBITRAGE
PROENÇA PROENÇA

En 2012, le Portugais Pedro Proença a réussi le double exploit d'arbitrer une finale de la Ligue des Champions entre Chelsea et le Bayern Munich, et la finale de l'Euro cet été-là, entre l'Espagne et l'Italie. L'arbitre anglais **Mark Clattenburg** a amélioré ce record en 2016, avec la finale de la FA Cup entre Manchester United et Crystal Palace en mai, la finale de la Ligue des Champions en juin, entre le Real Madrid et l'Atlético Madrid, et la finale de l'Euro en juillet, entre la France et le Portugal.

2020

La finale du Championnat d'Europe 2020 entre l'Italie et l'Angleterre, pays hôte, était la 7e à arriver aux prolongations et la 1re à se décider aux tirs au but. L'Italie s'est imposée 3-2 après un nul 1-1.

HISTORIQUE DES PAYS HÔTES
LES ORGANISATEURS

Dix stades français ont accueilli l'Euro 2016, égalisant le record du Portugal en 2004, avec deux de plus que les huit stades utilisés dans les trois éditions coorganisées (quatre dans chaque pays) : la Belgique et les Pays-Bas en 2000, l'Autriche et la Suisse en 2008, et la Pologne et l'Ukraine en 2012. Tout cela a changé en 2021 cependant, car, pour la première fois, la première phase de groupes et les deux premiers tours d'éliminatoires ont été joués dans 11 pays différents. L'Angleterre a eu l'honneur de recevoir les demi-finales et la finale, qui ont toutes les trois été jouées au Wembley de Londres.

HISTORIQUE DES PAYS HÔTES
RETOUR AUX SOURCES EN 2024

L'Allemagne organisera la phase finale 2024, qui se disputera de nouveau dans un seul pays. L'édition 2020 s'est quant à elle tenue dans 11 lieux à travers l'Europe. La Fédération européenne avait en effet décidé en 2012 de marquer les 60 ans du Championnat d'Europe avec une compétition itinérante, de l'Azerbaïdjan à l'est à l'Espagne à l'ouest, et de Saint-Pétersbourg au nord à l'Italie au sud. Ces 11 sites dépassent les 10 stades utilisés par le seul Portugal en 2004. Wembley, en Angleterre, a été l'enceinte la plus fréquentée avec trois matchs du premier tour et six à élimination directe, dont les deux demi-finales et la finale.

79 115

La plus grande affluence pour une finale d'Euro était à l'Estadio Santiago Bernabéu de Madrid, en 1964, quand l'Espagne avait battu l'Union soviétique 2-1.

1992

C'est à l'Euro 1992 que les noms des joueurs ont été floqués pour la première fois sur les maillots. Auparavant, seuls les numéros permettaient d'identifier les joueurs.

LA COPA AMÉRICA

La Copa América est la plus ancienne des compétitions internationales encore disputées. L'édition 2021 a été historique : dans un contexte des plus difficiles, le tournoi a brillamment prolongé une tradition vieille de 105 ans au cours de laquelle les plus grands joueurs ont accompli nombre d'exploits.

Première édition : 1916

Champion en titre :
Argentine

Record de titres :
Argentine, Uruguay, 15

Prochaine édition :
Équateur, 2024

2

Le Brésil est la seconde nation seulement à avoir accueilli la Copa América deux fois de suite, en 2019 et 2021. La précédente était l'Uruguay en 1923 et 1924.

En 1984, la CONMEBOL a adopté une organisation tournante de la compétition entre les dix fédérations membres.

3

La Copa América s'est déroulée sur tout le sous-continent à trois reprises : en 1975, 1979 et 1983.

Le trophée actuel de la Copa América a été acheté en 1916 à la bijouterie « Casa Escasany » de Buenos Aires pour la somme de 3 000 francs suisses.

En plus de cent ans de compétition, seules trois éditions ont été marquées par l'absence du Brésil ou de l'Argentine dans le dernier carré : 1939, 2001, 2011.

LA COPA AMÉRICA 2021

L'édition 2021 de la Copa América a sans doute été l'une des plus remarquables dans l'histoire cette compétition. En mars 2019, la Colombie et l'Argentine avaient été choisies pour organiser la compétition. Un an plus tard, le tournoi était repoussé en raison de la pandémie de COVID-19. La tenue même de l'événement a été remise en question au printemps 2021, quand les deux pays hôtes ont renoncé à l'organiser en raison de la situation sanitaire. Le Brésil s'est alors porté volontaire quinze jours avant le coup d'envoi.

BUTEURS

1 **Lionel Messi,** Argentine, 4
= **Luis Díaz,** Colombie, 4

3 **Gianluca Lapadula,** Pérou, 3
= **Lautaro Martínez,** Argentine, 3

74

À 74 ans, l'Uruguayen Óscar Washington Tabárez a amélioré son record du sélectionneur le plus âgé en Copa América. Après un premier mandat en 1988-1990, il est revenu à la tête de la *Celeste* en 2006. Il a notamment accroché la 4e place du Mondial 2010 et a remporté la Copa América en 2011.

ANECDOTE DU TOURNOI
L'ARGENTINE NE PLEURE PLUS

L'Argentine a battu les hôtes brésiliens 1-0 au Maracanã de Rio de Janeiro et a ainsi mis fin à 28 ans de disette sur la scène internationale. Le dernier succès de l'*Albiceleste* en Copa América remontait à 1993. C'était également l'année du dernier succès des Argentins contre les Brésiliens dans un tournoi majeur. L'Argentine avait éliminé son vieux rival en quart aux tirs au but avant d'écarter le Mexique 2-1 en finale à Guayaquil (Équateur). C'était aussi la première fois que deux nations hors Amérique du Sud étaient invitées : le Mexique et les États-Unis.

NEYMAR

PASSEURS DÉCISIFS

1 **Lionel Messi,** Argentine, 5

2 **Neymar,** Brésil, 3

3 **Cristián Cuevas,** Pérou, 2

ANECDOTE DU TOURNOI
ON NE GAGNE PAS TOUJOURS

La superstar brésilienne **Neymar** a marqué deux buts et délivré trois passes décisives pour guider les siens jusqu'en finale. Mais pour une fois, le Maracanã ne lui a pas porté chance et le Brésil s'est incliné contre l'Argentine de son ami Messi. C'est toutefois dans l'antre du football brésilien que Neymar a connu l'un de ses plus grands succès, lors des JO 2016. Brassard de capitaine au bras, Neymar avait inscrit le tir au but victorieux contre l'Allemagne pour offrir à son pays sa première médaille d'or en football.

3

Trois matchs à élimination directe se sont joués aux tirs au but. En quart, le Pérou a sorti le Paraguay 4-3 après un nul passionnant 3-3, et la Colombie a éliminé l'Uruguay 4-2 à la suite d'un match sans but. La Colombie a eu moins de chance au tour suivant : après avoir tenu l'Argentine en échec 1-1, au stade Mané Garrincha de Brasilia, elle a perdu la séance décisive 3 tirs à 2.

MESSI

JOUEUR STAR
MESSI LE MERVEILLEUX

Lionel Messi a été la star incontestée au Brésil, bien qu'il n'ait pu trouver la faille en finale. Il a tout de même totalisé 4 buts dans le tournoi. Qui plus est, ses 5 passes décisives constituent un record dans la compétition depuis que cette statistique est analysée. Le joueur de 34 ans a été désigné homme du match à quatre occasions en 2021, autre record, portant son total à 14 distinctions d'homme du match en Copa América, loin devant les autres joueurs. L'ancien Barcelonais, passé au Paris Saint-Germain en août 2021, compte 76 buts en 151 sélections, plus que tout autre Argentin. Sa domination en Copa 2021 se reflète dans son bilan : 4 buts, 5 passes décisives, Soulier d'Or, meilleur joueur du tournoi et le trophée en prime. Le Colombien Luis Díaz a marqué autant que lui, mais ne compte aucune passe décisive.

ANECDOTE DU TOURNOI
PIED D'ÉGALITÉ

L'Uruguay et l'Argentine, voisins et rivaux séparés par le Rio de la Plata, ont un grand passé footballistique en commun. Ils étaient les deux finalistes de la première Coupe du Monde de la FIFA en 1930 à Montevideo, et ils comptent deux titres mondiaux chacun : l'Uruguay en 1930 et 1950, l'Argentine en 1978 et 1986. À présent, ils partagent aussi le record de victoires en Copa América, avec 15 titres chacun. L'Uruguay s'était imposé pour la première fois en 1916, et l'Argentine en 1921.

ANECDOTE DU TOURNOI
L'ANGE ARGENTIN

Ángel Di María répond souvent présent dans les grands rendez-vous. En 2008, l'ailier avait inscrit le seul but du match contre le Nigeria pour remporter la médaille d'or olympique, dans le célèbre stade du Nid d'oiseau à Pékin. En Copa América 2021, il a récidivé en inscrivant le but du titre contre le Brésil, son 21e en 111 sélections avec l'*Albiceleste*. Seuls Lionel Messi, Javier Mascherano, Javier Zanetti et Roberto Ayala ont plus de capes que lui.

4

Le portier argentin Emiliano Martínez a été désigné meilleur gardien pour ses 4 matchs sans encaisser de but.

FEUILLE BLANCHE

1. **Emiliano Martínez,** Argentine, 4
2. **Ederson,** Brézil, 3
3. **Fernando Muslera,** Uruguay, 2

= **David Ospina,** Colombie, 2

EDERSON

DI MARÍA

LA COPA AMÉRICA
LES RECORDS COLLECTIFS

En 1916, l'Amérique du Sud décide de créer sa propre compétition continentale sous le nom de Championnat d'Amérique du Sud des Nations. Seuls quatre pays participent alors au tournoi inaugural : l'Argentine – pays hôte –, le Brésil, le Chili et l'Uruguay, qui devient le premier vainqueur.

LÉGENDE NATIONALE
LA GENÈSE

Le premier « Championnat des Nations » d'Amérique du Sud, tel qu'il s'appelait à l'origine, s'est déroulé en Argentine du 2 au 17 juillet 1916, à l'occasion des fêtes du centenaire de l'indépendance du pays. Cette édition a été remportée par l'Uruguay, qui a tenu l'Argentine en échec lors d'une finale en plusieurs actes. Le 16 juillet, la partie avait été interrompue à 0-0 par des spectateurs mécontents qui avaient envahi la pelouse et mis le feu aux tribunes. Le match a repris dans un autre stade le lendemain, toujours sans le moindre but. L'Uruguay a terminé en tête du mini-championnat et a été sacré vainqueur.

GRADÍN

3

L'Uruguayen de 19 ans **Isabelino Gradín** a été le meilleur buteur de la première édition du tournoi, avec 3 réalisations. L'événement a aussi marqué la création de la fédération sud-américaine de football, la CONMEBOL, une semaine avant la compétition, le 9 juillet 1916.

150

Le plus long match de l'histoire de la Copa América est la finale de 1919 entre le Brésil et l'Uruguay. Il a duré 150 minutes, soit 90 minutes de temps réglementaire plus deux prolongations de 30 minutes chacune.

ANECDOTE DU TOURNOI
TOMBEURS DE RECORDS

En remportant la Copa 2021 au Brésil, l'Argentine a amélioré son record de matchs gagnés dans la compétition à 127. Les Argentins ont aussi inscrit le plus de buts, 474, dont le dernier par Ángel Di María pour battre le pays hôte en finale au Maracanã. Leurs voisins uruguayens détiennent le record peu enviable de six défaites aux tirs au but, la dernière en date 4-2 contre la Colombie après un nul 0-0 en quart de l'édition 2021, à Brasília. Le gardien **David Ospina** a été le héros de la Colombie en repoussant la dernière tentative de Matías Viña.

OSPINA

NOMBRE DE TITRES PAR PAYS

1 **Uruguay, 15** (1916, 1917, 1920, 1923, 1924, 1926, 1935, 1942, 1956, 1959, 1967, 1983, 1987, 1995, 2011)
= Argentine, 15 (1921, 1925, 1927, 1929, 1937, 1941, 1945, 1946, 1947, 1955, 1957, 1959, 1991, 1993, 2021)

3 **Brésil, 9** (1919, 1922, 1949, 1989, 1997, 1999, 2004, 2007, 2019)

4 **Pérou, 2** (1939, 1975)
= Paraguay, 2 (1939, 1979)
= Chili, 2 (2015, 2016)

7 **Bolivie, 1** (1963)
= Colombie, 1 (2001)

ANECDOTE DU TOURNOI
OH ! LÀ, LÀ ! AYALA

En 1953, le Pérou a été déclaré vainqueur sur tapis vert quand le Paraguay a essayé de procéder à un remplacement de plus que prévu. Furieux, le remplaçant prévu, Milner Ayala, a adressé un coup de pied à l'arbitre anglais Richard Maddison et a été interdit de football pendant 3 ans. Cette défaite n'a pas empêché le Paraguay de rester dans la compétition, puis d'aller battre le Brésil en finale, mais sans le malheureux Ayala. Toute la compétition s'est déroulée dans l'Estadio Nacional de Lima.

ANECDOTE DU TOURNOI
LA DOYENNE DES COMPÉTITIONS

La Copa américa est la compétition internationale la plus ancienne de la planète football. Lancée en 1916, sa première édition a opposé l'Argentine, le Brésil, le Chili et l'Uruguay. La Bolivie, la Colombie, l'Équateur, le Paraguay, le Pérou et le Venezuela les ont rejoints au fil des éditions. En 1910, un Championnat d'Amérique du Sud officieux avait sacré l'Argentine, vainqueur 4-1 de l'Uruguay en finale. Ce match avait été reporté d'une journée après que les supporters eurent brûlé les gradins du stade de Gimnasia, à Buenos Aires.

31

En 1942, l'Équateur et son gardien Napoleon Medina ont battu le record du plus grand nombre de buts encaissés en une édition : 31 en 6 matchs (pour 6 défaites).

ANECDOTE DU TOURNOI
DES VISITEURS BIENVENUS

Neuf nations invitées ont disputé la Copa América. Le **Mexique**, d'Amérique centrale, compte 10 participations et a bien failli l'emporter au nez et à la barbe des locaux à deux reprises, en 1993 et 2001. Les deux fois, les Mexicains se sont inclinés en finale, 2-1 contre l'Argentine et 1-0 contre la Colombie, respectivement. Quatre pays ne comptent qu'une seule participation : le Honduras (2001), Haïti et le Panama (2016), et le Qatar (2019).

0

Le Paraguay s'est hissé en finale de la Copa América 2011 sans remporter un seul match dans le temps réglementaire : trois nuls en phase de groupes, puis une qualification aux tirs au but en quart face au Brésil et en demie face au Venezuela (à chaque fois après un 0-0).

NOMBRE D'ÉDITIONS ORGANISÉES PAR PAYS

1 **Argentine, 9** (1916, 1921, 1925, 1929, 1937, 1946, 1959, 1987, 2011)

2 **Chili, 7** (1920, 1926, 1941, 1945, 1955, 1991, 2015)
= Uruguay, 7 (1917, 1923, 1924, 1942, 1956, 1967, 1995)

4 **Pérou, 6** (1927, 1935, 1939, 1953, 1957, 2004)
=**Brésil, 5** (1919, 1922, 1949, 1989, 2019

ARISTIZÁBAL

11

En 2001, lors de son unique sacre, la Colombie a réussi l'exploit de préserver l'invincibilité de ses cages pendant toute la compétition. Elle a marqué 11 buts au passage, dont plus de la moitié par **Víctor Aristizábal**, meilleur buteur de l'édition avec 6 réalisations.

ANECDOTE DU TOURNOI
L'ÉQUATEUR PERD LE NORD

Deuxième nation la plus titrée de l'épreuve, l'Argentine est aussi à l'origine de la victoire la plus large : un 12-0 infligé à l'Équateur en 1942. Parmi les 5 réalisations de José Manuel Moreno figurait le 500e but de l'histoire du tournoi. Né à Buenos Aires le 3 août 1916, Moreno a remporté le classement des buteurs avec son compatriote Herminio Masantonio. Tous deux comptaient 19 buts sous le maillot *albiceleste* à la fin de leur carrière, mais là où Moreno a eu besoin de 34 sélections, Masantonio s'est contenté de 21, signant notamment un quadruplé contre l'Équateur.

LA COPA AMÉRICA
LES RECORDS INDIVIDUELS

Depuis plus d'un siècle, la Copa América met en scène la crème du football sud-américain. Sans surprise, les records de buts et de matchs font honneur aux plus grandes stars que ce sport ait connues.

LÉGENDE NATIONALE
UNE FAMILLE DE CHAMPIONS

Les deux buts inscrits par Diego Forlán contre le Paraguay en finale de la Copa América (3-0) ont contribué à l'obtention du 15e titre continental de l'Uruguay. Ils lui ont aussi permis de perpétuer la tradition familiale : son père **Pablo** faisait, en effet, partie de l'équipe sacrée en 1967, tandis que son grand-père, le sélectionneur Juan Carlos Corazzo, avait mené le pays à la victoire en 1959. Son doublé contre le Paraguay a également permis à Forlan d'égaler le record de buts en sélection détenu par Héctor Scarone (31 buts). Petit bémol à tant de gloire, c'est son partenaire d'attaque Luis Suárez (auteur de l'ouverture du score en finale) qui a été élu Meilleur joueur du tournoi.

FORLÁN

LÉGENDE NATIONALE
LE GOAL BRILLANT

Avec 34 matchs répartis sur les éditions 1941, 1942, 1945, 1947, 1949 et 1953, le gardien chilien Sergio Livingstone détient le record de la Copa América. Surnommé « le crapaud », Livingstone devient en 1940 le premier gardien élu Meilleur joueur du tournoi. Il aurait pu améliorer son record s'il n'avait pas raté l'édition 1946. Né à Santiago le 26 mai 1920, Livingstone a passé toute sa carrière dans son pays, sauf la saison 1943/1944, qui l'a vu s'expatrier dans le club argentin de Racing Club. Il a totalisé 52 sélections entre 1941 et 1954, avant de prendre sa retraite pour devenir un commentateur télé à succès.

MÉNDEZ

MEILLEURS BUTEURS DE L'HISTOIRE

1 **Norberto Méndez** (Argentine), 17
= **Zizinho** (Brésil), 17

3 **Teodoro Fernández** (Pérou), 15
= **Severino Varela** (Uruguay), 15

5 **Paolo Guerrero** (Pérou), 14
= **Eduardo Vargas** (Chili), 14

1917
Le Chilien Luis García a inscrit le premier but contre son camp de la Copa América, lors de la deuxième édition en 1917, offrant ainsi une victoire 1-0 à l'Argentine.

LÉGENDE NATIONALE
ALEX PUISSANCE HUIT

En disputant le premier match de l'Équateur de l'édition 2004, contre l'Uruguay, Alex Aguinaga est devenu le 2e joueur de l'histoire à participer à huit Copa América, en compagnie du légendaire gardien uruguayen Ángel Romano. Aguinaga, milieu créatif né à Ibarra le 9 juillet 1969, a porté le maillot national à 109 reprises, dont 25 capes en Copa América, une compétition qui l'a vu inscrire 4 de ses 23 buts en sélection. Ses excellents débuts en Copa América, marqués par 4 matchs sans défaite en 1987 et 1989, contrastent avec ses 7 dernières rencontres, qui se sont soldées par autant de défaites.

8

En disputant le premier match de l'Équateur de l'édition 2004, contre l'Uruguay, Alex Aguinaga est devenu le 2e joueur de l'histoire à participer à huit Copa América, en compagnie du légendaire gardien uruguayen Ángel Romano.

PLUS GRAND NOMBRE D'APPARITIONS

1 **Sergio Livingstone** (Chili), 34
= **Lionel Messi** (Argentine), 34
3 **Zizinho** (Brésil), 33
4 **Víctor Ugarte** (Bolivie), 30
5 **Máximo Mosquera** (Pérou) 28

LÉGENDE NATIONALE
DE BOUT EN BOUT

Le meneur Carlos Valderrama et le milieu défensif **Leonel Álvarez** ont disputé les 27 rencontres de la Colombie en Copa América, entre 1987 et 1995. Ils ont récolté 10 succès, 10 matchs nuls et 7 défaites, et décroché le bronze en 1987, 1993 et 1995. Valderrama a signé ses 2 buts lors de sa première et de sa dernière apparition : victoire 2-0 sur la Bolivie en 1987 et atomisation 4-1 des États-Unis en 1995.

ÁLVAREZ

17

Le milieu du Paraguay Julio César Enciso était le plus jeune joueur de la Copa 2021. Il n'avait que 17 ans et 111 jours quand il est entré en fin de match lors du succès 3-1 contre la Bolivie. Deux ans plus tôt, à seulement 15 ans, il était devenu le plus jeune à jouer un match de championnat avec le Club Libertad d'Asunción.

4-0

Le tout premier but de l'histoire de la Copa América a été inscrit par José Piendibene, ouvrant la voie à un succès 4-0 de l'Uruguay contre le Chili.

BATISTUTA

LÉGENDE NATIONALE
BUTEURS RÉCIDIVISTES

Gabriel Batistuta est le seul Argentin à avoir remporté deux fois le titre de Meilleur buteur de la Copa América. Il a effectué ses débuts au sein de l'équipe nationale en 1991, quelques jours seulement avant une compétition où il a marqué 6 buts – dont un tir décisif pour la victoire contre la Colombie. Ces exploits lui ont valu un transfert des Boca Juniors à la Fiorentina. Surnommé « Batigol » en Italie, il a été Meilleur buteur *ex aequo* en 1995, avec 4 buts, aux côtés du Mexicain Luis García.

5

Quatre joueurs ont inscrit un quintuplé dans un match de Copa América. L'Uruguayen Héctor Scarone a été le premier, lors d'un 6-0 sur la Bolivie en 1926.

LÉGENDE NATIONALE
L'IDOLE DE PELÉ

C'est le Brésilien **Zizinho** et l'Argentin Norberto Méndez qui détiennent le record du plus grand nombre de buts inscrits dans le cadre de la Copa América. Vainqueur du classement des buteurs à une reprise et deux fois deuxième, Méndez a systématiquement décroché le titre avec l'Argentine, alors que les buts de Zizinho n'ont contribué qu'au sacre de 1949. Zizinho, idole de Pelé, allait être le meilleur buteur et le meilleur joueur de la Coupe du Monde 1950, mais la surprenante défaite en finale face à l'Uruguay allait le traumatiser à jamais.

ZIZINHO

LA COPA AMÉRICA LES AUTRES RECORDS

Entre les changements de format, les nations invitées et le niveau extrêmement relevé, la Copa América réserve son lot de surprises. Et pourtant, de nombreux records résistent au passage du temps.

LÉGENDE NATIONALE
DE LA SUITE DANS LES IDÉES

Le capitaine de l'Uruguay champion du monde en 1930, **José Nasazzi**, est le seul à avoir été élu Meilleur joueur du tournoi à deux reprises. Le plus impressionnant est qu'il a réussi cet exploit à 12 ans d'intervalle, d'abord en 1923, puis en 1935. Vainqueur de l'épreuve en 1923, 1924, 1926 et 1935, Nasazzi a également brandi le titre olympique en 1924 et 1928.

NASAZZI

38

Avec 38 matchs dont 31 victoires et 7 nuls, tous dans la capitale Montevideo, l'Uruguay est à créditer de la plus longue série d'invincibilité à domicile en Copa América.

GÓMEZ

ENTRAÎNEURS SACRÉS

1. **Guillermo Stábile,** 6 (Argentine 1941, 1945, 1946, 1947, 1955, 1957)
2. **Alfio Basile,** 2 (Argentine 1991, 1993)
   = **Juan Carlos Corazzo,** 2 (Uruguay 1959, 1967)
   = **Ernesto Fígoli,** 2 (Uruguay 1920, 1926)
3. **(35 entraîneurs avec 1 titre)**

LÉGENDE NATIONALE
L'ÉTERNEL RETOUR

Hérnan Darío Gómez est le seul homme à avoir dirigé trois nations en Copa América. Gómez, qui avait dû prendre sa retraite sportive prématurément en raison d'une blessure, était le sélectionneur de la Colombie lors des éditions 1995, 1997 et 2011. Il a également entraîné l'Équateur lors des Copa 2001, 2004 et 2019. Enfin, il était à la tête du Panama, pays invité pour l'édition du centenaire aux États-Unis en 2016. Gómez partage le record de 7 participations avec l'Argentin Guillermo Stábile et l'Uruguayen Óscar Washington Tabárez. Il est aussi l'un des trois seuls entraîneurs à avoir dirigé au moins trois équipes en Coupe du Monde.

44

Stábile détient seul le record du plus grand nombre de matchs de Copa América en tant que sélectionneur (44), suivi par le Chilien Luis Tirado (35), le Paraguayen Manuel Fleitas Solich (33) et l'Uruguayen Óscar Tabárez (30).

STÁBILE

LÉGENDE NATIONALE
POLYVALENCE

Nommé sélectionneur à 34 ans, **Guillermo Stábile** a dirigé l'Argentine à 123 reprises de 1939 à 1960, remportant 83 victoires. En parallèle, il a trouvé le temps d'entraîner trois clubs, tout d'abord le Red Star français pendant sa première année à la tête des *Albicelestes*, puis l'équipe argentine de Huracán pendant 9 ans, avant de changer de quartier de Buenos Aires pour rejoindre le Racing Club de 1949 à 1960. L'Argentine de Stábile n'a certes pas remporté l'édition de 1949, mais le Racing Club a obtenu cette année le premier de ses trois Championnats d'Argentine consécutifs.

RECORD DE BUTS
BUTEURS EN PANNE

En moyenne de buts par match, la Copa América 2011 est la deuxième édition la plus pauvre de l'histoire – 2,08 buts par match, pour un total de 54 en 26 matchs. Seule l'édition 1922, au Brésil, avait fait pire avec 22 buts en 11 rencontres. À des années-lumière du tournoi péruvien de 1927, qui avait vu les joueurs inscrire la bagatelle de 37 buts en six rencontres, soit 6,17 buts par match. Les 91 buts marqués en 2016 correspondent à une moyenne de 2,84 buts par match.

3

Le sacre de l'Argentine en Copa 1957 porte le sceau du trident offensif formé par Humberto Maschio, Antonio Valentín Angelillo et Omar Sívori. Pourtant, ils ont été laissés de côté pour le Mondial 1958 après avoir été recrutés par des clubs italiens. Maschio et Sívori ont toutefois participé au Mondial 1962… mais pour l'Italie.

6

Six pays ont été invités à l'édition du centenaire en 2016 : le Costa Rica, Haïti, la Jamaïque, le Mexique, le Panama et les États-Unis.

VECINO

ANECDOTE DU TOURNOI
ÉTRANGERS À SUCCÈS

Seuls quatre hommes ont entraîné un pays autre que leur nation d'origine, en le menant à la victoire en Copa América. Le premier était l'Anglais Jack Greenwell, pour le Pérou, en 1939, suivi du Brésilien Danilo Alvim, pour la Bolivie, en 1963, contre le Brésil. L'histoire s'est répétée en 2015 et 2016, avec les Argentins Jorge Sampaoli, puis Juan Antonio Pizzi pour le Chili, qui a battu deux fois l'Argentine aux tirs au but, en finale.

ANECDOTE DU TOURNOI
SANG CHAUD

Le Brésil présente le plus mauvais bilan disciplinaire de la Coupe du Monde FIFA avec 11 cartons rouges, un de plus que l'Argentine, mais c'est l'Uruguay qui détient ce triste record en Copa América. Les Uruguayens ont récolté 32 expulsions, la dernière par **Matías Vecino** contre le Mexique en 2016. Suivent l'Argentine et le Pérou avec 25 cartons rouges chacun, puis le Brésil (22), le Venezuela (21), le Chili (19), le Paraguay (16), la Bolivie et l'Équateur (14 chacun) et enfin la Colombie (12). Les invités ferment la marche avec le Mexique (10), les États-Unis (3), le Costa Rica (2), puis le Honduras, la Jamaïque, le Japon et Panama (1 chacun).

PAYS INVITÉS

1	**Mexique**, 10
2	**Costa Rica**, 5
3	**États-Unis**, 4
4	**Jamaïque**, 2 = **Japon**, 2
6	**Qatar**, 1 = **Honduras** 1 = **Haïti** 1 = **Panama** 1

21

Il aura fallu attendre 21 ans, mais l'Uruguayen Juan Emilio Piriz est devenu le premier joueur exclu en Copa América, en 1937 face au Chili.

LA COUPE D'AFRIQUE DES NATIONS

La Confédération africaine de football (ou CAF), instance dirigeante du football sur le continent, est née trois ans après l'UEFA, mais sa compétition continentale, la Coupe d'Afrique des Nations, a été créée avant le premier Championnat d'Europe, en 1957.

Première édition : 1957

Champion en titre : Algérie

Record de titres : Égypte, 7

Prochaine édition : Cameroun, 2022

6

Six pays se sont succédé au sommet du football africain entre 1970 et 1980 : le Soudan, le Congo, le Zaïre, le Maroc, le Ghana et le Nigeria.

Depuis 2013, la CAN se déroule les années impaires, pour éviter les problèmes de calendrier avec la Coupe du Monde FIFA. L'édition 2021 a été repoussée à 2022 en raison de la pandémie de COVID-19.

11

La fédération régionale d'Afrique du Nord (UNAF) a remporté plus de titres que les autres en Afrique.

24

L'édition 2019 comptait 24 nations participantes, contre 16 en 2017.

Le premier trophée de la CAN était la coupe Abdelaziz Abdallah Salem, du nom de l'Égyptien, premier président de la CAF.

LA COUPE D'AFRIQUE DES NATIONS LES RECORDS COLLECTIFS

Seuls trois pays ont participé à la première Coupe d'Afrique des Nations en 1957. Ils étaient 51 à se disputer les 15 places qualificatives en 2017 et les 24 places disponibles en 2019. L'Égypte a récupéré l'organisation de la compétition sur le tard et a donc pris part aux éliminatoires. Trois pays n'ont pas joué : le Tchad, l'Érythrée et la Somalie.

TITRES

1 **7 - Égypte** (1957, 1959, 1986, 1998, 2006, 2008, 2010)

2 **5 - Cameroun** (1984, 1988, 2000, 2002, 2017)

3 **4 - Ghana** (1963, 1965, 1978, 1982)

4 **3 - Nigeria** (1980, 1994, 2013)

5 **2 - Côte d'Ivoire** (1992, 2015)
= Zaïre/RD Congo, 2 (1968, 1974)
= Algérie, 2 (1990, 2019)

ANECDOTE DU TOURNOI
L'ENTRÉE DE LA GUINÉE ÉQUATORIALE

La Guinée équatoriale a participé à sa 1re phase finale de CAN en 2012, édition qu'elle coorganisait avec le Gabon. Elle n'avait jamais réussi à se qualifier jusque-là, contrairement au Gabon, présent à 4 reprises. Le Botswana et le Niger furent les autres nouveaux venus de la CAN 2012. Le match d'ouverture du tournoi se déroula à Bata (Guinée équatoriale), tandis que la finale eut lieu à Libreville, au Gabon. Cette CAN fut seulement la seconde à être organisée par deux nations, après celle de 2000 au Ghana et au Nigeria. La Libye devait accueillir sa seconde compétition en 2013, jusqu'à ce que la situation politique du pays incite les organisateurs à se tourner vers l'Afrique du Sud - alors même que le Nigeria avait été désigné premier remplaçant.

9

Le Ghana a disputé neuf finales en tout - un record égalé seulement par l'Égypte, en 2017. L'Égypte est aussi l'hôte le plus prolifique puisqu'elle a organisé la compétition pour la 5e fois en 2019.

ANECDOTE DU TOURNOI
UNE GUINÉE SIX PUISSANTE

La Guinée a égalé le record de la plus large victoire en CAN en s'imposant 6-1 face au Botswana au 1er tour de l'édition 2012. Aucune des deux équipes ne parviendra hélas à s'extirper du Groupe D. La Guinée fut aussi la 3e équipe à inscrire six buts en phase finale, après l'Égypte (6-3 contre le Nigeria en 1963) et la Côte d'Ivoire (6-1 contre l'Éthiopie en 1970). L'autre détenteur du record de la plus large victoire est la Côte d'Ivoire, victorieuse 5-0 de... la Guinée en 2008.

ANECDOTE DU TOURNOI
DE LA TRAGÉDIE AU TRIOMPHE

La victoire surprise de la Zambie lors de la CAN 2012 s'est déroulée à quelques centaines de mètres à peine du lieu d'une tragédie nationale. Les joueurs zambiens ont, d'ailleurs, la veille de leur finale contre la Côte d'Ivoire, jeté des fleurs à la mer, en hommage aux 30 victimes d'une catastrophe aérienne survenue au large de Libreville le 27 avril 1993. Victimes parmi lesquelles figuraient 18 Zambiens se rendant au Sénégal pour y disputer un match éliminatoire de Coupe du Monde. Le sélectionneur de la Zambie a dédié la victoire de ses hommes (0-0, 8 tirs au but à 7) aux victimes du crash.

2

L'édition 2012 était la deuxième seulement à être coorganisée par deux pays – la Guinée équatoriale et le Gabon – après le Ghana et le Nigeria en 2000.

ANECDOTE DU TOURNOI
LE RÈGNE DES PHARAONS

La majorité des records de la CAN sont détenus par l'Égypte. Elle remporte le 1er tournoi de 1957, profitant de la disqualification de l'Afrique du Sud en demi-finale. Depuis, elle a été championne 6 fois. Lauréate en 2006, 2008 et 2010, elle est la seule à avoir brandi le trophée trois fois de suite. Elle détient aussi le record de 24 qualifications pour cette compétition – une de plus que la Côte d'Ivoire et deux de plus que le Ghana.

4

Les *Black Stars* du Ghana ont été la première équipe à atteindre la finale 4 fois de suite en Coupe d'Afrique des Nations, remportant le trophée en 1963, 1965, et terminant finalistes en 1968 et 1970.

RAZAK

ANECDOTE DU TOURNOI
UNE REMONTÉE SPECTACULAIRE

L'Angola, pays organisateur de la Coupe d'Afrique des Nations 2010, est le protagoniste du revers le plus spectaculaire de l'histoire de cette épreuve. Il menait 4-0 à onze minutes de la fin du match d'ouverture contre le Mali, à domicile, dans l'Estádio 11 de Novembro de Luanda. Mais les Maliens parvinrent à marquer 4 buts, les deux derniers pendant les arrêts de jeu grâce à Seydou Keita et Mustapha Yatabaré. Malgré cette remontée spectaculaire, le Mali ne se qualifia pas pour le tour suivant alors que l'Angola ne s'inclina qu'en quart de finale.

ANECDOTE DU TOURNOI
LE PLUS DIFFICILE RESTE L'ATTENTE

12 des 54 équipes membres de la confédération africaine de football ne se sont jamais qualifiées en phase finale de la CAN. Les dernières venues, en 2019, sont le Burundi, la Mauritanie et Madagascar, cette dernière ayant fait sensation en atteignant les quarts. La Mauritanie s'était qualifiée grâce à un succès 2-1 contre le Botswana en novembre 2018 avec un doublé de son attaquant Ismaël Diakité. Le Burundi, lui, était emmené par son buteur **Fiston Abdul Razak**, auteur de 4 buts contre le Soudan du Sud (5-2). La Centrafrique, les Comores, Djibouti, l'Érythrée, la Gambie, le Lesotho, São-Tomé-et-Príncipe, les Seychelles, la Somalie, le Soudan du Sud (qui participe aux éliminatoires depuis 2015 seulement), le Swaziland et le Tchad attendent encore leur qualification.

24

La Côte d'Ivoire détient les deux records de tirs au but les plus prolifiques de l'histoire du football international. Elle a battu le Ghana 11 à 10 (sur un total de 24 tirs) lors de la finale de la CAN 1992, puis le Cameroun 12 à 11 (sur 24 tirs aussi) en quart de l'édition 2006.

3

En 2012, la Côte d'Ivoire et la Zambie disputaient toutes les deux leur troisième finale de CAN. Les Ivoiriens s'étaient imposés en 1992 et avaient perdu en 2006, tandis que la Zambie s'était inclinée en 1974 et 1994.

LA COUPE D'AFRIQUE DES NATIONS
LES RECORDS INDIVIDUELS

La notoriété mondiale de la Coupe d'Afrique des Nations n'a cessé de croître, notamment lorsque les plus grandes stars africaines devaient s'absenter de leurs prestigieux clubs européens tous les deux ans en janvier. Aujourd'hui plus que jamais, cette compétition est un écrin pour de nombreux joueurs parmi les plus talentueux au monde.

8

Le buteur Asamoah Gyan est devenu le troisième homme à disputer huit Coupes d'Afrique des Nations lorsqu'il a pris le capitanat du Ghana en 2019. Il a égalé le Camerounais Rigobert Song et l'Égyptien Ahmed Hassan.

TOURÉ

ANECDOTE DU TOURNOI

FRÈRES EN HARMONIE

Les équipes finalistes de la CAN 2015 ont toutes deux fait appel à deux frères. Le Ghana avec Jordan et André Ayew, et les champions ivoiriens avec leur capitaine **Yaya Touré** et son frère Kolo en défenseur central. Les quatre frères ont effectué des tirs au but en finale 2015 et marqué. En 2012, la Côte d'Ivoire avait été vaincue lors d'une autre séance de tirs au but, contre la Zambie. Yaya avait été remplacé en prolongations, mais Kolo a raté son tir lors de la défaite 8-7. Christopher Katongo, meilleur joueur de la compétition et capitaine des vainqueurs 2012, la Zambie, comptait parmi ses coéquipiers son frère Félix – qui a quitté le banc des remplaçants – et ils ont tous les deux marqué lors des tirs au but.

1957

Le premier but de la Coupe d'Afrique des Nations était un penalty transformé à la 21e minute par l'Égyptien Raafat Attia, lors de la victoire contre le Soudan en demi-finale 1957.

ETO'O

BUTS (COUPE D'AFRIQUE DES NATIONS)

1. **Samuel Eto'o** (Cameroun), 18
2. **Laurent Pokou** (Côte d'Ivoire), 14
3. **Rashidi Yekini** (Nigeria), 13
4. **Hassan El-Shazly** (Égypte), 12
5. **Andre Ayew** (Ghana), 11
   = **Didier Drogba** (Côte d'Ivoire), 11
   = **Hossam Hassan** (Égypte), 11
   = **Patrick Mboma** (Cameroun), 11

LÉGENDE NATIONALE

LE LION INDOMPTABLE

Le Camerounais **Samuel Eto'o**, qui a fait ses débuts internationaux au Costa Rica, le 9 mars 1997, la veille de ses 16 ans, détient le record de buts marqués en CAN. Il a fait partie des équipes camerounaises victorieuses en 2000 et en 2002, mais a dû attendre 2008 pour battre le record de 14 buts de Laurent Pokou. Cette année-là, il a atteint le total de 16 buts. Deux ans plus tard, l'avant-centre passé à l'Inter après avoir évolué au Real et au Barça, a amélioré son record avec deux nouveaux buts. En 2005, Eto'o est devenu le premier joueur élu trois ans de suite Joueur africain de l'année.

JOUEUR STAR
MANÉ L'IMPORTANT

Le coût de la CAN pour les clubs européens a été parfaitement illustré par le départ du Sénégalais **Sadio Mané** de Liverpool pour jouer au Gabon, en janvier 2017. Mané avait évolué pour la première fois en Angleterre avec le Sénégal lors des JO de Londres en 2012. Il était revenu deux ans après pour jouer en *Premier League* avec Southampton. En 2016, Liverpool l'a acheté pour 35 millions d'euros, ce qui en a fait, à ce moment-là, le joueur africain le plus cher. Mané a remporté la Ligue des Champions avec les *Reds* en juin 2019, mais aurait volontiers échangé ce titre contre un succès en finale de la CAN en Égypte le mois suivant. Le Sénégal a finalement été battu 1-0 par l'Algérie et a perdu sa deuxième finale après celle de 2002, remportée aux tirs au but par le Cameroun.

MANÉ

LÉGENDE NATIONALE
HASSAN BAT DES RECORDS

L'Égyptien **Ahmed Hassan** a été le premier footballeur à participer à la finale de quatre éditions de la Coupe d'Afrique des Nations, mais aussi à remporter quatre médailles d'or. Sa participation aux quarts de finale de l'édition 2010 contre le Cameroun a constitué sa 170ᵉ sélection, un nouveau record pour l'Égypte. Hassan a marqué 3 buts : un contre son camp et deux contre Carlos Kameni, le gardien camerounais – même si l'un des deux ne semble pas avoir franchi la ligne.

HASSAN

LÉGENDE NATIONALE
YO, YOBO

Sous les acclamations, le Nigérian **Joseph Yobo** a été appelé sur le terrain quelques minutes avant la fin du match victorieux contre le Burkina Faso, en finale de la CAN 2013 à Johannesburg. En tant que capitaine, l'ancien défenseur de Marseille et d'Everton a eu l'honneur de soulever le trophée. Yobo s'est retiré du football international en 2014, après un record de 101 participations en 13 ans de carrière.

YOBO

LES BUTEURS DE LA CAN

1. **Ndaye Mulamba** (Zaïre), 9 – 1974
2. **Laurent Pokou** (Côte d'Ivoire), 8 – 1970
3. **Hossam Hassan** (Égypte), 8 – 1998
   = Benni McCarthy (Afrique du Sud), 8 – 1998
4. **Hassan El Shazly** (Égypte), 6 – 1963
   = Laurent Pokou (Côte d'Ivoire), 6 – 1968

POKOU

5

L'Ivoirien **Laurent Pokou** détient le record de 5 buts marqués au cours d'un match de CAN, lorsque son équipe a écrasé l'Éthiopie 6-1 au 1er tour en 1968. Il a terminé la compétition en tête des buteurs de cette édition et de la suivante, mais sans parvenir à décrocher le Graal.

9

Le meilleur buteur en une phase finale de la Coupe d'Afrique des Nations est le Zaïrois Ndaye Mulamba, auteur de 9 buts lors de l'édition 1974.

LA COUPE D'AFRIQUE DES NATIONS LES AUTRES RECORDS

La CAN compte plus de vainqueurs différents que toute autre compétition continentale, puisque 14 pays ont inscrit leur nom au palmarès, y compris les trois plus grands d'Afrique : le Soudan, l'Algérie et la RD Congo.

KESHI

2

Stephen Keshi – surnommé « Big Boss » par ses fans – est devenu le 2e homme à remporter la CAN comme joueur et sélectionneur, en menant le Nigeria à la victoire en 2013. Il avait auparavant remporté la coupe en 1994 en tant que capitaine. Keshi est décédé en 2016 à l'âge de 54 ans.

ANECDOTE DU TOURNOI
ATAK ATTAQUE

Le Soudan du Sud a remporté son premier match international le 5 septembre 2015, lorsque le milieu de terrain Atak Lual a marqué le seul but du match éliminatoire de la CAN 2017 contre la Guinée équatoriale. Le match a eu lieu au stade national du Soudan du Sud, à Djouba. Indépendant depuis 2011, le pays a été admis en février 2012 à la CAF et à la FIFA trois mois plus tard. Le 10 juillet 2012, le Soudan du Sud a signé un match nul, 2-2 contre l'Ouganda, pour son premier match international officiel, suivi d'un nul supplémentaire et de dix défaites, avant ce premier succès.

LÉGENDE NATIONALE
RENARD, CE SEIGNEUR

En 2015, le Français **Hervé Renard** est devenu le premier entraîneur à avoir remporté la CAN avec deux pays différents. Cette fois, il s'occupait de la Côte d'Ivoire, qui a battu le Ghana aux tirs au but. Trois ans plus tôt, lors de la 2e année de Renard comme entraîneur national, ses Zambiens avaient battu les Ivoiriens, également aux tirs au but. Renard avait démissionné en 2010 pour devenir entraîneur de l'Angola, et son retour n'avait pas suscité un enthousiasme général en Zambie. Tout a été pardonné lorsque son équipe a gagné sa première CAN. À cette occasion, Renard a notamment porté sur le terrain le défenseur blessé Joseph Musonda, qui avait dû sortir dix minutes après le début de la finale.

RENARD

1,96
L'édition 2019 en Égypte est la deuxième CAN la moins prolifique de l'histoire, avec à peine 1,96 but par match en moyenne.

LES 5 DERNIERS ENTRAÎNEURS GAGNANTS

1. **2019 – Djamel Belmadi** (Algérie)
2. **2017 – Hugo Broos** (Cameroun)
3. **2015 – Hervé Renard** (Côte d'Ivoire)
4. **2013 – Stephen Keshi** (Nigeria)
5. **2012 – Hervé Renard** (Zambie)

ANECDOTE DU TOURNOI
LA TRAGÉDIE DU TOGO

Le Togo a été victime d'une tragédie peu avant le début de la CAN 2010, puis a été exclu de la compétition. Le bus de l'équipe a été mitraillé par des opposants angolais trois jours avant le premier match du Togo : l'assistant de l'entraîneur, le responsable de la communication et le chauffeur du bus ont été tués. L'équipe est rentrée au Togo pour les trois jours de deuil national qui ont été déclarés et a été exclue pour avoir été forfait lors de son premier match contre le Ghana. Le Togo avait aussi été exclu des éditions 2012 et 2014, mais cette sanction a été levée en appel en mai 2010.

5

En juin 2003, au Cap-Vert, la Mauritanie a établi un record peu envié en éliminatoires de la CAN, lorsque 5 de ses joueurs ont été expulsés, la condamnant ainsi à abandonner le match. Les hôtes menaient 3-0 à ce moment-là, un score devenu le résultat final.

LES 5 DERNIÈRES FINALES DE LA CAN

1. **2019 – Algérie 1-0 Sénégal**
2. **2017 – Cameroun 2-1 Égypte**
3. **2015 – Côte d'Ivoire 0-0 Ghana** (La Côte d'Ivoire l'emporte 9 tirs au but à 8)
4. **2013 – Nigeria 1-0 Burkina Faso**
5. **2012 – Zambie 0-0 Côte d'Ivoire** (La Zambie l'emporte 8 tirs au but à 7)

15

Le dernier des 15 triplés de la CAN a été marqué en 2008 par le Marocain **Soufiane Alloudi**, pendant la première demi-heure d'une victoire 5-1 au premier tour contre la Namibie.

ALLOUDI

NAGY

ANECDOTE DU TOURNOI
DES RENCONTRES ÉCOURTÉES

Attention, si vous assistez à un match entre le Nigeria et la Tunisie, le spectacle ne durera peut-être pas 90 minutes. Le Nigeria a terminé 3ᵉ de la CAN 1978, quand les Tunisiens ont quitté le terrain en petite finale après 42 minutes alors que le score était de 1-1. Ils protestaient contre certaines décisions arbitrales, mais ont ainsi offert la victoire 2-0 sur tapis vert au Nigeria. Seize ans plus tôt, c'est le Nigeria qui avait quitté le terrain lors du match retour d'un éliminatoire de l'édition 1962, alors que la Tunisie venait d'égaliser à la 65ᵉ minute. Même sanction : la Tunisie a été déclarée vainqueur 2-0 et s'est qualifiée 3-2 au score cumulé.

LÉGENDE NATIONALE
LE « PAPI »

En 2010, le héros de l'équipe d'Égypte est **Mohamed Nagy**, dit Gedo (« grand-père » en arabe). Il a marqué l'unique but de la finale contre le Ghana, son cinquième du tournoi et a été récompensé par le Soulier d'Or. Il a réalisé ces exploits sans être titulaire au début d'une partie. De fait, il a été remplaçant dans les 6 matchs, jouant 135 minutes au total. Né à Damanhur le 30 octobre 1984, Nagy n'avait fait ses débuts internationaux que 2 mois plus tôt et n'avait participé qu'à 2 matchs amicaux avant d'entamer la compétition.

ANECDOTE DU TOURNOI
UNE GAFFE COLOSSALE

Les absences du Cameroun, du Nigeria et des champions en titre égyptiens avaient de quoi surprendre au départ de la CAN 2012. Mais l'échec le plus humiliant en éliminatoires revint à l'Afrique du Sud. Auteurs d'un match nul 0-0 contre la Sierra Leone pour leur dernier match qualificatif, les Bafana Bafana croyaient être qualifiés au bénéfice de la différence de buts dans leur groupe. Au coup de sifflet final, ils célébraient déjà leur qualification sur le terrain. Or c'est le Niger qui avait décroché son ticket pour la phase finale, au bénéfice des rencontres particulières Niger-Afrique du Sud.

2

Seul l'Égyptien Hassan El-Shazly a réussi deux triplés à la CAN : le premier lors d'une victoire 6-3 contre le Nigeria, en 1963 ; le second 6 ans plus tard, lors d'une victoire 3-1 contre la Côte d'Ivoire.

LES AUTRES COMPÉTITIONS DE LA FIFA

On estime à environ 3 milliards le nombre de personnes qui, de près ou de loin, s'occupent de football. Tant de passion et d'ambition ne pouvaient que donner lieu à la création de nouvelles épreuves dans le monde entier.

Le Bayern Munich célèbre sa victoire en Coupe du Monde des clubs de la FIFA 2020.

Les compétitions mondiales ne cessent d'innover, ce qui se ressent aussi au niveau local, et de nouveaux concepts sont imaginés pour permettre à de plus en plus de pays d'avoir la joie d'accueillir le monde entier à leurs portes. C'est aussi l'occasion de moderniser les stades et les infrastructures sportives, ce qui bénéficie au football local, bien après la fin des tournois. En 2016, la Coupe du Monde féminine des moins de 17 ans, en Jordanie, a été la première compétition féminine de la FIFA à se dérouler dans un pays musulman du Moyen-Orient. L'année suivante, de nouveaux territoires ont été conquis quand l'Inde a organisé la Coupe du Monde des moins de 17 ans.

L'organisation des compétitions a évolué afin de répondre à la demande. En 1977, le Championnat du Monde juniors était lancé (renommé depuis Coupe du Monde des moins de 20 ans). Huit ans plus tard, il était suivi par la Coupe du Monde des moins de 16 ans de la FIFA (élargie aujourd'hui au moins de 17 ans). Dans le même temps, le tournoi olympique de football s'est transformé en rendez-vous réservé aux moins de 23 ans (renforcé par trois joueurs plus âgés). Puis, en 2000, la FIFA a créé la Coupe du Monde des clubs. Tous ces événements ont incité les confédérations régionales à créer leurs propres épreuves pour que leurs équipes puissent se mesurer aux meilleurs mondiaux.

FIFA

LA COUPE DU MONDE DES MOINS DE 20 ANS

Organisé pour la première fois en 1977 en Tunisie, ce tournoi était autrefois baptisé Championnat du Monde juniors. Le tenant du titre est l'Ukraine, sacrée championne en 2019 en Pologne. En raison de la pandémie de COVID-19, la prochaine édition, en Indonésie, a été reprogrammée à 2023.

ANECDOTE DU TOURNOI
YOURI BIEN QUI RIRA LE DERNIER

En 1977, la première édition de la Coupe du Monde des moins de 20 ans a été remportée par l'URSS, victorieuse 9-8 du Mexique aux tirs au but (2-2 après les prolongations). Le héros était le gardien remplaçant Youri Sivuha, qui a relayé Aleksandre Novikov en prolongations. C'est le seul succès soviétique dans cette épreuve, même si l'attaquant **Oleg Salenko**, futur Soulier d'Or en 1994, allait dominer le classement des buteurs en 1989, avec 5 réalisations.

SALENKO

LÉGENDES NATIONALES
CAPITAINES POUR LA VIE

Deux joueurs ont brandi la Coupe du Monde des moins de 20 ans et la Coupe du Monde en tant que capitaines : le Brésilien Dunga (en 1983 et 1994) et l'Argentin Diego Maradona (en 1979 et 1986). Nombre d'observateurs voyaient Maradona participer à la Coupe du Monde 1978, mais César Luis Menotti ne l'a pas retenu. Qu'à cela ne tienne, il a été élu Meilleur joueur de l'épreuve des moins de 20 ans au Japon.

3

Seuls trois joueurs ont décroché deux titres dans la compétition : Fernando Brassard (Portugal, 1989, 1991), João Vieira Pinto (Portugal, 1989, 1991) et Sergio Agüero (Argentine, 2005, 2007).

HISTOIRE RÉCENTE
LES JEUNES ENTRENT DANS L'HISTOIRE

En 2017, l'Angleterre a fêté son premier titre mondial depuis 1966 lorsque les moins de 20 ans ont triomphé en Corée du Sud. L'Angleterre a battu le Venezuela 1-0 en finale à Suwon, grâce à un but à la 34e minute de Dominic Calvert-Lewin, d'Everton. Les deux équipes ont frappé le poteau lors du match, et le gardien de Newcastle, Freddie Woodman, a été l'autre héros anglais, arrêtant à la 75e minute un penalty d'Adalberto Peñaranda… qui jouait pour le club de *Premier League* Watford. Woodman a reçu le titre de Meilleur gardien de la compétition, et Dominic Solanke celui de Meilleur joueur. L'entraîneur anglais Paul Simpson est né le 26 juillet 1966, quatre jours avant la victoire en Coupe du Monde de l'Angleterre.

RECORD DE BUTS
SAVIOLA SAVOURA

Avec 11 buts en 7 matchs lors de l'édition 2001, **Javier Saviola** est le meilleur buteur de l'épreuve. Cette année-là, l'Argentine a gagné 3-0 contre le Ghana en finale, grâce à un triplé du « Conejito ». Né le 11 décembre 1981 à Buenos Aires, Saviola a joué à River Plate avant de rejoindre le FC Barcelone pour 17 millions d'euros, puis le Real Madrid mais avec un temps de jeu limité.
En mars 2004, lorsque Pelé a dévoilé sa liste des 125 « meilleurs footballeurs vivants », Saviola était le plus jeune membre de ce prestigieux contingent.

SAVIOLA

4-0

Le score le plus large en finale du tournoi est un 4-0, réalisé par l'Allemagne de l'Ouest contre le Qatar en 1981, puis par l'Espagne face au Japon en 1999.

18

Le Brésil compte le plus de participations à la compétition : 18, dont 16 de suite, record de participations consécutives.

1991

En 1991, avec la célèbre « génération dorée » qui comprenait des joueurs comme Luís Figo, Rui Costa, João Pinto, Abel Xavier et Jorge Costa, le Portugal a été le 1er pays à remporter la Coupe à domicile.

MESSI

LÉGENDE NATIONALE
MAIS OUI MESSI !

Auteur de 2 buts sur penalty en finale, l'Argentin **Lionel Messi** a crevé l'écran en 2005. Soulier d'Or et Ballon d'Or de la compétition, distinctions qui récompensent le meilleur buteur et le meilleur joueur, le lutin gaucher a emmené les siens au titre mondial. Ce triplé a été imité deux ans plus tard par son compatriote Sergio Agüero, qui a ouvert le score en finale contre la République tchèque, avant que Mauro Zárate ne scelle la marque en fin de rencontre.

ANECDOTE DU TOURNOI
TRIPLE SUCCÈS POUR ADIYIAH

Le Ghana a été le premier pays africain à remporter le trophée en battant le Brésil lors de la finale 2009 – bien qu'ayant joué à dix pendant 83 minutes, après l'expulsion de Daniel Addo. La finale s'est terminée sur un score vierge ; c'est l'un des deux seuls matchs au cours desquels **Dominic Adiyiah** n'a pas marqué. Il est le meilleur buteur de la compétition avec 8 buts ; il a aussi reçu le Soulier d'Or. Le Ballon d'Argent est revenu au Brésilien Alex Teixeira, même si c'est sa frappe manquée aux tirs au but qui a donné la victoire au Ghana.

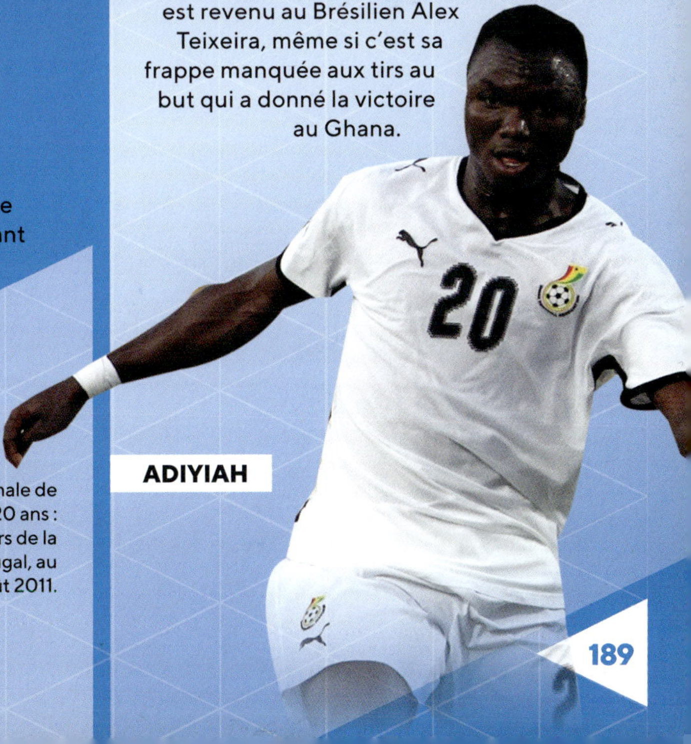

ADIYIAH

1

Un seul joueur a inscrit un triplé en finale de la Coupe du Monde des moins de 20 ans : le milieu de terrain brésilien Oscar, lors de la victoire 3-2 des siens contre le Portugal, au cours de la finale d'août 2011.

LA COUPE DU MONDE DES MOINS DE 17 ANS

Après une première édition en Chine en 1985, sous le nom de Championnat du Monde des moins de 16 ans de la FIFA, l'âge limite a été porté à 17 ans en 1991. Le champion en titre est le Brésil, sacré chez lui en 2019. La pandémie de COVID-19 a obligé les organisateurs à décaler la prochaine édition, prévue au Pérou, en 2023.

5-2

La finale la plus prolifique s'est jouée en 2017, lorsque l'Angleterre a disposé de l'Espagne 5-2 en Inde.

ANECDOTE DU TOURNOI

LA GLOIRE DE L'ANGLETERRE

L'Angleterre a remporté son premier titre mondial des moins de 17 ans après avoir encaissé 2 buts : les Anglais ont remonté le score, battant l'Espagne 5-2 en finale à Kolkata, en Inde. C'est la 2e équipe successive, par catégorie d'âge, à décrocher le titre mondial, après la victoire des moins de 20 ans en Corée du Sud. Rhian Brewster de Liverpool a permis à son équipe de remonter, avec un but juste avant la mi-temps, alors que l'Espagne menait 2-0 grâce à Sergio Gómez. Brewster a terminé la compétition avec le Soulier d'Or, grâce à ses triplés en quart et en demi-finale.

HISTORIQUE DES PAYS HÔTES

LE BRÉSIL AU BOUT DU SUSPENSE

Le Brésil, pays hôte, a levé la coupe 2019 au terme de l'un des retournements de situation les plus spectaculaires de sa brillante histoire. À Gama, les spectateurs *auriverde*, dont d'anciennes gloires comme Ronaldo et Cafu, ont commencé à perdre espoir quand Bryan González a donné l'avantage au Mexique à la 66e minute. Kaio Jorge a surgi à la 84e pour égaliser avant que **Lázaro Vinicius Marques** n'expédie une reprise de volée dans les filets au bout du temps additionnel. Le Brésil compte désormais quatre titres, un de moins que le Nigeria. La fête a été encore plus belle quand l'attaquant Gabriel Veron a été sacré Meilleur joueur du tournoi. C'est toutefois le Néerlandais Sontje Hansen qui a terminé Meilleur buteur avec 6 réalisations.

LÁZARO

HISTORIQUE DES PAYS HÔTES

SÉOUL SURVIT

La finale de l'édition 2007, qui opposait 24 pays au lieu de 16, a été la première à se dérouler dans un site de Coupe du Monde. Il s'agissait du Stade de la Coupe du Monde de la FIFA de Séoul, pouvant accueillir 68 476 spectateurs et construit pour le rendez-vous mondial de 2002. Les fans qui ont assisté à la finale étaient 36 125 (record de la compétition), finale qui a sacré le Nigeria, grâce à trois échecs espagnols aux tirs au but.

LES AIGLONS S'ENVOLENT

En 2013, les équipes ayant terminé 1re, 2e et 3e du Groupe F ont fini la compétition dans ce même ordre. Les Aiglons d'or nigérians ont décroché une belle victoire, devant le Mexique et la Suède, respectivement.

KRKIĆ

RECORD DE BUTS

KRKIĆ QUI CRAQUE

Auteur du but de la victoire espagnole sur le Ghana en demi-finale de l'édition 2007 à 4 minutes de la fin des prolongations, la star du FC Barcelone, **Bojan Krkić**, a été exclu juste avant la fin du match pour une accumulation de cartons jaunes. Automatiquement suspendu pour la finale, il n'a rien pu faire pour éviter la défaite des siens aux tirs au but face au Nigeria.

5

Du haut de ses 5 trophées, le Nigeria est l'équipe la plus titrée de la compétition.

9

Le premier joueur ayant décroché le Ballon d'Or et le Soulier d'Or lors d'une même édition est le Français Florent Sinama-Pongolle, en 2001. Ses 9 buts constituent le record de la compétition. Il a notamment signé deux triplés au premier tour.

HISTORIQUE DES PAYS HÔTES

L'INDE SE DÉPASSE

Le football international a franchi un nouveau cap lorsque l'Inde a accueilli pour la première fois la Coupe du Monde 2017 des moins de 17 ans. Malgré l'idée ancrée à l'étranger selon laquelle les Indiens ne s'intéressent qu'au cricket et au hockey, ce sont 1,3 million de fans, un record, qui ont assisté aux matchs à New Delhi, Goa, Guwahati, Kochi, Mumbai et Kolkata, cette dernière ville recevant la finale où l'Angleterre a battu l'Espagne 5-2. Cette affluence a dépassé les 1,2 million de la Chine en 1985, soit plus du double des phases finales de l'édition 2015 au Chili. Jaime Yarza, responsable des compétitions de la FIFA, a célébré cette « compétition fantastique », et les dirigeants indiens ont immédiatement annoncé leur candidature pour la Coupe du Monde des moins de 20 ans.

MEILLEURS BUTEURS DU TOURNOI

1	**Victor Osimhen, 10** (Nigeria), 2015
2	**Florent Sinama-Pongolle, 9** (France), 2001 = **Souleymane Coulibaly, 9** (Côte d'Ivoire), 2011
4	**Marcel Witeczek, 8** (RFA), 1985 = **Rhian Brewster, 8** (Angleterre), 2017
6	**David, 7** (Espagne), 1997 = **Ishmael Addo, 7** (Ghana), 1999 = **Macauley Chrisantus, 7** (Nigeria), 2007 = **Valmir Berisha, 7** (Suède), 2013
10	**Sontje Hansen, 6** (Pays-Bas), 2019

RECORD DE BUTS

GÓMEZ, COMME À LA MAISON

Le Mexique est devenu le premier pays à remporter sur son sol la Coupe du Monde des moins de 17 ans, lors de sa victoire 2-0 contre l'Uruguay au stade Azteca de Mexico, en juillet 2011. Le Ballon d'Or du tournoi fut décerné à l'ailier mexicain **Julio Gómez**, auteur d'un doublé en demi-finale contre l'Allemagne - dont une spectaculaire bicyclette pour sceller la victoire en fin de match. En finale, Gómez n'entrera en jeu qu'une dizaine de minutes, une blessure contractée en demie le privant d'une place de titulaire.

1991

À l'origine, l'édition 1991 devait se dérouler en Équateur, mais une épidémie de choléra a entraîné un déménagement vers l'Italie. Cependant, les rencontres ont eu lieu dans des stades plus petits que ceux utilisés l'année précédente en Coupe du Monde.

GÓMEZ

LA COUPE DU MONDE DES CLUBS DE LA FIFA

Le trophée mondial des clubs s'est disputé sous plusieurs formats depuis 1960, quand le Real Madrid a battu Peñarol en deux manches. Depuis 2007, sept équipes se disputent le prix, en attendant un prochain élargissement.

ANECDOTE DU TOURNOI
CHANGEMENT DE SYSTÈME

La popularité du football de clubs pousse à transformer et élargir le tournoi intercontinental. De 1960 à 2004, seuls les champions d'Europe et d'Amérique du Sud s'affrontaient pour le titre suprême, à l'exception de l'édition 2000. C'est en 2007 que la compétition a adopté son format actuel, regroupant les vainqueurs des principaux tournois continentaux des six Confédérations de la FIFA ainsi qu'un représentant du pays hôte. En 2017, le président de la FIFA Gianni Infantino a proposé d'ouvrir la compétition à 24 équipes. La première édition sous ce nouveau format était prévue en Chine en 2021, mais la pandémie de COVID-19 a décalé sa mise en œuvre.

CHAMPIONS INTERCONTINENTAUX PAR PAYS

1	11 - Espagne
2	10 - Brésil
3	9 - Argentine = 9 - Italie
5	6 - Uruguay

3

L'entraîneur de Manchester City Pep Guardiola a remporté le tournoi sous sa forme actuelle à trois reprises : deux fois à la tête de Barcelone (en 2009 et 2011) et une fois avec le Bayern Munich (2013).

4-0

En 2011, la finale de Coupe du Monde des clubs a été à sens unique, avec un succès record 4-0 de Barcelone contre les Brésiliens de Santos.

VICELICH

LÉGENDE NATIONALE
IVAN LE VÉTÉRAN

L'Auckland City de Nouvelle-Zélande a créé l'une des surprises de la Coupe du Monde des clubs 2014, avec **Ivan Vicelich** ; âgé de 38 ans, celui-ci a remporté le titre de 3e Meilleur joueur de la compétition, devancé seulement par Sergio Ramos et Cristiano Ronaldo du Real Madrid. Auckland City a fini troisième, la meilleure performance pour un club océanien, ayant battu Cruz Azul aux tirs au but, à l'issue d'un nul 1-1 en petite finale.

ANECDOTE DU TOURNOI
LE RÈGNE DE L'ESPAGNE

L'Espagne domine le format moderne de la Coupe du Monde des clubs de la FIFA. À eux deux, le Real Madrid et Barcelone ont remporté 7 titres. Barcelone a inauguré la suprématie espagnole en 2009 en battant les Argentins d'Estudiantes de La Plata 2-1 après prolongations, grâce à des buts de Pedro et Lionel Messi. Le Barça s'est encore imposé en 2011 avant que le Real et sa star **Cristiano Ronaldo** ne triomphent 3 fois en 4 ans (2014, 2016 et 2017). Madrid a ajouté un 4e trophée en 2018, malgré le départ de Ronaldo à la Juventus. Les Madrilènes comptent 7 titres intercontinentaux, tous formats confondus : un record.

RONALDO

PAVARD

ANECDOTE DU TOURNOI
LE RETOUR DU BAYERN

Le Bayern Munich est devenu le premier vainqueur allemand depuis son triomphe en 2013 lorsqu'il a remporté l'édition 2020, décalée à février 2021 en raison de la pandémie de COVID-19. Les Bavarois, qui ont glané leur quatrième titre dans cette compétition, étaient en terrain connu au Qatar, où ils effectuent leur stage de mi-saison. Robert Lewandowski a brillé en inscrivant les deux buts de la demi-finale contre les Égyptiens d'Al-Ahly, champions d'Afrique. En finale, le seul but du match a été marqué par l'arrière-droit **Benjamin Pavard**, bourreau des Tigres mexicains de la zone CONCACAF.

VICTOIRES EN COUPE INTERCONTINENTALE (2000-2020)

1 **4 – Real Madrid** (Espagne)

2 **3 – Barcelona** (Espagne)

3 **2 – Bayern Munich** (Allemagne)
2 – Corinthians (Brésil)

5 **1 – Liverpool** (Angleterre)
=1 – Manchester United (Angleterre)
=1 – Inter Milan (Italie)
=1 – AC Milan (Italie)
=1 – Internacional (Brésil)
=1 – São Paulo (Brésil)

7

Avec 7 buts au total, Cristiano Ronaldo est le meilleur buteur de l'histoire en Coupe du Monde des clubs.

5

Depuis 2000, Toni Kroos a glané 5 titres en Coupe du Monde des clubs, un record pour un joueur.

ANECDOTE DU TOURNOI
UNE COUPE QUI A GRANDI

L'ancêtre de la Coupe du Monde des clubs actuelle est la Coupe Intercontinentale, parfois appelée Coupe Europe / Amérique du Sud, qui mettait aux prises le champion d'Europe et celui d'Amérique du Sud. Les représentants de l'UEFA et de la CONMEBOL ont disputé cette compétition de 1960 à 2004, mais aujourd'hui, chaque confédération envoie au moins un club à la Coupe du Monde des clubs organisée chaque année sous l'égide de la FIFA. La première finale de l'Intercontinentale opposait en 1960 les Espagnols du Real Madrid aux Uruguayens de Peñarol. Après un nul vierge sous la pluie de Montevideo, le Real s'impose 5-1 chez lui à Madrid. Ce jour-là, les *Merengues* signent 3 buts, dont 2 de leur star hongroise Ferenc Puskás, en 8 minutes.

ANECDOTE DU TOURNOI
DOUBLÉ AFRICAIN

En 2010, pour la première fois dans l'histoire de la Coupe du Monde des clubs, une équipe africaine disputa la finale. Le TP Mazembe, de la RD du Congo, battit en effet les champions brésiliens du SC Internacional 2-0 en demi-finale, avant de perdre 3-0 contre l'Inter Milan. C'est privé de son attaquant star et capitaine, Trésor Mputu, suspendu, que le TP Mazembe concrétisa cette belle performance. Le Raja Casablanca, club du pays hôte, le Maroc, est devenu en 2013 le second finaliste africain, battu seulement par le Bayern Munich en finale.

Un 3e club non-européen a suivi au Japon, en 2016, lorsque les **Antlers de Kashima** ont conduit le Real Madrid aux prolongations, avant de perdre 4-2.

6

Avec son triomphe en 2009, le FC Barcelone est devenu le premier club à remporter six trophées majeurs en une seule saison : Coupe du Monde des clubs, Ligue des Champions, Supercoupe d'Europe et triplé en Espagne (*Liga*, *Copa del Rey* et Supercoupe d'Espagne).

LE TOURNOI OLYMPIQUE DE FOOTBALL MASCULIN

Disputé pour la première fois aux JO de Paris en 1900, même s'il n'a été reconnu par la FIFA qu'en 1908 à Londres, le Tournoi olympique de football est resté amateur jusqu'en 1984, année où les professionnels ont été autorisés à y participer.

LÉGENDE NATIONALE

PREMIER TOUR D'HONNEUR

Jusqu'aux JO de Londres en 2012, **l'Uruguay** affichait un bilan olympique parfait, avec 2 titres en 2 participations, en 1924 et 1928. Considérées comme les précurseurs de la Coupe du Monde, ces deux épreuves ont incité la FIFA à organiser en 1930 la 1re édition. Et c'est encore l'Uruguay qui a triomphé, grâce à 3 champions olympiques en 1924 et 1928 : José Nasazzi, José Andrade et Héctor Scarone. L'équipe victorieuse aurait inauguré la pratique du tour d'honneur.

URUGUAY

13

Avec 13 réalisations, Sophus Nielsen est le meilleur buteur de l'histoire des JO.

23/27

Les pays d'Europe de l'Est ont dominé le Tournoi olympique de 1948 à 1980, période où il était interdit de recourir à des professionnels. Avec leurs « amateurs d'État », les équipes du bloc soviétique ont empoché 23 des 27 médailles mises en jeu à cette époque.

PERALTA

ANECDOTE DU TOURNOI

LES BELGES SUR TAPIS VERT

La finale du tournoi olympique d'Anvers 1920 est le seul match d'une grande compétition internationale à s'être soldé par la disqualification d'une équipe. Les Tchécoslovaques ont quitté la pelouse peu avant la mi-temps pour protester contre les décisions de l'arbitre anglais, John Lewis, 65 ans, qui avait notamment expulsé Karel Steiner. La Belgique, qui menait alors 2-0, a été déclarée vainqueur. L'Espagne a obtenu la médaille d'argent en battant les Pays-Bas 3-1 lors de la petite finale.

ANECDOTE DU TOURNOI

LONDRES SOURIT AU MEXIQUE

Le Mexique a été un vainqueur inattendu en 2012, quan le stade de Wembley est devenu la première enceinte à accueillir une deuxième finale de football olympique masculin. Le stade londonien avait déjà été le théâtre de la finale lors des JO de 1948 dans la capitale anglaise. Au passage, Londres est devenue la seule ville à avoir organisé trois Olympiades d'été, même si la finale du tournoi de football en 1908 s'était jouée à White City. Lors de la finale 2012, **Oribe Peralta** avait inscrit les deux buts contre le Brésil (2-1) dans le stade rénové. La réduction du score de Hulk n'aura servi à rien pour les Sud-Américains, même si l'*Auriverde* Leandro Damiã a pu se consoler avec le titre de Meilleur buteur grâce à ses 6 réalisations.

MÉDAILLÉS D'OR OLYMPIQUE DE L'ÈRE MODERNE

2016, Rio de Janeiro	Brésil
2012, Londres	Mexique
2008, Pékin	Argentine
2004, Athènes	Argentine
2000, Sydney	Cameroun
1996, Atlanta	Nigeria
1992, Barcelone	Espagne
1988, Séoul	URSS
1984, Los Angeles	France
1980, Moscou	Tchécoslovaquie

LÉGENDE NATIONALE

NEYMAR EN PLEINE GLOIRE

D'habitude, le football est un sport annexe aux JO, mais en 2016, il est arrivé en pleine lumière devant les fans de Rio. Le Brésil, pays hôte, était désireux de se racheter après ses 3 échecs en finale et de remporter la médaille d'or pour la première fois. Pari réussi, avec une victoire contre l'Allemagne, championne du monde. Deux ans plus tôt, à Belo Horizonte, le Brésil avait été écrasé 7-1 par les Allemands ; la tension était donc très forte. La finale de 2016, comme celle de la Coupe du Monde 2014, a eu lieu au stade Maracanã. C'est le capitaine et star du Brésil **Neymar** qui a marqué l'histoire et le dernier but face à Timo Horn pour offrir aux *Auriverdes* une 1re médaille d'or olympique en football.

NEYMAR

LÉGENDE NATIONALE

FUTURS COÉQUIPIERS

Samuel Eto'o et Xavi, futurs coéquipiers au FC Barcelone, ont tous deux transformé un tir au but en 2000, lorsque le Cameroun et l'Espagne ont disputé la première finale olympique décidée aux tirs au but. D'autres joueurs ont triomphé à l'Euro ou à la Coupe du Monde après avoir disputé les JO d'été, à l'instar des Italiens Cannavaro, Buffon et Alessandro Nesta et des Brésiliens Roberto Carlos, Rivaldo et Ronaldo (Atlanta, 1996) ; de l'Italien Gianluca Zambrotta et des Espagnols Xavi, Carles Puyol et Joan Capdevila (Sydney, 2000) ; ou encore des Italiens Daniele De Rossi, Andrea Pirlo et Alberto Gilardino ainsi que des Portugais Cristiano Ronaldo et Bruno Alves (Athènes, 2004).

3

La Hongrie est l'équipe la plus titrée en football olympique avec 3 sacres. La Grande-Bretagne en compte autant, mais ce sont ses seuls podiums, tandis que les Hongrois ont terminé deuxièmes en 1972 et troisièmes en 1960.

14 SECONDES

Neymar a inscrit le but le plus rapide de l'histoire du Tournoi olympique masculin : il a trouvé les filets après 14 secondes de jeu en demi-finale 2016 face au Honduras.

2

Deux finales olympiques se sont jouées aux tirs au but, dont celle de 2016.

AMUNIKE

ANECDOTE DU TOURNOI

AFRIQUE OLYMPIQUE ET FUTURES STARS

En s'adjugeant le bronze en 1992, le Ghana est devenu le premier pays africain à remporter une médaille olympique en football. Le Nigeria a fait mieux, quatre ans après, en conquérant le premier titre olympique du continent noir, grâce à un but d'**Emmanuel Amunike** dans le temps additionnel face à l'Argentine. Cette victoire a surpris plus d'un observateur, compte tenu de la présence de joueurs comme les Brésiliens Ronaldo et Roberto Carlos, les Argentins Hernán Crespo et Roberto Ayala, les Italiens Fabio Cannavaro et Gianluigi Buffon, et les Français Robert Pirès et Patrick Vieira.

LA COUPE DU MONDE DE BEACH SOCCER DE LA FIFA

Le premier Championnat mondial de Beach Soccer a été institué en 1995 et a rejoint la famille des Coupes du Monde de la FIFA en 2005. Depuis 2009, elle a lieu tous les deux ans. Le premier champion était le Brésil, vainqueur 8-1 des États-Unis lors de la toute première finale.

LÉGENDE NATIONALE
ÉRIC LE KING

Éric Cantona – tour à tour footballeur, comédien, poète et philosophe – a entraîné l'équipe de France qui a remporté la Coupe du Monde de Beach Soccer en 2005. Il s'agissait de la première édition organisée sous l'égide de la FIFA, la compétition étant autrefois baptisée Championnat mondial de Beach Soccer. L'ancienne star de Manchester United s'est accordé quelques minutes de jeu et a même réussi à inscrire un but, lors du succès 7-4 contre l'Espagne en quart de finale.

CANTONA

LÉGENDE NATIONALE
LE BEL ALTOBELLI

Alessandro Altobelli est le seul joueur à avoir marqué en finale à la fois de Coupe du Monde de la FIFA et de Coupe du Monde de Beach. Il avait inscrit le 3e but italien contre l'Allemagne de l'Ouest lors du Mondial 1982, en Espagne. Passé sur le sable en 1995, il a terminé co-meilleur buteur avec Zico (12 buts), avant de dominer seul le classement l'année suivante grâce à ses 14 réalisations. Il a terminé avec 30 buts dans la compétition, tous dans l'ère pré-FIFA.

JORGINHO

LÉGENDE NATIONALE
AU SOMMET DU MONDE

Jorginho a écrit l'histoire en étant le premier joueur à remporter à la fois la Coupe du Monde de la FIFA et la Coupe du Monde de Beach Soccer. Il a contribué au triomphe du Brésil contre l'Italie en 1994, à Pasadena, avant de s'imposer sur le sable en 1999 et en 2004. Il a même été élu Meilleur joueur du tournoi lors de ces deux succès, et figurait déjà dans l'équipe type du tournoi lors du Mondial 1994 sur gazon.

2008

L'un des plus grands noms du ballon rond figurait au tableau des buteurs de la finale du Mondial de Beach Soccer en 2008 : Diego Maradona. Toutefois, il ne s'agissait pas du capitaine de l'Argentine sacré sur le rectangle vert en 1986, mais bien de son fils, Diego Maradona Jr., sous le maillot de l'Italie.

ANECDOTE DU TOURNOI
LOIN DEVANT

Le Brésil détient le record de titres sur sable grâce à ses 14 succès dans la compétition, dont 6 à la suite lors des premières éditions. Il s'agit de la seule nation à avoir disputé les 20 phases finales de Beach Soccer. Son record est loin d'être menacé, puisque son premier poursuivant, le Portugal, ne compte que trois titres. La Russie s'est imposée deux fois et la France une fois. Le Portugal, l'Uruguay et l'Espagne ont tous échoué en finale à trois reprises.

MEILLEURS BUTEURS DU TOURNOI

1	**Madjer, 21** (Portugal), 2006
2	**Gabriele Gori, 17** (Italie), 2017
3	**Dejan Stanković, 16** (Suisse), 2009 = **Gabriele Gori, 16** (Italie), 2019
5	**Nemén, 15** (Brésil), 2003
6	**Altobelli, 14** (Italie), 1996 = **Júnior, 14** (Brésil), 1998 = **André, 14** (Brésil), 2011
9	**Júnior, 13** (Brésil), 2000 = **Madjer, 13** (Portugal), 2008

LÉGENDE NATIONALE
ESSENTIEL MADJER

En 2006, le Portugais d'origine angolaise **Madjer** a établi le record de buts en une édition du Mondial de Beach Soccer grâce à ses 21 buts. Il a été meilleur buteur ou co-meilleur buteur lors de six tournois et a contribué aux trois titres du Portugal en 2001, 2015 et 2019. Avec sept buts en un seul match, contre l'Uruguay en 2009, il a battu son propre record, puisqu'il avait déjà signé un sextuplé contre le Cameroun en 2006. Madjer a pris sa retraite après le sacre de 2019 avec un bilan de 140 buts, soit 65 de plus que son dauphin et compatriote Alan (75).

286
Les tournois 2006 et 2019, respectivement au Brésil et au Paraguay, ont été les plus prolifiques, puisque les 16 équipes engagées ont totalisé 286 buts à chaque fois.

ANECDOTE DU TOURNOI
PREMIÈRE EN FRANCE

L'édition 2008 du tournoi, qui s'est jouée sur les plages marseillaises, a été la première à se tenir en dehors du Brésil. La seconde, en 2009, s'est déroulée aux Émirats arabes unis, puis ce fut au tour de Ravenne, en Italie, en 2011. Cette édition était la première sous le nouveau format, désormais organisé tous les deux ans (au lieu de tous les ans). Par la suite, la compétition a fait le tour du monde, de Tahiti au Portugal, en passant par les Bahamas et le Paraguay.

MADJER

LÉGENDE NATIONALE
ALONSO À TOUT FAIRE

Joaquín Alonso a joui d'une belle carrière sur gazon et sur sable. Sélectionné 18 fois en équipe d'Espagne et auteur d'un but entre 1978 et 1988, il a participé aux Jeux olympiques 1980 et à la Coupe du Monde de la FIFA 1982 à domicile. Le milieu de terrain a passé le plus clair de sa carrière au Sporting Gijón. Après sa retraite sportive, il a pris les rênes de la sélection nationale sur sable. En 2013, son équipe s'est inclinée en finale contre la Russie.

12

Le berceau spirituel de la compétition est Rio de Janeiro. La ville brésilienne a accueilli le Mondial 12 fois, un record, la dernière en 2007. Le tournoi a aussi été organisé dans 8 autres pays.

1

Tahiti est devenue le premier pays d'Océanie à atteindre la finale d'une compétition officielle de la FIFA en 2015. Les hôtes se sont inclinés 5-3 contre le Portugal.

SHISHIN

ANECDOTE DU TOURNOI
INVASION RUSSE

La finale de la Coupe du Monde de Beach Soccer de la FIFA 2011 a été la plus riche en buts de l'histoire. Le Brésil, champion sortant, s'est incliné 12-8 contre la Russie, une nation pourtant rarement associée au sable fin. Les Russes, champions d'Europe en titre, ont décroché leur premier sacre mondial grâce à un triplé de **Dmitry Shishin** en finale et aux performances du meilleur joueur du tournoi, Ilya Leonov. Le Brésilien André s'est consolé avec le Soulier d'Or pour ses 14 buts.

FIFA eWORLD CUP

Le plus grand tournoi de jeu vidéo de football au monde a été créé en 2004 sous le nom de Coupe du Monde interactive de la FIFA, en coordination avec EA Sports. En 2018, le nom de FIFA eWorld Cup a été adopté. Les participants disputent des qualifications mondiales sur la dernière version du jeu vidéo FIFA. Au bout d'une saison de 10 mois, le vainqueur remporte la coupe, un prix monétaire et une invitation au gala The Best de la FIFA.

ANECDOTE DU TOURNOI
FAISEUR D'E-MPIRE

Les Global Series EA Sports FIFA constituent un écosystème compétitif dans lequel les joueurs s'affrontent toutes les semaines pour gagner des points de classement lors d'événements en direct. Les trois compétitions principales de la FIFA sont la FUT Champions Cup, la FIFA eWorld Cup et la FIFA eNations Cup. Les 128 meilleurs joueurs des Global Series sont départagés par des barrages pour déterminer les 32 élus qui pourront disputer la FIFA eWorld Cup.

ANECDOTE DU TOURNOI
MACHINE À CASH

L'explosion de popularité de l'e-sport est illustrée par l'augmentation impressionnante des récompenses. De 20 000 $ pour l'eWorld Cup en 2004, les gains sont passés à 3 millions de $ pour les Global Series en 2019. Le premier prix de la compétition reine s'élevait à 250 000 $, le finaliste « malheureux » empochant, quant à lui, 100 000 $. Parmi les défis à relever, les joueurs doivent s'adapter chaque année au nouvel opus du jeu vidéo, tout comme les footballeurs doivent s'adapter aux nouvelles règles sur la VAR, les mains, les hors-jeu…

STAR DE L'E-SPORT
DIGNE DE PIQUÉ

Fan du Real Madrid, **Alfonso Ramos** a été le premier double champion de la Coupe du Monde interactive de la FIFA en 2012. Il a aussi savouré sa victoire lors du gala de la FIFA suivant, cette fois en affrontant le défenseur du FC Barcelone **Gerard Piqué**. Sans surprise, Piqué a choisi le Barça (contre le Real pour Ramos), mais s'est incliné 1-0 et a même vu son avatar être expulsé. Ramos – surnommé « Vamos Ramos » – a fêté ses succès avec une samba inspirée du buteur brésilien Neymar. Après avoir pris sa retraite de joueur, Ramos est devenu entraîneur de l'équipe nationale espagnole d'e-sport.

RAMOS

PIQUÉ

HARKOUS

ANECDOTE DU TOURNOI
SUR LA VAGUE

La popularité et le potentiel commercial de l'e-sport ont convaincu de nombreux clubs traditionnels de faire le grand saut dans le bain du sport électronique. Parmi les grandes équipes ayant recruté des joueurs officiels de FIFA, citons le Barça, l'Ajax, le Borussia Mönchengladbach et le Bayer 04 Leverkusen, mais aussi les clubs anglais de Manchester City et West Ham United. Des gamers qui avaient commencé en amateur dans leur canapé font maintenant le tour du monde en tant qu'e-sportifs professionnels.

STAR DE L'E-SPORT
LE CHAMPION MO

Mohammed « MoAuba » Harkous, champion 2019, a vécu une drôle de soirée au gala The Best de la FIFA. Il y a rencontré ses idoles Cristiano Ronaldo et Lionel Messi, et a même donné des conseils sur les jeux vidéo à des superstars récompensées comme le Français Kylian Mbappé. Par la suite, Mo a déclaré : « C'était incroyable. Je suis fan d'eux, mais ce sont eux qui me demandaient des conseils ! » Le premier tournoi auquel Mo a participé quand il était adolescent lui avait coûté 20 € et il était reparti avec une console PlayStation.

47 MILLIONS

La grande finale de la FIFA eWorld Cup 2019 a été diffusée pour la première fois en six langues (arabe, chinois, anglais, allemand, portugais et espagnol) et dans plus de 75 territoires à travers le monde. Le tournoi de trois jours a généré plus de 47 millions de vues sur un large éventail de plateformes en ligne.

PALMARÈS DE LA FIFA eWORLD CUP

Année	Ville	Finale
2004	Zurich	Thiago Carrico de Azevedo (Brésil) bat Matija Biljeskovic (Serbie) 2-1
2005	Londres	Chris Bullard (Angleterre) bat Gabor Mokos (Hongrie) 5-2
2006	Amsterdam	Andries Smit (Pays-Bas) bat Wolfgang Meier (Autriche) 6-4
2008	Berlin	Alfonso Ramos (Espagne) bat Michael Ribeiro (États-Unis) 3-1
2009	Barcelone	Bruce Grannec (France) bat Ruben Morales Zerecero (Mexique) 3-1
2010	Barcelone	Nenad Stojković (Serbie) bat Ayhan Altundag (Allemagne) 2-1
2011	Los Angeles	Francisco Cruz (Portugal) bat Javier Muñoz (Colombie) 4-1
2012	Dubaï	Alfonso Ramos (Espagne) bat Bruce Grannec (France) 0-0 (4-3 sur penaltys)
2013	Madrid	Bruce Grannec (France) Andrei Torres Vivero (Mexique) 1-0
2014	Rio de Janeiro	August Rosenmeier [Agge] (Danemark) bat David Bytheway [Davebtw] (Angleterre) 3-1
2015	Munich	Abdulaziz Alshehri [Mr DOne] (Arabie saoudite) bat Julien Dassonville (France) 3-0
2016	New York	Mohamad Al-Bacha [Bacha] (Danemark) bat Sean Allen [Dragonn] (Angleterre) 2-2, 3-3 (5-5 total, Al-Bacha s'impose aux buts à l'extérieur)
2017	Londres	Spencer Ealing [Gorilla] (Angleterre) bat Kai Wollin [Deto] (Allemagne) 3-3, 4-0 (7-3 total)
2018	Londres	Mosaad Aldossary [Msdossary] (Arabie saoudite) bat Stefano Pinna (Belgique) 2-0, 2-0 (4-0 total)
2019	Londres	Mohammed Harkous [MoAuba] (All.) bat Mosaad Aldossary [Msdossary] (A. saoudite) 1-1, 2-1 (3-2 total)

LE FOOTBALL FÉMININ

Les femmes sont aujourd'hui plus de 30 millions à pratiquer le football dans le monde et la discipline a franchi de grandes étapes ces dernières années. La Coupe du Monde féminine de la FIFA 2019 a marqué un nouveau tournant.

Ces progrès n'ont toutefois que trop tardé, étant donné le temps perdu en chemin. Les premières rencontres féminines sont en effet organisées outre-Manche au début du xxe siècle, avant que la fédération anglaise ne les interdise en 1921.

De ce rejet naît une fédération féminine indépendante dotée de sa propre compétition. Parallèlement, la discipline commence à s'implanter dans d'autres pays, si bien qu'au début des années 1980, le premier Championnat d'Europe officiel voit le jour. En 1988, la FIFA organise à Taipei un tournoi sur invitation.

En 1991, la FIFA lance son premier Championnat du Monde, remporté par les Américaines qui domineront le sport. La Coupe du Monde féminine suivante se dispute justement aux États-Unis et la finale, qui se déroule devant une affluence record de 90 185 spectateurs, voit les joueuses locales s'imposer aux tirs au but contre la Chine à Pasadena. Les *Stars and Stripes* glaneront ensuite la première médaille d'or olympique en 1996, l'argent en 2000 et l'or encore en 2004, 2008 et 2012.

Le football féminin, considéré auparavant comme une mode passagère, se révèle un phénomène durable.

La capitaine américaine Megan Rapinoe brandit la Coupe du Monde de la FIFA après le succès de son équipe contre les Pays-Bas.

LA COUPE DU MONDE FÉMININE
LES RECORDS

La première phase finale de la Coupe du Monde féminine a eu lieu en Chine en 1991. Depuis, la compétition n'a cessé de se développer à une vitesse éclair : elle s'est étendue à 24 équipes en 2015 et passera même à 32 participants quand l'Australie et la Nouvelle-Zélande coorganiseront l'édition 2023.

FINALES DE COUPE DU MONDE FÉMININE DE LA FIFA

1991 États Unis 2-1 Norvège (Chine)

1995 Norvège 2-0 Allemagne (Suède)

1999 États-Unis 0-0 (5-4 t.a.b.) Chine (États-Unis)

2003 Allemagne 2-1 Suède (États-Unis)

2007 Allemagne 2-0 Brésil (Chine)

2011 Japon 2-2 (3-1 t.a.b.) États-Unis (Allemagne)

2015 États-Unis 5-2 Japon (Canada)

2019 États-Unis 2-0 Pays-Bas (France)

90 185
La plus grande affluence pour un match de Coupe du Monde féminine de la FIFA reste les 90 185 spectateurs entassés dans le Rose Bowl pour voir les États-Unis battre la Chine devant leur public, en finale du tournoi 1999.

ANECDOTE DU TOURNOI
RÉBELLION ESPAGNOLE

Pour l'Espagne, la phase finale de la Coupe du Monde féminine s'est rapidement gâtée. Les Ibères n'ont gagné qu'un point en trois matchs de groupes et ont été éliminées de l'édition 2015 au Canada. Au retour, les joueuses ont mis en cause l'entraîneur vétéran Ignacio Quereda, se plaignant d'une préparation insuffisante à un climat plus froid, de l'absence de matchs amicaux, d'échauffement et d'une analyse médiocre des adversaires. L'équipe a conclu : « Il nous faut changer. Nous l'avons fait savoir à l'entraîneur et à son entourage. »

CRISTIANE

JOUEUSE STAR
CRISTIANE VOIT TRIPLE

L'expérimentée attaquante brésilienne **Cristiane** est devenue la joueuse la plus âgée à inscrire un triplé en Coupe du Monde. Elle a marqué les trois buts du match contre les novices jamaïcaines dans le Groupe C, à Grenoble. Âgée de 34 ans et 25 jours, elle a inscrit le premier de la tête, le second de près et le troisième sur coup franc. Elle a même battu le record masculin, détenu par Cristiano Ronaldo, qui avait 33 ans et 130 jours lorsqu'il a marqué trois buts lors du match Portugal-Espagne (3-3) en phase finale 2018. Le Brésil a été éliminé par la France 2-1 après prolongations en huitième de finale.

MEILLEURES BUTEUSES DE L'HISTOIRE

1 **Marta,** (Brésil) 17

2 **Birgit Prinz,** (Allemagne) 14
= **Abby Wambach,** (États-Unis) 14

4 **Michelle Akers,** (États-Unis) 12

5 **Cristiane,** (Brésil) 11
= **Sun Wen,** (Chine) 11
= **Bettina Wiegmann,** (Allemagne) 11

ANECDOTE DU TOURNOI
LE RÊVE DE JOÃO

La Coupe du Monde féminine était la marotte de João Havelange. Lancée en 1991 à titre expérimental, la compétition a vu sa taille et son rayonnement s'accroître progressivement. Le succès de l'édition américaine de 1999 s'est révélé décisif pour le tournoi, qui attire aujourd'hui des affluences considérables et des médias du monde entier. Les premières épreuves ont été dominées par les États-Unis et la Norvège, des pays où le football est beaucoup pratiqué par les femmes. Les États-Unis règnent en maîtres sur le Mondial avec quatre titres acquis en 1991, 1999, 2015 et 2019. Toutefois, c'est l'Allemagne la première qui a enchaîné deux titres, en 2003 et 2007.

ANECDOTE DU TOURNOI
LES ÉTATS-UNIS AU SOMMET

Les États-Unis sont incontestablement la plus grande puissance mondiale du football féminin. Leur succès 2-0 contre les Néerlandaises en finale 2019, à Lyon, leur a permis de décrocher une quatrième étoile après celle de 1991, 1999 et 2015. Jill Ellis, née en Angleterre, est devenue la première sélectionneuse à gagner deux Coupes du Monde de suite. Les Américaines comptent aussi 4 titres aux Jeux olympiques (1996, 2004, 2008, 2012). Pas moins de 10 joueuses ont été sélectionnées plus de 200 fois sous le maillot américain, dont Kristine Lilly (354), Christie Rampone (311), Carli Lloyd (281) et Mia Hamm (276). Six joueuses ont dépassé les 100 buts internationaux, à commencer par Abby Wambach (184). Wambach a d'ailleurs été désignée Meilleure joueuse de l'année 2012 par la FIFA, Hamm et Lloyd ayant décroché cette distinction deux fois chacune.

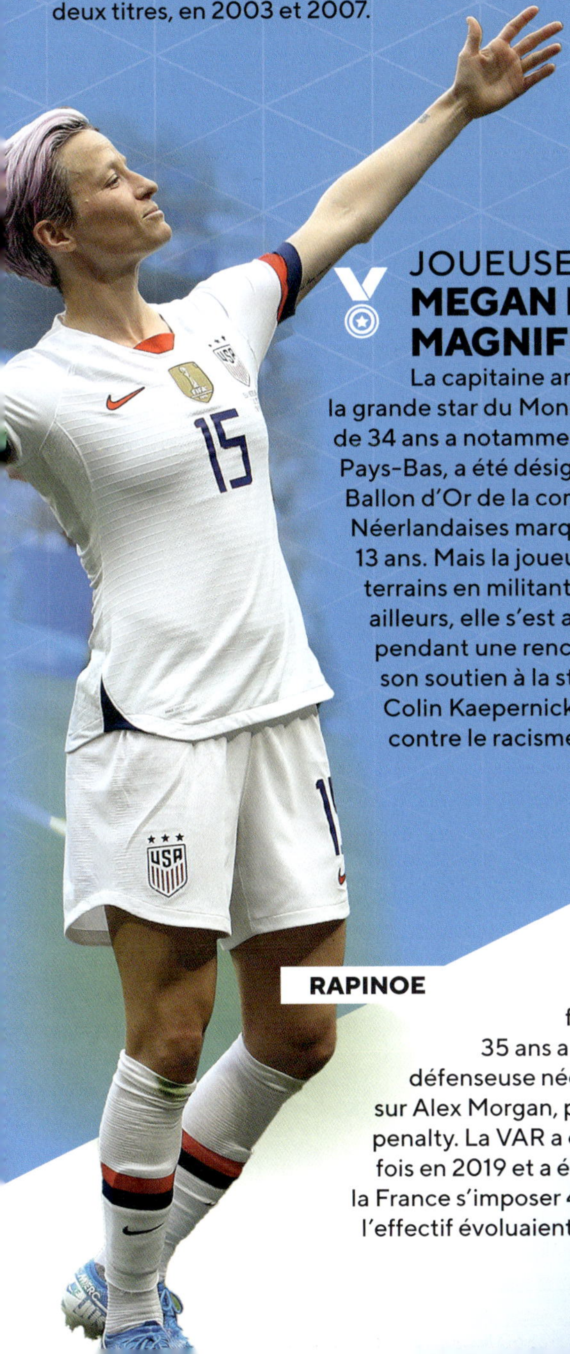

RAPINOE

JOUEUSE STAR
MEGAN LA MAGNIFIQUE

La capitaine américaine **Megan Rapinoe** a été la grande star du Mondial féminin 2019. La Californienne de 34 ans a notamment ouvert le score en finale contre les Pays-Bas, a été désignée Joueuse du match et a remporté le Ballon d'Or de la compétition. Son penalty réussi contre les Néerlandaises marquait son 50e but en 158 sélections depuis 13 ans. Mais la joueuse s'est aussi fait un nom en dehors des terrains en militant pour plusieurs organisations LGBT. Par ailleurs, elle s'est agenouillée lors de l'hymne américain pendant une rencontre internationale pour témoigner son soutien à la star du football américain Colin Kaepernick et sa lutte contre le racisme.

FRAPPART

HIGH-TECH
LA VAR À LA RESCOUSSE

Stéphanie Frappart est devenue la première arbitre à faire appel à l'arbitrage vidéo pour attribuer un penalty en finale de la Coupe du Monde féminine. À Lyon, la Française de 35 ans a consulté son moniteur en bord de terrain pour s'assurer que la défenseuse néerlandaise Stefanie van der Gragt avait bien commis une faute sur Alex Morgan, peu après la mi-temps. Megan Rapinoe a ensuite transformé le penalty. La VAR a été introduite à la Coupe du Monde féminine pour la première fois en 2019 et a été régulièrement utilisée, depuis le match d'ouverture qui a vu la France s'imposer 4-0 contre la Corée du Sud. Les Bleues, dont sept joueuses de l'effectif évoluaient avec l'Olympique Lyonnais, champion d'Europe, se sont vues refuser un but de Griedge Mbock Bathy sur décision vidéo.

ANECDOTE DU TOURNOI
CHIFFRE PORTE-MALHEUR

Le chiffre 13 n'a pas porté chance à la Thaïlande, battue sur un score fleuve 13-0 par les États-Unis lors de l'édition 2019 en France. Six joueuses ont marqué, à commencer par Alex Morgan, deuxième joueuse seulement à inscrire un quintuplé en un match de Coupe du Monde féminine de la FIFA. La première à signer un tel exploit était sa compatriote Michelle Akers, contre Taïwan en 1991. Grâce aux cinq buts de Morgan, les Américaines ont terminé la compétition avec 26 buts marqués, un record.

7

Sept Américaines championnes du monde en 1991 figuraient aussi dans l'équipe victorieuse de 1999 : Mia Hamm, Michelle Akers, Kristine Lilly, Julie Foudy, Joy Fawcett, Carla Overbeck et Brandi Chastain.

RECORD DE BUTS PAR PAYS

1	**États-Unis,** 26 (2019)
2	**États-Unis,** 25 (1991) = **Allemagne,** 25 (2003)
4	**Norvège,** 23 (1995)
5	**Allemagne,** 21 (2007)

ANECDOTE DU TOURNOI
LES PREMIERS, LES PILIERS, LES NOVICES

Le premier match de phase finale féminine a vu la Chine, pays hôte, battre la Norvège 4-0 devant 65 000 supporters à Guangzhou, le 16 novembre 1991. Ces deux pays font partie des 8nations qui ont disputé les 8 phases finales, avec le Brésil, l'Allemagne, le Japon, le Nigeria, la Suède et les États-Unis. À l'issue du Mondial 2019, 36 pays avaient participé au moins une fois à la compétition. Le Chili, la Jamaïque, l'Écosse et l'Afrique du Sud ont découvert la Coupe du Monde féminine en France.

250

C'est le 8 juin 1995, lors du nul 3-3 entre le Canada et le Nigeria à Helsingborg, que l'on a enregistré l'affluence la plus faible de l'épreuve : 250 spectateurs.

JOUEUSE STAR
MARTA, MACHINE À BUTS

La Brésilienne **Marta Vieira da Silva** a assis son statut de l'une des meilleures joueuses de tous les temps grâce à ses prouesses en Coupe du Monde. Elle compte 17 buts dans la compétition, soit 3 de plus que Birgit Prinz (Allemagne) et Abby Wambach (États-Unis). En 2007, en Chine, Marta a reçu le Ballon d'Or de la Meilleure joueuse et le Soulier d'Or de la Meilleure buteuse pour ses 7 buts. Élue six fois Meilleure joueuse du monde par la FIFA, elle a encore frappé lors de l'édition 2019 avec des penaltys contre l'Australie et l'Italie. Avec sa coéquipière Cristiane, ce sont les deux seules joueuses à avoir marqué dans cinq phases finales de suite.

MARTA

ANECDOTE DU TOURNOI
LA CHINE INVAINCUE, MAIS ÉLIMINÉE

En 1999, la Chine est devenue le premier pays à boucler le tournoi invaincu, tout en repartant les mains vides. En poules, les Roses d'acier ont vaincu la Suède 2-1, le Ghana 7-0 et l'Australie 3-1. Ensuite, elles ont battu 2-0 la Russie en quart, puis la Norvège 5-0 en demie, avant d'échouer aux tirs au but en finale contre les Américaines. En 2011, le Japon est devenu le premier pays à soulever le trophée après avoir perdu un match de premier tour.

1 353 506

Avec 1 353 506 spectateurs, le Mondial 2015 détient toujours la plus forte affluence de tous les tournois féminins, dépassant même l'édition 2019.

ANECDOTE DU TOURNOI
MUR DÉFENSIF

En 2007, l'Allemagne est devenue la première équipe à conserver un titre mondial. Elle y est parvenue en établissant un autre record, puisqu'elle a traversé l'épreuve (6 matchs et 540 minutes) sans concéder le moindre but. La gardienne Nadine Angerer a ainsi effacé des tablettes le record de 517 minutes signé par le portier italien Walter Zenga lors d'Italie 1990. C'est une Suédoise qui a marqué, à la 41e minute de la finale 2003, le dernier but encaissé par l'Allemagne : **Hanna Ljungberg**. En 2011, les cages allemandes ont à nouveau vibré grâce à un but de la Canadienne Christine Sinclair.

LJUNGBERG

ANECDOTE DU TOURNOI
SUCCÈS INTERNATIONAL

La phase finale 2019 en France a attiré un milliard de téléspectateurs dans le monde grâce à plus de 200 diffuseurs. Des records d'audience ont été battus dans de nombreux pays, et notamment en France, chez les champions américains, mais aussi en Allemagne ou en Chine. Quelque 59 millions de personnes ont suivi la victoire des Bleues contre le Brésil en huitième, ce qui en fait le match de football féminin le plus suivi de tous les temps. Au Royaume-Uni, la défaite de l'Angleterre contre les États-Unis en demi-finale a marqué un pic d'audience en télévision à la demande avec 11,7 millions de téléspectateurs, record national pour le football féminin.

7

La milieu brésilienne Formiga a établi un nouveau record en 2019 en disputant sa 7e Coupe du Monde féminine, plus que tout autre joueur ou joueuse. Sa première participation remonte à 1995, en Suède. Elle avait alors 17 ans.

JOUEUSE STAR
DROIT AU BUT

Ellen White est devenue la première joueuse co-meilleure buteuse de la compétition grâce à ses six réalisations pour l'Angleterre, 4e du tournoi. Toutefois, White n'a pas été sacrée Soulier d'Or par la FIFA, puisque les Américaines Megan Rapinoe et Alex Morgan, qui ont autant marqué, ont délivré plus de passes décisives. La buteuse de Manchester City, âgée de 30 ans, était déjà de la partie lors de l'épopée anglaise jusqu'en demi-finale au Canada en 2015.

SMISEK

PRINZ

RECORD DE BUTS
PAS UNE ONCE DE PITIÉ

L'Allemagne est la seule équipe à avoir marqué à deux reprises des scores à deux chiffres en phase finale : la première fois en écrasant l'Argentine 11-0 à Shanghai en phase finale 2007, avec des triplés de **Birgit Prinz** et **Sandra Smisek**. Puis, au Canada en 2015, les Allemandes ont pulvérisé la Côte d'Ivoire 10-0 au premier tour, avec des *hat-tricks* des attaquantes Célia Šašić et Anja Mittag. La Norvège a marqué dans 15 matchs de suite, un record. Sa série a commencé le 19 novembre 1991 par un succès 4-0 contre la Nouvelle-Zélande et s'est achevée avec une victoire 3-1 contre la Suède en quart de finale, le 30 juin 1999.

LE CHAMPIONNAT D'EUROPE FÉMININ DE L'UEFA

Le football féminin a avancé à pas de géant depuis son interdiction en Angleterre en 1921. Sa résurgence se poursuivra lorsque l'Angleterre accueillera le prochain Euro féminin de l'UEFA, repoussé à 2022 en raison du COVID-19.

LES 5 MEILLEURES BUTEUSES

1 **2017 Jodie Taylor** (Angleterre) **5**
2 **2013 Lotta Schelin** (Suède) **5**
3 **2009 Inka Grings** (Allemagne) **6**
4 **2005 Inka Grings** (Allemagne) **4**
5 **2001 Claudia Müller** (Allemagne) **3**
= Sandra Smisek (Allemagne) **3**

17

La plus jeune joueuse de l'UEFA Euro 2017 était la meneuse russe Viktoriya Shkoda, âgée de 17 ans, originaire de la ville méridionale de Krasnoda À 37 ans, la plus âgée éta la gardienne norvégienn Ingrid Hjelmseth.

TAYLOR

RECORD DE BUTS
TAYLOR FAIT ENTRER L'ANGLETERRE DANS L'HISTOIRE

L'avant-centre anglaise **Jodie Taylor** a connu une campagne sensationnelle en phase finale de l'Euro 2017. Elle a commencé par un triplé lors d'une victoire 6-0 sur l'Écosse, a continué contre l'Espagne, puis a terminé sur une défaite infligée en quart de finale à la France, devenant la première joueuse anglaise à finir meilleure buteuse de la compétition. Le triplé de Taylor était le premier en phase finale depuis deux décennies. Avec ses cinq buts pour les Lionesses, elle était à un point d'égaler le record établi en 2009 par l'Allemande Inka Grings. Taylor, qui a joué pour douze clubs dans cinq pays avant d'exploser à l'Euro 2017, est la 3e joueuse seulement à réaliser un triplé en Euro féminin.

ANECDOTE DU TOURNOI
LA FIÈVRE ORANGE GAGNE L'EUROPE

Les Pays-Bas, organisateurs, ont fêté leur première victoire européenne en 2017, en battant le Danemark 4-2, pour la plus grande joie de leur public, vêtu d'orange, à Enschede. 13 des 23 membres de l'équipe ont apporté au groupe leur expérience en club étranger – notamment la gardienne Sari van Veenendaal et l'avant-centre **Vivianne Miedema** (toutes deux d'Arsenal), la meneuse de jeu Jackie Groenen (Francfort) et la meilleure joueuse de la compétition, l'ailière gauche Lieke Martens (Barcelone). Miedema a marqué un but lors de chaque victoire en éliminatoires contre la Suède et l'Angleterre, puis deux lors du triomphe final face au Danemark.

MIEDEMA

2

L'Allemande Inka Grings a été la meilleure buteuse dans deux éditions de suite, en 2005 et 2009.

JOUEUSE STAR
LE LONG VOYAGE DE NADIM

L'attaquante **Nadia Nadim** a soufflé la vedette à sa coéquipière expérimentée Pernille Harder, lorsque le Danemark a atteint la finale de l'Euro féminin pour la première fois, après cinq échecs en demi-finale. La mère et les sœurs de Nadim ont fui l'Afghanistan, ravagé par la guerre en 2000, alors qu'elle n'avait que 11 ans. Elles ont demandé le statut de réfugiées au Danemark, où Nadim a commencé à jouer au football pour Aalborg. Son talent a incité la fédération danoise à obtenir une exemption spéciale de la FIFA pour qu'elle puisse jouer pour son pays d'adoption. Après ses performances à l'Euro 2017, où Nadim a ouvert le score contre les Pays-Bas en finale, elle a été transférée à Manchester City, en *Super League* féminine.

NADIM

1-0

Lors du Championnat d'Europe féminin 2017, les Néerlandaises ont remporté leurs trois matchs de poules sans concéder un but. Elles ont devancé les Danoises, qu'elles ont battues 1-0 pour la première fois.

ANECDOTE DU TOURNOI
LA FIN DE L'ÈRE ALLEMANDE

La défaite 2-1 de l'Allemagne face au Danemark, en quart de finale de l'Euro 2017, a mis fin à une série stupéfiante de victoires, avec six titres d'affilée depuis 1995. Cette sortie constitue un mauvais départ pour la nouvelle entraîneuse Steffi Jones, qui a succédé en 2016 à Silvia Neid, l'abonnée aux victoires. Neid semble impossible à égaler. Elle a été championne d'Europe à trois reprises comme joueuse et deux fois comme sélectionneuse, et elle a aussi reçu trois titres FIFA de Meilleur entraîneur d'équipe féminine.

PUBLICS RECORDS

1 **41 301 – Allemagne 1 Norvège 0**
(Stockholm, 2013 finale)

2 **29 092 – Angleterre 3 Finlande 2**
(Manchester, 2005 groupes)

3 **28 182 – Pays-Bas 4, Danemark 2**
(Enschede, 2017 finale)

4 **27 093 – Pays-Bas 3, Angleterre 0**
(Enschede, 2017 demi-finale)

5 **25 694 – Angleterre 0, Suède 1**
(Blackburn, 2005 groupe)

61

La *Bundesliga* féminine a fourni le plus de joueuses (61) à l'Euro féminin 2017, suivie par les clubs anglais (41). Wolfsburg était le club le plus représenté, avec 14 joueuses.

ANECDOTE DU TOURNOI
STEINHAUS EN HAUSSE

L'une des personnalités de la phase finale 2017 n'est pas une joueuse, mais un arbitre, l'Allemande **Bibiana Steinhaus**. Steinhaus, commandante de police à Hanovre, a appris peu avant la phase finale qu'elle était devenue la première femme promue à arbitrer les matchs en *Bundesliga* masculine – dix ans après son arrivée comme premier arbitre féminin dans les divisions inférieures du football professionnel allemand. En football féminin, Steinhaus a notamment arbitré la finale de la Coupe du Monde 2011, puis le match pour la médaille d'or des JO 2012 à Londres. Six semaines avant l'Euro 2017, Steinhaus avait œuvré en finale de la Ligue des Champions féminine entre Lyon et le PSG.

STEINHAUS

165M
Loin des stades, la finale du Championnat d'Europe féminin 2017 a attiré 165 millions de téléspectateurs dans 80 pays.

LE TOURNOI OLYMPIQUE DE FOOTBALL FÉMININ

Depuis son introduction au programme d'Atlanta 1996, le tournoi olympique de football féminin est dominé par les États-Unis. La Team USA a gagné quatre des six premières éditions et a atteint la finale en 2000 ainsi que les quarts en 2016.

MEILLEURES BUTEUSES EN TOURNOI OLYMPIQUE

1 **2012 – Christine Sinclair** (Canada), 6

2 **2004 – Cristiane** (Brésil), 5
= **Birgit Prinz** (Allemagne), 5
= **2008 – Cristiane** (Brésil), 5
= **2016 – Melanie Behringer** (Allemagne), 5

6 **1996 – Ann Kristin Aarønes** (Norvège), 4
= **Linda Medalen** (Norvège), 4
= **Pretinha** (Brésil), 4
= **2000 – Sun Wen** (Chine), 4

NEID

ANECDOTE DU TOURNOI
LES ADIEUX DORÉS DE SILVIA

L'Allemagne a gardé la mainmise sur le football féminin en battant la Suède 2-1 pour prendre l'or à Rio 2016. Après deux Coupes du Monde féminines de la FIFA et 8 titres en Championnat d'Europe de l'UEFA, elle décrochait son premier succès olympique. Le moment ne pouvait être mieux choisi pour **Silvia Neid**, qui quittait son poste après 11 ans à la tête de la sélection. Elle a décrit ce trophée comme « un nouveau sommet pour le football féminin allemand ».

8

L'Allemagne détient le record de buts en un seul match olympique. Les Allemandes ont battu les Chinoises 8-0 grâce à cinq buteuses et un quadruplé de Birgit Prinz.

LÉGENDE NATIONALE
MARTA LA MAGNIFIQUE

La superstar brésilienne **Marta** a terminé les JO 2004 et 2008 avec la médaille d'argent, mais a manqué l'occasion de monter sur le podium en 2016 à domicile, en perdant face au Canada en petite finale. Elle s'est consolée en devenant l'une des quatre joueuses au monde à avoir marqué au moins dix buts en tournoi olympique, avec sa coéquipière Cristiane, la Canadienne Christine Sinclair et l'Allemande Birgit Prinz. Cette dernière a toutefois signé un quadruplé lors du succès 8-0 contre la Chine en 2004.

MARTA

JOUEUSE STAR
SUPER SINCLAIR

La capitaine **Christine Sinclair** a montré l'exemple quand le Canada a décroché sa 2e médaille de bronze d'affilée aux JO de Rio de Janeiro, en 2016. Sinclair a inscrit le but de la victoire 2-1 face au pays hôte, le Brésil, à São Paulo. Elle a également touché les poteaux dans les deux mi-temps. Le but de Sinclair était son 165e en 250 sélections. Elle a aussi dominé le classement des buteuses à Londres, en 2012, avec 6 buts.

SINCLAIR

2,5

Le nombre de matchs disputés dans le tournoi féminin est passé de 16 à 20 en 2004, puis à 26 à partir de 2008. Toutefois, le taux de buts par match a chuté depuis la première édition en 1996. À Atlanta, la compétition féminine avoisinait les 3,3 buts par match, un ratio tombé à 2,5 en 2016.

ANECDOTE DU TOURNOI
LE POUVOIR DES TROIS

La Brésilienne Cristiane Rozeira de Souza Silva a été la première joueuse à inscrire deux triplés dans le tournoi olympique féminin. Le premier est arrivé lors d'un succès 7-0 contre la Grèce, pays hôte, en 2004. Quatre ans plus tard, à Pékin, elle a signé un nouveau *hat-trick* en 14 minutes, pour battre le Nigeria 3-1. Lors de ces deux éditions, elle a remporté la médaille d'argent avec la sélection brésilienne. Cristiane a emmené l'attaque des *Auriverde* lors de quatre Olympiades et cinq Coupes du Monde féminines de la FIFA. En club, elle a joué en France, en Allemagne, en Suède, aux États-Unis, en Russie et en Corée du Sud.

ANECDOTE DU TOURNOI
PIA AU SOMMET

Pia Sundhage connaît le tournoi olympique féminin sur le bout des doigts. L'ancienne milieu internationale était sélectionneuse de l'équipe américaine victorieuse en 2008 et 2012, avant de retourner dans sa Suède natale et de décrocher l'argent quatre ans plus tard à Rio. Sundhage, qui a porté le maillot suédois aux JO 1996 d'Atlanta, a été élue par la FIFA Meilleur entraîneur féminin de l'année 2012.

80 203

Le tournoi féminin a battu le record d'affluence à Londres, en 2012 : 80 203 spectateurs ont assisté à la victoire des États-Unis contre le Japon lors de la finale à Wembley. C'est aujourd'hui encore la plus forte affluence pour un match de football féminin sur le sol anglais.

TABLEAU DES MÉDAILLES

1	**États-Unis** (O : 4, A : 1, B : 0)
2	**Allemagne** (O : 1, A : 0, B : 3)
3	**Norvège** (O : 1, A : 0, B : 1)
4	**Brésil** (O : 0, A : 2, B : 0)
5	**Chine** (O : 0, A : 1, B : 0) **= Japon** (O : 0, A : 1, B : 0) **= Suède** (O : 0, A : 1, B : 0)
8	**Canada** (O : 0, A : 0, B : 2)

2012

En 2012, la Grande-Bretagne, qui accueille les JO, aligne pour la première fois une équipe de football olympique. Si elles terminent en tête de leur groupe après 3 succès en 3 matchs, les Britanniques s'inclinent 2-0 contre le Canada en quart et manquent le podium.

LLOYD

ANECDOTE DU TOURNOI
LLOYD ENGRANGE

L'Américaine **Carly Lloyd** est sans nul doute l'une des plus grandes joueuses du tournoi olympique féminin. En 2008, elle a marqué le but de la victoire pour les États-Unis contre le Brésil en finale à Pékin. Quatre ans plus tard, à Londres, elle s'est fendue d'un doublé pour offrir un nouveau titre à son équipe, qui a battu le Japon 2-1 à Wembley.

4

Les États-Unis dominent le football olympique féminin depuis l'introduction de la discipline aux JO 1996 d'Atlanta. Les Américaines totalisent quatre médailles d'or et une d'argent, en 2000.

LES AUTRES COMPÉTITIONS FÉMININES

La volonté d'accorder plus de visibilité aux femmes sur la scène internationale a incité la FIFA à créer les Coupes du Monde féminines des moins de 20 ans et des moins de 17 ans. Les exigences plus souples en matière d'organisation ont permis à ces tournois de s'exporter plus facilement, et donc de donner lieu à quelques-uns des rendez-vous sportifs les plus passionnants de la jeune génération.

ANECDOTE DU TOURNOI
SYDNEY LA TRANSFUGE

Sydney Leroux a disputé la Coupe du Monde féminine des moins de 20 ans pour deux pays. En 2004, alors âgée de 14 ans, elle a joué deux matchs sans marquer pour le Canada. Elle a ensuite été convoquée par les États-Unis pour l'édition 2008. Elle a alors terminé meilleure buteuse du tournoi avec cinq buts, dont l'ouverture du score en finale contre la Corée du Sud (2-1). Leroux a ajouté cinq autres buts à son total en 2010.

LEROUX

3

La Nord-Coréenne Kim Song-hui est l'autrice du seul triplé en finale de Coupe du Monde féminine des moins de 20 ans de la FIFA, qui a permis de battre la Chine 5-0 en 2006.

ANECDOTE DU TOURNOI
FRAPPART AUX MANETTES

L'arbitre française **Stéphanie Frappart** a officié lors de la finale 2018 de la Coupe du Monde des moins de 20 ans, quand le Japon a battu l'Espagne 3-1 à Vannes. L'année suivante, elle a arbitré la finale de la Coupe du Monde féminine de la FIFA, à Lyon, quand les États-Unis ont battu les championnes d'Europe néerlandaises 2-0. Quelques semaines plus tard, elle est devenue la première femme à arbitrer un grand match de clubs masculins, à l'occasion de la Supercoupe de l'UEFA, remportée par Liverpool contre Chelsea aux tirs au but.

FRAPPART

MEILLEURES BUTEUSES EN COUPE DU MONDE M-20

1 **2002 – Christine Sinclair** (Canada), 10
2010 – Alexandra Popp (Allemagne), 10

3 **2004 – Brittany Timko** (Canada), 7
2012 – Kim Un-hwa (Corée du Nord), 7
2014 – Asisat Oshoala (Nigeria), 7

6 **2018 – Patricia Guijarro** (Espagne), 6

7 **2006 – Ma Xiaoxu** (Chine), 5
2008 – Sydney Leroux (États-Unis), 5
2016 – Mami Ueno (Japon), 5

JOUEUSE STAR
SUPER SINCLAIR

En 2002, la Canadienne Christine Sinclair est devenue la première joueuse à atteindre les 10 buts inscrits en une même Coupe du Monde féminine des moins de 20 ans de la FIFA. Il aura fallu attendre huit ans pour que son exploit soit réédité par l'Allemande Alexandra Popp. Sinclair a aussi été la première à inscrire un quintuplé, lors du quart remporté 6-2 contre l'Angleterre, en 2002. Enfin, elle est la meilleure buteuse du tournoi olympique féminin depuis Londres 2012.

ANECDOTE DU TOURNOI
LA RÉVÉLATION NIGÉRIANE

En 2014 au Canada, Asisat Oshoala est devenue la première Africaine à recevoir le Soulier d'Or de la Meilleure joueuse ainsi que le Ballon d'Or de la Meilleure buteuse chez les moins de 20 ans. Toutefois, elle a dû se contenter de regarder les Allemandes brandir le trophée, après la défaite du Nigeria en prolongations. Parmi ses sept buts, Oshoala en a marqué quatre en demi-finale contre la Corée du Nord (6-2).

113

La Papouasie-Nouvelle-Guinée a organisé une phase finale de la FIFA pour la première fois en 2016, après le retrait de l'Afrique du Sud. Les quelque 113 buts marqués en font l'édition la plus prolifique de la compétition, à égalité avec celle du Chili en 2008.

JOUEUSE STAR
DEYNA LA GUERRIÈRE

Deyna Castellanos s'est forgé une belle réputation en phase finale 2016 quand les images de son incroyable but depuis la ligne médiane ont fait le tour du monde. Castellanos a frappé à la 4e minute du temps additionnel pour offrir la victoire 2-1 au Venezuela contre le Cameroun.

CASTELLANOS

MEILLEURES BUTEUSES EN COUPE DU MONDE M-17

1 **2010 – Yeo Min-ji** (Corée du Sud), 8
2012 – Ra Un-sim (Corée du Nord), 8
2016 – Lorena Navarro (Espagne), 8

4 **2018 – Mukarama Abdulai** (Ghana), 7

5 **2008 – Dzsenifer Marozsán** (Allemagne), 6
2014 – Deyna Castellanos (Venezuela), 6
= Gabriela García (Venezuela), 6

ANECDOTE DU TOURNOI
L'HÉRITAGE JORDANIEN

La Coupe du Monde féminine des moins de 17 ans de la FIFA en Jordanie a laissé une trace : il s'agissait du premier tournoi féminin de la FIFA organisé dans un pays musulman. Les matchs ont été disputés dans la capitale, Amman, ainsi qu'à Irbid et Zarka. Les nouvelles infrastructures ont permis à la Jordanie d'accueillir la Coupe d'Asie féminine en 2018.

CORÉE

Deux ans après le sacre de la Corée du Nord à la première Coupe du Monde féminine M-17, son voisin du sud a soulevé le trophée à son tour. Cette deuxième finale, à Trinité-et-Tobago, s'est jouée aux tirs au but. Les Coréennes ont battu le Japon 5-4 après un nul 3-3.

2

Les Coupes du Monde féminines des moins de 17 ans et des moins de 20 ans se tenaient tous les deux ans, avant les décalages entraînés par la pandémie de COVID-19.

ABDULAI

ANECDOTE DU TOURNOI
LA FÊTE EST PLUS BELLE

Yeo Min-ji (Corée du Nord) en 2010 et Griedge Mbock Bathy (France) en 2012 ont doublement savouré : elles ont été nommées Meilleure joueuse du tournoi après la victoire finale de leur équipe. En 2012, les Bleues ont battu la Corée du Nord en finale, grâce à leur gardienne Romane Bruneau, qui a repoussé deux tirs au but. La France s'est imposée 7-6 après un nul 1-1.

LES PRIX DE LA FIFA

Chaque année, le football troque le maillot contre le costume pour célébrer les exploits des douze derniers mois. En 2020, le gala s'est déroulé en ligne en raison des restrictions imposées par la pandémie de COVID-19.

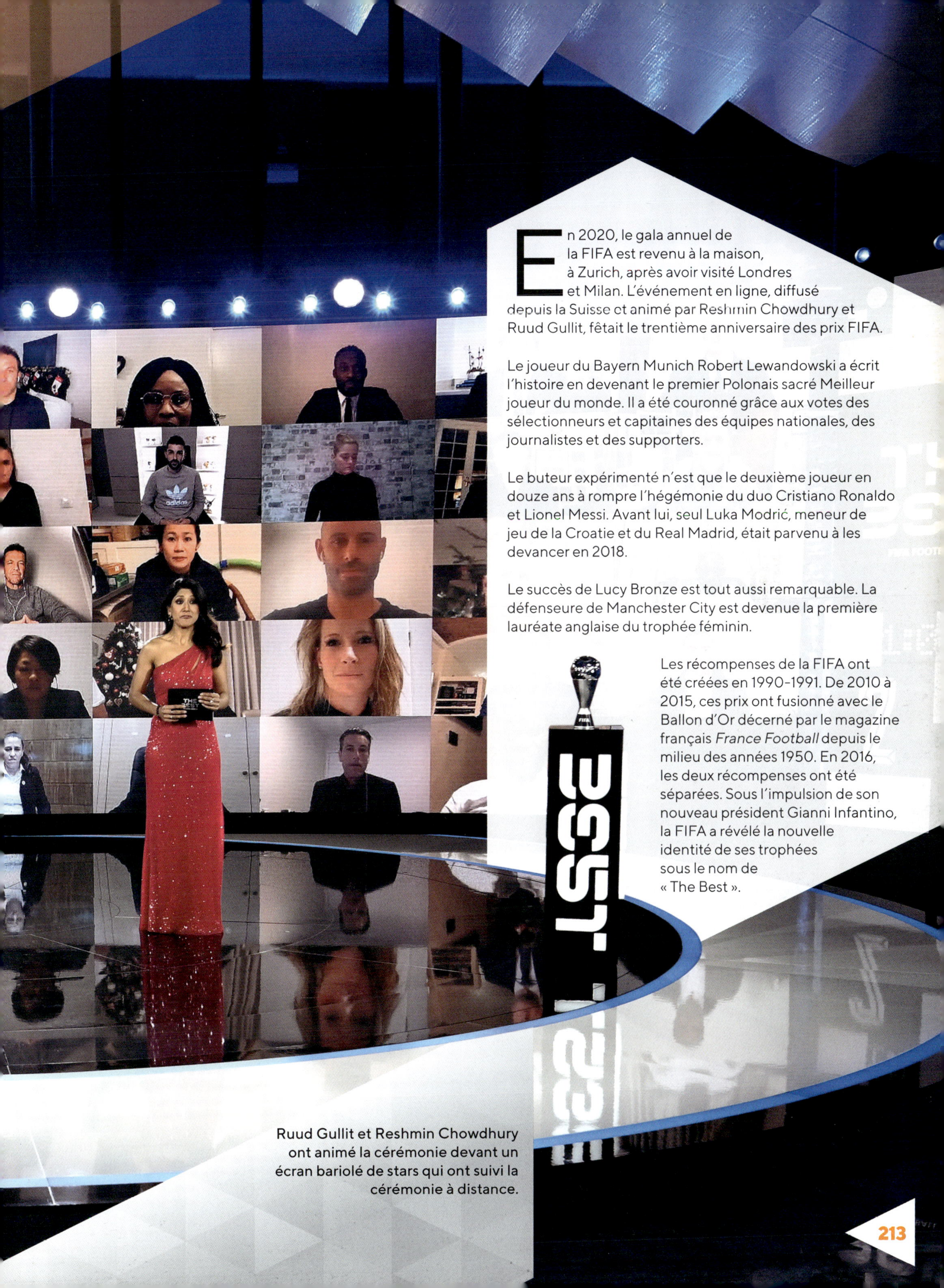

En 2020, le gala annuel de la FIFA est revenu à la maison, à Zurich, après avoir visité Londres et Milan. L'événement en ligne, diffusé depuis la Suisse et animé par Reshmin Chowdhury et Ruud Gullit, fêtait le trentième anniversaire des prix FIFA.

Le joueur du Bayern Munich Robert Lewandowski a écrit l'histoire en devenant le premier Polonais sacré Meilleur joueur du monde. Il a été couronné grâce aux votes des sélectionneurs et capitaines des équipes nationales, des journalistes et des supporters.

Le buteur expérimenté n'est que le deuxième joueur en douze ans à rompre l'hégémonie du duo Cristiano Ronaldo et Lionel Messi. Avant lui, seul Luka Modrić, meneur de jeu de la Croatie et du Real Madrid, était parvenu à les devancer en 2018.

Le succès de Lucy Bronze est tout aussi remarquable. La défenseure de Manchester City est devenue la première lauréate anglaise du trophée féminin.

Les récompenses de la FIFA ont été créées en 1990-1991. De 2010 à 2015, ces prix ont fusionné avec le Ballon d'Or décerné par le magazine français *France Football* depuis le milieu des années 1950. En 2016, les deux récompenses ont été séparées. Sous l'impulsion de son nouveau président Gianni Infantino, la FIFA a révélé la nouvelle identité de ses trophées sous le nom de « The Best ».

Ruud Gullit et Reshmin Chowdhury ont animé la cérémonie devant un écran bariolé de stars qui ont suivi la cérémonie à distance.

LE JOUEUR MONDIAL DE LA FIFA

Le trophée du Meilleur joueur de la FIFA sur les douze derniers mois est l'une des récompenses individuelles les plus prestigieuses du football international.

LAURÉAT 2020
ROBERT LEWANDOWSKI

Robert Lewandowski a bien mérité son titre de Meilleur joueur de la FIFA. Au terme de sa saison la plus accomplie dans une carrière déjà bien remplie, il a propulsé le Bayern vers un quadruplé retentissant, avec des succès en *Bundesliga* et en Coupe d'Allemagne, suivi d'un triomphe en Ligue des Champions de l'UEFA puis en Supercoupe de l'UEFA (sans oublier la Coupe du Monde des clubs de la FIFA qui allait venir plus tard).

Lewandowski a décroché le titre avec 52 points, devançant Cristiano Ronaldo (38) et Lionel Messi (35). L'avant-centre s'est fait remarquer en Pologne alors qu'il était encore adolescent, dominant le classement des buteurs des deuxième et troisième divisions nationales avec Znicz Pruszków. En 2008, il est transféré à Lech Poznań et remporte le Championnat, la Coupe, la Supercoupe et un nouveau titre de Meilleur buteur, ce qui n'a pas manqué d'attirer l'attention des clubs allemands, et notamment du Borussia Dortmund, où il signe en 2010.

Là, il enchaîne les buts et remporte la *Bundesliga* à deux reprises ainsi qu'une Coupe d'Allemagne. Il s'engage alors avec le Bayern Munich et remporte encore sept fois le Championnat. « Lewa » a marqué plus de buts en Championnat d'Allemagne que n'importe quel autre joueur étranger. En équipe nationale, Lewandowski marque en moyenne plus d'un but tous les deux matchs, et ce en plus de cent sélections, depuis son tout premier but international en 2008, lorsqu'il était entré en jeu contre Saint-Marin.

PRÉCÉDENTS LAURÉATS

2019	**Lionel Messi** (Argentine)
2018	**Luka Modrić** (Croatie)
2017	**Cristiano Ronaldo** (Portugal)
2016	**Cristiano Ronaldo** (Portugal)
2015	**Lionel Messi** (Argentine)
2014	**Cristiano Ronaldo** (Portugal)

1991

L'année de la création de cette récompense, qui a sacré l'Allemand Lothar Matthäus.

1

Zinédine Zidane est le seul homme à avoir remporté le prix FIFA en tant que joueur et entraîneur.

8

Les Brésiliens ont décroché la timbale à 8 reprises, plus que toute autre nation.

George Weah (Liberia) est le seul joueur africain à avoir inscrit son nom au palmarès.

Les votes pour le prix sont répartis à parts égales entre des représentants des médias, les sélectionneurs des équipes nationales, leurs capitaines et le grand public.

WEAH

LA JOUEUSE MONDIALE DE LA FIFA

Ce trophée témoigne de la popularité croissante et du succès du sport féminin, illustré par les chiffres records de la Coupe du Monde féminine de la FIFA organisée en France en 2019.

LAURÉATE 2020
LUCY BRONZE

Lucy Bronze est la première Anglaise à remporter le trophée The Best FIFA de la Meilleure joueuse. Elle a dominé les votes des sélectionneurs et capitaines des équipes nationales, des journalistes et des supporters en totalisant 52 points, devant la Danoise Pernille Harder (40) et la Française Wendie Renard (35). Renard et Bronze ont été sacrées championnes d'Europe avec le club de l'Olympique Lyonnais.

Jusqu'à ses 12 ans, Bronze, originaire d'Alnwick dans le nord-est du pays, a joué avec son frère et ses amis dans l'équipe masculine locale. Elle a ensuite défendu les couleurs de Blyth Town à mi-temps, tout en suivant des cours à l'université. Ce n'est qu'à 22 ans qu'elle a eu la possibilité de devenir professionnelle à temps plein. Bronze, qui évolue au poste de latérale, a aidé l'Angleterre à monter sur la troisième marche du podium lors de la Coupe du Monde féminine de la FIFA 2015 au Canada et a terminé quatrième de l'édition 2019 en France. Elle faisait partie de l'équipe-type du tournoi 2015 et a remporté le Ballon d'Argent Adidas en 2019.

En club, sa carrière l'a emmenée à Sunderland, Everton, Liverpool, North Carolina Tar Heels (États-Unis), puis à Lyon avant de revenir en Angleterre, à Manchester City. Lors de son passage en France, elle a remporté trois fois la Ligue des Champions féminine de l'UEFA. En 2019, elle est devenue la première lauréate anglaise du prix de la Meilleure joueuse UEFA de l'année. Elle a aussi été nommée deux fois pour le titre de Meilleure joueuse anglaise de PFA.

PRÉCÉDENTES LAURÉATES

2019	**Megan Rapinoe** (États-Unis)
2018	**Marta** (Brésil)
2017	**Lieke Martens** (Pays-Bas)
2016	**Carli Lloyd** (États-Unis)
2015	**Carli Lloyd** (États-Unis)
2014	**Nadine Kessler** (Allemagne)

2001

L'année de la création de cette récompense, qui a sacré l'Américaine Mia Hamm.

20

L'âge de Marta lorsqu'elle est devenue la plus jeune lauréate de ce trophée, en 2006.

6

Les six titres de Marta (dont cinq de suite de 2006 à 2010) constituent un record pour une joueuse.

4

Il s'agit du nombre de lauréates américaines, plus que toute autre nation.

Nadine Angerer est la seule gardienne (hommes et femmes confondus) à avoir été sacrée Meilleure joueuse de la FIFA.

ANGERER

AUTRES PRIX DE LA FIFA

Si l'excellence dans le football se mesure sur le terrain, la FIFA reconnaît bien d'autres prouesses également, de l'intelligence des entraîneurs aux gestes les plus altruistes dans le monde du ballon rond.

KLOPP

Les qualités indéniables de **Jürgen Klopp** et de son club de Liverpool ont marqué à jamais l'histoire du prix The Best, puisque le technicien allemand est devenu la première personne à remporter le prix du Meilleur entraîneur deux fois de suite. Klopp a devancé Marcelo Bielsa, artisan de la remontée de Leeds United en *Premier League*, et Hans-Dieter Flick, vainqueur du quadruplé Coupe-Championnat-Ligue des Champions-Supercoupe de l'UEFA avec le Bayern Munich. En 2019, Klopp avait été sacré après avoir mené ses Reds au titre européen. En 2020, il a permis à Liverpool de remonter sur le toit de l'Angleterre en remportant le championnat pour la première fois en 30 ans.

LAURÉATS 2020

The Best joueur FIFA : Robert Lewandowski (Bayern Munich, Pologne)

The Best joueuse FIFA : Lucy Bronze (Manchester City, Angleterre)

The Best entraîneur masculin FIFA : Jürgen Klopp (Liverpool)

The Best entraîneur féminin FIFA : Sarina Wiegman (Pays-Bas)

The Best gardien FIFA : Manuel Neuer (Bayern Munich, Allemagne)

The Best gardienne FIFA : Sarah Bouhaddi (Lyon, France)

Prix Puskás de la FIFA : Son Heung-min (Tottenham c. Burnley)

Prix des Supporters de la FIFA : Marivaldo Francisco da Silva (Brésil)

Prix du Fair-play de la FIFA : Mattia Agnese (Italie)

Fondation FIFA : Marcus Rashford (Manchester United, Angleterre)

Équipe masculine de l'année FIFA FIFPro : Alisson Becker (Brésil), **Trent Alexander-Arnold** (Angleterre), **Sergio Ramos** (Espagne), **Virgil van Dijk** (Pays-Bas), **Alphonso Davies** (Canada), **Thiago Alcântara** (Espagne), **Kevin De Bruyne** (Belgique), **Joshua Kimmich** (Allemagne), **Cristiano Ronaldo** (Portugal), **Robert Lewandowski** (Pologne), **Lionel Messi** (Argentine)

Équipe féminine de l'année FIFA FIFPro : Christiane Endler (Chili), **Millie Bright** (Angleterre), **Wendie Renard** (France), **Lucy Bronze** (Angleterre), **Barbara Bonansea** (Italie), **Veronica Boquete** (Espagne), **Delphine Cascarino** (France), **Pernille Harder** (Danemark), **Tobin Heath** (États-Unis), **Vivianne Miedema** (Pays-Bas), **Megan Rapinoe** (États-Unis)

Grâce au travail impressionnant qu'elle a accompli pendant l'année, **Sarina Wiegman** est devenue la première double lauréate du prix du Meilleur entraîneur féminin de la FIFA. La technicienne néerlandaise s'était déjà imposée en 2017, quand elle avait mené la sélection des Pays-Bas au sommet du Championnat d'Europe féminin de l'UEFA. Arrivée deuxième derrière Jill Ellis en 2019, elle a repris sa couronne en 2020 à la faveur d'une série d'invincibilité de ses protégées qui ont gagné tous leurs matchs de qualifications pour l'Euro féminin de l'UEFA.

WIEGMAN

NEUER

BOUHADDI

L'Allemand **Manuel Neuer** et la Française **Sarah Bouhaddi** ont été sacrés Meilleurs portiers du monde par la FIFA. La forme éclatante du gardien-libéro allemand a largement contribué à mener le Bayern Munich à la victoire en Ligue des Champions de l'UEFA, tandis qu'il n'a concédé que 31 buts en 33 matchs durant la campagne victorieuse en *Bundesliga*. Bouhaddi a tenu la comparaison avec Neuer en signant elle aussi le triplé Coupe-Championnat-Coupe d'Europe avec l'OL.

SON

Le Prix Puskás de la FIFA, qui récompense chaque année le plus beau but, a atterri en Angleterre pour la troisième fois en quatre ans. L'attaquant de Tottenham, **Son Heung-min**, succède ainsi à Olivier Giroud (2017, avec Arsenal) et Mohamed Salah (2018, avec Liverpool) grâce à sa superbe chevauchée solitaire contre Burnley lors de laquelle il a remonté tout le terrain. Parmi les autres candidats figuraient Luis Suárez (Barcelone) et Giorgian De Arrascaeta (Flamengo).

Le Brésilien **Marivaldo Francisco da Silva** a – littéralement – marché vers le prix des Supporters de la FIFA en montrant sa dévotion pour le Sport Club do Recife. Marivaldo n'a jamais manqué un seul match à domicile malgré les 60 km et 11 heures de marche qui le séparent du stade. « En 2016, j'ai perdu mon emploi et je n'avais plus d'argent pour le bus, explique-t-il. Mais je me suis dit "Tu es en bonne santé, tu as deux jambes et un bon état d'esprit". Alors début 2017, j'ai commencé à aller au stade à pied. »

DA SILVA

LAURÉATS PRÉCÉDENTS

2019

The Best joueur FIFA : Lionel Messi (Barcelone, Argentine)

The Best joueuse FIFA : Megan Rapinoe (Reign FC, États-Unis)

The Best entraîneur masculin FIFA : Jürgen Klopp (Liverpool)

The Best entraîneur féminin FIFA : Jill Ellis (États-Unis)

The Best gardien FIFA : Alisson Becker (Liverpool, Brésil)

Prix Puskás de la FIFA : Dániel Zsóri (Debrecen)

Prix des Supporters de la FIFA : Silvia Grecco

Prix du Fair-play de la FIFA : Marcelo Bielsa et Leeds United

2018

The Best entraîneur masculin FIFA : Didier Deschamps (France)

The Best entraîneur féminin FIFA : Reynald Pedros (Lyon)

The Best gardien FIFA : Thibaut Courtois (Chelsea, Belgique)

Prix Puskás de la FIFA : Mohamed Salah (Liverpool)

Prix des Supporters de la FIFA : Supporters du Pérou

Prix du Fair-play de la FIFA : Lennart Thy (VVV-Venlo)

2017

The Best entraîneur masculin FIFA : Zinédine Zidane (Real Madrid)

The Best entraîneur féminin FIFA : Sarina Wiegman (Pays-Bas)

Prix Puskás de la FIFA : Olivier Giroud (Arsenal, France)

Prix des Supporters de la FIFA : Supporters du Celtic

Prix du Fair-play de la FIFA : Francis Koné (FC Zbrojovka Brno)

2016

The Best entraîneur masculin FIFA : Claudio Ranieri (Leicester City)

The Best entraîneur féminin FIFA : Silvia Neid (Allemagne)

Prix Puskás de la FIFA : Mohd Faiz Subri (Penang FA)

Prix des Supporters de la FIFA : Supporters du Borussia Dortmund et de Liverpool

Prix du Fair-play de la FIFA : Atlético Nacional (Colombie)

Prix de la carrière exceptionnelle de la FIFA : Falcao [Alessandro Rosa Vieira] (Brésil, futsal)

2015

Entraîneur FIFA de l'année (hommes) : Luis Enrique (Barcelone)

Entraîneur FIFA de l'année (femmes) : Jill Ellis (États-Unis)

Prix Puskás de la FIFA : Wendell Lira (Goianésia)

Prix du Fair-play de la FIFA : Toutes les organisations de football venant en aide aux réfugiés

LE CLASSEMENT MONDIAL

Les nombreux mouvements qui agitent le Classement mondial de la FIFA à tous les étages reflètent la bataille indécise que se livrent les nations du monde entier pour accéder au trône.

La FIFA a créé un système de classement mondial en décembre 1992 pour fournir une analyse statistique mensuelle de l'évolution des équipes nationales du football masculin. Le système prend en compte les matchs internationaux de catégorie A, ainsi que l'importance du match, les buts marqués, le niveau des adversaires et l'équilibre régional. Le classement mondial féminin, introduit en 2003, est publié chaque trimestre.

Ces classements sont importants, car ils sont utilisés comme guide par la FIFA pour les tirages au sort des compétitions internationales. Lors de la Coupe du Monde 2018, le classement a été brièvement suspendu pour régler certaines anomalies concernant l'évaluation des matchs amicaux. La nouvelle mouture du système, baptisée « SUM », s'appuie sur une formule d'addition et de soustraction plutôt qu'une moyenne de points sur une période donnée comme dans les versions précédentes.

La « génération dorée » de la Belgique s'est hissée au sommet du classement mondial de la FIFA.

LE CLASSEMENT MONDIAL FIFA/COCA-COLA MASCULIN 2021

Le football international a retrouvé son rythme normal en 2021 après la brusque interruption liée à la pandémie de COVID-19, qui a drastiquement réduit le nombre de rencontres entre équipes nationales. L'étroite coordination des gouvernements et des autorités sanitaires du monde entier a permis de renouer avec un calendrier plus conforme à nos habitudes. Le Championnat d'Europe de l'UEFA 2020, la Copa América et la Gold Cup CONCACAF ont notamment pu se tenir avec un an de retard.

En raison du faible nombre de matchs, le haut du Classement mondial FIFA/Coca-Cola avait peu évolué au début de l'année 2021. La Belgique dominait toujours devant la France et le Brésil. Les Diables Rouges se sont emparés de la tête fin 2018 et ont maintenu leur domination en 2019 et 2020. Pendant ce laps de temps, ils ont été les premiers à valider leur billet pour la phase finale de l'Euro 2020 reportée d'une année et dont ils ont atteint les quarts de finale.

Le Classement mondial FIFA/Coca-Cola reflète les hauts et les bas des équipes nationales depuis sa création il y a près de trois décennies, en décembre 1992. L'évolution des nations de tout niveau est mesurée par un algorithme tenant compte des résultats, des buts marqués, du niveau des adversaires, de l'équilibre régional et des compétitions officielles.

CLASSEMENT

Pos.	Pays	Pts	(+/-)
1	**Belgique**	**1783**	**0**
2	**France**	**1757**	**0**
3	**Brésil**	**1743**	**0**
4	**Angleterre**	**1687**	**0**
5	**Portugal**	**1666**	**0**
6	**Espagne**	**1648**	**0**
7	**Italie**	**1642**	**0**
8	**Argentine**	**1642**	**0**
9	**Uruguay**	**1639**	**0**
10	**Danemark**	**1632**	**0**
11	Mexique	1630	0
12	Allemagne	1609	0
13	Suisse	1606	0
14	Croatie	1606	0
15	Colombie	1601	0
16	Pays-Bas	1598	0
17	Pays de Galles	1570	0
18	Suède	1570	0
19	Chili	1570	0
20	États-Unis	1555	0
21	Pologne	1550	0
22	Sénégal	1542	0
23	Autriche	1523	0
24	Ukraine	1515	-1
25	Serbie	1513	0
26	Tunisie	1513	0
27	Pérou	1512	0
28	Japon	1509	0
29	Turquie	1505	0
30	Venezuela	1501	0
31	Iran	1500	0
32	Nigeria	1487	0
33	Algérie	1487	0
34	Maroc	1479	0
35	Paraguay	1476	0
36	Slovaquie	1475	0
37	Hongrie	1469	0
38	Russie	1463	0
39	Rép. Corée	1460	0
40	Rép. tchèque	1459	0
41	Australie	1457	0
42	Norvège	1452	0
43	Roumanie	1449	0
44	Écosse	1441	0
45	Jamaïque	1433	0
46	Égypte	1433	0
47	Rép. Irlande	1427	0
48	Irlande du Nord	1426	0
49	Ghana	1425	0
50	Costa Rica	1423	0

51	Grèce	1419	0
52	Islande	1416	0
53	Équateur	1413	0
54	Finlande	1411	0
55	Cameroun	1405	0
55	Bosnie-Herzégovine	1405	0
57	Mali	1401	0
58	Qatar	1398	0
59	Côte d'Ivoire	1398	0
60	Burkina Faso	1393	0
61	RD Congo	1377	0
62	Macédoine du Nord	1375	0
63	Slovénie	1370	0
64	Monténégro	1368	0
65	Arabie saoudite	1364	0
66	Albanie	1362	0
67	Honduras	1361	0
68	Irak	1353	0
69	Salvador	1341	0
70	Canada	1341	0
71	Bulgarie	1339	0
72	Guinée	1332	0
73	Émirats arabes unis	1330	0
73	Cap-Vert	1330	0
75	Afrique du Sud	1326	0
76	Curaçao	1323	0
77	RP Chine	1323	0
78	Panama	1322	0
79	Syrie	1304	0
80	Oman	1302	0
81	Bolivie	1300	0
82	Bénin	1293	0
83	Haïti	1291	0
84	Ouganda	1287	0
85	Israël	1283	0
86	Ouzbékistan	1281	0
87	Zambie	1280	0
88	Gabon	1278	0
89	Biélorussie	1277	0
90	Arménie	1273	0
91	Géorgie	1260	0
92	Vietnam	1258	0
93	Liban	1256	0
94	Congo	1256	0
95	Jordanie	1252	0
96	Luxembourg	1245	0
97	Chypre	1241	0
98	Bahreïn	1239	0
99	Rép. kirghize	1240	+1
100	Madagascar	1238	0
101	Mauritanie	1225	0
102	Kenya	1205	0
103	Trinité-et-Tobago	1201	0
104	Palestine	1197	0
105	Inde	1184	0
106	Thaïlande	1178	0
107	Zimbabwe	1176	0
108	Guinée-Bissau	1171	0
109	RDP Corée	1170	0
110	Azerbaïdjan	1169	0
111	Namibie	1168	0
112	Niger	1166	0
113	Féroé (îles)	1165	0
114	Sierra Leone	1163	0
115	Malawi	1162	0
116	Estonie	1162	0
117	Mozambique	1162	0
118	Rép. centrafricaine	1158	0
119	Libye	1156	0
120	Kosovo	1152	0
121	Tadjikistan	1151	0
122	Nouvelle-Zélande	1149	0
123	Soudan	1149	0
124	Kazakhstan	1147	0
125	Philippines	1136	0
126	Angola	1136	0
127	Guatemala	1129	0
128	Antigua-et-Barbuda	1129	0
129	Rwanda	1124	0
130	Turkménistan	1107	0
131	Comores	1106	0
131	Guinée équatoriale	1105	0
133	Togo	1104	0
134	Lituanie	1103	0
135	Saint-Christophe-et-Niévès	1091	0
136	Suriname	1089	0
137	Tanzanie	1088	0
138	Lettonie	1082	0
139	Myanmar	1081	0
140	Éthiopie	1079	0
141	Suriname	1073	0
141	Taipei chinois	1078	0
142	Burundi	1076	0
143	Salomon (îles)	1073	0
144	Hong Kong	1072	0
145	Yémen	1071	0
146	Lesotho	1070	0
147	Nicaragua	1060	0
148	Koweït	1056	0
149	Afghanistan	1052	0
150	Botswana	1052	0
151	Liberia	1047	0
152	Gambie	1043	0
153	Malaisie	1040	0
154	Eswatini	1039	0
155	Maldives	1038	0
156	Rép. dominicaine	1036	0
157	Nouvelle-Calédonie	1035	0
158	Andorre	1035	0
159	Singapour	1020	0
160	Grenade	1018	0
161	Tahiti	1014	0
162	Barbade	1011	0
163	Fidji	996	0
164	Vanuatu	996	0
165	Guyane	991	0
166	Papouasie-Nouvelle-Guinée	991	0
167	St-Vincent-et-les-Grenadines	989	0
168	Bermudes	988	0
169	Soudan du Sud	984	0
170	Belize	978	0
171	Népal	968	0
172	Maurice	965	0
173	Indonésie	964	0
174	Cambodge	964	0
175	Malte	956	0
176	Sainte-Lucie	953	0
177	Moldavie	948	0
178	Porto Rico	939	0
179	Tchad	935	0
180	Montserrat	934	0
181	Cuba	923	0
182	Macao	922	0
183	Djibouti	919	0
184	Bangladesh	917	0
185	Laos	912	0
186	Liechtenstein	911	0
187	Bhoutan	911	0
188	Dominique	904	0
189	Brunei	904	0
190	São Tomé-et-Principe	903	0
191	Samoa américaines	900	0
192	Mongolie	897	0
193	Samoa	894	0
194	Caïmans (îles)	884	0
195	Gibraltar	880	0
196	Timor oriental	879	0
197	Somalie	879	0
198	Guam	873	0
199	Pakistan	867	0
200	Seychelles	866	0
201	Bahamas	862	0
202	Tonga	862	0
203	Érythrée	856	0
204	Sri Lanka	853	0
205	Aruba	850	0
206	Turques-et-Caïques (îles)	844	0
207	Îles vierges américaines	829	0
208	Îles vierges britanniques	826	0
209	Anguilla	805	0
210	Saint-Marin	805	0

LE CLASSEMENT MONDIAL FIFA/COCA-COLA FÉMININ 2021

Les États-Unis dominent sans partage le football international féminin depuis leur première victoire à la Coupe du Monde féminine de la FIFA en 1991. Les Américaines sont en tête du classement depuis qu'elles ont décroché leur 4e couronne mondiale en 2019 en France. Toutefois, la pandémie de COVID-19 a frappé le football féminin encore plus durement que le sport masculin.

Comme pour le classement masculin, l'état de forme des pays de tout niveau est évalué par ordinateur et tient compte des résultats, des buts marqués, du classement de l'adversaire, de l'équilibre régional et de la compétition. Toutefois, le tableau féminin n'est mis à jour que quatre fois dans l'année, contre tous les mois ou tous les deux mois pour le classement masculin, reflétant le calendrier moins chargé des sélections féminines.

CLASSEMENT

Pos.	Pays	Pts	(+/-)
1	**États-Unis**	**2197**	**-3**
2	**Allemagne**	**2073**	**-16**
3	**France**	**2039**	**+9**
4	**Pays-Bas**	**2035**	**-4**
5	**Suède**	**2011**	**-6**
6	**Angleterre**	**1974**	**0**
7	**Brésil**	**1971**	**0**
8	**Canada**	**1962**	**-6**
9	**Australie**	**1952**	**+1**
10	**Japon**	**1942**	**+4**
11	RDP Corée	1940	0
12	Espagne	1936	+7
13	Norvège	1931	-5
14	Italie	1886	+12
15	RP Chine	1875	0
16	Danemark	1869	0
17	Islande	1830	+1
18	Rép. Corée	1811	0
19	Belgique	1810	-4
20	Suisse	1800	0
21	Autriche	1785	-5
22	Nouvelle-Zélande	1757	0
23	Écosse	1754	+8
24	Russie	1707	+3
25	Finlande	1705	-6
26	Colombie	1704	0
27	Rép. tchèque	1692	-3
28	Mexique	1678	-3
29	Pologne	1677	+9
30	Portugal	1670	+1
31	Ukraine	1660	-1
32	Vietnam	1657	0
33	Rép. Irlande	1654	-2
34	Pays de Galles	1653	0
35	Argentina	1652	0
36	Costa Rica	1643	0
37	Chili	1622	+1
38	Nigeria	1614	-6
39	Thaïlande	1596	0

40	Taipei chinois	1589	0
41	Serbie	1572	0
42	Roumanie	1549	0
43	Ouzbékistan	1537	+3
44	Hongrie	1519	0
45	Slovaquie	1516	0
46	Birmanie	1511	0
47	Papouasie-Nouvelle-Guinée	1504	0
48	Irlande du Nord	1501	-3
49	Slovénie	1493	+4
50	Paraguay	1490	0
51	Jamaïque	1469	+9
52	Cameroun	1460	0
53	Biélorussie	1440	+3
54	Croatie	1439	-4
55	Afrique du Sud	1431	0
56	Venezuela	1429	0
57	Inde	1425	0
58	Bosnie-Herzégovine	1417	+5
59	Ghana	1403	0
60	Panama	1401	0
61	Côte d'Ivoire	1392	0
62	Haïti	1391	0
63	Jordanie	1391	-19
64	Grèce	1388	0
65	Équateur	1386	0
66	Pérou	1376	0
67	Fidji	1373	0
68	Philippines	1369	0
69	Turquie	1363	+3
70	Trinité-et-Tobago	1354	0
71	Israël	1352	0
72	Iran	1351	-7
73	Uruguay	1350	+4
74	Guinée équatoriale	1350	0
75	Albanie	1334	0
76	Hong Kong	1329	0
77	Tunisie	1323	+19
78	Azerbaïdjan	1311	-10
79	Bulgarie	1301	-8
80	Guatemala	1290	+1
81	Maroc	1287	0
82	Kazakhstan	1287	-1
83	Guam	1282	0
84	Mali	1276	0
85	Bahreïn	1274	0
86	Algérie	1271	0
87	Sénégal	1247	0
88	Guyane	1244	0
89	Tonga	1240	0
89	Cuba	1240	0
91	Bolivie	1239	0
92	Malaisie	1238	0
93	Malte	1231	0
94	Féroé (îles)	1230	-5
95	Indonésie	1222	0
96	Moldavie	1221	0
97	Monténégro	1208	0
98	Nouvelle-Calédonie	1208	0
99	Émirats arabes unis	1201	0
100	Népal	1200	+6
101	Lettonie	1200	-13
102	Tahiti	1196	0
103	Cook (îles)	1194	0
104	Zambie	1191	0
105	Estonie	1188	+7
106	Lituanie	1187	+11
107	Porto Rico	1178	-4
108	Congo	1178	0
109	Samoa	1169	0
110	Rép. dominicaine	1163	0
111	RD Congo	1159	0
112	Éthiopie	1151	0
113	Salvador	1146	0
114	Gambie	1143	0
115	Kosovo	1142	0
116	Salomon (îles)	1140	0
117	Honduras	1136	0
118	Nicaragua	1134	0
119	Zimbabwe	1132	0
120	Vanuatu	1131	0
120	Palestine	1131	0
122	Luxembourg	1121	+2
123	Géorgie	1120	+9
124	Rép. kirghize	1118	0
125	Mongolie	1114	0
126	Chypre	1111	0
127	Angola	1111	0
128	Arménie	1106	+2
129	Suriname	1093	0
130	Singapour	1089	0
131	Macédoine du Nord	1080	0
132	Gabon	1066	0
133	Burkina Faso	1062	0
134	Saint-Christophe-et-Niévès	1050	0
135	Tadjikistan	1035	0
136	Samoa américaines	1030	0
137	Bangladesh	1008	0
138	Barbade	1002	0
139	Bermudes	987	0
140	Kenya	986	0
141	Sainte-Lucie	982	0
142	Tanzanie	979	0
143	Sri Lanka	968	0
144	Maldives	966	0
145	Liban	964	0
146	St-Vincent-et-les-Grenadines	956	0
146	Namibie	956	0
148	Dominique	913	0
149	Malawi	904	0
150	Rwanda	899	0
151	Grenade	892	0
152	Afghanistan	884	0
153	Botswana	880	0
154	Ouganda	868	0
155	Îles vierges américaines	843	0
156	Lesotho	842	0
157	Eswatini	826	0
158	Belize	824	0
159	Mozambique	814	0
160	Antigua-et-Barbuda	787	0
161	Bhoutan	769	0
162	Curaçao	752	0
163	Andorre	749	0
164	Comores	733	0
165	Aruba	724	0
166	Madagascar	691	0
167	Maurice	357	0

CRÉDITS PHOTOGRAPHIQUES

Les éditeurs remercient les sources ci-dessous pour leur aimable autorisation des images de ce livre. Les numéros de page de chaque photographie sont listés ci-après, avec l'indication suivante : C = centre, H = haut, B = bas, G = gauche, D = droite.

Getty Images : 88BD, 137H ; /2010 Qatar 2022 : 153HG ; /AFP : 40BD, 48B, 73HD, 101BD, 142BD, 174BG, 177H, 179BD ; /AMA/Corbis : 52C, 81H, 125BG ; /Suhaimi Abdullah : 116BG ; /Luis Acosta/AFP : 95HG ; /Robin Alam/Icon Sportswire : 130B ; / Allsport : 57G, 159HD, 173HD ; /Vanderlei Almeida/AFP : 173BG, 196HD ; /Vincent Amalvy/AFP : 103BD ; /Odd Andersen/AFP : 25BD ; /Mladen Antonov/AFP : 154HD ; /Facundo Arrizabalaga : 24H ; /Gonzalo Arroyo - UEFA : 55BD ; /The Asashi Shimbun : 16H, 117HD ; /Matthew Ashton/Corbis : 45BD, 65B ; /Matthew Ashton/ AMA : 37HD, 120, 126-127, 144BG, 147HD ; /Marc Atkins : 200-201, 203HD ; /Frank Augstein : 12H ; /Naomi Baker : 202B ; /Gokhan Balci/Anadolu Agency : 105HD, 107HG ; /Marcel ter Bals/BSR Agency : 78HD ; /Steve Bardens : 211HD ; / Dennis Barnard/Fox Photos : 91G ; /Lars Baron : 31HG, 46H, 53HD, 57CG ; 68HD, 192G, 208BD ; /Robbie Jay Barratt/AMA : 14BD, 106B, 147C, 158 ; /James Bayliss/AMA : 4BD ; /Robyn Beck/AFP : 151HD ; /Sandra Behne/Bongarts : 119G ; /Fethi Belaid/ AFP : 106HG ; /Bentley Archive/Popperfoto : 64D ; /Martin Bernetti/AFP : 210H ; /Bongarts : 28BG ; /Shaun Botterill : 19HD, 19B, 47B, 149G, 157BG, 165HD ; /Cris Bouroncle/AFP : 127BD, 189BD ; /Gabriel Bouys/AFP : 32B, 108, 217HD ; /Chris Brunskill : 11D, 41BD, 76HD, 90HD, 95HG, 140H, 146BG ; /Clive Brunskill : 94H ; /Simon Bruty : 99B ; / Rodrigo Buendia/AFP : 88H ; /David S Bustamante/Soccrates : 33HD, 71BD ; / Giuseppe Cacace/AFP : 123BG, 181G, 215H ; /David Cannon : 17G, 30H, 40HD, 61B ; / Alex Caparros : 222 ; /Jean Catuffe : 48H, 49B ; /Central Press : 63BG ; /Central Press/ Hulton Archive : 49HD ; /Graham Chadwick : 61HC ; /Matteo Ciambelli/ NurPhoto : 44HD, 101H, 132HD ; /Robert Cianflone : 67D, 69HG, 96H, 145HD ; /Fabrice Coffrini/ AFP : 116HD, 151C ; /Chris Cole : 148D ; /Phil Cole : 43G ; /Kevin C Cox : 141BD, 220 ; / Jonathan Daniel : 86HD ; /Stephane de Sakutin/AFP : 154G ; /Carl de Souza/AFP : 99H, 109HD ; /Adrian Dennis/AFP : 56HD, 82B, 144-145, 164G ; /Khaled Desouki/ AFP : 182D, 183G ; /Valeriano Di Domenico : 212-213, 217B ; /Disney/ Central Press/ Hulton Archive : 15BD ; /Kevork Djansezian : 131HD ; /Marco Donato/ FC Bayern : 193HG, 214H, 217HG ; /Stephen Dunn : 109BD ; /Johannes Eisele/AFP : 5BG, 40BG ; / Paul Ellis/AFP : 20HD, 161HD ; /Elsa : 148BG, 204 ; /Darren England : 115BD ; /Etzel Espinosa/Jam Media/LatinContent : 128B ; /Baptiste Fernandez/ Icon Sport : 73BD ; / Jonathan Ferrey : 43HD ; /Franck Fife/AFP : 98, 166B ; /Julian Finney : 11BG, 157HG ; / Stu Forster : 88BG ; /David Fitzgerald/Sportsfile : 131BD ; / Foto Olimpik/NurPhoto : 136 ; /Stuart Franklin : 29BD, 63BD, 95HD, 208D ; /Sebastian Frej/MB Media : 218-219 ; /Romeo Gacad/AFP : 45HD ; /Daniel Garcia/ AFP : 96B, 146BC ; / GES-Sportfoto : 10 ; /Paul Gilham : 111HD, 195H ; /Patrick Gorski/Icon Sportswire : 129BD, 131BG ; /Rich Graessle/Icon Sportswire : 133BC ; /Laurence Griffiths : 63D, 64BG, 113HD ; /Alex Grimm : 55HD ; /Jeff Gross : 133G ; / Haraldur Gudjonsson/AFP : 137B ; /Gianluigi Guercia/AFP : 185G ; /Jack Guez/ AFP : 55BC, 84-85 ; /Norman Hall/ LatinContent : 177B ; /Matthias Hangst : 6, 22HG, 152, 167C ; /Etsuo Hara : 100D, 122B, 193BD ; /Oliver Hardt/UEFA : 65D ; /Ronny Hartmann/AFP : 74HD ; /Alexander Hassenstein : 21D, 22B, 147BD, 198 ; /Richard Heathcote : 97B, 135D, 203G, 203BD ; / Alexander Heimann/Bongarts : 132B ; / Mike Hewitt : 90BG, 127HC ; /Maja Hitij : 5HC, 207H, 207BD ; /Simon Hofmann : 156 ; /Boris Horvat/AFP : 29BG, 165B ; /Harry How : 129HD ; /Arif Hudaverdi Yaman/ Anadolu Agency : 74BG ; /isifa : 69BD ; /Dan Istitene : 25G ; /Dimitri Iundt/Corbis/ VC : 17HD ; /Catherine Ivill : 16BG, 45HD ; /Karim Jaafar/ AFP : 117G ; /Franklin Jacome : 99HG ; /Jose Jordan/AFP : 35G ; /Petr Josek : 43BD, / Jasper Juinen : 13HD, 33HG, 34HG, 35BD ; /Sia Kambou/AFP : 110BG ; /Sefa Karacan/ Anadolu Agency : 32H ; /Keystone : 17HC, 62D ; /Keystone/Hulton Archive : 57BD ; / Mike King : 146HD ; / Mike Kireev/MB Media : 37B ; /Glyn Kirk/AFP : 194B ; /Joe Klamar/AFP : 42BG ; / Christof Koepsel/Bongarts : 100HG ; /Mark Kolbe : 115C ; /Ozan Kose/AFP : 66B, 75H ; /Patrick Kovarik/AFP : 82HD ; /David Leah/Mexsport : 128HD ; / Christopher Lee : 69HD ; /Fred Lee : 97HD ; /Mark Leech/Offside : 217CG ; /Eddy Lemaistre/ Corbis : 26BG ; /Bryn Lennon : 59BD ; /Francisco Leong/AFP : 23C ; / Matthew Lewis : 55G ; /Christian Liewig/Corbis : 47C, 180, 183BD ; /Alex Livesey : 36BG, 45C, 50BG, 51BG, 71H, 73C, 85D, 120, 150BG ; /Juan Mabromata/AFP :87B ; / Ian MacNicol : 14HG, 41HD, 58BD ; /David Maher/Sportsfile : 59C ; /Daniel Malmberg : 80B ; /Pierre-Philippe Marcou/AFP : 35H, 109HG ; /Nigel Marple : 125HD ; /Hunter Martin/LatinContent : 94BG ; /Ronald Martinez : 205BG ; /Clive Mason : 142H, 160B ; / Stephen McCarthy/Sportsfile : 58HD ; /Eamonn McCormack : 199C ; / Jamie McDonald : 42H, 70B, 72HD ; /Anatoliy Medved/Icon Sportswire : 54C ; / Marty Melville/AFP : 124B ; MB Media : 171H ; /Wagner Meier : 171B ; /Buda Mendes : 168, 172B, 190D ; /Craig Mercer/CameraSport : 36D ; /Jeroen Meuwsen/BSR Agency :30BG ; /Maddie Meyer : 211BG ; /Vincent Michel/Icon Sport : 210BD ; /Jeff Mitchell : 191BD ; /Jiro Mochizuki/Icon Sport : 103HD ; /Brendan Moran/Sportsfile : 79B ; /Alex Morton : 166HD, 188BD ; /Dean Mouhtaropoulos : 29H, 33B, 115HG, 197BG ; /Peter Muhly/AFP : 59BG, 82HG ; /Dan Mullan : 56BG, 141HG, 143BD ; / Marwan Naamani/AFP : 123HD ; /Hoang Dinh Nam/AFP : 130HD ; /Francois Nel : 95BD, 112-113 ; /Mike Nelson/AFP : 127HD ; /Alexander Nemenov/AFP : 134-135 ; / Fayez Nureldine/AFP : 123BD ; /Adam Nurkiewicz : 164HD ; /NurPhoto : 23HG ; / Werner Otto/ullstein bild : 163HG ; /Jeff Pachoud/AFP : 162 ; /Minas Panagiotakis : 215BD ; /Ulrik Pedersen/NurPhoto : 104CD ; /Frank Peters/Bongarts : 52BG ; /Hannah Peters : 124HD ; /Serge Philippot/Onze/Icon Sport : 66HD ; /Hrvoje Polan/AFP : 38BG ; /Popperfoto : 13B, 18H, 20B, 21BG, 38HD, 61HD, 91B, 92BG, 118HD, 122HD,145HG, 162B, 163BD, 175BD, 176D, 209B ; /Mike Powell : 153B ; /Bruna Prado : 169C ; /Savo Prelevic/AFP : 83C ; /Craig Prentis : 129C ; /Pressefoto Ulmer/ullstein bild : 83B, 167HD ; /Adam Pretty : 93D ; /Gary M Prior : 39HD ; /Professional Sport/ Popperfoto : 26HD ; /Tullio Puglia : 216HD, 217G ; /Ben Radford : 58G, 92H, 114HD, 190BG, 214BD ; /David Ramos : 41BG, 150HD ; RDB/ullstein bild : 71BG ; /Michael Regan : 77H, 79HD, 119H ; /Eric Renard/Icon Sport : 18BG ; /Andreas Rentz/Bongarts : 47HG ; /Alex Reyes/LatinContent : 100BG ; /Chris Ricco : 15C ; /Kyle Rivas : 131HC ; / Rolls Press/Popperfoto : 12B ; /Clive Rose : 5G, 67G, 77BG, 143HG, 155HG ; /Martin Rose : 17D, 21HG ; /Martin Rose/Bongarts : 75BG ; /Rouxel/AFP : 183D ; /Alessandro Sabattini : 118B ; /STR/AFP : 121HD ; /Karim Sahib/AFP : 192BD ; /Sampics/Corbis : 60HD ; /Mark Sandten/Bongarts :133BD ; /Issouf Sanogo/AFP : 107BD, 110HD, 111BG ; /Fran Santiago : 34B ; /Alexandre Schneider : 87H, 170B, 209H ; /Rich Schultz : 95BG, 176B ; /Antonio Scorza/AFP : 197C ; /Abdelhak Senna/AFP : 184B, 185D ; /Lefty Shivambu/Gallo Images : 111C, 181H, 182B ; /Patrick Smith : 139HD ; / Javier Soriano/ AFP : 104, 139BG, 163HD ; /Erwin Spek/Soccrates : 161G ; /Cameron Spencer : 113B ; / Jamie Squire : 105BD ; /Michael Steele : 39BG, 70HD ; /Srdjan Stevanovic : 62B, 67H ; / Laszlo Szirtesi - UEFA : 48HD ; /Gaston Szerman/DeFodi Images : 186-187 ; /Henri Szwarc/Icon Sport : 86B ; /TF-Images : 68BG, 81G, 138H ; / Mehdi Taamallah/ NurPhoto : 149HD ; /Pier Marco Tacca : 76B, 216B ; /Justin Tallis/ Pool/AFP : 4HD ; / Bob Thomas : 24BD, 27HG, 51HD, 54D, 59HG, 93G, 105BC, 119BD, 140BG, 147HG, 155D, 157D, 159BD, 195BG ; /Jean Paul Thomas/Icon Sport : 49BG ; /John Thys/AFP : 81B, 189G, 206BG ; /Lucas Uebel : 92BD ; /VCG : 79G, 121BG ; /VI Images : 5HG, 22D, 31B, 63H, 206D ; /Robert van den Brugge/AFP : 37C ; /Geert van Erven/Soccrates : 31BD ; /Claudio Villa : 27B, 83HD ; /Visionhaus : 25H, 102-103, 160BG, 178-179, 183H ; / Hector Vivas : 135BD, 154BD ; /Luke Walker : 199HG ; /Ian Walton : 184HD ; /Lakruwan Wanniarachchi/AFP : 122B ; /Bernd Wende/ullstein bild : 23D ; /Charlotte Wilson/ Offside : 36B ; /Craig Williamson/SNS Group : 76BG ; /Antti Yrjonen/NurPhoto : 161BD. PA Images : 67BD, 174HD, 194HD ; /Matthew Ashton : 93HG ; /Barry Coombs : 47HD ; /DPA : 114BG, 138BG ; /Paulo Duarte/AP : 57H ; /Dominic Favre/AP : 72B ; / Michel Gouverneur/Reporter : 191H ; /Intime Sports/AP : 46BD ; /Ross Kinnaird : 175HD ; / Tony Marshall : 75D, 93HD, 189H ; /Peter Robinson : 28H, 50D, 64H, 89B, 188H ; /S&G and Barratts : 149BD ; /SMG : 65G ; /Scanpix Norway : 53HG ; /Ariel Schalit/AP : 107C ; /Sven Simon : 91HD ; /Neal Simpson : 39BD, 60B, 175BG ; /Jon Super/AP : 205H ; / Topham Picturepoint : 82D ; /John Walton : 89H.
Alamy : /Allstar Picture Library Ltd : 53HG ; /PA Images : 97H
Shutterstock : /360B : 179HC ; /Anabela88 : 169B ; /BOLDG : 85BD ; / Colorsport : 44BG, 78B ; /FMStox : 11G ; /Khvost : 113HC ; /Panatphong : 159HC ; / RaimaD : 179G ; / Namig Rustamov : 11H ; /Rvector : 179HD ; /Marcelo Savao/ EPA : 196BG ; /Wikrom Kitsamritchai : 8-9 ; /Tond Van Graphcraft : 11C.
Wikimedia Commons : 53BG, 172HD.

Tous les efforts ont été effectués pour identifier correctement et contacter les propriétaires et/ou ayants droit de chaque photo : Welbeck Non-Fiction Limited s'excuse pour toute erreur involontaire ou omission qui se serait glissée, et serait corrigée dans une prochaine édition.

À PROPOS DE L'AUTEUR

Keir Radnedge couvre les événements footballistiques depuis plus de cinquante ans. S'adressant aux publics les plus divers, il a écrit d'innombrables ouvrages sur le ballon rond, du simple guide aux encyclopédies. Radnedge a été journaliste au Daily Mail pendant vingt ans, travaillant aussi pour le Guardian et d'autres journaux nationaux et magazines au Royaume-Uni et à l'étranger. Il est l'ancien rédacteur en chef de World Soccer, le premier magazine en langue anglaise couvrant l'actualité footballistique internationale. Hormis la presse écrite, Keir a été un analyste de football étranger régulier pour toutes les radios britanniques. Il a scénarisé les films officiels des premières Coupes du Monde et il est le président de la commission du football de l'AIPS, l'association internationale de la presse sportive.

REMERCIEMENTS

Un grand merci à Aiden Radnedge pour son aide et son incroyable connaissance des plus passionnants détails du monde sportif.